U0890179

世间的方法来自不同的分支，而不是来自根。各业各法，各庙各神。这造成了认知的割裂，破坏了智慧的整体性。宇宙只有一个本源，人类只有一个起源，方法一定有一个总源。这个总源既是根本——“万物之宗”，又是最高——“象帝之先”。老子称之为“道”，我称之为“妙”。

本书从宇宙、时空、哲学、科学、数理、军事、艺术、商业等分支全面梳理，找到所有分支的主根、总源和最高——“绝妙”。《道德经》的“道”讲本体，《方法之王，绝妙即服》的“妙”讲运用——绝妙之道在商业中的不可思议之用，在文学、艺术、创意、科研、军事等所有领域的不可思议之用。

道体妙用，奇招奇迹。

五千年来，中国文化给“绝妙”最高的赞誉和最深的隐藏——道不可道，妙不可言。“道妙”是最神秘和最高深的存在。绝妙是众有之本，万象之根；见用于神，藏用于人，而世人不知所以。绝妙是历代高人秘而不宣、用而不言的方法之王。本书详尽讲透“绝妙”，揭开千年的绝密，释放智慧的天力。

**图书在版编目（CIP）数据**

方法之王，绝妙即服 / 熊大寻著. —广州：广东经济出版社，2021. 2
ISBN 978 - 7 - 5454 - 7281 - 3

Ⅰ. ①方…　Ⅱ. ①熊…　Ⅲ. ①市场营销—营销策划　Ⅳ. ①F713. 50

中国版本图书馆 CIP 数据核字（2020）第 124408 号

责任编辑：毛一飞
责任技编：陆俊帆
封面设计：李　波

**方法之王，绝妙即服**
FANGFA ZHI WANG，JUEMIAO JI FU

| | |
|---|---|
| 出 版 人 | 李　鹏 |
| 出版发行 | 广东经济出版社（广州市环市东路水荫路 11 号 11 ～ 12 楼） |
| 经　　销 | 全国新华书店 |
| 印　　刷 | 广东信源彩色印务有限公司<br>（广州市番禺区南村镇南村村东兴工业园） |
| 开　　本 | 787 毫米 ×1092 毫米　1/16 |
| 印　　张 | 29. 25 |
| 字　　数 | 535 千字 |
| 版　　次 | 2021 年 2 月第 1 版 |
| 印　　次 | 2021 年 2 月第 1 次 |
| 书　　号 | ISBN 978 - 7 - 5454 - 7281 - 3 |
| 定　　价 | 68. 00 元 |

广东经济出版社网址：http://www.gebook.com　微博：http://e.weibo.com/gebook
图书营销中心地址：广州市环市东路水荫路 11 号 11 楼
电话：（020）87393830 邮政编码：510075
如发现印装质量问题，影响阅读，请与承印厂联系调换。
广东经济出版社常年法律顾问：胡志海律师
· 版权所有　翻印必究 ·

# 序　言
# Preface

## “王”的启示

“王”，有六种智慧组成方式和启示：三和1、二和一和1、一和工、十和二、干和一、土和一。

启示一：三+1=王。“三”是三条横线，即三个平行无联系事物，“1”是联系，通过“1”将三者相联系。一箭三雕，一联系多，等于“王”。

启示二：二+一=三。“二”是两条横线，即两个平行无联系事物，“一”是不可能联系，二加上一变成三，是三条平行线，没有相交联系，即三种无联系事物。结果只能得到数，是无价值。“一”在这里是不可能联系，未联系。

启示三：二+1=工。“二”加“1”（联系），两个事物联系起来，“1”联系少，得到“工”，是低价值。再加上“一”（不可能联系），就等于“王”——用不可能联系把事物联系起来，创造最高价值！“一”通过“1”与两个事物联系起来，“一”在这里是“不可能联系”，已联系。

不可能联系+联系=无限联系（不可思议联系）。

爱因斯坦的质能方程式——$E=MC^2$，$E$ 是能量，$M$ 是质量，一个动态，一个静态，完全不相干的两个事物。通过 $C^2$（光速的平方）让它们联系起来。因此，$C^2$ 是一个不可能联系。发现事物之间的不可能联系，并将事物联系起来，就是无限能量，就是创造万物。

启示四：一+1=十。“一”是一个事物，也是不可能联系，“1”是联系，二者组成“十”，无上无下，即“一”与虚空相联系、与万物相联系，即无限联系。十+二=王，即任何两个不相关事物，通过无限联系，等于“王”。

“十”代表十倍——无限联系可以创造十倍收益；

“十”代表加号——无限联系就是无穷增长；

“十”代表红十字——无限联系就是起死回生；

“十”代表十字——无限联系就是造物，创造万物。

“十”是造物符号，代表联系和不可能联系，即无限联系。

“十”字是上下左右同形巧合、多元对称巧合，是多重联系、多个巧合的最佳符号。

启示五：干 + 一 = 王。“干”是动作和过程，尚无结果。“干”字是两个事物有联系，但联系不足。“干”字仅左右对称巧合，上下不对称、不巧合。整体缺乏联系和巧合，所以无结果。加上“一”变成“王”，既增加了联系，又增加了巧合，多重联系，多个巧合——绝妙——最高价值。

启示六：土 + 一 = 王。“土”代表低价值。道理同启示五，“土”加上“一”变成“王”，“王”是多重联系、多个巧合——上下对称巧合、左右对称巧合。

“王”字四画，四个智慧含义：

（1）三横一竖，天地人合一，深意无穷。三、二、一，越简单，道理越深，大道至简，简道至深。

（2）“王”恰好象征最高境界和最高价值。缺少不可能联系时，恰好呈现为“工”（“王”的反义，低价值）；缺少联系和巧合时，恰好呈现为“干”和“土”（无结果和低价值）。

（3）“十”字是上下左右完美对称的汉字，是多重联系、多个巧合的最佳符号，“二”又代表天和地，“十”字通天达地，连接高维。

（4）“干”和“土”只有一重联系和一个巧合（左右对称，恰巧吻合），不是多重联系、多个巧合，达不到绝妙，就实现不了最高价值。加上“一”就变成完美对称的“王”。“一”对于“干”和“土”的价值在于——联系 + 巧合，使之变成多重联系、多个巧合——王——舒服、佩服、征服。

绝妙即服：绝妙立即舒服、说服、佩服、征服。

“王”字和“绝妙之道”之间是六重联系、六个巧合。无法超越，神奇无比！多重联系、多个巧合就是绝妙。尽其所系为绝，多个巧合为妙。

佛教说：“第一最胜之法不可思议，曰妙法。”“不可思议”是三维空间的人不可能思考到的，是人类语言和思维不可能达到的，是高维方法。绝妙是第一方法、最胜方法、不可思议之法。绝妙是方法之王。

“王”之方法，就是方法之王。

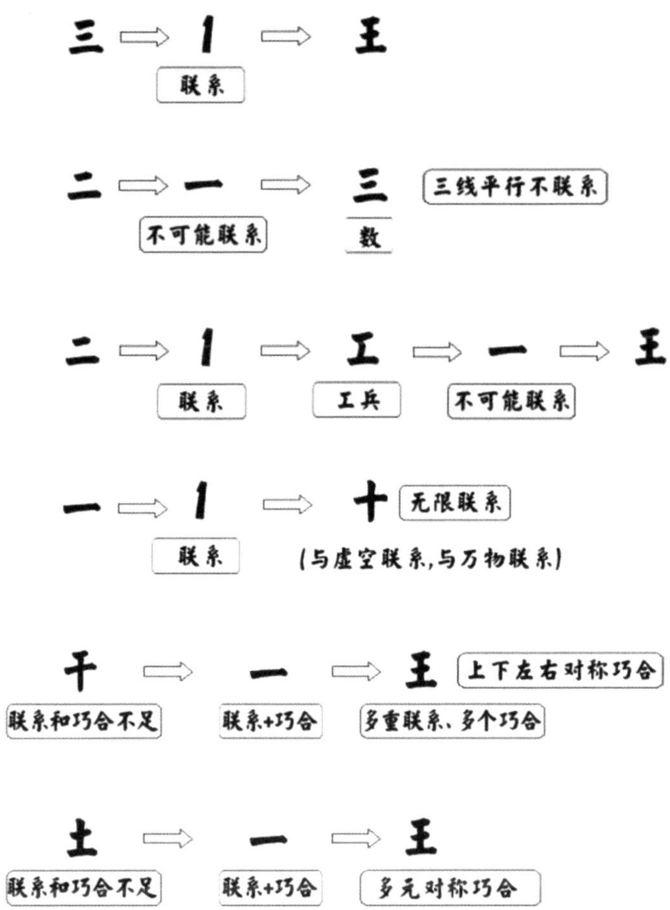


“王”之方法，方法之王

2020 年 8 月

# 目录 Contents

七节知识课堂，带你读懂本书
1 本书知识课堂：听书中内容知识讲解，解决阅读困惑
2 作者方法论讲堂：在历史小故事中学懂绝妙方法论
3 作者策划案例：在作者的优秀案例中了解其策划方法
你还可以在智能阅读向导的带领下
获取作者好书推荐
以及熊大寻访谈录
建议配合二维码一起使用本书

# 第一章

# 宇宙的方法

扫码立领
★本书知识课堂
★作者方法论讲堂
★作者策划案例

## 宇宙的最高秘密和方法——宇宙和生命来自多重联系、多个巧合的绝妙设计

**宇宙是什么？**

**我们是什么？**

**规律是什么？**

宇宙无限巨大，大到足以容纳无数的随机性，但是在这些随机性中，又有着惊人的和谐，有着绝妙的规律和联系。有一些宇宙的基本参数，它们精确到哪怕只是微调小数点后无穷位的数字，宇宙中的生命都无法诞生。

我们目前知道宇宙有四种力：万有引力——宇宙天体决定力、电磁力——化学和生物学决定力、弱核力——宇宙元素决定力、强核力——原子核决定力。这四种力的强度差别很大，而且如果它们的强度值与它们的当前值有一丝差别的话，我们所处的宇宙将不复存在，生命也就无从谈起。这四种力的强度值仿佛被人调试到一个极其精确的点上，用万有引力来举例，如果它稍强一点，宇宙就会坍塌，如果它稍弱一点，就没办法形成恒星和行星。

恒星的万有引力会使自身塌陷，但是电磁力则会使光和热不断地向外喷发，两者之间形成了一个令人咋舌的平衡。这个平衡一旦被打破，要么形成红巨星，要么形成蓝巨星，而这两种巨星对生命来说，都是毁灭性的。而就是这个极其精确的平衡，才让地球能够稳定存在，也让我们能够正常地活着。

如果弱核力更弱一些，宇宙中所有的氢都将转变成氦，因而就不会有通常的恒星；如果它变得更强一些，爆炸的超新星就不能将它们外围的大气层喷射出去，因而也就不能在星际空间播撒下行星赖以孕育生命重元素的种子。这四种力的强度都好像是为我们的存在而量身定制的。

与此完全相同的还有，原子中带正电的质子相互排斥，而强核力却将各个核子束缚在一起。如果强核力的强度比实际值弱一点，原子就不存在——质子间的斥力会把原子撑开。如果它比实际值稍大一点，那么世界上所有的原子只可能是氢原子。无论出现哪种情况，宇宙中都不可能出现恒星、行星及生命。

我们每个人都是由重元素构成的，如碳、氧、氮、钾、铁等。而宇宙在诞生之初，只有氢和氦两种元素。氢被融合成了更重的碳、氧等原子，直至形成现在的元素周期表。正因为如此，科学家都称你我为碳基生命。但实际上碳原子的核

子间的谐振，对于能否在恒星内部形成碳原子起着决定性作用。要生成碳原子，两个氦原子的核子必须先结合在一起，然后由第三个氦原子的核子轰击核子对——三个氦原子的核子提供了组成碳原子的原料，这种可能性极低的事才会发生。

如果碳原子的谐振能量降低4%，那么这种中间态的核子对就不会发生，也就不可能生成碳原子，使得生物化学不复存在。另外，如果中子的质量降低1%，那么孤立的质子会衰变，而原子也难以形成。当然，仅仅能够生成碳原子和其他重元素是远远不够的。这些重元素能够出现在地球上是因为某些很大的恒星、超新星发生爆炸。

当然仅仅生成碳原子，我们也可以认为这是巧合，但是所有其他元素的生成，使我们不得不承认一个事实——宇宙、人类，这一切都是绝妙的设计。

宇宙拥有**概率实际为零的宇宙常数组合**，这不得不令人相信它是被一个大智慧创造出来的。所有组成我们身体的元素都是在很久以前就已熄灭的恒星的内核锻造而成的，正如卡尔·萨根说的“我们都是星尘”。

人类可观测的宇宙范围约为930亿光年，在这无边的天际中为什么地球是唯一发现拥有生命的星球？地球恰巧有巨大的铁核，其产生的磁极恰好可以抵抗太阳风和宇宙射线。加上太阳系的磁场，地球恰好是宇宙中唯一享受双重磁场保护的行星。地球恰巧处于太阳系宜居带、自身的磁场、含氧的大气层、70%的海洋覆盖、月球的潮汐作用等，无数个巧合叠加，才使地球成为一颗拥有生命的星球。

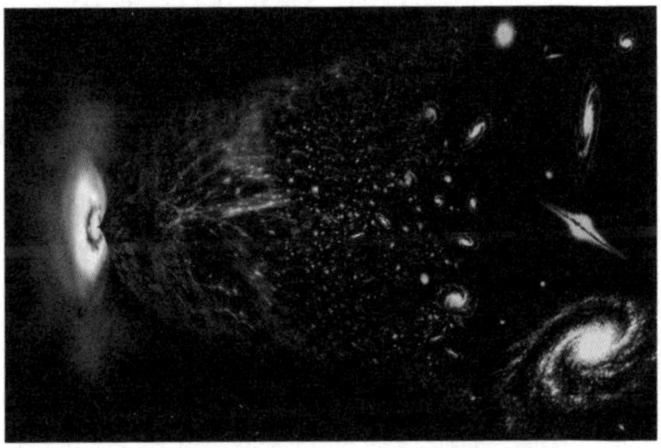

宇宙大爆炸——无限分形

假如地球比现在大或小10%，那么地球上任何一个生物也无法生存。如果地球和太阳之间的距离稍微近一点或远一点，地球的平均气温会升高，使很多城市肥沃的土壤浸在水里，或冰冻起来，那样也不可能有生命的存在。地球的平均温度哪怕升高2～3℃也会产生这样的现象。地球不单通过自转适当地加温或降温，保持年平均温度在15℃左右，很适合生命在其上生存。地球自转轴的斜度和四季、适当的平均温度、合适的位置和重力、空气和水、隔断有害光线的放射线保护网，地球的质量、地球和太阳之间的距离、地球的运转和环境都是从非常精确的计算和绝妙的设计而来。

英国著名物理学家、宇宙学家霍金说：“自然定律形成了一个微调得极其微妙的系统，任何微小的变动都会摧毁生命发展的可能性。若非物理定律的精微细节存在着**一系列令人惊讶的巧合**，人类和类似的生命形式都似乎无法形成。”

月球是地球的防弹背心

另外，月球和木星恰好相当于地球的两个“守护神”，月球是太阳系中一颗十分奇特的卫星。它的存在是完全不合理的，仿佛专门为地球而设计的。按照它的大小，更应该被太阳俘获，从而成为一颗行星。但是它却偏偏把自己交给了地球。只要看看月球上密密麻麻的陨石坑，我们就会知道，月球是保护地球的。如果没有月球，地球上就没有自转偏角和四季，就没有气候循环和水循环。

木星有着巨大的引力，差不多将太阳系外来的小行星和彗星都拦截了下来，木星遭受撞击的概率大概是地球的8000倍。据科学家统计，如果没有木星的拦截，地球很容易毁于小行星或者彗星的撞击。总之，月球和木星，一个从近处，一个从远处，分别护卫着地球，使地球遭遇大型小行星撞击的概率降低到亿年级别。这就为地球孕育生命提供了足够的时间。

科学家总结：“太阳系似乎非常奇妙地有助于人类的生存发展。”

我们再来看看人体这个小宇宙，人体内有60兆～100兆个细胞，形成各种组织和器官。它们互相之间有着深深的关联性。当我们用电子显微镜观察细胞时，会因为细胞的复杂和精密而惊叹。那中央有DNA链串着50亿以上的遗传密码。这么多的遗传信息，都包含在用显微镜才可以看见的一个细胞核里。最优越的集成电路和DNA与其相比也显得极其简单。那么，是谁把这超量的信息储存到了超微的细胞核里呢？这些DNA的秘密人类还无法完全解读。即使能解读，也无法创造出生命。构成细胞的99%的基本元素是氢、碳、氮、氧等10多种元素。虽然发现了细胞的组成成分，但是把这些组成成分都合成了，科学家也造不出一个细胞来。

科学家测算过，保证地球上出现生命的各种巧合叠加在一起的概率仅为一千万亿亿分之一。这不是近乎而是实际零概率！

英国著名物理学家约翰·鲍金霍恩说："当你认识到自然界的规律都是不可思议地精密地联系在一起，从而制造出我们看到的这个宇宙，你就会有如此的想法：这个宇宙不是碰巧存在的，而是有意创造的。"

这一切证据似乎都在告诉我们，我们的宇宙之所以如此精确有序，地球生命实际零概率的存在，是因为宇宙自身选择了这些基本力的数值，形成了这套体系。说白了，宇宙为我们的世界设计了最基本的规则，一切都按部就班地在这个规则内活动。

孤立看万物个体，我们以为宇宙是随机偶然生成。通过实际概率为零的宇宙力值组合形成的万物联系来看，宇宙的基本规律之精密、平衡之精确，不得不让人相信它是被宇宙本身这个超级智慧创造的。

**它的方法和秘密藏于多重巧合联系。**

## 太阳、地球、月球的惊人秘密——绝妙设计论

我们来看太阳、地球和月球之间的绝妙联系：

（1）太阳的直径上能排列多少个地球？

**太阳直径 1392000 公里 ÷ 地球平均直径 12756. 2 公里≈108**

（2）太阳和地球之间的距离是太阳直径的多少倍？

**太阳与地球间的平均距离约 150000000 公里 ÷ 太阳直径 1392000 公里≈108**

即在太阳到地球这段距离上可以并列排放 108 个太阳。

（3）地球和月球之间可排列多少个月亮？

**月球与地球间的平均距离约 384401 公里 ÷ 月球直径 3476 公里≈108**

即在月亮到地球这段距离上可以并列排放 108 个月球。

以上简单说就是：太阳与地球之间的距离约等于太阳直径的 108 倍；地球与月球之间的距离约等于月球直径的 108 倍；太阳直径约是地球直径的 108 倍。这造成日全食奇景，而且从地球上望去，月球和太阳大小一样。

月球的直径是 3476 公里，而太阳的直径是 1392000 公里，也就是说太阳直径约是月球直径的 400 倍。但地球到太阳的距离是 150000000 公里，地球到月球的距离只有 384401 公里，令人难以置信的是，月球到地球的距离刚好是地球到太阳距离的 1/400，月球不大不小，准确无误地与太阳重合。天文学家把这一奇特的现象称为"天文学的事故"，因为这用天文学原理是无法解释的。

从地球上望去，月球和太阳一样大小，为什么要这样设计？因为对地球生物来说，阳与阴的能量是平衡、守恒的，这样才适合人类的进化。没有别的解释，我们只能感叹：这是惊世级的绝妙设计！

**宇宙和生命来自多重联系和多个巧合，这可精准地表述为绝妙、绝妙联系或绝妙设计。没有这些多重联系和多个巧合——绝妙，就没有宇宙和生命。**

**霍金总结宇宙的特征是奇妙和绝妙——**“奇妙地有助于人类生命发展不仅是太阳系的特征，而且是我们整个宇宙的特征。”霍金在《大设计》中说：“自然定律形成一个极端**微妙**（深奥绝妙）的系统，在不毁灭我们所知道的生命发展的可能性下，物理定律能被改变的可能性是非常小的。若非在物理定律精确细节上的一系列**令人吃惊的巧合**，人类和类似的生命形式似乎永远不可能形成。”霍金对宇宙的概括是“三个巧合”（后述）。

宇宙和生命 = 存在？二者的绝妙联系：一是宇宙引力和电磁力恰巧平衡；二是宇宙强核力和弱核力恰巧平衡；三是恰巧两个氦原子核子先结合在一起，第三个氦原子的核子轰击核子对，产生碳原子；四是构成生命的其他重元素氧、氮、钾和铁等，恰巧遇到恒星和超新星爆炸然后产生；五是地球恰巧是宇宙中唯一享受双重磁场防射线保护网的行星；六是恰巧有木星和月球帮地球挡住了小行星和陨石的撞击，月球恰巧让地球产生了自转偏角、气候循环和水循环；七是地球恰巧处于太阳系宜居带、恰巧合适的重量和温度、与太阳和月亮恰巧等比的距离、含氧的大气层、70% 的海洋覆盖等；八是地球恰巧非常接近正圆形，这就使得地球温差很小，人不至于冻死和热死，而其他行星围绕太阳运转的轨道都是椭圆形。

科学家把这些巧合统称为“宇宙巧合”。科学家测算过，这些巧合叠加在一起的概率仅为一千万亿亿分之一。**物理学家称宇宙的实际零概率（极小概率）是超级智慧、人择和极其不可能。极小概率也称为奇迹**。实际零概率不是绝对意义上的零概率，而是极小概率即出现的可能性极低，一旦出现就是奇迹，并且产生奇迹。多重联系、多个巧合——绝妙不仅本身就是奇迹，而且能产生奇迹——宇宙和生命。方法是奇迹，结果也是奇迹。

对现实世界来说，人能穿墙而过、隔空取物是实际零概率、神通、不合常理和不可能的事。**实际零概率（极小概率）就是不可能变可能，就是不可能的事发生了——超越程序和方法——神通——奇迹——不可思议——至高无上。实际零概率——多重联系、多个巧合就是超级智慧、终极程序和最高方法。**

巧合的定义是“若干小概率事件一起发生，正巧吻合”。语出《初刻拍案惊

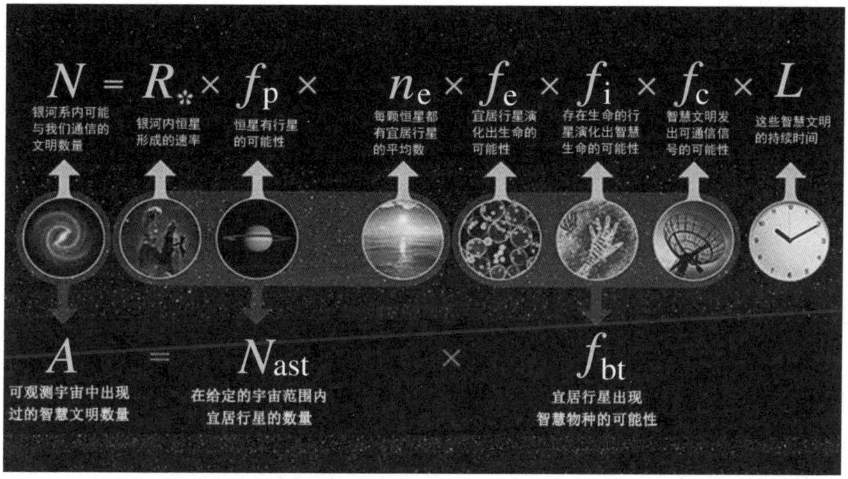


德雷克公式：宇宙中只有人类的概率有多少？一千万亿亿分之一

奇》卷九："可见天意有定，如此巧合。"一是极小概率——若干小概率事件一起发生；二是天意——至高无上。

**绝妙的定义是"事物的最高思想和意识境界"。因为是最高境界，所以绝妙在现实中极少出现，绝妙创意、绝妙之作在任何领域都是极少现象。因此，绝妙是极小概率。绝妙从定义、概率和"多重联系、多个巧合"的代名词来看，都是最接近实际零概率的方法和现象。**

**多重联系、多个巧合——绝妙，是宇宙万象的最高构成方法。在思想意识领域，绝妙是一种最接近实际零概率的终极方法和极限智慧。绝妙创造宇宙和生命，绝妙创造万物。**

**绝妙是宇宙的本质。**

绝妙联系即多重联系、多个巧合——实际零概率，实际零概率的联系是不可能联系，因此，绝妙是一种不可能联系，结果是使不可能变可能——奇迹（霍金称为"表观奇迹"）。

联系产生方法，一种联系产生一种方法，多种联系产生最佳方法。一个巧合是巧合——小概率——其他方法，多个巧合就是不可思议——实际零概率（极小概率）——绝妙！

## 宇宙的本质特征是多个不可思议的巧合——绝妙

霍金认为："我们是在一组冷冰冰的物理规律支配下，因一系列**极其幸运的**

**巧合**出现而诞生的。大爆炸发生那刻，宇宙的历史就有无数的可能性，或说宇宙具有每一种可能的历史，每个历史具有自身的概率；我们只不过恰巧诞生在其中的一个，刚好是三维，具有现在所知的物理规律，又恰巧存在能让我们诞生的宇宙而已。我们的存在是一系列**难以相信的巧合**所致，但由于存在的宇宙也趋近无限，换而言之，我们的出现只是一个概率问题，跟神没关系。”

“只要改变宇宙的那些规则，我们存在的条件就消失了。若非在物理定律的精确细节上的一系列**令人吃惊的巧合**，计算表明，如果把强相互作用的强度改变0.5%，或者把电磁相互作用的强度改变4%，碳和氧这两个对生命至关重要的元素就不会出现；哪怕把质子的质量增加0.2%，它就会迅速衰变，从而根本不会有任何化学现象。另外，空间还必须是三维的，否则行星轨道就会不稳定。”

“真正的奇迹在于，逻辑的抽象思考达成了一个能够预言和描述我们看到的令人惊讶的千姿百态的浩瀚宇宙的唯一理论。它就将是以往3000多年来智力探索的成功终结。我们就将找到绝妙设计。”

**霍金用“绝妙设计”和“三个巧合”概括宇宙的本质和特征：一系列极其幸运的巧合、一系列难以相信的巧合、一系列令人吃惊的巧合——绝妙设计。**

当今人类科学最复杂、最精密的超大规模集成电路，需要100亿个晶体管和上万道工序。比集成电路复杂、精密亿万倍的宇宙天体系统，以及高度智能化代码所编译、驱动运行的生命细胞体系和生物体的循环、代谢、免疫、运动、遗传、自组织等精密系统，它们的存在不仅是实际零概率，而且只能用“绝妙”来形容。

莫利森（美国国家科学院原院长）说：“我们能够用千真万确的数学证明，宇宙由一位超然的工程师设计、施工”“根据数学来推论，地球（其生物生存条件）确实是为了繁殖生命而预备的，绝非碰巧。”

宇宙明显是被设计出来的。如果它是一件作品，那么肯定有个创造者。这个创造者就是

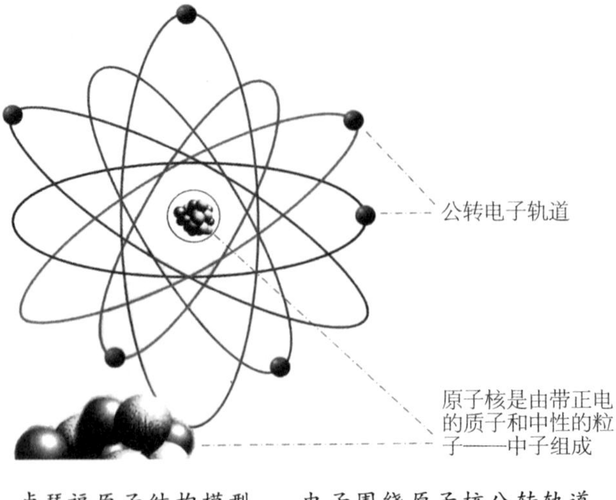


卢瑟福原子结构模型——电子围绕原子核公转轨道（与太阳系行星轨道类同）——多重联系（连接交汇）、多个巧合（相似相同）——绝妙

宇宙自身。宇宙自生、自组织、自演进、自创造，宇宙自身就是超级智慧。**这个超级智慧的方法和程序就是“绝妙”——多重联系、多个巧合——实际零概率（极小概率）——不可能变可能——奇迹——神通——不可思议。**

“绝妙”是创造奇迹、不可思议的方法，也是唯一可以让人失态的方法。成语“拍案叫绝”就充分说明了这点，绝妙能让人拍桌子叫好。除了绝妙，没有任何方法可以做到！为什么会拍案叫绝？因为你看到了多个巧合，你看到了不可能变可能，你看到了不可思议和神通。

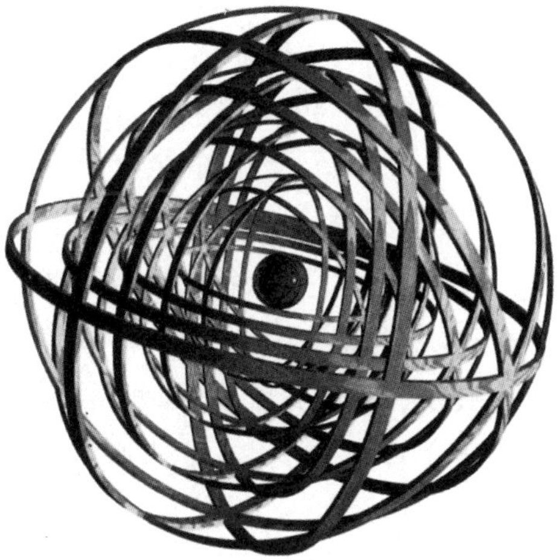

太阳系行星轨道——多重联系（连接）、多个巧合（相似）——绝妙设计

宇宙在众多的随机之中存在惊人的和谐。宇宙有一些基本参数，它们被微调到几乎是小数点后面无穷位数字，使宇宙能够支持生命。怎么能保证它们是唯一的值呢？怎么保证它们只取这些值呢？因为它们出现的概率：一除以六，小数点后跟着无数个 0，这些数目如此之多，即使你在宇宙中每个质子和中子上都刻上一个 0 都不能将其完全表达。

我称之为实际零概率。这意味着不可能变可能、不可能的事发生了——神通—— 超智慧的、绝妙的设计。

**宇宙万物存在那么多联系，这些联系存在那么多巧合。多重联系统一于唯一的值，这是“绝”（绝无仅有），这是唯一。一两个巧合只是巧合，多个巧合就是不可思议，这是“妙”（妙不可言）。尽其所系是为绝，多个巧合方为妙——绝妙。宇宙万物的联系是绝妙的，宇宙是用“绝妙”的方式创造构成的。**

## 绝妙是宇宙最高的方法——宇宙是用“绝无仅有，妙不可言”的方式创造的

宇宙不是随机和偶然而生的，它是被设计出来的，它的一切是有规律和必然联系的，它们统一于一个**绝无仅有（绝）、妙不可言（妙）**的程序——绝妙。绝

妙的特征是多重联系、多个巧合，这一特征贯穿于万物的构造之中。这决定了宇宙各部分具有惊人的系统性规律和相似性。

世界的本源是基本粒子，粒子世界的对称性和能量守恒定律决定了自然界和宇宙的对称性。对称性在科学、哲学和艺术中起着重要作用，等同于美、协调、秩序和完善。天体都沿着圆周运行，因为圆是对称度最高的几何图形。

“对称”的定义是“物体相同部分有规律的重复，物体的各部分在大小、形状和排列上具有一一对应的关系”。这种**“有规律的重复”和“一一对应”就是多个巧合**。**“物体的各部分”就是多重联系**。对称就是各部分大小、形状、排列**恰巧吻合**，对称即巧合。

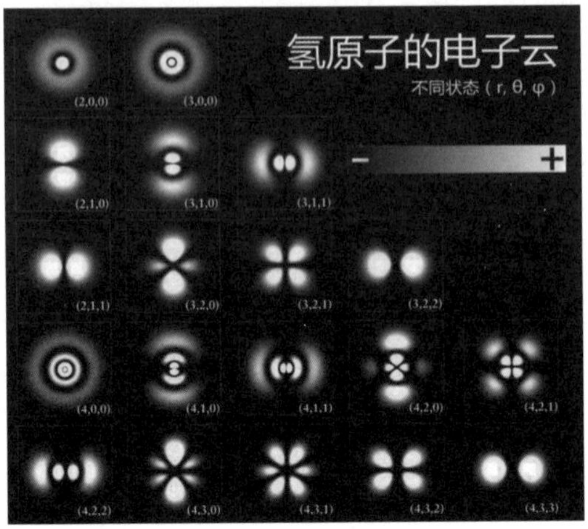

电子不同状态的对称性

惟妙惟肖是指“模仿得非常逼真”。物体各部分的重复和对应，就是一种逼真的模仿——巧合——妙肖。

对称性是宇宙的秩序。博登海默认为：“秩序指在自然进程和社会进程中都存在着某种程序的一致性、连续性和确定性。”一致性即巧合，连续性即联系，确定性即巧合和联系决定的规律性。

菲尔丁说：“秩序就是正确的规律和事物永久的合理性。”秩序即规律，绝妙即永久的合理性。

对称、秩序和规律的本质都是多重联系、多个巧合——绝妙。宇宙万物的本质是绝妙。

弦理论被科学界认为是大统一理论和万物理论，弦理论本身最大的特点就是对偶（对称）。

大自然中的许多植物、动物，都有一个共同且鲜明的特征，那就是对称，尤其是动物都具有类似的对称性的五官和肢体，都恰巧有一对。对称是一个又一个的巧合联系。

宇宙的本体是虚空，这个虚空处于完美对称的状态。粒子与反粒子、质子与反质子、中子与反中子、原子与反原子两两对称巧合：质量、寿命相等，自旋、磁矩相反。宇宙的四种力：引力和电磁力对称巧合，强核力和弱核力对称巧合。相互作用（多重联系），方向相反，力值均等（多个巧合），能量守恒，完美对称，统一成一个单一的“超力”——宇宙诞生时唯一的力，即大统一力。宇宙本体的构成方式是多重联系、多个巧合的绝妙。

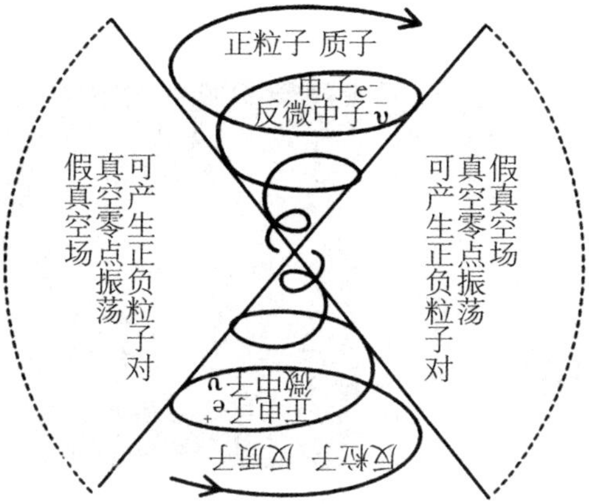


**正、反粒子纵向叠加**

**正、反粒子横向叠加**

宇宙本体构成方式——多重联系、多个巧合——多元对称

物理学最伟大的定理之一“诺特定理”认为：每一个对称性都有一个相关的守恒定律，每一个守恒定律都有一个相关的对称性。简单地说，物理定律和宇宙规律是对称的。对称性是守恒定律的根源。

量子理论与广义相对论结合的弦理论，因为包含了很多对称和超对称，其基础仍然是诺特定理。物理学家认为：如果能找到万有理论，那么诺特定理无疑将是其核心和关键。对称性是大统一理论的核心。

**“巧妙”这个词告诉我们：有巧合才有绝妙。**

对称构造了整个世界，对称维系着整个世界，对称统治和主宰着世界的结构和秩序。对称具有规律性的力量，使天下万物无以违逆，不可抗拒！

多重联系、多个巧合的绝妙，是人类基因和集体意识中完美和结构的代名词。你用绝妙说服人，相当于给人一个完美的解释，给人一个完整的结构，给人一个完善的秩序。绝妙是完美的代名词，没人能抵挡完美。绝妙是永恒的规律性力量，不可违逆，天下臣服。

多重联系侧重于生成，多个巧合侧重于构成。

多重联系、多个巧合就是系统和结构。绝妙的说服力在于，直接给你一个结构和系统，而别的说服方法只给你一个点、一条线，绝妙是给你一个立方体。绝妙是立体说服、结构说服和系统说服。别的说服方法是点式说服、线式说服，一隅之说，失之偏颇，残缺不全。绝妙给你一个完美的整体结构。完美的结构一定不是一元对称和巧合，而是多元对称和巧合。

所以，**绝妙即服。把事做到绝妙，不仅立即说服，而且立即舒服，极度舒服。绝妙即说服、舒服、佩服。**

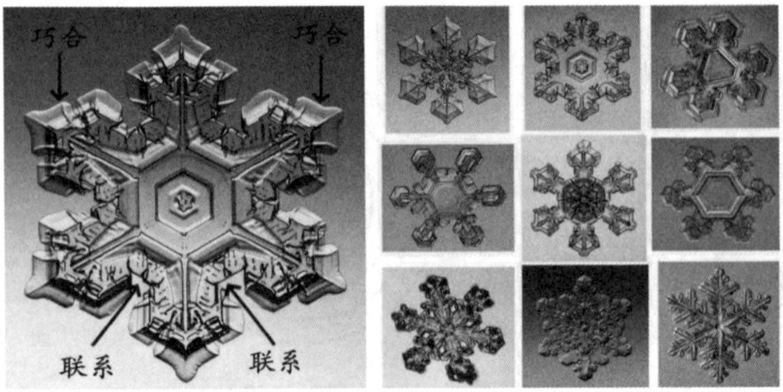


水的结晶——多重联系（连接）、多个巧合（相似）——多元对称的秩序之美

艺术图案——多重联系、多个巧合——多元对称的秩序之美——极度舒服

**绝妙——绝无仅有（唯一），妙不可言（不可思议）。宇宙万物是用“绝无仅有，妙不可言——多重联系，多个巧合”的方式联系起来的。**老子称“道”为“玄之又玄，众妙之门”，道即玄妙，我称之为绝妙。我们主要关注方法论，即“用”而不是“体”，“绝妙”显得更贴切。

**无限受限于唯一（实际零概率），无限物能统一于唯一之中，无穷变幻固定于唯一之中。这个唯一就是道、最高、最佳，这就是“绝妙”。**

米兰大教堂——建筑的多元对称、多个巧合——完美结构

设计—规律—联系—绝妙。四者互等。

绝妙就是唯一、最高、不二、天道。

宇宙是一个绝妙的设计。宇宙的一切都有不可思议的绝妙联系。造物、创造和创意就是把事物联系起来，这些联系巧合到了不可思议的程度，就是绝妙，也叫绝妙联系。

物质不灭，能量守恒，造物和创造不是无中生有，而是把事物联系起来，产生新的事物。改变联系就是创造条件，就是造物。$H_2 + O \longrightarrow H_2O$（水）。一切事物都是联系！一切联系都是绝妙！

**宇宙的绝妙超出人类的理解，不可能用人类的思维和语言来解释，这就是绝妙的“妙不可言”和“不可思议”。“道可道，非常道。”道可以解释和表述，它就不是天道了。道是妙，不可言。**

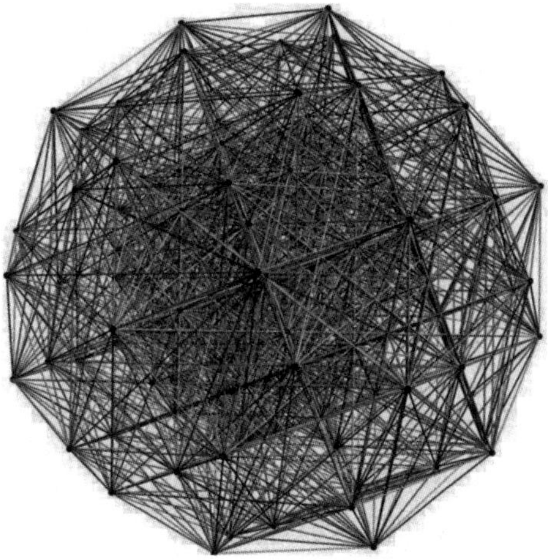

E8：数学家发现了复杂的248维对称结构，称为“E8”，也称为“李氏力场”，这些场描述了宇宙中最复杂的形状。E8可能是整个宇宙的图像。物理学家认为多重联系、多个巧合的对称性是宇宙的关键，是万物理论及大统一理论

联系，哲学上叫普遍联系，指事物内部矛盾双方和事物之间发生的关系（联系）。事物的联系是普遍存在的、多种多样的。万物互相联系，它们的整体联系组合值是唯一的。因此，万物联系不是随机偶然的，而是精密计算和绝妙设计的。因此，你发现万物之间的联系，就发现了宇宙的程序和构造的方法。

量子力学创始人海森伯说：“在近代物理学中，我们不是把世界分成不同的物体，而是分成不同的联系……我们所能识别的只是在某个现象中最为重要的那种联系。不同类型联系的交错、重叠，决定着世界的整体结构。”重叠是“相同东西的堆叠”——巧合。交错是多重联系，重叠是多个巧合。绝妙决定世界的结构。世界的本质和结构是绝妙。

**你发现了联系，就等于发现了规律、定理和通关的方法！**

**你发现了多重联系、多个巧合，就等于发现了世界的秘密！**

我们讲了半天，就是为了得出这个结论——“方法之王”的推论：你从任何角度思考研究，都会得出宇宙是随机偶然形成的结论。只有从联系论切入，你才能发现天机——内部联系（其小无内）产生物质，外部联系（其大无外）产生宇宙。联系产生万物，万物的整体联系无比精密、无限复杂但统一于唯一的值，唯

一一种可能！——尽系为绝。万物之间的联系存在那么多的巧合——多巧为妙。宇宙万物的联系是绝妙的！宇宙是一场精妙的计算和绝妙的设计。因此，**找到联系就是找到宇宙的程序，找到联系就是找到方法。找到多重联系就是找到超智慧方法，就是找到绝妙。**

**绝妙设计即绝妙联系。宇宙方法即绝妙联系——多重联系、多个巧合——不可思议的联系。**

万物看似随机，其实处处都有巧合。正是因为不计其数的实际零概率的交叉和叠加巧合，造就了宇宙绝妙之美。**一两个巧合是巧合，多个巧合只有一个解释：这不是巧合，而是绝妙。**智慧的最高境界就是绝妙。宇宙不是随机巧合，而是智慧绝妙。万物不是一堆子，而是一局棋，一局天棋，招招绝妙。

无穷的巧合即为无上的绝妙，下面以**牛顿的模型和爱因斯坦的咖啡杯**为例阐述。

哈雷是牛顿的好友，英国著名天文学家，哈雷彗星的轨道就是他推算出来的，他认为宇宙是随机形成的。有一次，牛顿造了一个太阳系模型，中央是一个镀金的太阳，四周各大行星各照各的位置排列整齐，一拉曲柄，各星球立即按照自己的轨道和谐地转动，形象又非常美妙。哈雷看到这个模型，惊叹不已，问这是谁造的。牛顿回答说，这个模型没有人设计和制造，只不过是偶然间各种材料凑巧碰在一起而形成的。哈雷说，无论如何必定有人造它，并且是位天才。

这时牛顿拍着哈雷的肩膀说："这个模型虽然精巧，但比起真正的太阳系，实在算不上什么，你尚且相信一定有人制造它，那么比这个模型精巧亿万倍的太阳系，岂不是应该由高级智慧创造出来的吗？"哈雷恍然大悟。

有一天，有位记者就宇宙起源问题访问爱因斯坦。正好，爱因斯坦刚送走一位客人。爱因斯坦问："记者先生，您是否知道是谁将咖啡杯等物放于此处的？"记者答道："自然是阁下。"爱因斯坦接着说："小如咖啡杯等物，尚且需要一种力量来安排。那么您想一想，宇宙拥有多少星球，而每一星球均按一定轨道运行无间，这么精密复杂的安排即是高级智慧。"

爱因斯坦关于宇宙有句名言："一切都是安排好的。"他为什么不说"一切都是有人创造的"？因为，事物本身是创造，事物之间的整体联系是安排（安放排列）。因此，研究事物本身，难以发现真相，研究事物联系，你才能找到宇宙的秘密和方法。爱因斯坦从事物的联系中找到了打开宇宙之门的钥匙，并且用联系发现了质能方程。

存在让我们发现了随机。**联系让我们发现了规律和智慧。绝妙（多重联系、多个巧合）让我们发现了宇宙最高的规律和智慧**。

“宇宙是绝妙的设计”是一个古老的想法。18 世纪时 William Paley 有个观点：如果你在森林里找到一块手表，那么你可以假定先有一个钟表匠，因为精妙复杂的事情不会自己发生。同样，宇宙本身就证明了它的制造者的存在。

宇宙是它本身的创造者，**智慧创造知识，超级智慧创造智慧**。

人类是三维空间生命，只能掌控一维、二维，对四维看不见、摸不到。对于四维生命而言，我们可能只是程序产生的模型一样的存在，好比卡通人物对于我们而言只不过是存在于二维的动漫书里。高维空间生命可以对低维空间生命随意掌控，高维空间生命对于低维空间生命就是造物主和神。

所谓的造物主和神，其实就是高级智慧或高维空间的生命。对于三维空间的人类，他们就是超级智慧、高灵和神级文明。文明（智慧）与文明之间最大的差距是维度的差距。

## 找到联系等于找到方法——绝妙就是联系，联系就是原力

计算的定义是根据已知量算出未知量。已知与未知之间的桥梁是联系，没有联系就不可能由已知推导出未知，就不能由已知物创造出未知物。

设计就是安排物体内部（分子、原子、粒子）的联系（其小无内）和物体与物体之间的联系（其大无外）。设计即联系。前者是微观世界设计，后者是宏观世界设计。不论是微观还是宏观，都是物质的联系。

联系就是计算和设计的原力。“原力是所有生物创造的一个能量场，包围并渗透着我们，有着凝聚（联系）整个星系的能量。”——欧比旺·克诺比（《星球大战：新希望》）。

联系是宇宙的原力。联系的最高境界是多重联系、多个巧合，绝妙是原力之巅，是宇宙的终极能量。

找到联系就是找到方法，找到联系就是找到能量。找到绝妙就是找到最高方法和能量。

量子物理认为“万物皆为联系”，量子纠缠中的粒子之间的纠缠现象本质，可能源于非物质的东西——意识。正是因为处于量子纠缠中的粒子之间的通信联

系所依靠的不是具有质量的物质传输，而是无质量的非物质传输，所以它完全可以超越光速，实现无限距离纠缠联系。量子纠缠的超距作用超越了四维时空的约束（不可能联系），是非局域性的。**这个世界中的万物并不是以连续的、点对点的局域性方式相互作用，而是通过“非局域”（超时空）的方式相联系**。这表明宇宙的整体性在冥冥之中存在多维度联系和巧合。而著名的巴克斯特实验证明万物皆有意识，如果把宇宙比喻成一台电脑，那意识可能就是电源和电流，通过开启宇宙意识，实现万物互联，演化发展。

**世间绝妙唯联系**。缘的定义是“发生**联系**的机会”。缘分的定义是“人与人或人与事物之间发生**联系**的可能性”。佛法讲因缘、妙缘，二者皆为联系。社会学讲人缘、血缘，缘就是联系。

《大乘入楞伽经》曰：“**一切法因缘生。**”**一切方法因为联系而生**。

《楞严经》曰：“彼外道等，常说自然，我说因缘。”

《楞严经》曰：“佛教因缘为宗，以佛圣教自浅至深，说一切法，不出因缘二字。”《维摩诘经》“佛国品”注：“力强为因，力弱为缘。前后相生，因也；现相助成，缘也，诸法要因缘相假，然后成立。”

**世界万物皆因缘和合而成**。**宇宙万象皆由绝妙联系而生**。

星云大师说：“如果有人问我一生之中，体会最深的佛法是什么？我会毫不犹豫地回答他：‘因缘能成就一切。’”

佛教对一切事物不讲开始和结束，只讲“因缘”——联系。缘起则有，缘灭则无。一切都是联系，无联系则无一切。二维空间是三维空间的投影，三维空间（现实世界）是四维空间（投影源）的投影。在四维空间里，时间不是常量而是变量，时间是卷曲的，不存在开始和结束，只存在两维的联系。

缘起性空，投影和投影源的相都是性空虚空，无上正觉起于缘而空于性。无上真理不存在于投影或投影源上，而存在于投影和投影源之间的联系上。低维要素的多重联系和多个巧合产生高维。每增加一个维度就增加一个变量，就增加无穷变数。二维空间相对于三维空间，面积被超越了。三维空间对于四维空间，时间被超越了。超越无尽，唯有联系。唯一无法超越的只有联系。宇宙起于缘，而不是源。

**因缘即相生相助，相生是直接联系，相助是间接联系**。**相生相助皆为联系**。**因缘即联系，即绝妙，绝妙联系是万法的根本和最高境界**。

套用《楞严经》的说法：一切方法不出“绝妙”二字！慈悲喜舍我是佛，云水三千妙因缘。佛教简单来讲就是两句话，一讲妙法，二讲因缘。绝妙联系是一切法、根本法。

**佛经强调“因缘和合，而生万法”“世间万法，都是因缘和合而生”，这里的“和”指适中、恰到好处。“和合”指恰巧合适——巧合。联系 + 巧合 = 万法之法。**

机缘巧合，联系 + 巧合 = 万事可成。天时、地利、人和处于叠加态和绝妙态。

## 大脑就是一个宇宙，宇宙就是一个大脑

宇宙和大脑，看起来似乎是两个完全没有联系的东西，但是随着科学的深入研究发现，大脑的组成结构居然和宇宙有着惊人的相似和巧合，从表面看起来，宇宙似乎就是一个超级大脑。

克里斯托弗·科赫（《意识探秘：意识的神经生物学研究》《意识与脑：一个还原论者的浪漫自白》的作者）对大脑惊呼“已知宇宙中最复杂的结构”，大脑拥有1000亿个神经元和100万亿个连接点。大脑灰质皮层（占大脑质量的80%）包含约60亿个神经元。小脑大约有690亿个神经元。有趣的是，人类大脑中神经元的总数与宇宙中可观测到的星系的数量大致相同。

**脑细胞与宇宙高度相似。**《纽约时报》刊登的两张照片，一张是老鼠的脑细胞（左），一张是宇宙（右）。早期宇宙中星系互连关系，与大脑神经元相互连接相似，几乎无法分辨两张图之间的不同，大脑细胞与宇宙拥有一样的结构。

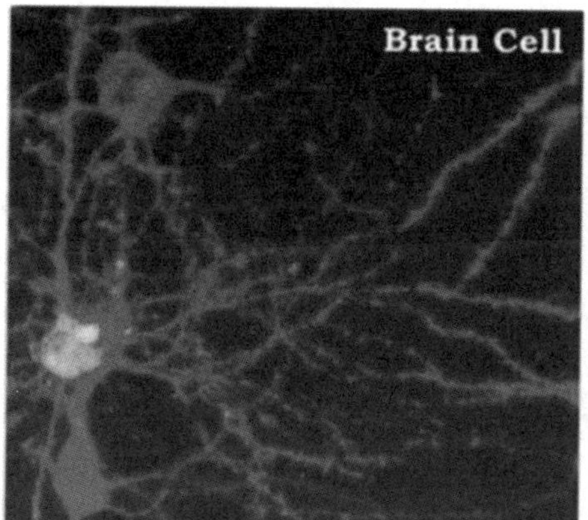


老鼠的脑细胞

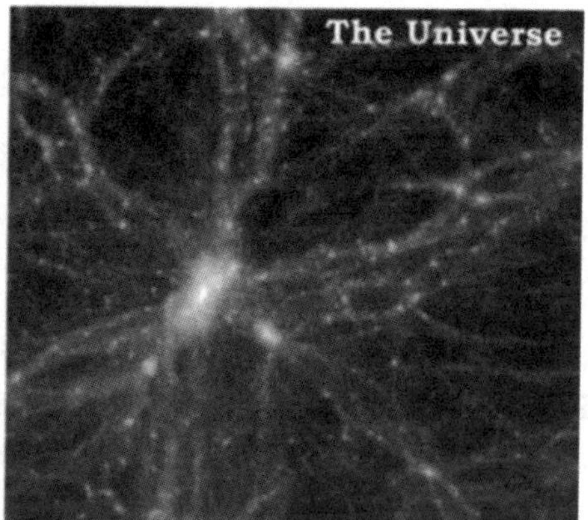


宇宙

**事实上，宇宙网络与人脑的相似性比与宇宙内部星系的相似性更高，换句话说，神经元网络与宇宙网络的相似性要比与宇宙网络的某一内部结构更相似，所以说人类的神经网络和星系之间的宇宙网络的确有着惊人的相似之处。**

古老的印度教的宇宙观——“因为是最小的，所以也是最大的”（As it is the smallest，so it is the greatest）。随着越来越多的宇宙的真相被发现和证实，人们会发现道家所说的“人体是一个小宇宙”和佛家所讲的“一粒沙里有三千大千世界”和“一花一世界，一树一菩提”是更高的科学。这些修身修心的最高心法可能是真实的。我们的大脑即宇宙，宇宙即我们的大脑。

作家朱迪思·霍珀（Judith Hopper）和她的先生迪克·特瑞西（Dick Teresi）合写的《三磅宇宙》（*Three Pound Universe*）中，把人脑比作三磅重的宇宙。在书的第33页，有两张图片，一张是大脑皮层，一张是宇宙暗物质，这两张图片也是惊人的相似，说明大脑就像一个微缩宇宙，而宇宙则是一个巨型的大脑。

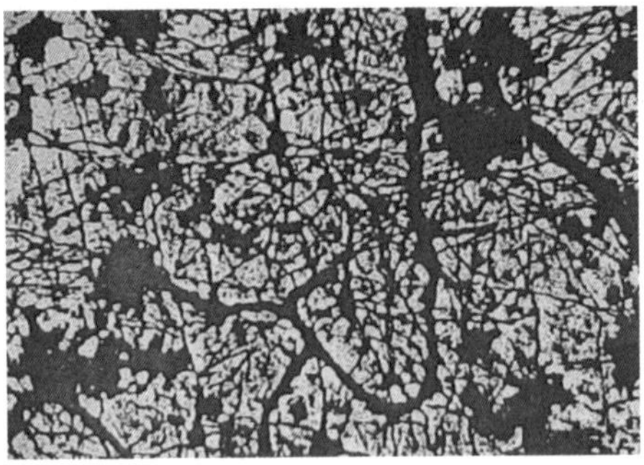

大脑皮层

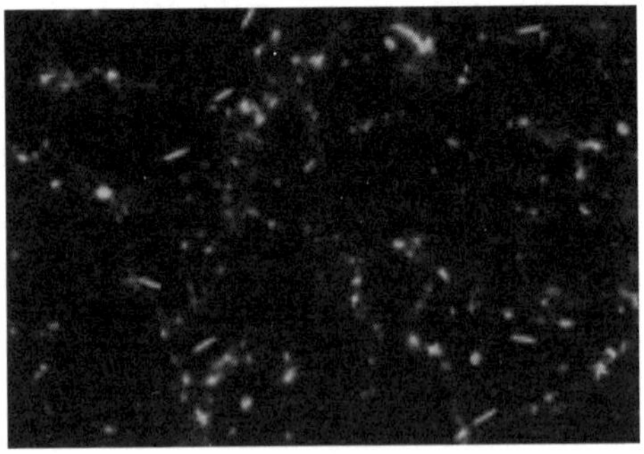

宇宙暗物质

**所有网络的生长动力就是寻求联系。**

2012年11月16日，《自然》杂志刊发了一篇研究论文，其观点是宇宙的成长过程和结构与大脑细胞的生成过程和结构几乎一模一样。某些未知的规律可能支配着多种或大或小的系统，从脑细胞之间的电信号传递，到社交网络的扩充，乃至宇宙的膨胀。

物理学家德米特里·戈里尤可夫说：**不同的网络，如互联网、大脑和社交网络，其自然的生长动力是一样的——寻求联系。**

研究人员开发了一个计算机模拟程序，将早期宇宙分成尽可能小的单元，其中时空单元比亚原子的粒子还小。模拟程序将所有的量子（或称节点）联系在一个巨大的、具有因果关系的天体网络中。

随着模拟的进行，宇宙的历史中加入了越来越多的时空单元，星系中物质的网络连接由此也不断增长。当研究人员将宇宙历史的增长方式与社交网络或者大脑回路增长方式对比时，发现这些网络都以相似的方式扩展：**它们会协调相似节点与诸多连接节点之间的关系。相邻的大脑细胞趋向于连接，同时也会寻求与连接着众多细胞的神经元建立联系。**

德国马克斯·普朗克研究所利用哈勃太空望远镜、甚大望远镜、英国红外线望远镜（UKIRT）和日本昴星团望远镜（Subaru）进行宇宙深空拍摄，用超级计算机模拟宇宙图像——“宇宙网”，并且经研究证明：宇宙里星系和物质的分布并不是随机的，星系是以类似巨大网络，也即宇宙网的形式合理组织——相互联系，节点相似。这个宇宙网拥有由星系群和团组成的密集区域，也有不包含星系的稀疏地区，还有连接高密度区域之间的细丝（寻求联系的触手）——在星系进化中起着非常重要的作用。

**宇宙网的组织形式、联系方式是多重联系、多个巧合——绝妙。**

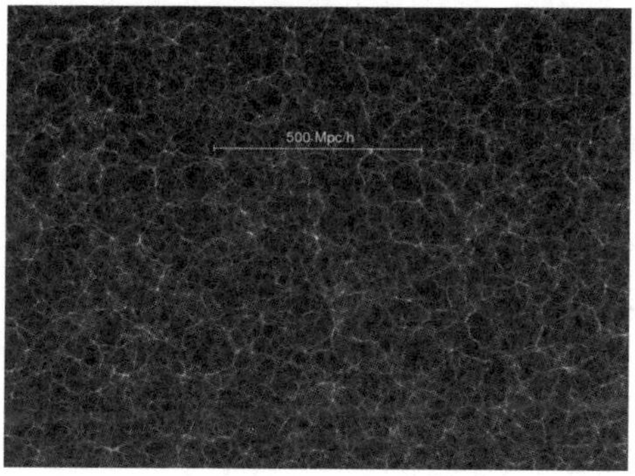


宇宙网——500mpc/h = 1630 兆光年距离

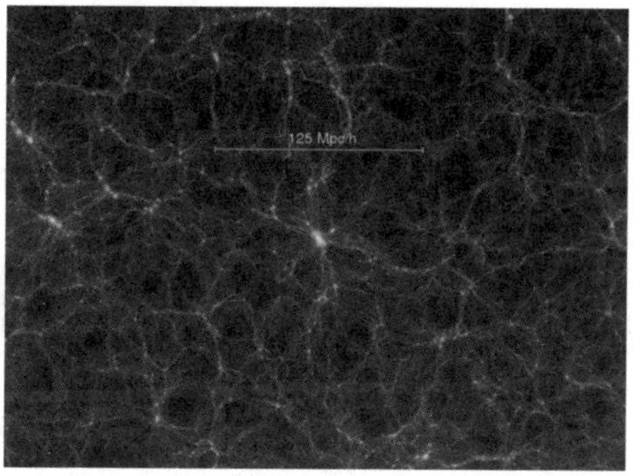


宇宙网——多重联系（交汇连接）、多个巧合（节点相似）——125mpc/h = 408 兆光年距离

宇宙网六角形节点的多元对称——多重联系（六角同心）、多个巧合（六角相似）——31.25mpc/h = 102 兆光年距离

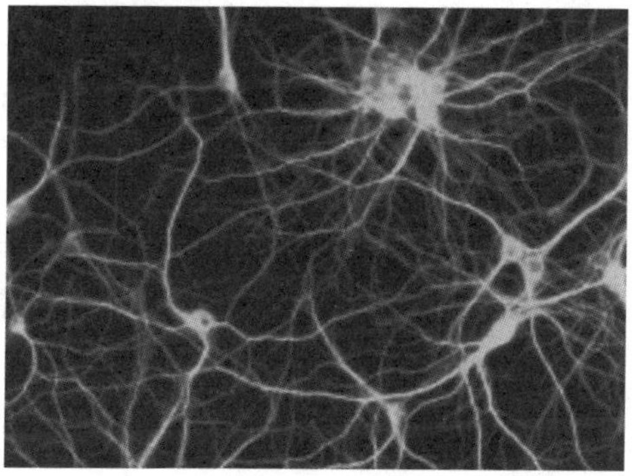

人脑神经网——多重联系（交汇连接）、多个巧合（节点相似）

日本脑科学家春山茂雄发现人的大脑细胞仅激活应用不到 4%，至今仍有 96% 左右的脑细胞终生处于休眠状态。2003 年世界科技界十大发现中的第一大发现就是人类对宇宙物质能量的认知只占 4%，还有 96% 的宇宙物质能量未被发现与认知。这两次重大发现中有着惊人的巧合：人类大脑还有 96% 左右的细胞终生处于休眠状态，宇宙中还有 96% 的物质能量至今不被人类所认知。人脑与宇宙究竟有什么联系？

**曾经有过这么一种猜想，说宇宙万物都只不过一场梦而已，从大脑和宇宙这么惊人的相似来看，宇宙可能就是超级智慧的大脑，宇宙万物不过是超级智慧大脑里的一场梦。**

宇宙是一个巨大的因果联系的天体网络。人脑与宇宙的联系可能是人类未来最大的秘密和前途。

社交网络、人脑和宇宙的本质和规律是联系——趋向联系、寻求联系。世界进入互联网链接时代，链接就是联系。世界的本质是联系。尤其在互联网时代，世界正在无限趋向这个本质。

**联系不仅大于拥有，联系还大于一切，联系甚至就是一切。**

## 一切都是联系，联系就是一切

爱因斯坦说：“关于宇宙最难以理解的事，就是它竟然可以被我们理解。”这句话简单讲就是“宇宙的一切竟然是相互联系的”。意思是天地运行来源于规律联系，万物运转满足于数学关系（联系）——万物皆数。如果是无序无律无联系，我们永远无法理解宇宙。

**宇宙最高的秘密和方法：宇宙和生命来自实际零概率的多重联系、多个巧合的绝妙设计**。没有联系就没有认知。**因为联系，所以理解。联系产生规律，联系产生认知，联系产生方法。**

**宇宙的法则就是将一切存在有机地联系在一起，通过联系产生物质和能量，并生成网络体系，通过“寻求联系”并网扩容，无限膨胀。这就是“道”，这就是“规律”。**

宇宙网即天网，由高维能量和暗物质维系在一起，联系犹如“星际高速公路”，把一切串联。有联系，方有抵达。

天网 = 联系。

天网就是联系和规律。老子认为人世间的一切都符合宇宙规律，这种规律控制着整个宇宙的演化，任何违背这种规律的人和事物都会遭受相应的惩罚，这正是《道德经》中所谓的“天网恢恢，疏而不失”。

规律的定义是“事物之间的必然联系”，规律 = 真理：这个世界任何物质都受规律约束，彼此对立又互相联系、统一。规律是自然界和社会诸现象之间必然、本质、稳定和反复出现的关系（联系）。“对立统一”是指二元对立的要素的巧合，作为哲学范畴的对称是指宇宙的根本规律是对立统一规律（对立统一即对称、绝妙）。“反复出现”是指不同现象的巧合。规律是多重联系、多个巧合，规律即绝妙。宇宙就是通过这些绝妙设计的规律联系网，形成了天地万物的体系。

什么是量子纠缠？以两颗向相反方向移动但速率相同的电子为例，即使一颗行至太阳边，一颗行至冥王星边，在如此遥远的距离下，它们仍有即时联系：当其中一颗状态发生变化，另一颗也会即时发生相应的状态变化。如此鬼魅的**即时超距**作用（是光速的 10000 倍）说明：这不是两颗相对独立的电子，而是一个不可分割的整体。

量子物理学家认为：“基本粒子不是独立存在、不可分解的实体，它本质上是一组外延而涉及其他事物的关系。”——**基本粒子不是实体，而是联系。世界的本源是基本粒子，世界的本源是联系而不是实体**。宇宙万事万物是相互联系、相互依存和不可分割的联系网。

在经典力学里，最重要的是物质。**在量子力学中，最重要的是联系**。最新的科学进展——靴袢理论和波穆、海森伯的研究表明：**事物之间的联系才是实在，联系实在论将取代物质实在论**。

龙树认为：“事物从相互依存性中派生出自己的存在和性质，而就它们本身来说，却什么也没有。”

天体、地球、人体、细胞、元素……它们的距离长短、排列组合、相互作用等，我称之为“联系”，用绝妙的形式构成了宇宙万物。**事物的联系是高维方法和绝妙设计的结果，通过联系就能发现方法，通过多重联系就能发现最高方法—— 绝妙。绝妙联系（多重联系、多个巧合）创造宇宙和万物——这是宇宙最高的秘密，也是宇宙最高的智慧！**

**绝妙联系即惊天秘密，超智慧方法。**

**绝妙即超级认知力、极限智慧和超级能量。**

**绝妙联系要求找到多重联系，因此，绝妙联系实质上是发现联系、创造联**

**系、找到不可能联系。发现多重联系等于创造绝妙。**

宇宙的一切表现为联系，一切联系的最高形式是绝妙。

## 公式和定律 = 不可能联系 = 绝妙

发现公式的就是顶级数学家，发现定律的就是顶级物理学家，公式和定律都是绝妙联系，发现绝妙联系，就是发现顶级方法。

雅可比说：“造物主是一位算术家。”

黑格尔说：“数学是上帝描述自然的符号。”

数学的定义是“研究空间结构（空间联系）和数量关系（数的联系）的学问”，即数学是联系学。物理的定义是“研究物质结构（物质内部联系）、物质相互作用和运动规律（物质外部联系）的学问”，故物理也是联系学。

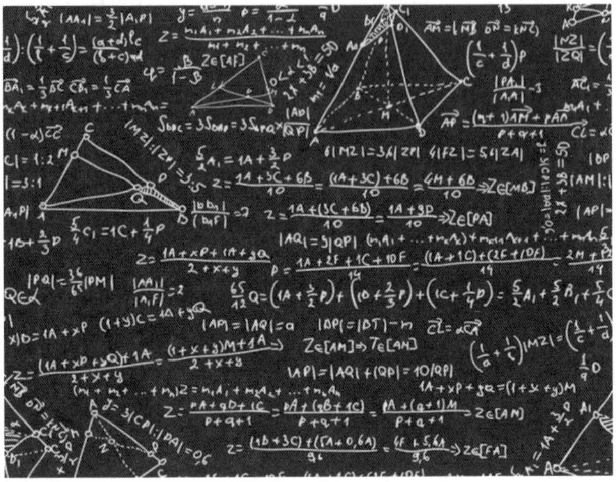

公式就是多个量之间多重联系、多个巧合——公式就是绝妙

公式的定义：“用数学符号表示各个量之间的一定关系（联系），如定律或定理的式子，能普遍应用于同类事物的方式方法。”

公式就是多个量之间的组合联系恰巧相等，多个量的不同联系恰巧等于其中一个量。比如：$1+2+3=6$；$6-1-2=3$；$6-3-1=2$；$6-3-2=1$。这些公式中四个量有四种联系（排列组合）、四种巧合（恰巧相等）。

**公式就是多个量之间的多重联系、多个巧合。公式就是绝妙。**

世界是用数学和物理学建立的，或者说造物主用数学公式和物理公式设计了世界。没有联系，就没有公式，就没有设计。我们来看看公式都有哪些不可思议的联系。

### 一、上帝之数 π

π，是一个无限不循环数字，无穷无尽。π 作为一个几何的概念，竟然能和算术组成一个绝妙的公式：

$$\frac{\pi^2}{6}=1+\frac{1}{2^2}+\frac{1}{3^2}+\frac{1}{4^2}+\cdots$$

一个是代表几何的数字，一个是算术里的奇数序列和平方序列。几何、算术和无穷分析这三大数学分支竟然绝妙地联系在了一起。左边是无理数的平方，右边是有理数的无穷数列，无穷巧合！——无穷无理数和无穷有理数的无穷联系、无穷巧合。

《无言的宇宙》里这样评论："看到这样的公式，阿基米德会目瞪口呆，刘徽会无语凝眸……如果造物主创造了整数，而且他也创造了 π，那或许造物主其实是一台计算机。"

## 二、"联系之王"，宇宙第一公式——欧拉公式

$e^{\pi i}+1=0$。

在所有数中只有 5 个最重要，即 0，1，i，π，e。1748 年，欧拉公式将 5 个最重要的数、最不可能联系的数用最简洁的方式绝妙地联系起来，令人叹为观止！它是一个高维公式，实现了不可能联系。欧拉公式被世人称为最完美的公式。

这五个至关重要的数学元素，通过加、乘、指数三种基本运算组合在了一起。形式上，极致的简洁；意义上，却细思极恐。

（1）自然数 e。自然对数的底，大到飞船的速度，小至蜗牛的螺线，谁能离开它？有了它就有了微积分。

（2）最重要的常数 π。

（3）最重要的运算符号 + 。

（4）最重要的关系符号 = 。

（5）最重要的两个元：0 ，1 。这是数学和哲学上最重要的两个数，是构造群、环、域的基本元素。

（6）最重要的虚单位 i 。虚单位 i 使数轴上的问题扩展到了平面和量子力学。

欧拉公式没有多余的字符，却联系着几乎所有的数学知识。几何、算术、时间和空间都联系在了一起。

欧拉公式，被誉为造物主公式（不可能联系和无限联系即造物之力），又被称为"有史以来最优美的等式"。**这个公式道尽了一切数学之美**。数学家们评价它是"神创造的公式，我们只能看它却不能完全理解它"。

物理学家理查德·费曼惊呼：欧拉公式不但是"数学最奇妙的公式"，也是现

代物理学的定量之根，因为它把最基本的5个数学常数简捷地联系起来，而且也将物理学中的圆周运动、简谐振动、机械波、电磁波、概率波等联系在了一起。

这个公式在图像上的含义如下：

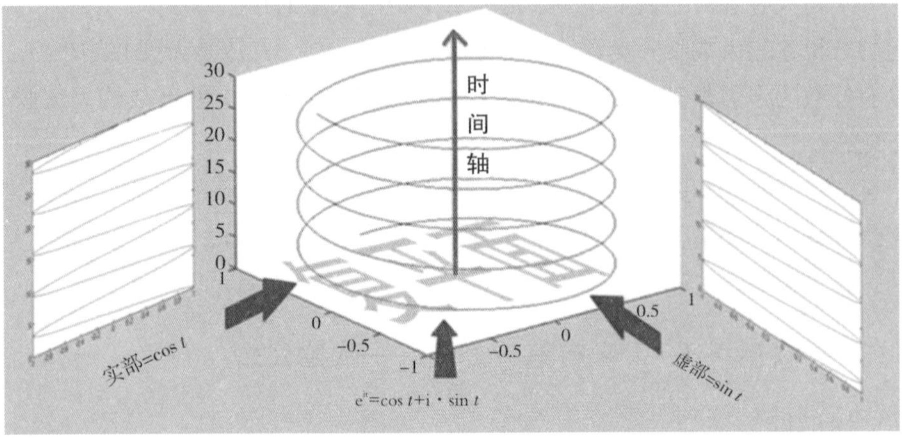


欧拉公式示意图

（制图：Heinrich）

欧拉公式描绘的正是在复平面上做圆周运动的点，随着时间的变化，这个点在时间轴上形成了一条螺旋线。这个公式反映的是宇宙的螺旋结构和运转方式，而这恰恰是万物的形态和轨迹。

**5个不可能联系的常数最简捷地联系在一起，恰巧是万物的形态。这意味着不可能联系或无限联系创造万物，5个量，5种联系，5个巧合。多重联系、多个巧合达到绝妙。**

## 三、麦克斯韦方程式

**公式之间的多重联系、多个巧合——绝妙**

| 名称 | 微分形式 | 积分形式 |
|---|---|---|
| 高斯定律 | $\nabla \cdot E = \frac{\rho}{\varepsilon_0}$ | $\oiint_s D \cdot \mathrm{d}s = \frac{Q}{\varepsilon_0}$ |
| 高斯磁定律 | $\nabla \cdot B = 0$ | $\oiint_s B \cdot \mathrm{d}s = 0$ |
| 法拉第感应定律 | $\nabla \times E = -\frac{\partial B}{\partial t}$ | $\oint_L E \cdot \mathrm{d}l = \frac{\mathrm{d}\Phi_B}{\mathrm{d}t}$ |
| 麦克斯韦－安培定律 | $\nabla \times B = \mu_0 J + \mu_0 \varepsilon_0 \frac{\partial D}{\partial t}$ | $\oint_L H \cdot \mathrm{d}l = \mu_0 I + \mu_0 \frac{\mathrm{d}\Phi_E}{\mathrm{d}t}$ |

任何一个能把这几个公式看懂的人，一定会感到背后有凉风——如果没有造物主，怎么解释如此完美的方程？它把几个不可能联系的、不同能量的不同公式联系起来。这组公式将电的高斯定律、磁的高斯磁定律、法拉第感应定律以及麦克斯韦－安培定律全部联系起来——多重联系、多个巧合——绝妙！科学家的评价是：“一般宇宙间任何的电磁现象，皆可由此方程组解释。”正是因为这个方程组完美统一了整个电磁场，是人类历史上空前绝后的物理学大统一，让**麦克斯韦成为“联系之王”——将电和磁联系起来，产生了划时代的意义。由此发展出了现代电力和电子科技**。

这是商业上最重要的方程。它们不仅制约从家电到电脑的一切运行，还描述除了光之外的波，诸如微波、射电波、红外光和 X 射线。

爱因斯坦始终想要以同样的方式统一引力场，并将宏观与微观的两种力放在同一组公式中——著名的“大统一理论”。“爱因斯坦直到去世都没有走出这个隧道，而如果一旦走出去，我们将会在隧道另一头看到‘造物主’本人。”

大统一理论，又称为万物之理，由于微观粒子之间仅存在四种相互作用力—— 万有引力、电磁力、强相互作用力、弱相互作用力，理论上宇宙间所有现象都可以用这四种作用力来解释。通过进一步研究这四种作用力之间的联系与统一，寻找能统一说明这四种相互作用力的理论或模型称为大统一理论。

**方法之王——绝妙联系，是方法世界的大统一理论，统一各业顶级方法，是一切领域的最高境界**。

爱因斯坦毕生的愿望就是成为“联系之王”，把这四种力联系起来，成为万理之理。找到多重联系就是找到绝妙，就是找到“造物主”。

没有完成大统一理论，但是爱因斯坦完成了另一项伟大的联系：质量和能量的联系。原本在经典物理学里完全没有联系、不可能有联系的两个概念，完成了联系，产生了相对论这一划时代的理论。

**完成联系就是革命！**

## 四、爱因斯坦质能方程式：$E=MC^2$

质量是静止的，能量是运动的，在牛顿时代两者完全不可能联系在一起！动静如何相通？原来能量储存下来就是质量，质量高速运动就是能量。爱因斯坦质能方程式把能量守恒定律和物质不灭定律统一起来。它们之间的兑换率是 $C^2$，$C^2$ 就是它们之间的共同联系。没有 $C^2$ 这个共同联系，$E$ 和 $M$ 就不能等同。$C^2$ 是不可能联系。

$C^2$ 在这里其实是指质量（物体）与动能、势能、光能、磁能、电能、化学能、核能的多重联系，这多种能量统一用 $C^2$——光能的平方来概括或代替。

由以上数理公式可见，在物质世界，宇宙万物是相互联系的，它们的不同联系用不同的公式表述。找到联系就找到公式，找到公式就找到构成，运用公式就是创造事物。在认知领域，万物万事也是相互联系的，它们的不同联系用不同的绝妙表述。

公式、定律和定理都是表达多个量之间的多重联系、多个巧合。它们的本质就是发现事物的联系。公式、定律和定理就是绝妙。人类用绝妙（公式、定律和定理）发现世界、创造万物。

麦肯齐说："一个伟大的公式就像炼金术，它能把一个量转化成另一个看上去风马牛不相及的量，这种**魔力仅仅存在于能够发现其中联系的人中**。"

最不可能相关的事物也会有不可能联系、不可思议联系、绝妙联系，$C^2$ 是不可能联系！找到它就能产生原子能的奇迹，找到它就相当于拥有了炼金术和魔力！绝妙联系是一切创造的根源！

绝妙本身就是一种极小概率的不可能联系。它的多重联系中一定也包含了不可能联系。正如宇宙与人类之间的那么多联系和巧合（绝妙联系）本身就是一种不可能联系，另外二者的多重联系中几乎每一项联系（每一项生命起源的条件）都是不可能联系。

## 五、绝妙 = 不可能联系 = 炼金术和魔力

达·芬奇在钟声和石头砸水的波纹之间找到了多重联系和巧合，使他能够发现声音以波的形式传播。尼古拉·特斯拉（Nikola Tesla）在太阳和电机之间建立多重联系，电机的旋转磁场在电机内部旋转，就像太阳（从我们的角度看）旋转一样，交流电机因此产生。

1820 年，奥斯特注意到电池产生的电流使靠近的罗盘指针偏转，他做了正向联系——运动的电流会产生磁力，于是创造了"电磁"这个术语。法拉第做了反向联系——如果电流能够产生磁场，那么磁场也应该能够产生电流，于是他发明了人类第一台发电机。

狄赛尔在面粉厂粉尘爆炸和压燃式内燃机之间找到三重联系——压缩、燃烧、膨胀，将吸入汽缸的空气高度压缩，使其温度超过燃料的自燃温度，再用高

压空气将燃料吹入汽缸，使之着火燃烧，气体燃烧膨胀推动活塞运动。他首创的压缩点火式内燃机（柴油机）于 1897 年研制成功。

惠特尔在“起花”（一种爆竹）和喷气动力之间找到了三重联系：燃烧、高压气体、反作用力。运用起花点火后，燃气向外喷射的同时给炮体巨大反推力的反冲运动原理，惠特尔发明了喷气发动机（飞机引擎）。

一切造物都是让事物联系起来，达成巧合。氧 = 水？一是 $H_2$，二是 O；氧 = 二氧化碳？一是 C，二是 $O_2$。

造物之力也是造局之力、造势之力、造运之力。造物是把分子联系起来，造局、造势、造运是把“人、财、物、时空”联系起来，把多个结构性要素联系起来，形成多重联系、多个巧合。万事万物的构成和联系都是绝妙的设计，也只能用绝妙来形容。

**绝妙就是事物之间的多重联系、多个巧合——极致联系、不可能联系、不可思议联系。尽其所系为绝，多个巧合为妙。**

**宇宙用绝妙的方式把事物相互联系在一起，你发现了事物的多重联系就发现了绝妙。你把事物多重联系起来，达到多个巧合，就做到了绝妙。**

绝妙为什么要多重联系？因为每个事物都是一个系统。绝妙的主要功能是创造和造物，创造一个新事物就是创造一个新系统。构成系统必须具备三个必要条件：一是要有两个以上的要素；二是要素之间要相互联系、相互作用；三是要素之间的联系和作用必须产生整体功能。宇宙是最大的系统，要素是构成系统的子系统，任何事物必然属于某个系统和自成系统。

系统是指两个以上要素的联系，所以多重联系即多个要素联系，即系统。**绝妙是系统方法。绝妙除了多个要素联系之外，还要达到多个巧合，契合形成完美的结构和整体功能。所以绝妙是最高级的系统方法，大到宇宙，小到原子，都用绝妙方法构成。**

高级、顶级的联系都隐藏在暗处，不能轻易发现。越是不可能联系，越是高级，越是绝妙和伟大。熊大寻的理念是“**我出奇招，你出奇迹**”。奇招就是绝妙。奇 = 妙。奇妙——奇是不可能联系，妙是多个巧合；奇是闻所未闻，妙是不可思议；奇是方式，妙是目的。出奇就是超常规思维，只有超常规，才有不可能。

**只有出奇，用奇招——超凡的思维和视角，才能发现不可能联系、极致联系（多重联系、多个巧合），才能产生绝妙。**欧拉、麦克斯韦、爱因斯坦都是出奇招的高手，他们都通过不可能联系将事物联系在了一起，产生了绝妙的公式。每个公式后面都在现实世界中产生了一系列震撼的奇迹。

奇招——绝妙——奇迹。

科学界有名的合照——发现绝妙联系的人

古罗马哲学家圣·奥古斯丁有一句名言：“奇迹的发生，并不违反大自然的定律，只不过是违反了我们目前所知的大自然。”违反我们所知的大自然，即不可能联系——不可能变可能——奇招和绝妙——奇迹。

数和形以前没有任何联系，可以说是不可能联系。毕达哥拉斯第一个把数与形（代数和几何）联系起来，发现了毕达哥拉斯定理——勾股定理。毕达哥拉斯在发现这个定理的瞬间，又唱又跳，还去祈祷。他觉得这样的绝妙不是人能做到的，只有神灵才可以完成。绝妙通神。出奇才能完成超凡联系。

**出奇制胜，为什么用“出奇”和“制胜”相连而不是其他词？奇是超凡联系、不可能联系。只有出奇才能绝妙，只有绝妙才有奇迹，奇迹是以弱胜强、以少胜多、反败为胜，奇迹是百战百胜！**

## 细思极恐的一串数字

著名导演达伦·阿罗诺夫斯基的电影《π》（《死亡密码》）中，男主角专门研究数字系统的模式和规律，他偶然发现了一套216个数字组成的数，通过这个数可以演算一切规律，也可以预测股票市场，由此引来了各路人马对他的追逐。片尾是重点，一个小女孩问男主角：748除以238是多少？

答案是：3.142857142857142857142857142857142857 14…。

“3.14”对应影片名，最神奇的是3后面的这个奇妙的142857循环，埃及金字塔里就有这一组神奇的数字。

我们把这个142857从1到6按顺序乘一下，就会出现如下6组数字：

$142857 \times 1 = 142857$

$142857 \times 2 = 285714$

$142857 \times 3 = 428571$

$142857 \times 4 = 571428$

$142857 \times 5 = 714285$

$142857 \times 6 = 857142$

神奇之处在于：这6组数字竟然均由1、4、2、8、5、7组成，只是数字之间位置改变了而已。

当142857乘上7的时候，答案是999999。

科学家认为，7是一个最特殊的数字，在计算中，分别用1、2、3、4、5、6去除以7，它们都是由1、4、2、5、8、7组成的无限循环小数：

$1 \div 7 = 0.142857\cdots$

$2 \div 7 = 0.285714\cdots$

$3 \div 7 = 0.428571\cdots$

$4 \div 7 = 0.571428\cdots$

$5 \div 7 = 0.714285\cdots$

$6 \div 7 = 0.857142\cdots$

更为神奇的是，7个1组成的数字与自身相乘（$1111111 \times 1111111$）得出的数字竟然是1234567654321！

惊到了吗？还没完呢……

当我们把142857这个数字分解成两组数字：142，857。

$142 + 857 = 999$

我们将142857分解成三组数字：14，28，57。

$14 + 28 + 57 = 99$；而$1 + 4 + 2 + 8 + 5 + 7 = 27$，$2 + 7 = 9$ 。

当然，这组数字中每间隔两个数字两两相加也都为9（$1 + 8$、$4 + 5$、$2 + 7$）。

当142857乘以142857时，它的结果是20408122449。我们将20408122449分解成两组数字：20408，122449。

$20408 + 122449 = 142857$

事实上，1/7 的答案是 0. 142857142857142857142857 …

360°的 1/7 为：51. 42857142857…

这 6 个数字——1，4，2，8，5，7，藏着多重联系、多个巧合，被称为宇宙的密码和开悟的象征。数字之间的联系与巧合竟然如此玄妙，匪夷所思！让人看完一身冷汗。

**任何事物之间都暗藏着绝妙联系——多重联系、多个巧合。绝妙联系就是秘密，就是钥匙，就是神力。**

数学是宇宙的程序，它如此妙不可言。我们只能相信，宇宙的一切是绝妙的安排，**数学是被发现的，而不是被发明的。**

**《黑客帝国》这部电影讲述宇宙是一个超级程序，创造所有可计算的宇宙。我们的世界可能是一个虚拟的世界，模拟我们宇宙的人还会去模拟所有别的世界。任何你可以想象到的世界，都可以被模拟出来，为什么要创造这么多的宇宙呢？因为创造一切宇宙的程序比创造一个特定宇宙的程序要简单得多。**

**程序的定义：**一个环节，内部嵌套着一系列复杂的数列、逻辑缜密的一个组件，若一个地方出问题则会影响整个主体。

**程序就是数列的逻辑联系。程序就是规律，规律就是联系。**

规律和本质是同等程度的概念。规律 = 本质：规律是指事物之间内在的必然联系和本质联系，决定着事物发展的必然趋向。马克思主义哲学中的规律亦称法则。规律 = 真理：这个世界任何物质都受规律约束，彼此对立又互相联系、统一。

规律 = 本质 = 联系 = 真理 = 绝妙。

规律是无形的，却将一切存在自然而有机地联系在一起（多重联系），这就是道家所说的“道的运行”。一切有来源，有去处，有因有缘，任何一方都联系在一起。规律多种多样，但是**所有的规律都表现为联系，与其说发现规律，不如说发现联系。**

**毕加索说：“对于这个世界，我不是创造，而是去发现。”**人类百万年来与世界的关系，并非创造规律和逻辑，而是去发现事物之间的联系。

爱因斯坦说：“当结论看起来很简单时，一定是创世者在回答。”

**所有的方法其实只是联系。**

## 绝妙 = 巧合联系 = 最高境界 = 方法之王

**天才的核心思维就是“联系”。他们经常把无关的东西联系起来。他们可以**

**在没有关系的地方强行建立联系，在普通人认为是对立的地方建立联系。这就是“奇招”和“出奇”。**

除非你能把我们所知道的信息联系起来，否则光有信息是没有用的。

**乔布斯说：“创造力就是把事物联系起来。当你问有创造力的人他们是如何创新的，他们会觉得有点内疚，因为他们并没有创造什么，他们只是看到了一些联系。”**

要想真正创造出一些令人惊叹的东西，或者为世界做出贡献，你必须能够将无数的点联系起来，并从大量不相关的学科中吸收其思想。

剑桥大学教授 W. I. B. Beveridge 在《科学研究的艺术》一书中写道：**“创意通常来自把想法联系起来，尤其是前人从来没有想象过的联系。”前人未想就是奇招，联系起来就是绝妙。奇产生妙。超凡联系产生绝妙。**

《道德经》说：“以正治国，以奇用兵，以无事取天下。”奇正为道，无事为德，得道方有德，道德取天下。**奇招是大道，不是小技。奇招是常态，不是偶态。**

创意的最高境界是绝妙，形容最高层次创意的词语是“绝妙”，汉语词典解释“绝妙”：事物的最高思想意识境界。绝妙创意：创意 = 多重联系、多个巧合 = 绝妙。

中国有句话叫“无妙不臻”。“臻”即到达，没有绝妙就不能到达。绝妙是中介、桥梁和联系。联邦快递的口号是“使命必达”。快递就是寄件人和收件人之间的联系，有联系才有必达，才有“臻”。

“臻”还有一个意思就是“极致”，即最高境界。因此，绝妙既是联系，也是最高境界。无妙不臻，有妙乃臻。做到绝妙才是最高境界。

**绝妙 = 最高境界 = 方法之王。**

大画家顾恺之的心法是“象以求妙，妙得则象忘”。画物象是为了求得物象背后的绝妙，达到绝妙则可以忘记物象。绘画的最高境界是求妙。

大诗人陆游的心法是“文章本天成，妙手偶得之”。文章的最高境界是“天成”，天成靠绝妙获得。绝妙 = 天成。

《佛教大辞典》这样解释“妙法”：梵语曰萨达喇摩，第一最胜之法不可思议，曰妙法。《法华玄义·序》曰：“妙者，褒美不可思议之法也。”

**绝妙即第一方法、最胜方法、不可思议的方法。**

**什么才算“妙”？汉语字典没有讲清，而佛教讲清了——不可思议谓之妙。**

**妙即实相理（无上真理）。**

从方法层面来讲，我们说绝妙就是联系，但不是所有联系都是绝妙，联系到不可思议、神奇无比，才是绝妙，比如“风花雪月，自在大理”的创意。

风花雪月＝大理（目标）？绝妙联系（要素×联系×巧合）：一是下关风、上关花、苍山雪、洱海月，“风花雪月”与大理风景有四重联系、四个巧合。二是“风花雪月”本身是个耳熟能详、意境极美的成语，利于传播。三是“风花雪月”吻合大理浪漫梦幻的情调。四是“风花雪月”＝逍遥自在，“逍遥自在”吻合大理的历史文化及给人带来的心境，不可能找到更绝妙的搭配了。上述四点是四大联系和巧合。一举四得谓之妙。一联系四，尽系为绝，多巧为妙。不可思议的多个巧合。

净空法师说：“实相就是宇宙人生的真相。这个理很深，理很妙，妙在什么地方？许多大乘经里面说体、相、用，体就是理，相就是现相，用就是事用，就是作用。这一而三，三而一，它就妙了。”一举三得，一联系三为妙。

**把事物联系到不可思议、无法超越的程度（尽系为绝，多巧为妙）才是绝妙—— 最高联系。**

如同宇宙万象联系于实际零概率的唯一值，并且它们之间的联系有那么多的巧合——不可思议的联系。因此，万物的联系是绝妙的。

比如说，“风花雪月”一箭联系四雕。比如本书序言“‘王’的启示”，一个“王”字有四种智慧联系。

正如三维对于二维是不可思议的——平面竟然可以折叠联系，变成立面（不可思议的联系、多重联系）。四维对于三维是不可思议的——时间竟然是变量，过去、未来一秒相连（不可思议的联系、多重联系）。五维对于四维是不可思议的——时间竟然是二维交叉联系的（不可思议的联系、多重联系），人能看到无限可能。高维对于低维是不可思议的存在，每高一个维度，都是由不可思议的绝妙联系构成。所以说，**宇宙是绝妙的。**

“不可思议”就是三维的人类无法想象的智慧，不可以思考到。人类的思想和语言不能达到。因为“不可思议”是高维智慧，是宇宙级智慧，是构成一切的方法，它的名字叫——绝妙。

**智慧思维的五重境界：**

**（1）冥思苦想——思考；**

**（2）深思熟虑——策略思考；**

（3）**极智穷思——超策略思考；**

（4）**匪夷所思——超常理思考；**

（5）**不可思议（奇思妙想）——超人类思考，超维思考。**

## 一维空间到十维空间的秘密——多重联系、多个巧合产生维度

### 一、一维空间

零维是一个点，一维是一条线。将多个零维相连产生一维。*N*个点的多重联系、多个巧合——*N*个点相连，恰巧排列在一条直线上，产生一维空间（线）。一维空间只有长度，没有宽度和高度。

一维空间

### 二、二维空间

四个一维多重联系、多个巧合——四条线首尾相连，恰巧直角相交，构成二维——四重联系、四个巧合。二维空间里的物体有长和宽，没有高。二维空间就是平面，所有平面都是二维空间。

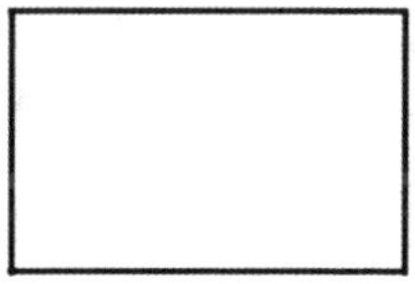

二维空间

### 三、三维空间

六个二维多重联系、多个巧合——六个平面首尾相连，恰巧以直角相交。六面体——六重联系、六个巧合。三维空间有长、宽、高，三维空间即立体。人类世界就是三维空间。

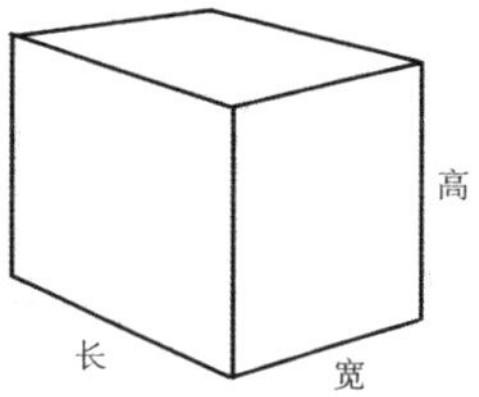


三维空间

蚂蚁是公认的二维生物，因为它只能看到二维平面，不能看到三维空间的高度。蚂蚁从白纸的一边走到另一边，它需要在平面上走完整张白纸。人类这种三维生物把这张白纸向上一卷或者折叠，这只蚂蚁不用走路，马上就能到达另一边。换句话说，把二维空间弯曲或折叠，二维空间两端相联系就得到了三维空间。

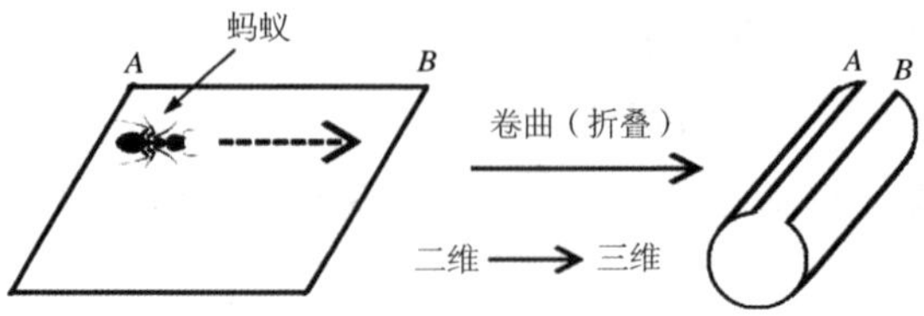


卷曲或折叠（多个面的联系）产生新的维度

## 四、四维空间

八个三维空间多重联系、多个巧合——八个正方体首尾相连，恰巧直角相交，产生四维空间（超正方体），八重联系、八个巧合。

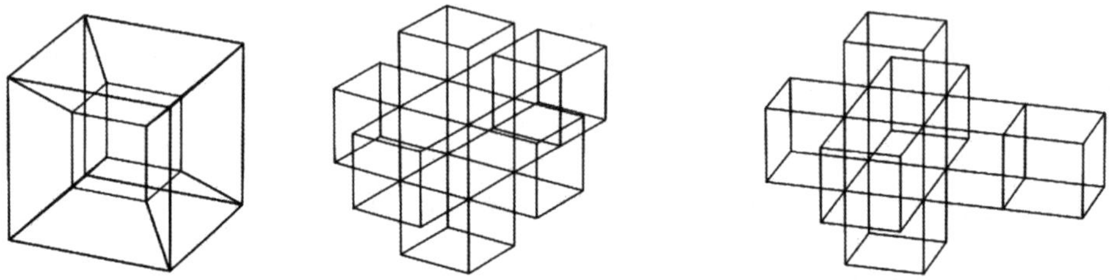

四维空间由八个正方体巧合而成

四维空间还有一种理解：三维空间加上时间就是四维空间。把三维空间中时间的过去、现在、未来相联系（多重联系、多个巧合——多个时空点的巧合成

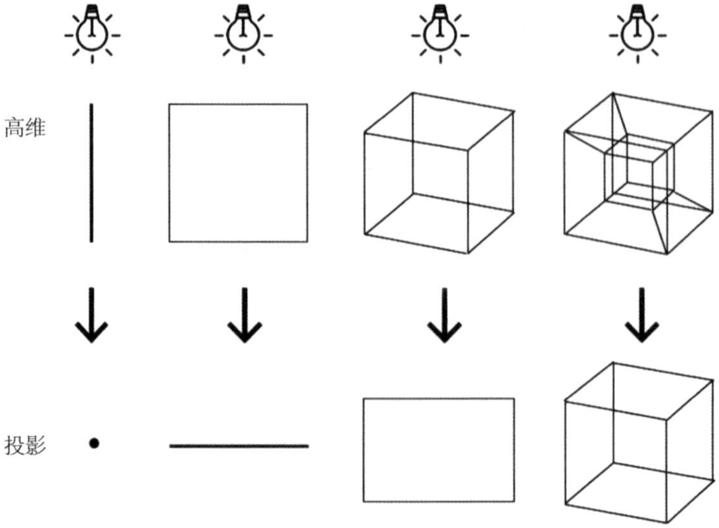


低维是高维的投影

线）形成一条线就是四维——恰巧多个时空点形成一条完整的人生逻辑线。因此，四维空间可以从现在看到未来。三维空间的时间只是时间线的一个截面——点。如同二维生物只能看到三维物体的截面一样，人类作为三维生物，也只能看到四维空间的截面。所以我们看不到未来，只能看到此时此刻的世界。

四维生物虽然可以看到未来，但是无法改变未来。也有人形象地比喻如下：一维空间是植物，它看不到蚂蚁；二维空间是蚂蚁，它看不到人类；三维空间是人类，人看不到鬼；四维空间是鬼，鬼能看到人，但无法变回人去改变过去和未来；五维空间是神，能穿梭于过去与未来之间。

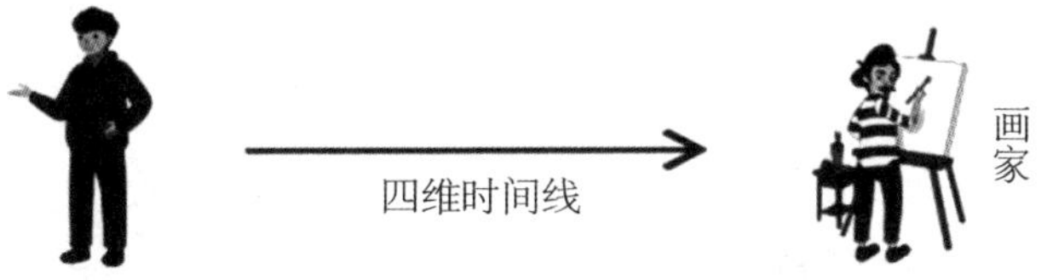


四维空间

## 五、五维空间

四维空间的时间线上再加一条时间线与之交叉联系，时间线变成了时间面，一维时间变成了二维时间，五维空间就出现了！面由无数条线构成——四维空间时间线上任何一点都有无限种发展趋势。这样从四维空间上的某一点分出无限多的时间线，构成了五维空间。多个时间线相联系（多重联系、多个巧合——多个时间线的巧合）产生五维空间（时间面）——恰巧多个人生路线首尾相连，形成人生可能性的平面——四重联系、四个巧合。

多个四维的多重联系、多个巧合产生五维空间——多个超立方体首尾相连，恰巧直角相交，形成超级超正立方体——超超立方体。

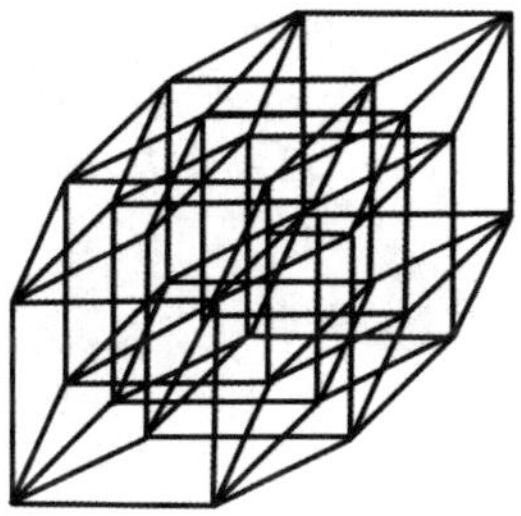

五维空间——无数条时间线上的你——超超立方体

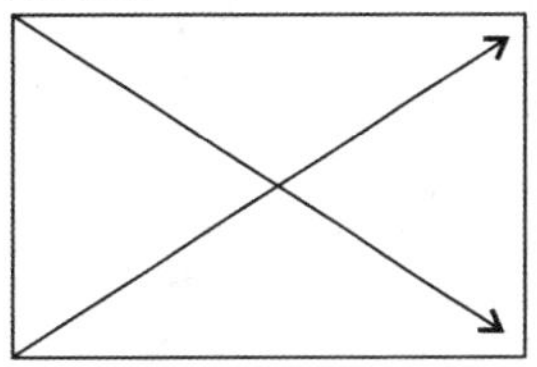


五维空间时间面

在五维空间，你可以看到你不同选择下不同的人生。如果你选择成为一位画家，在四维空间里你能看到这条时间线上一路专攻绘画的你。如果你选择做一位运动员，这又是另一条时间线。在五维空间里，你可以看到成为画家的你，也可以看到成为运动员的你。因此，五维空间可以看到四维空间里的所有事情和可能性，五维生物可以改变每条时间线上的选择，但是不能改变结果。事情的发展需要像白纸上的蚂蚁一样慢慢走过整张白纸，因为五维空间中时间是平面的，不能卷曲或折叠。

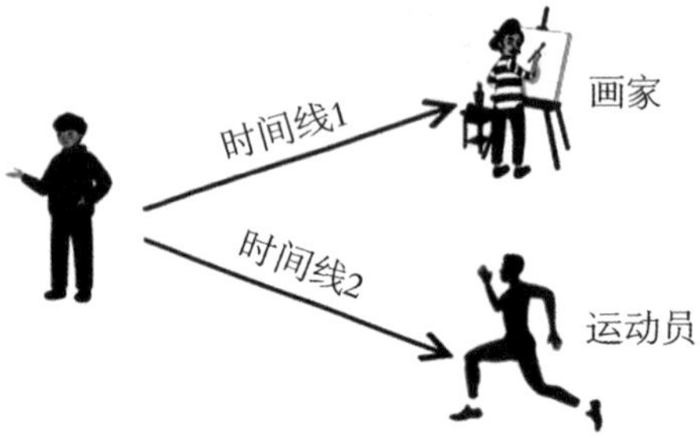


五维空间

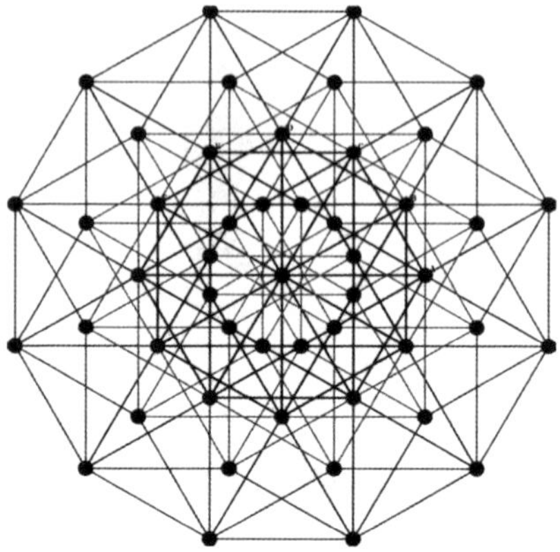

五维空间坐标系统在四维空间的三维投影——绝妙联系图

## 六、六维空间

六维空间里时间是三维的。多个时间面多重联系、多个巧合，产生六维空间（时间体）——恰巧多个人生可能性平面首尾相连，形成立体可能性——六重联系、六个巧合。

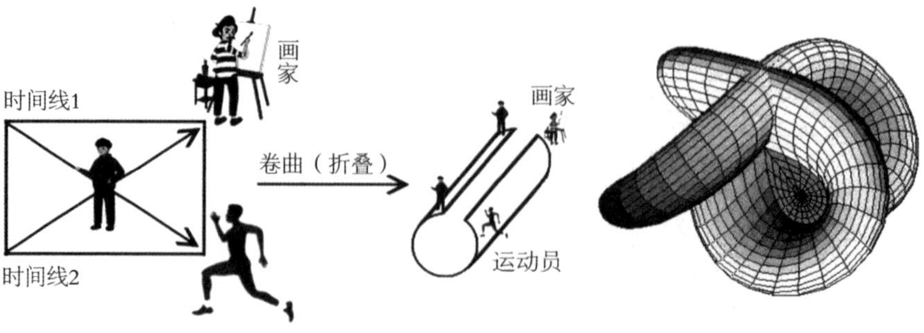


六维空间——无限时间联系

在六维空间，你不用等待时间流逝，可以直接到达结果。五维空间上时间是一个平面，如同二维空间（如白纸上的两个对角点）不能直接到达，但如果像白纸一样将其卷曲或折叠就可以让白纸的两条边相连，快速直达。在六维空间里，五维的时间平面也可以弯曲，产生六维时间体，在六维空间里可以直接到达五维时间线上的任意一点。你可以选择做“画家”这个起点，然后直接到达成为“画家”这个结果。

每一个维度的卷曲（联系与巧合）产生更高的维度，这个卷曲点就是维度之门，科学家称之为“虫洞”“黑洞”，是时空穿梭的快速通道。

## 七、七维空间

七维空间包括所有时间和空间的所有可能性，以及在任意两点直接到达的可行性。五维空间是某一点产生无限个发展趋势，七维空间是所有点上产生无限个时间线。

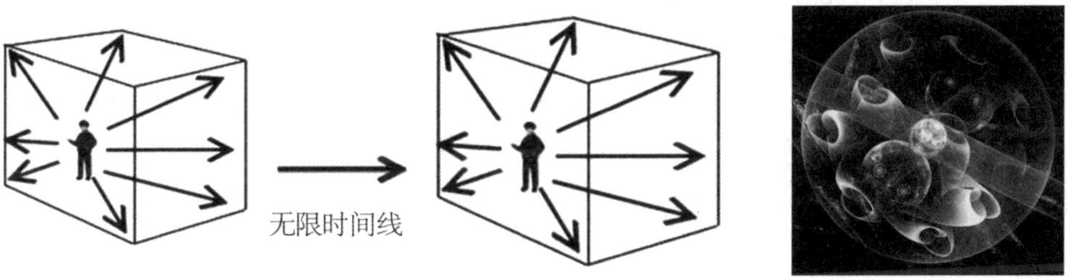


七维空间

你的选择近乎无限，你的每种选择都可以成为一个不一样的你，你可以成为任何一种你。七维空间里的一个点，包含着你做选择那一刻的无限种可能。

每种选择的开始，无限时间线的点和实现目标无限时间线的点连成一条线，就是七维空间，如同零维到一维一样。六维空间相当于一个无限时间线的点，多个六维空间连成一条直线就是七维空间。多个无限时间线的点的联系（多重联系、多个巧合——多个无限可能点的巧合）产生七维空间——恰巧多个无限可能性的点形成一条逻辑线——在一条线上 $N$ 多个点的联系与巧合。

## 八、八维空间

七维空间实质上是我们这个宇宙中已知和未知的所有时间维和空间维。八维空间中包括本宇宙之外的无限多个宇宙。

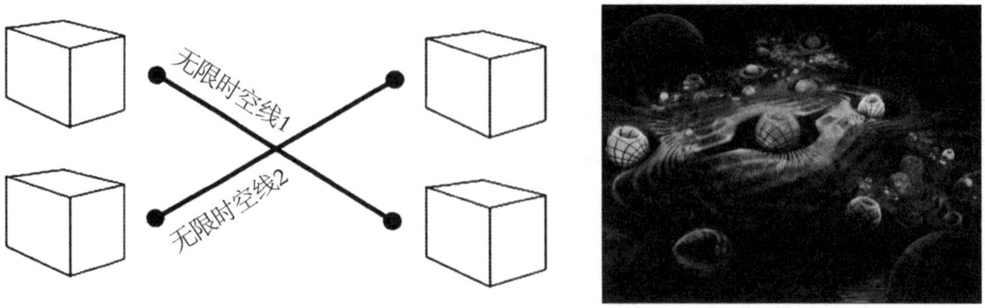


八维空间

六维空间是一个无限时空点，七维空间是一条无限时空线，八维空间是一个无限时空面。多个无限时空线多重联系、多个巧合产生八维空间——恰巧多个无限时空线首尾相连，形成无限时空面（四边形）——四重联系、四个巧合。

## 九、九维空间

多个无限时空面的多重联系、多个巧合产生九维空间——恰巧多个无限时空面首尾相连，立体相交，形成无限时空体——六重联系、六个巧合。

七维空间是本宇宙，八维空间是无数个宇宙。跟五维空间的人生选择一样，八维空间能实现在无数个宇宙之间的穿梭，但是需要等待时间。跟六维空间能选择从起点直接到达终点一样，九维空间能实现各个宇宙中的任何不同两点直接到达。

八维空间可以理解成那张平面的白纸。这时蚂蚁出现了，不过它已经进化成八维空间生物了，给它一样的任务，要它横跨整张白纸去目的地，怎么办？将白纸再一次卷曲，虫洞又出现了。蚂蚁很快穿过虫洞到达目的地。将八维空间卷曲就产生了九维空间。

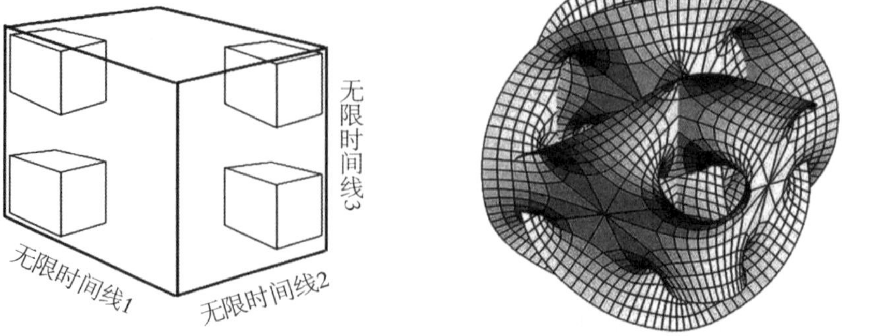


九维空间

## 十、十维空间

从零维到四维，是点、线、面、体的升维过程。然后四维空间又可以看作一个点，充满着三维空间中所有可能性的连线，这个连线就是时间。

从四维到九维，是两次更高层次的点、线、面、体的升维过程。六维空间的点充满五维空间中所有可能性的连线。九维空间的点，充满着八维空间中所有可能性的连线。

十维空间

按人类的常理逻辑，我们在十维空间里，找不到任何一个空间可以再画出一个点，也无法再进行时空卷曲，因为，十维空间就是一个点！除非换一种超人类、超宇宙思维逻辑，又能突破极限，还有无数的维度。

十维空间包含着所有的宇宙、所有的可能性、所有的时间线、所有的所有……

## 十一、无限所有

零维是一个点，十维还是一个点，经历了无穷变幻，最后，它还是一个点……“无名天地之始。”

零维空间：点的维度；

一维空间：线的维度；

二维空间：面的维度；

三维空间：体的维度；

四维空间：时间的维度；

五维空间：卷曲时间的维度；

六维空间：可能性的维度；

七维空间：本宇宙全部可能性的维度；

八维空间：多重宇宙的维度；

九维空间：卷曲多重宇宙的维度；

十维空间：全部世界的维度（点的维度）。

对于低维度来说，哪怕仅仅只高一个维度的生物都将拥有神一样的能力——把不可能变为可能、神通广大和不可思议的能力。以此类推，绝妙相当于高维智慧。

四维能力——千里眼：看到未来！这个能力使你能够观察过去和未来，但是却不能改变它。

五维能力——神仙下凡：穿越能力！你将能够回到过去，改变现在和未来。

六维能力——元始天尊：创世者！你能立即创造事物、改变事物。

七维能力——神中之神：随心所欲——宇宙按你的意志运转。这个能力使你不仅能改变现在，而且能够改变过去和未来，可以对任何时间线上的任何空间点的事物进行创造、改变和摧毁。

八维能力——多宇宙穿越：梦幻世界！现在科学界认为存在多元宇宙，在这些宇宙中，物理规律、引力常数等都不一样。

九维能力——超级智慧和宇宙程序师，能够改变宇宙的规则、物理定理、引力常数和程序。

十维能力——无名无为：十维其实只是一个点，没有任何能力。无名无为，无所不为。

## 空间和时间的构成方式——多重联系、多个巧合——绝妙

从一维空间到十维空间的规律就是联系与巧合——多个时间的可能性连线交叉产生一个新的维度，空间的卷曲产生一个新的维度。时间可能性连线交叉和空间卷曲交替升级形成新的维度。时间的可能性连线有两层含义：一是多个点之间的联系或多个无限可能性点的联系；二是多条可能性连线的联系，产生二维的时间面。空间的卷曲就是让平面两端通过卷曲联系起来，产生三维的空间和时间。连线、交叉、卷曲（折叠）都是联系。

整个一维空间到十维空间的构成，基本要素就是四个：点、可能性连线及交叉、平面卷曲、空间卷曲。基本构成方式有四个：点的联系、线的联系、面的联系、体的联系。

多个一维的巧合联系产生二维，多个二维的巧合联系产生三维，多个三维时间点的巧合联系产生四维，多个四维时间线的巧合联系产生五维，多个五维时间面的巧合联系产生六维，多个六维时间体的巧合联系产生七维，多个七维无限可能时间线的巧合联系产生八维，多个八维无限可能时间面的巧合联系产生九维，

九维的所有可能性巧合联系产生十维。

每升一维都是多重联系、多个巧合，都是绝妙，都是不可思议。

高维是一个整体，低维仅依靠联系来获得模仿。物质彼此不同的联系方式，是维度划分的依据。

十一维空间——无无联系——超宇宙方法

**每个低维空间的不可能联系（多重联系、多个巧合）产生高维空间，高维空间对于低维空间是不可思议的。**二维空间无法理解的平面卷曲或六面成体（不可能联系、不可思议），产生三维空间。三维空间无法理解的时间首尾相连（不可能联系、不可思议），产生四维空间。五维空间无法理解的空间首尾联系（不可能联系、不可思议），产生六维空间。**联系创造万物，不可能联系创造神物。**

六维是时间的无限，十维是时空的无限。十维就是所有时间的可能性相互联系，所有空间的可能性相互联系，无始无终，无穷无尽。这也就是佛教的最高境界——涅槃，道教的最高境界——无。但十维不是终极，之上还有无数维，那需要超宇宙方法来理解。

平面世界中有两个相距较远、互不相干的碎片，平面向上一卷，两个碎片就重合了。三维世界的一张桌子，在二维空间上只看到四个不相干的桌子脚印，但把二维空间向上一抬，就能看到原来是一个整体。大多数二维生命都困惑不解，因为在它的维度看不到联系。同样，三维空间中两个不相干的事物，空间卷曲一下，就能发现原来它们是天衣无缝的一个整体。

这告诉我们4 个道理：**第一，联系产生认知，世界上任何事物都是绝妙地联系在一起的。找到联系，产生认知，提升认知。第二，多重联系、多个巧合是构成多维空间的基本方式。只有联系，没有巧合，无法形成多维空间。第三，多重联系、多个巧合——不可能联系——绝妙是高维度的方法和智慧。没有看到事物之间的多重联系、多个巧合，是因为维度不够高。看到的联系和巧合越多，你的智慧越走向高维。第四，维度越高，联系越多，巧合越多。联系和巧合趋向于无穷。**

天外有天——造物主通过“多重联系、多个巧合——不可能联系——绝妙联系”创造了无数个宇宙，科学家通过“绝妙联系”发现了无数个宇宙。不仅我们存在的宇宙是靠“绝妙联系”来创造的，其他宇宙也通过“绝妙联系”来创造的。**绝妙联系不仅是宇宙法，也是超宇宙法**。

一维世界很单调，某一天一维生物突然异想天开，把一维散乱的线进行两次多重联系、多个巧合。第一次是四条线多重联系，首尾相连，围合形成四边形。这四条线同时形成多个巧合，恰巧四个直角相交，形成一个方形。第二次是在这个方形内，多条线多重联系、首尾相连形成一个个围合形状，这些线同时形成多个巧合，恰巧形成人形、物形（多重联系是生成，多个巧合是构造）。

一幅画诞生了，一个美妙的世界呈现出来了，二维世界对一维世界来说是天堂般的美丽和不可思议的奇迹。

线的多重联系，围合成形——生成
线的多个巧合，塑形成人——构造

同样的道理，某一天，二维世界里的生物突发奇想，把二维里散乱的平面进行两次多重联系、多个巧合。第一次是把六个平面多重联系，四边相连，围合成了一个六面体。同时形成多个巧合，六个平面恰巧全部直角相交，形成一个正方体，三维空间诞生了！第二次是多个平面多重联系，首尾相连，形成形体。同时这些平面进行多个巧合，形成恰巧对称的手、脚、眉、眼、耳，立体的人和物诞生了。

三维世界对二维世界（连环画里的纸片人）来说也是天堂般的美丽和不可思议的奇迹。

三维世界里的我们，用多重联系、多个巧合的思维来创造，同样会发现不可思议的奇迹。四维世界的美丽和奇异远远超出我们的想象——不可思议。

时间和空间可以卷曲联系（多重联系、多个巧合）这一发现，打开了现代物理学的大门，导致爱因斯坦广义相对论的产生，牛顿的经典力学被超越了；量子的叠加态、量子纠缠（多重联系、多个巧合）这一发现，导致量子力学的产生，相对论被超越了！

每一次绝妙思维的重大应用，都是历史性、革命性和超时空的进步。

人类要跳出宇宙的限制，要看到宇宙的终极真相，必须借助绝妙思维完成意识跃迁。

时间的代表和标志是历史。历史是最接近时间的。历史赋予时间意义，使时间变为历史的时间。历史是什么？什么决定历史的走向？我认为最接近真理的说法是历史合力论。

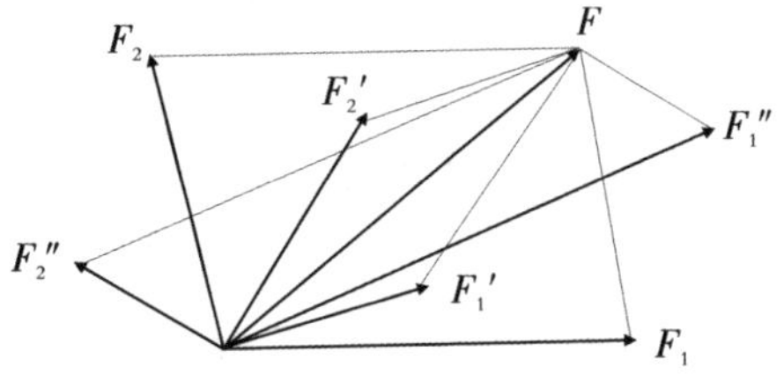

历史巧合图：六个力与合力 $F$ 的联系——同一个力点，同时作用；三对力与合力 $F$ 的巧合——三个平行四边形，同一个对角线（合力）

我最早是高中时从托尔斯泰的《战争与和平》中看到“历史合力论”。恩格斯的阐释：历史是这样创造的——最终的结果总是从许多单个意志的相互冲突中产生出来，而其中每一个意志，又是由于许多特殊的生活条件才成为它所成为的那样。这样就有无数互相交错的力量，有无数个力的平行四边形，由此就产生出一个合力，即历史结果。简单地说，就是“人们创造历史的活动，如同无数力的平行四边形形成的一种总的合力”。

平行四边形定则是数学学科的一个定律。两个向量合成时，以表示这两个向量的线段为邻边作平行四边形，这个平行四边形的对角线就表示合向量的大小和方向，这就是平行四边形定则。两个向量就是两个不同方向的一对力，它们的作用力恰巧与对角线力重合。**历史的本质就是多对力与一个合力的多个巧合**。

合力的定义：“作用在质点上的几个力共同作用时产生的效果如果与某一个力 $F$ 产生的效果相同，那么这个力 $F$ 就叫作这几个力的合力 。力 $F$ 的方向就是这几个力合成之后的方向。”根据这个定义，我们知道合力就是多个力的共同效果和方向与一个力 $F$ 的效果和方向的巧合。

共同作用 = 联系，效果相同 = 巧合。合力 $F$ 等于多个力的巧合联系。**历史是多个力的联系（共同作用）和多个力的巧合（效果相同）的结果。绝妙是多重联系、多个巧合，是时空法则，是宇宙法则**（四方上下为宇，古往今来为宙）。

## 谋略智慧的核心：时空卷曲、时空折叠

我们为什么花时间来介绍多维空间？因为这不仅讲明了绝妙联系产生时空卷曲，时空卷曲产生高维空间，而且这是熊大寻方法论的一个源头——所有谋略和智慧的核心就是实现时空卷曲或折叠。**维度的时空折叠产生神迹，智谋的时空折**

**叠产生奇迹**。时空折叠是一种联系，找到绝妙联系，就能实现时空折叠。智慧与智慧之间最大的差距是维度，高维智慧对低维智慧是碾压式的降维打击。

所有兵法的核心原则都有这么几条：出奇制胜、集中优势兵力、快速突然攻击、急行军、坚决勇猛。这些都是创造时空卷曲或折叠的条件。

闪电战是时空折叠，蛙跳战术是时空折叠，抗日战争时期的持久战是用空间换时间（持久战是反时空折叠——东西拉开；日军的速胜战是时空折叠——南北打穿）。中国古代的三十六计和奇谋妙计是时空折叠。所有高明战法都是时空折叠。

“联系”这个词，在日常用语和人际关系中本身就是“缩短时间，拉近距离”的意思。联系本身就是一种时空折叠。商业有两条路，一条路谋事，一条路谋人。谋事求事物联系，谋人求人际联系，二者都有时空折叠之妙。

**胡雪岩人际联系的绝妙**。胡雪岩的阜康钱庄开业的时候，为了赢得朋友，为一些官太太、小姐、少爷等各存了 20 两银子，也给黄巡抚的仆人刘二存了 20 两银子。刘二拿到存折，不仅马上在阜康钱庄存进 180 两银子，而且还向他的朋友罗尚德宣传胡雪岩为人守信用、讲义气。罗尚德的 1.1 万两银子由此也存了进来。

胡雪岩为了帮助从浙江调任江宁的麟藩台填补 2.5 万两银子的亏空，已经凑了 1 万多两银子，还差 1 万多两银子。而罗尚德的这 1 万多两银子，正好可以用作借给麟藩台的银款。胡雪岩慷慨帮助，麟藩台也将江宁与杭州的钱款往来都交由阜康钱庄代理。一联百联。

送存折 = 大生意？绝妙联系：一是结交了节点人物。二是收到存折的人，大多又把钱存进阜康钱庄。三是横向，羊群效应，富贵人家在他的钱庄存钱，群众也跟着在他的钱庄存钱。四是纵深，节点人物串联，形成深度人脉和大生意，实现人脉和资金的空间折叠——仆人折叠到藩台，杭州折叠到江宁。

我们从“联系创造论”知道，两个不同事物相隔甚远，尤其是不可能联系的事物，空间距离更远。但是通过绝妙联系后，实现了时间和空间的折叠，产生了新事物。这个新事物是绝妙的、能量巨大的、超级高效的，能够产生一日千里的时空折叠效应。因此，绝妙联系之法，从本质和功能来看，它都是一种高维智慧。

拿破仑说：“战略是利用时间和空间的艺术。”**智慧的精髓和能量就是时空折叠**。

中甸（现更名为香格里拉）＝香格里拉——这个绝妙联系，使游客数量10年多增长1万倍！仅用一年时间，中甸就从默默无闻的小城变成世界著名的旅游城市。大理＝风花雪月——这个绝妙联系，让大理旅游业突破20年的瓶颈，实现历史性倍增，从观光景区成为世界度假胜地。这两个联系不是普通的联系，而是绝妙联系，实现时空操纵。

用短时间实现大发展，实现城市品牌远程位移，这就是时空折叠，通常的说法就是跨越式发展、爆发式增长。时空折叠简单地概括就是一步登天，一日千里。

## 绝妙就是“道”：绝妙（无限可能）＝事物×联系$^2$（不可能联系）

在质能方程式 $E=MC^2$ 中，爱因斯坦把物体运动产生的各种能量转换为电磁辐射能量，用 $C^2$ 代表。$C$ 即光量子，简称光子。光子是传递电磁相互作用的基本粒子，在1905年由爱因斯坦提出，在量子场论中光子被认为是电磁相互作用的**媒介子。光子 $C$ 是物体之间的能量联系和媒介**。我们认知世界，用眼观察，就是通过光子联系世界。没有光子 $C$ 这个联系的中介和桥梁作用，我们就无法感知世界。$C^2$ 即各种能量联系。

绝妙（无限可能）＝事物×联系$^2$（不可能联系）。

绝妙联系就是“道”，众妙之门。联系$^2$ 就是各种联系的总和——无限联系（可能联系＋不可能联系），结果就是“妙上乘妙”。

**发现联系就是打开方法的大门，发现多重联系、多个巧合——不可能联系——绝妙联系，就是找到绝妙。绝妙联系是最快的造物和传播速度。**

绝妙是事物的最高思想意识境界。这只是对绝妙的评价，但绝妙的实质是什么呢？我们回想一下生活中发现绝妙时的场景，一个绝妙出现，立即让你拍案叫绝，一定是在一个事物和另一个事物之间找到了意想不到、不可思议的联系，让你迅速发现多个巧合。

苏东坡被朝廷贬谪岭南，一日无事，便去游山。见一小和尚被老和尚打，于是入庙去见方丈。方丈知道是苏东坡来了，央求苏东坡题字。苏东坡想起小和尚被打一事，便挥笔书一联：一夕化身人归去，八千凡夫一点无。老和尚命人将此联刻了后挂在门口，以此炫耀。其实这是一副拆字联，联隐“死秃”二字。

妙在哪里？一是上联是个“死”字谜，一夕化身指“仙佛”。二是下联是个“秃”字谜，八千凡夫指“凡俗”。三是谜面化身成诗，意境高，有禅味，符合和尚身份。四是诗联谜禅四妙俱全，对仗工整。这四重联系缺一个都不绝妙，缺一个都差点妙味。没有联系的平方（多重联系）还真不行！你还能比它更绝妙吗？不可能了！绝妙真的是事物的最高思想，无法超越。

近期，全国著名、绝妙的对联是这一副——**上联：若不撇开终是苦；下联：各自捺住即成名；横批：撇捺人生**。十四个字，写尽人生。

若和各 = 人生哲理？绝妙联系：一是“若”字的一撇如果不撇出去，就是“苦”字。二是“各”字的一捺只有收住，才能成为“名”。三是“若”和“各”本身字义巧妙入联，天衣无缝。四是一撇一捺即“人”字。五是人生该撇的不撇开，终究会是苦果；人生捺住坚持终成名，精一专注即成功。联系的平方，不可思议的多重联系、多个巧合。绝妙无比，妙到毫巅。

**尽其所系是为绝，多个巧合方为妙。**

**认知世界的质能公式：绝妙 = 产品 × 联系$^2$（产品与目标的多重联系）**

**产品或品牌传播的最大能量：绝妙 = 产品 × 产品与目标之间的多重联系**

找到事物之间的多重联系，就找到了传播的最大能量，就能让产品这个物质产生巨大的市场能量。

$E = MC^2$

$C$ 是联系，$C^2$ 是不可能联系——多重联系、多个巧合。光速是目前已知的最快速度。事物的绝妙联系，是认知世界中的最快速度。$C^2$ 在这个位置是指数，指数级和几何级都是最大增长量。$C^2$ 是最基本的指数。联系$^2$ 是联系 × 联系，等于多重联系——绝妙联系。找到绝妙联系就能开启绝妙的四步自动流程：一秒听懂，心服口服，无法超越，流传千古。不仅让事物传播最快而且最持久，是超级能量。因此，我们用联系$^2$ 代替 $C^2$。

**绝妙也是超级能量，能产生四步自动流程，绝妙恰好代表 $E$；产品多以静态质量呈现，产品代表 $M$；事物的联系是多样的而不是单一的，所以是联系 × 联系，联系$^2$ 代表 $C^2$，象征绝妙联系产生极限认知速度（光速认知）。找到联系$^2$，产品才能和绝妙等同。**

爱因斯坦的伟大就在 $E = MC^2$ 中，$C^2$ 是不可能联系，$C^2$ 是不可能速度，他通过这个不可能联系，把 $E$ 和 $M$ 两个不可能联系的事物联系起来，而且极简。

绝妙（无限可能） = 事物 × 联系$^2$（不可能联系）。找到不可能联系就是不可能变可能，就是奇迹和不可思议。

宇宙造物公式：$E=MC^2$，大爆炸能量产生了宇宙和一切。

宇宙创造公式：绝妙（无限可能）=事物×联系$^2$（不可能联系）。**绝妙联系创造无限事物**。

宇宙万物皆为绝妙，人类对世界最精确、最普遍的概括——世界真奇妙！

世界是用超常规联系和不可能联系——“奇”创造出来的，所有发明创造并普遍应用之物皆为绝妙，皆为妙品——“妙”。

手机之妙：电话与电磁波联系——随时随地隔空聊天；

汽车之妙：马车与发动机联系——身未动，人已远；

飞机之妙：滑翔机与发动机联系——翱翔天际；

电视之妙：摄像与电视信号联系——如临现场（穿越空间的感觉）；

电影之妙：照相与幻灯放映联系——如临历史，如临未来（时空穿梭的感觉）；

游乐场之妙：摩天轮与过山车联系——惊险刺激；

主题公园之妙：电影场景与游乐场联系——超越想象的玩乐；

互联网之妙：网络与网络联系——世界互联，万物互联。

所有创造之物对于过去的人来说，就像神话般的奇妙，神通广大，妙不可言。所有大用之物，其提供的便利、舒适、快乐，只能用“绝妙”来形容，妙用无穷。**“妙”字本身就是绝妙联系：美女+少龄=妙。缺一不妙**。

## 天才思维的核心方法——绝妙联系

美国权威杂志《未来学家》在研究了大量科学家、哲学家、发明家、艺术家和企业家后得出了天才的八种思维方法 。

### 1. 天才从多种角度考虑问题——不同角度的联系

从全新的角度观察问题。达·芬奇说过，**“只有从问题中才能获取新的知识”**。所以在面对每一个问题时，我们应把它们看作是获取新知识的途径。天才往往发现了某个人没有发现的新角度。达·芬奇认为，为了获得有关某个问题构成的知识，首先要学会如何从众多不同的角度重新构建这个问题。他认为：他看待某个问题的第一种角度太偏向于自己看待事物的通常方式。于是，他会不停地从一个角度转向另一个角度，重新构建这个问题。他对问题的理解随着视角的每一次转换而逐渐加深，最终他便抓住了问题的本质。事实上，**爱因斯坦的相对论就是对不同视角之间的关系（联系）的一种解释**。弗洛伊德的精神分析法旨在找到与传统方法不符的细节，以便发现一个全新的视角。

2. 天才使自己的思想形象化——不同思维方式的联系

爱因斯坦总是会试图用各种稀奇古怪的方法来解决问题。他始终认为，**不管是数学还是文学，它们都不应该只负责某一方面，而是相互联系的**。伽利略用图表形象地展现出自己的思想，从而在科学上取得了革命性的突破，而与他同时代的人使用的还是传统的数学方法和文字方法。天才们一旦具备了某种基础的文字能力，似乎就会在视觉和空间能力方面形成某种技能，使他们得以通过不同途径灵活地展现知识。当爱因斯坦对一个问题做过全面思考以后，往往会发现，用尽可能多的方式（包括图表）表述思考对象是必要的。

3. 天才善于创造

天才的一个突出特点就是具有无限的创造力。爱迪生拥有1097项发明专利，这个纪录迄今无人打破。他给自己和助手确立了提出新想法的定额，以此来保证创造力。他的个人定额是每10天一项小发明，每半年一项大发明。巴赫每星期都要创作一首大合唱，即使在他疲倦或生病时也不例外。莫扎特一生中创作了600多首乐曲。爱因斯坦最著名的作品是关于相对论的论文，但他还发表了另外248篇论文。

4. 天才进行独创性的组合——不同概念、想法和学科的联系

创新不仅仅是发明一个从来没有过的全新的东西，还可以根据已有的资源进行创造性的组合，从而产生出更奇妙的东西。现代遗传学奠基人孟德尔就是把数学和生物学组合在一起而创造出一种新的科学。**西蒙顿在他撰写的《科学天才》一书中提出，天才们进行的新颖组合比仅仅称得上有才的人要多。就像面对着一堆积木的顽皮儿童一样，天才会在潜意识里不断地把想法、形象和见解组合并重新组合（联系）成不同的形式**。爱因斯坦并未发现关于光的能量、质量或速度的概念，而是以一种新颖的方式把这些概念重新联系起来。面对与其他人一样的世界，他却能看到不同的东西。孟德尔把数学和生物学联系起来之后，提出了现代遗传学基础的遗传学法则。

5. 天才设法在事物之间建立联系——不同事物的联系

寻找联系，把两个看似毫不相干的事物联系在一起，这是天才们常常做的事情。当达·芬奇听到铃声和看到石头掉进水里的时候，他想到声波。发明电报的塞缪尔·莫尔斯便是从马蹄声中得到灵感。**如果说天才身上突出体现了一种特殊**

**的思想风格，那就是把不同的对象放在一起进行比较的能力。这种在没有关联的事物之间建立联系的能力使他们得以看到其他人看不到的东西。**德国化学家弗里德利希·凯库勒梦到一条蛇咬住自己的尾巴，从而凭直觉理解了苯分子的环状结构。塞缪尔·莫尔斯在设法创造强大到足以越过大洲大洋的电报信号时一筹莫展。一天，他看到拉车的马匹在驿站被换下来，于是，他由更换马匹的驿站联想到了电报信号的中继站，后来他终于找到了解决办法：每隔一段距离就把电报信号放大。

6. 天才从相对立的角度思考问题——不同观点的联系

物理学家和科学思想家戴维·玻姆认为，天才之所以能够提出各种不同的见解，是因为他们可以容纳相对立的观点或两种互不相容的观点。**物理学家尼尔斯·玻尔认为，如果你把两种对立的思想联系起来，你的思想就会发展到一个新的水平。**尼尔斯·玻尔发现并协原理（又称互补原理）的能力来源于他把光想象成一种粒子和一种波——波粒二象性（波粒联系产生正确认知）。爱迪生发明的实用照明装置就需要在灯泡中把并联线路与高电阻细金属丝联系起来。因为**爱迪生允许两种互不相容的事物同时存在，他就能够看到一种他人看不到的联系，从而有所突破。**

7. 天才善于比喻——不同事物的联系和中介

**亚里士多德把会比喻看作天才的一个标志。他认为，那些能够在两种不同种类事物之间发现相似之处并把它们联系起来的人是真正的天才。**如果不同的东西从某种角度看上去确实是相似的，那么，它们从其他角度看上去可能也是相似的。贝尔把耳朵的内部构造比作一块极薄的能够振动的钢片，并由此发明了电话。

8. 天才对变化有所准备——有趣现象与新事物的联系

以一种新颖而意外的方式回答问题是能否有所创造的关键。这不是运气，而是在最高层次上富有创造性的洞察力。亚历山大·弗莱明不是第一位研究致命的细菌并注意到暴露在空气中的培养基上会生出霉菌的医生。他对这种有趣现象的观察最终发现了青霉素。**在思考如何制作碳丝的时候，爱迪生无意中把一根绳子在手指间绕来绕去。当他低头看手的时候，顿时眼前一亮：把碳像绳子一样缠绕起来。**美国心理学家伯尔赫斯·斯金纳强调，科学方法论学者的一个重要原则：当你发现某种有趣的事物时，放弃所有其他的事情，专心研究这个事物。大多的人没能理睬机会的敲门，因为他们不愿完成事先做好的计划。天才们不是等待，而是去主动地寻求偶然的发现。

总结：八大天才思维方法都紧紧围绕“联系不同事物，使之达到巧合”这一核心方法，是绝妙联系从不同角度的阐述。一句话概括——天才思维方法就是绝妙联系。绝妙联系是极限方法和方法之王。第七种天才思维方法——“天才善于比喻”，关于比喻与绝妙联系的关系，下一章将专门讲述。

只是联系不同事物，没有达到巧合，就不会有发明创造的成功。多重联系达到多个巧合，才标志着成功。例如1879年爱迪生发明电灯，灯泡里的灯丝尝试了6000种植物纤维，进行了6000种联系，后来找到了碳丝，但是使用寿命只有10多个小时，巧合度还是低。

直到1909年美国人库利奇找到了钨丝，电灯才开始大规模普及开来。因为钨丝与灯丝是绝妙联系，有五个巧合：一是绕制性能好，不下垂；二是耐高温，熔点超过2000摄氏度；三是使用寿命长，可达1000小时；四是亮度高；五是价格便宜；六是制作简单。而碳丝与灯丝巧合度不够高，亮度不行、制作复杂、寿命短，导致产品缺陷大。所以真正的电灯是从钨丝灯开始。

## 奇思妙想——奇思是找到不可能联系，妙想是妙不可言

熊大寻（本书中的熊大寻，既指熊大寻本人，也指熊大寻策划机构）的核心方法论是“我出奇招，你出奇迹”，奇招即绝妙的创意和策略。我们为什么把“奇招”和“绝妙”作为核心方法？依据如下：

宇宙万物皆为绝妙，人类对世界最常用的概括——世界真奇妙！

奇是超凡思维，发现超凡联系，产生超凡事物——绝妙。奇产生妙，奇等于妙。

世界的本质、规律和形式是神奇和绝妙。奇是手段，妙是结果；奇是联系，妙是能量；奇是创造，妙是新物。奇妙即造物。先奇后妙，有妙必奇。奇妙即创意，有奇必新，无奇不妙。

奇思妙想，奇思是因，妙想是果。奇思是不走寻常路，妙想是得到般若智。“思”是心上耕田，“想”是心头成相。没有心上耕田，哪有心头成像！

中国有两句老话：平淡无奇，事情不妙。无奇则平淡、平庸。不妙则不好、危险。**无奇不妙，等于胡闹；奇招绝妙，万事得道。**

大画家石涛的方法论是“脱胎于山川”“搜尽奇峰打草稿”，进而“法自我立”。超越常规联系，“以法法无法，以无法法法”。搜尽奇思，奇即无法，无法生妙，妙即法法——最高法。“至人无法”，非无法也，无法而法，乃为至法。齐白石称石涛“下笔谁敢泣鬼神，二千余载只斯僧”。

齐白石一生唯推石涛，二人的方法论相同：一是无法，二是出奇。齐白石说：“用我家笔墨，写我家山水，胸中山水奇天下，删去临摹手一双。”“山水画要无人所想得到处（出奇），章法位置总要灵气往来，非前清名人苦心造作。”齐白石对自己变法后的山水画很自信：“此画山水法，前不见古人，虽大涤子似我，未必有如此奇拙。如有来者，当不笑余言为妄也。”齐白石反对“平铺细抹死功夫”，崇尚“多有奇构，意象奇特”。齐白石钦佩“有奇思”的石涛、“怪绝伦”的金农，主张“扫除凡格”“胆敢独造”。奇妙奇妙，奇方能妙。

石涛题画：古人未立法之先，不知古人法何法

奇妙无比——奇妙无法可比。最高境界，没有对手，用“无比”形容某种智慧和境界，只有“奇妙”。奇招和绝妙的能力无与伦比！古人为什么唯独把“奇妙”这种思维和“无比”组成一个成语？这本书会带你看到最深处的秘密，找到最高处的方法。

因此，奇招和绝妙是极限智慧和超级能量，是一切方法的巅峰。

**在三维思维里是风马牛不相及，在四维思维里是风马牛相及，在五维思维里是无所不及**。低维思维里不可能的联系，在高维思维里都能联系上，并且产生超凡的事物。不可能的联系产生不可思议的事物。这个过程就是“出奇”。“奇”是三维空间里的向上大智慧，“奇”字的意思是得到向上大智慧，大有可为。三维空间里的“奇”，才能看到四维空间里的“常”。这个结果叫“妙”，宇宙真奇妙。

脑神经科学家认为：“创造力的核心在于让大脑的每一个神经元尽可能多地长出新的链接，去与其他神经元形成网络，当神经元之间的链接密度越来越大时，可走的路就会越来越多，于是，创造力就诞生于这个密集的神经元网络。”“真正的思考意味着出奇求新、走新路，意味着探索新知，它是一个多向求索与查找资料、求证、论证的过程，它不是在我们的本能网络里面思考，它更多的是全区域打通，或者跨学科思考，它往往就是在不断地促使神经元长出新链接，而不是在强化固有的链接。神经元的链接密度越大，创造力越大。如果知识点没有链接起来，那么就不可能有创造力，这相当于开辟了一条新路，但如果这条路没有链接到其他路上，就不可能发挥作用。而思考，就是可以最有效地将知识点链接起来的方法。”这表明，联系产生创造。

金梁题跋：奇人奇笔。白石好苛所画，常不合法。此独奇而得正。神来之笔，白石第一

爱因斯坦说：“学习知识要善于思考，思考，再思考。我就是靠这个方法成为科学家的。”爱因斯坦认为最高效的学习方法就是思考，思考使不同的知识或事物联系起来。而真正的思考就是出奇出新，产生全新的联系和链接。换一个说法，思考的本质就是出奇（奇招）。思考即出奇，非出奇，不思考。

不是我们先知道奇招和绝妙的重要性，然后运用它，而是熊大寻一直追求用最有效的方法进行创意策划，解决问题。结果发现奇招和绝妙就是方法之巅，无法超越。我们是用极度务实的态度寻法做事，误打误撞发现了“奇妙”之用，奇妙无比。

**熊大寻方法——“我出奇招，你出奇迹”的逻辑关系：**

宇宙的最高秘密和最高方法：**宇宙和生命来自实际零概率的多重联系、多个巧合的绝妙联系。实际零概率就是不可能的事发生了，不可能变可能。绝妙——多重联系、多个巧合——实际零概率（极小概率）——不可能变可能——超越程序和方法——神通——奇迹——不可思议——至高无上。**

佛教对“绝妙”的解释最为准确：妙者，不可思议之法。不可思议即不可能变可能，即极小概率。绝妙是最接近神通和不可思议的方法，绝妙产生使不可能变可能的奇迹。

“神通”的定义是超越人间、自由无碍之力。“神通广大”的定义是法术广大无边，无所不能。绝妙则神通，神通则广大，不可能变可能，无所不能。绝妙即神通，因此，绝妙即服，立即说服，立即征服。**绝妙对他法，如同神仙打人，降维打击。**

**为什么说“我出奇招，你出奇迹”？奇招发现不可能联系和不可思议联系——多重联系、多个巧合，奇招产生绝妙，绝妙让不可能成为可能——奇迹！绝妙是奇迹之力。奇产生妙，妙产生奇——奇招产生绝妙，绝妙产生奇迹。**

**出奇招——不可能联系——绝妙——出奇迹。**

**乔布斯方法论：一是非同凡想，二是找到联系。换言之，一是奇招，二是绝妙。**

《周易》曰：“神也者，妙万物而为言者也”，能够使万物达到绝妙的存在，就是神奇。绝妙即神，绝妙即奇。吴澄解释这句话：**万物之中而妙不可测者，神也**。事物做到绝妙相当于神。

将常人看来看似不相干的事物联系在一起——找到不可能联系就是高维智慧。蚂蚁眼睛近盲，只能依靠嗅觉行走，所以它只能理解二维世界；人类常规思维近盲，只能依赖文字语言思维认知，所以只能理解三维世界。创意为什么多数来自灵感？因为灵感来自高维思维、超常规思维，超越语言和思维。

高维创造低维，低维是高维的投影。所以，创造力天生来自高维，来自尝试更多的隐秘联系和不可能联系（多个巧合联系）。**高维智慧不是不可为，而是手段是奇，目标是妙，意识到、常训练即可为。**

**“奇妙”这个词有很深的意义。只有出奇，才能绝妙。**出奇就是超常规思维，就是高维思维，三维世界的人认为“奇”，对于四维世界是“常”。不奇无法找到隐秘联系，不奇无法在三维世界创造。**不奇不妙，不是创造。不奇不妙，何谈创意？**

**“奇”从字义上看是“得大乃可，大有可为”之意。四维思维对三维是上层大智慧，五维思维对四维是上层超大智慧……奇指得到上层大智慧（大），才可以作为（可）。只有出奇才能得创造之妙、造物之妙。所有科学发明和商业创造都是出奇的结果。**

**平淡无奇，无奇则平淡、平庸。而发明创造都是惊喜，都是有奇。**

$E=MC^2$，这个公式简捷地表达了物质与能量的联系。因为光速的平方极为巨大，一丁点儿物质也能转化为巨大的能量。这个绝妙公式的发现，直接导致了原子弹的发明。1945 年，那颗叫“小男孩”的原子弹含有 64 千克浓缩铀，在爆炸中实际转化为能量的物质的质量只比一颗气枪子弹大一点点，正是这样“一颗气枪子弹”足以摧毁一座现代城市。因为通过 $C^2$，它的能量放大了 $9\times10^{16}$ 倍！

找到事物的“不可能联系”这一巨大的能量源，就可以获得绝妙级的裂变爆炸能量，一个不起眼的微小资源，经过绝妙创意的裂变就能产生指数级的能量，引爆项目，引爆市场。

如同光速代表速度，超过光速就能超越时间，穿越时空，回到过去。联系是认知世界的光速，找到绝妙联系，一秒听懂，流传千古，产生的认知效应和传播效果超越时间和空间。

联系的二次方就是多重联系，即极致联系和绝妙联系。什么是绝妙联系？比如熊大寻策划的大理“风花雪月，自在大理”创意，大理的核心产品是山水古城，山水古城与“风花雪月”之间的共同联系是下关风、上关花、苍山雪、洱海月，按公式运算后就是“风花雪月”与山水古城紧密联系，这是一次方；“风花雪月”耳熟能详，浪漫逍遥，这是二次方；山水古城和“风花雪月”交融的核心妙处是“风花雪月，逍遥自在”，山水古城乘以风花雪月的二次方，等于“风花雪月，自在大理”。这里还有一个共同联系选项：云花雪月，苍山云比下关风美得多，也更直观。但这只是联系，而不是联系的二次方，不是极致联系。原因有二：一是“云花雪月”四个字是新造词组，不如“风花雪月”利于认知和传播；二是后者还有深厚的文化内涵，非前者可比。后者才是极致联系。产品乘以这个变量，才等于绝妙。

“风花雪月，自在大理” = 山水古城 × 下关风、上关花、苍山雪、洱海月$^2$

奇招：下关风很大，上关家家养花，苍山四季有雪，洱海月亮倒映。这四景中“风、花”不是大景，都不能代表大理。用它们来代表大理旅游形象这是超常规思维，是不可能联系，这是“出奇”。古城、大理国才是常规思考的重点，是常规联系。但是只有出奇把“风、花”拉进来，才能和“风花雪月”这个高能词语联系上。

绝妙：“风花雪月”概括了山水古城文化和游客心理感受。再加上“风花雪月”与“逍遥自在”的联系，物景上升到心景，达到绝妙，无法超越。

**清泉石上流 = 人文山水城 × 清泉石上流$^2$**

石屏“清泉石上流”：清——海菜清；泉——喜客泉；石——石屏风；上——豆腐上；流——人一流。五个字代表五大资源，这个是共同联系，是不是联系$^2$呢？我们来看一看：第一，这句话本来是著名诗句，意境高远，画面感强；第二，石屏是一个地上浮城，地基是一个大石壳，地基下是地下湖，户户相连，井井相通，这句定位恰到好处地体现了清泉水在石头城上流动；第三，中国地势西高东低，一江春水向东流，而石屏的三条河是向西流，定位体现了清泉到了石屏往上流。有了这三点就不只是联系，而是联系$^2$。此变量值太大，大到可以忽略产品值，因此变量直接等于绝妙。

**云南石屏县广告语：“清泉石上流，天下山水城”**

奇招：提起石屏大家都会往“状元故里，文献名邦”上想，这是常规思维。熊大寻把状元和名邦丢了，往“山水人食”上走，把高能诗句与石屏资源联系起来，千年来没人做过，这是不可能联系（多个巧合联系）。

绝妙：还有比禅诗更高的意境吗？当地领导说“清泉石上流”这个定位可以用一千年。

**香格里拉 = 中甸 × 三大日月和标志$^2$**

做到绝妙一定要充分理解“联系 × 联系”，极限联系——多重联系、多个巧合，找到它，才是找到绝妙的关键。

熊大寻接手策划香格里拉前，证明公式是香格里拉 = 中甸 × 雪山、草原、喇嘛庙$^2$。这不是绝妙，因为雪山、草原、喇嘛庙这个变量只是联系，而不是绝妙联系和极致联系。对于这个变量，共同争夺香格里拉品牌的西藏、四川、尼泊尔都有，雪山、草原、喇嘛庙比西藏、四川、尼泊尔更美都没用。

我们接手后，一是定位梅里雪山主峰卡瓦格博峰为“香格里拉的标志”，二是根据香格里拉在藏语中的意思是“心中的日月”，针对性地找到了日月圣照奇观、日月法帽和日月建筑三大关键证据。这几个才是绝妙联系，是联系$^2$，是联系中的联系。所以，试图证明香格里拉的人无法超越这样的证据！“香格里拉的标志”证形（楔形雪山），三大日月证据证名，尤其证名是策略上的制高点，无法超越。

奇招：谁来策划中甸和迪庆都会往藏族风情、雪域高原的思路上想（巧合不足），论证这里是香格里拉，这是超常规思路。怎么让迪庆和香格里拉联系起来？一是形（形式）：地理标志；二是名（内涵）：三个日月景观。完成了不可能的联系（多个巧合，不可思议联系）。

香格里拉机场广告牌——卡瓦格博峰是核心标志

绝妙：香格里拉 = 中甸（目标）？绝妙联系（要素 × 联系 × 巧合）：一是香格里拉在藏语中的意思是“心中的日月”，日月圣照、日月法帽、日月建筑都在中甸和德钦。二是香格里拉的地理标志是卡拉卡尔，藏语即“卡瓦格博”，在中甸和德钦。三是香格里拉寺即松赞林寺。四是南北走向的山脉即横断山脉。这是四大联系，四大巧合。四大联系、四大巧合是香格里拉的标志。

**一重联系是相信，两重联系是信服，三重联系是信念，四重联系是信仰——至信至诚！**

“香格里拉”和“风花雪月，自在大理”是四重联系、四个巧合！达到绝妙，绝妙即服。绝妙即说服，绝妙即征服。绝妙立即说服，立即征服！

香格里拉 = 心中的日月 = 日月景观，“日月圣照、日月法帽、日月建筑”三个日月景观，尤其日月圣照，双重标志都是卡瓦格博峰，别人没有，迪庆独有。

# “最高方法即绝妙”的实证和逻辑

## 一、数学公式是物与物之间的一种联系

“数学公式”的定义是物与物之间的一种联系，是表征自然界中不同事物之数量之间或等或不等的联系（多重联系），它确切地反映了事物内部和外部的关系，是我们从一种事物到达另一种事物的依据（多个巧合），使我们更好地理解事物的本质和内涵。

**伽利略说：“数学是上帝书写宇宙的文字”。黑格尔说：“数学是上帝描述自然的符号”。柏拉图说：“数学是一切知识中的最高形式”。数学公式的定义充分说明，事物之间的多重联系就是事物的本质，以及认知事物和创造事物的依据。事物之间的多重联系、多个巧合是造物主和超级智慧的文字、方法和程序。这个方法和程序就是绝妙——最高境界谓之绝妙！**

## 二、绝妙是最高联系

绝妙是最高联系，是“方法之王”的逻辑：

（1）宇宙万物的联系是绝无仅有的可能、不可思议的巧合。尽系为绝，多巧为妙，绝妙联系创造万物。

（2）宇宙科学、数学、物理、哲学等所有方法论证明，联系是所有方法的灵魂。

（3）无种不妙，无妙不臻——绝妙就是联系，绝妙就是极致。“绝妙”的定义：事物的最高思想意识境界。绝妙联系是知识和方法的最高境界。有妙乃臻。

（4）佛法云：“妙者，不可思议之法”——绝妙是超越思维和想象的方法，是人类思想和语言不能达到的方法，即最高方法。事物之间的多重联系和多个巧合（不可思议的巧合）叫作绝妙。事物之间不可能联系（不可思议的联系）是高维智慧，产生超凡事物（不可思议之物，如大发明和高维空间）。

（5）方法即联系：①绝妙是多重联系，绝妙是最高方法。②绝妙是事物之间的多重联系、多个巧合——极致联系、不可能联系、不可思议联系。因此，绝妙是最高联系，绝妙是最高方法。③绝妙是多重联系、多个巧合——极小概率——不可能变可能——超越方法——神通——奇迹——不可思议——至高无上，绝妙

是最高的方法——方法之王。作用之大，不可思议。

著名科幻作家洛夫克拉夫特有一句名言：人的思维缺乏将已知事物联系起来的能力，这是世上最仁慈的事情。人类居住在幽暗海洋中一个名为无知的小岛上，这海洋浩渺无垠，蕴藏无穷秘密，但我们并不应该航行过远，探究太深。他认为具备多重联系的能力就会看破宇宙的秘密——多重联系是天机，是探寻宇宙的钥匙，也是人类的最高方法。

绝妙是不同事物之间的联系，是由原体（产品）到达意体（创意）的依据。

绝妙就是公式！公式解释一切。

老子《道德经》有一句话包含了世界的三种主要方法："道生一，一生二，二生三，三生万物。""道生一"，是无中生有的创造性方法；"一生二，二生三"，是指由此及彼的演绎方法；"三生万物"，是指万物归纳为三的方法。道是一般，一和二是特殊，三是一般，万物是特殊。它们互相推演，就是一般到特殊、特殊到一般的必然联系，即方法，即绝妙。

## 三、三大推理方法

人类思维三大推理方法——演绎、归纳、类比，都是联系之法，核心就是联系。无联系不推理，无联系不创意，无联系不方法。

### 1. 演绎法

演绎推理的定义是由一般到特殊的推理方法，与归纳法相对，推论前提与结论之间的**联系**是必然的，是一种确实性推理。演绎是从一般到特殊，归纳是从特殊到一般，一般和特殊之间必须是必然联系，这两个方法才能成立。

演绎推理根据大小前提之间多种联系，得出三段论、假言推理、选言推理、关系推理等多种方法。因此，演绎法是多重联系的绝妙方法。

三段论推理包含：一个一般性的原则（大前提），一个附属于大前提的特殊化陈述（小前提），以及由此引申出的特殊化陈述、符合一般性原则的结论。例如：食肉动物都食肉，老虎吃肉，老虎是食肉动物。小前提和大前提是附属联系，结论和小前提是纵深联系，结论和大前提是附属联系。三段论本身就是多重联系。

### 2. 归纳法

归纳法的定义是由特殊到一般的推理方法，与演绎法相对。归纳推理除了完全归纳推理前提与结论间的**联系**是必然的外，前提和结论间的**联系**都是或然的，也就是说，前提真实，推理形式也正确，但不能必然推出真实的结论。

归纳推理根据前提之间的多种联系，分为完全归纳推理和不完全归纳推理两种。不完全归纳推理又分为简单枚举法和科学归纳法两种。归纳也是多重联系的绝妙方法。

3. **类比法**

类比推理亦称类推，是推理的一种形式。它根据两个对象在某些属性上相同或相似，通过比较而推断出它们在其他属性上也相同的推理过程。它是由特殊到特殊的推理。“**类比推理的可靠程度取决于共有属性和推出属性之间的联系**。如果共有属性和推出属性之间的**联系**密切，结论的可靠程度就高；如果联系程度低，结论的可靠程度就低；如果是无关的，就不能进行类比。”

类比推理依靠四大**联系**：

（1）**全同联系：一个概念的外涵和内延完全相同，例如罗曼蒂克和浪漫。**

（2）**并列联系：反对关系——水和火；矛盾关系——死和生。**

（3）**包含联系：种属关系——名词和实词；组成关系——电脑和鼠标。**

（4）**属性联系：必然属性——盐—咸和酒—含酒精；或然属性——花—香和酒—有泡沫。**

**类比推理同样是四重联系的绝妙方法。**

**逻辑学是人类进行思维必须运用的思维工具，是任何学科都离不开的。逻辑的定义是事物的因果规律（因果联系）。形式逻辑包括了归纳和演绎。1953 年，爱因斯坦在给斯威策的信中指出：“西方科学的发展是以两个伟大的成就为基础，那就是：希腊哲学家发明形式逻辑体系（在欧几里得几何学中），以及通过系统的实验找出因果关系（在文艺复兴时期）。”爱因斯坦所说的传统逻辑的演绎与归纳不仅是科学的基础，也是整个西方文化和知识体系的基础。**

**可见，发现联系、应用联系是人类智慧和文明的根本。**

## 四、两种说服性文体

说服性文体有两种：议论文和说明文。

1. **议论文**

议论文的核心是六大论证方法：事实论证、理论论证、类比论证、对比论证、比喻论证、因果论证。其中，事实论证是归纳法；理论论证是演绎法；类比论证是“**把不同的事物联系起来考察，在异中求同**”；比喻论证中“比喻者和被比喻者虽然是两类不同的事物，但它们之间存在本质上的内在**联系**，因此它们之间具有推理关系（联系）”；因果论证“根据客观事物之间都具有这种普遍和必然的因果**联系**的规律性，通过提示原因来论证结果”。

可见，六大论证方法都是联系法。

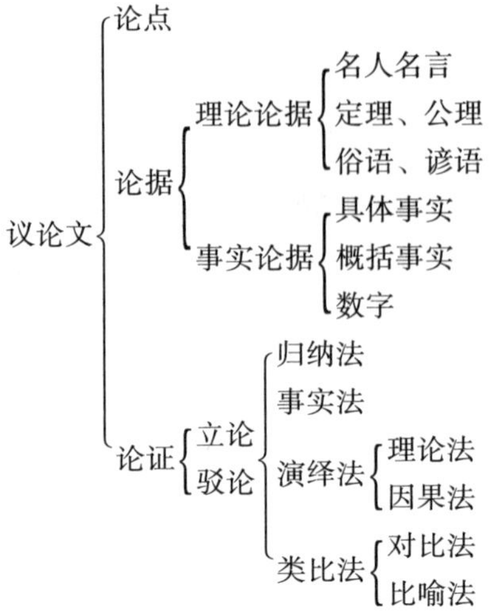


议论文要素构成图

2. **说明文**

说明文中主要的说明方法：下定义——归纳法，举例子、列数字——事实法，引用——理论法，做假设——因果法，做比较——对比法，打比方——比喻法。可见，六大说明方法几乎都是联系法。

好的议论文和说明文为什么具有超强说服力？因为它们都同时应用多重联系方法，得到巧合的结论。在论证和阐释上做到绝妙，绝妙即服。**多重联系为绝，多个巧合为妙**。

## 五、康德的十二范畴方法论

康德认为“知性十二范畴”是“人为自然界立法”的根本——根本的构思，根本的构图。天地万物莫不被纳入这一套体系里，没有超出这十二范畴的。

量的范畴：①单一性；②复多性；③全体性。

质的范畴：④实在性；⑤否定性；⑥限定性。

关系的范畴：⑦依存性与自存性；⑧因果性与隶属性；⑨共联性。

模态的范畴：⑩可能性与不可能性；⑪存在与不存在；⑫必然性与偶然性。

这十二范畴全部是从形式逻辑（演绎、归纳）的判断分类里引出来的。对前提和结论之间不同的**联系**产生不同的范畴，十二范畴来自概念与概念之间形式上的多重**联系**。

## 六、霍金的“依赖模型的实在论”

霍金认为：“不存在与图像或理论无关的实在性概念——不存在与方法模型无关的实在。”简单说就是，客观世界依靠与方法和模型的联系而存在，人们只有通过方法和模型这种**联系方式**才能感知世界。对此，他有非常明确的概述：“一个物理理论和世界图像是一个模型，以及一组将这个模型的元素和观测连接（**联系**）的规则。”——**方法和模型就是联系的规则**。

我们来看下面这张图，你看出来是什么了吗？多数人会觉得只是无意义的黑色碎片。

建立模型前

如果我们看完下面这张图，再回去看上面的图，就会立即明白，原来是这样！

建立模型后

之前看不懂，是因为大脑里没有对应的模型，后来看懂了，是因为大脑里建立了一个模型，这个模型可以用来解释我们所看到的事物。还是这张图，再换一个模型，你能看出是熊猫。

我们要看得懂这个世界，要能与这个世界连接和联系上，我们至少需要一个以上的模型。**我们与世界之间差了一座桥，这座桥就是方法模型**。**方法模型 = 联系**。没有联系和桥梁，人们就无法认知世界。一个方法模型是一重联系，是片面认知；多个方法模型是多重联系，是完整认知和系统认知。

## 七、分形和系统论

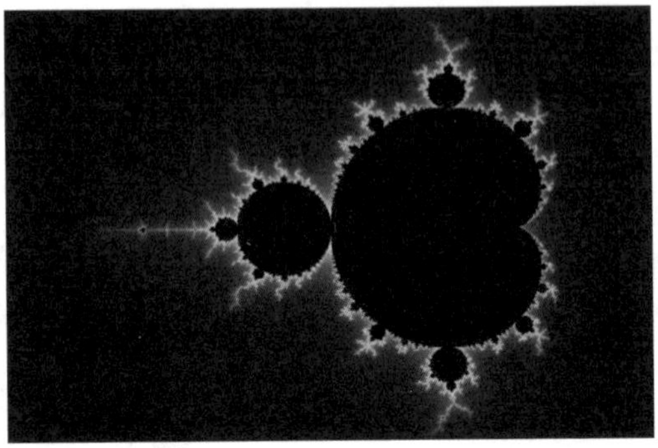

分形理论创始人 Mandelbrot 的分形模型：$f(z)=z^2+c$

分形理论是极其重要的科学方法论，用来解决复杂和熵的问题。“分形打破了整体与部分、混乱与规则、有序与无序、简单与复杂、有限与无限、连续与间断之间的隔膜，找到了它们之间相互过渡的**联系**和桥梁（即部分和整体之间的相似性），为人们从混沌与无序中认识规律和有序提供了可能和根据。”

分形的定义是“一个粗糙或零碎的几何形状，可以分成数个部分，且每一部分都（至少近似地）是整体缩小后的形状”，分形具有自相似的性质——多个局部与整体的联系和巧合。自相似就是绝妙，宇宙万物是按分形—自相似—绝妙的方式构成的。

树由自相似的多个树枝组成：树枝与大树的多重联系、多个巧合——自相似分形——绝妙

自相似是各个部分放大后与整体恰巧吻合。自相似也是一种巧合。

“自”是一体多支——多重联系；“相似”是分支与整体相似——多个巧合。自相似就是绝妙，分形就是绝妙。

《规模》的作者、物理学家杰弗里·韦斯特认为：规模法则即万物都可以看作是同一事物不同程度放大或缩小的版本，都有其相似性，世间一切由此而来。复杂性背后潜藏着惊人的简单性。

山脊线、海岸线、云朵等复杂的系统都是分形结构。把花菜掰下一块，拿在手里看，它的形状与整个花菜是相似的。再把这块小花菜继续分解，可以看到更小的花菜和大花菜也是相似的。大树是由一个主干和多个枝干组成的，从每个节点截下的树枝都与整棵树相似。

看似杂乱无章的事物和系统，其基本结构都是多重联系、多个巧合的分形，通过绝妙的分形结构，达到深层次的秩序。分形使我们可以通过简单认知复杂和混沌。

“谁不知道熵概念就不能被认为是科学上的文化人，将来谁不知道分形概念，也不能称为有知识。”物理学家惠勒说。

哲学家雅斯贝尔斯说：“一部伟大的著作包括了一切。研究一部著作，就是在研究哲学的整个王国。深入研究一部高水平之作，我可以获得一个中心点，借此澄清各个方面。研究这部著作，会联系起一切。”伟大的著作是真理的自相似性分形——多重联系、多个巧合，因此伟大的著作都是绝妙的。

多个分支与整体相连——多重联系；多个分支自相似——多个巧合

经济学里的康波周期和股市、

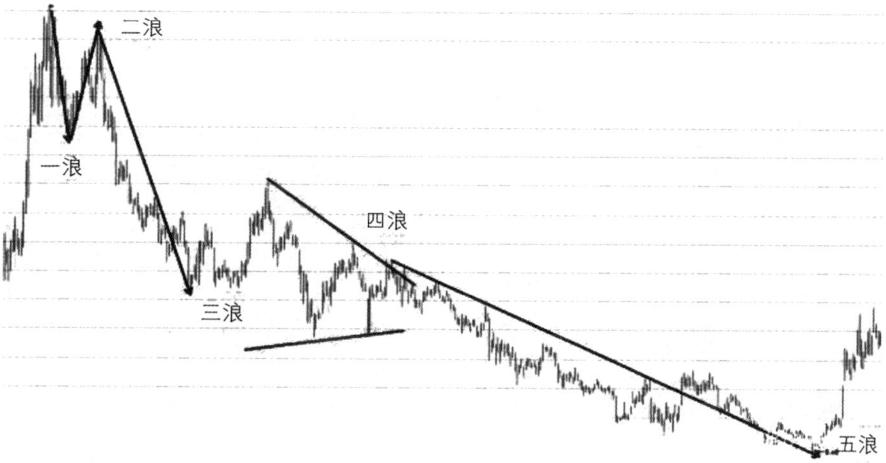

日线的五浪下跌

期市里的周期波浪线也存在自相似的分形。分形理论在股市和期货市场里面就是波浪理论，也就是说，行情一直在延续一种规则变动，这种规则主导了自然界，也主导了投资市场。只不过大多数系统是无规分形或随机分形，这为理解增加了难度，但是也增加了美感。高级和绝妙的音乐和绘画都是无规分形或韵律分形。

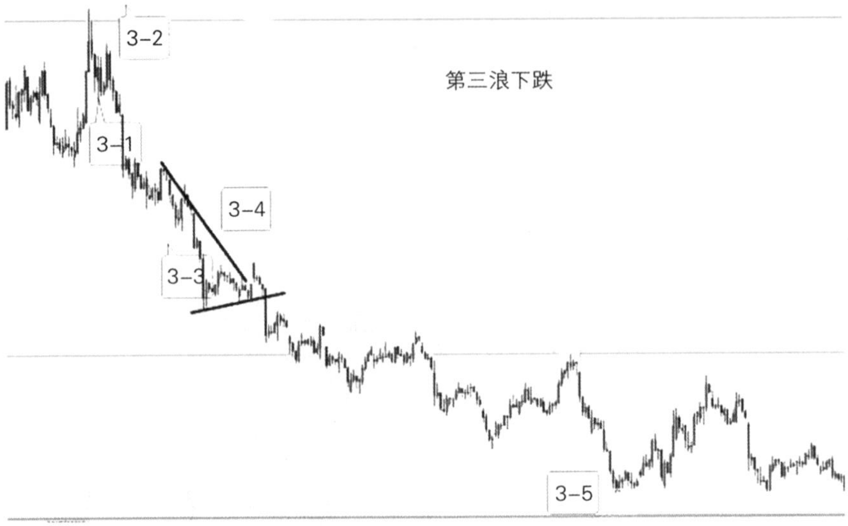


第三浪可以拆分为更小的五浪模式——自相似的分形

全息论是极为重要的方法论，其核心是每个局部都是整体。同一个体的部分与整体之间、同一层次的事物之间、不同层次与系统中的事物之间、事物的开端与结果、事物发展的大过程与小过程、时间与空间，都存在着相互全息的对应关系。局部与整体的全息和多种对应就是多个巧合、多重联系。整体中包含局部——多重联系，局部中包含整体——多个巧合。

宇宙全息几何图——多重联系、多个巧合

花菜局部与整体的全息——多重联系（连接）、多个巧合（相似）

**为什么说对称和自相似分形都是巧合？相似、相同的形状都是巧合？因为巧合的定义是恰好吻合，正巧一致。二者吻合（相同）或一致（相似）都是巧合。**

系统论被誉为具有哲学价值的方法论，系统论的定义是“研究系统的结构、特点、行为、动态、原则、规律以及系统间的**联系**”。系统论从整体出发来研究系统整体和组成系统整体各要素的相互关系，达到最优目标。系统论创始人贝塔朗菲认为，“系统是有**联系**的物质和过程的集合”“把事物各种要素**联系**起来作为一个整体和系统进行分析和综合，这就是处理问题的系统方法”。

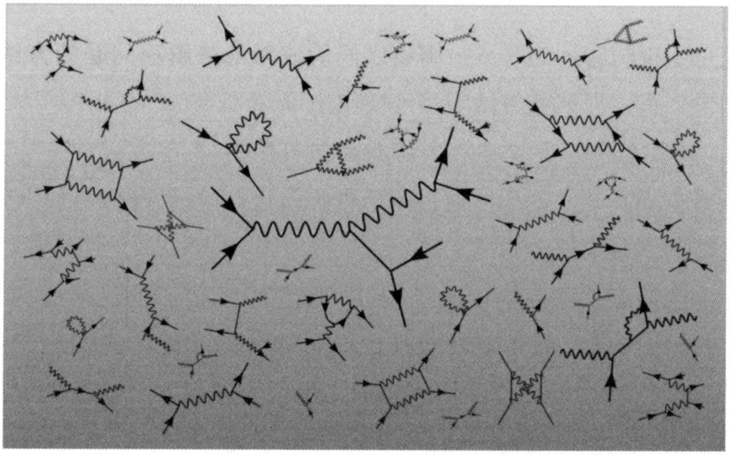

费恩曼图：电子到达某一点，实际上同时经历了所有可能的路径。其概率由到达那一点的所有可能路径的总和来决定，这就是费恩曼著名的量子力学的“历史求和”方法

**系统（目标和功能）＝要素×联系。联系是系统的灵魂**。要素可以改变，联系不可更改，否则就不是这个系统了。

**绝妙除了多个要素联系之外，还要达到多个巧合——极小概率——不可能变可能——不可思议——多元对称——自相似——全息——螺旋——黄金分割。所以，绝妙是最高级的系统方法**。巧合越多，系统越绝妙，越强大，越完善，越无可比拟。联系让系统稳固，巧合让系统升级。

**绝妙（目标和功能）＝要素×联系×巧合**（我用乘号而不是加号，表明这不是简单的加法和混合，而是有机的化合和融合）。

诺贝尔物理学奖获得者费恩曼用量子力学解释宇宙：“一个系统并非只有一个历史，而是有每一种可能的历史。”即宇宙具有每一种可能的历史，每一个历史都有其自身的概率，而宇宙的历史求和为无限，因此宇宙实际上是无限非概率——实际零概率的系统。宇宙是一个因多个巧合而存在的系统——极其不可能（实际零概率）。**绝妙 = 系统 × 巧合**。绝妙来自宇宙，描述宇宙，解释一切，创造万物。

## 八、方法论

黑格尔把方法称为主观方面的手段。他说："方法也就是工具，是主观方面的某个手段，主观方面通过这个手段和客体发生关系（联系）……"（黑格尔《逻辑学》）

方法就是主观与客体的联系。**事物之间的联系就是解决问题的方法**。发现事物之间是因果关系，那你就去做因，等待果出现。

"法者，妙事之迹也。"《中文大辞典》这样解释"方法"，把"方法"看成是"人们巧妙办事和有效办事应遵循的条理、轨迹、途径或路线"，"迹"就是事情与目的之间的联系线索。

毛泽东为强调方法在办事中的重要性，列举了用桥和船过河的例子。他说："我们不但要提出任务，而且要解决完成任务的方法问题。我们的任务是过河，但是没有桥或没有船就不能过。不解决桥或船的问题，过河就是一句空话。不解决方法问题，任务也只是瞎说一顿。"

毛泽东把"方法"定义为问题与答案之间的联系和中介。

**方法即联系。最高方法即多重联系，即绝妙。**

世界上纷繁复杂的方法，统而言之都是联系。**发现事物的联系就是找到方法。多重联系、多个巧合是最高联系，发现最高联系就是找到最高方法。绝妙是多重联系、多个巧合，绝妙是方法之王！**

**一种联系是一种方法，一个巧合是一种解决方案。多重联系是多种方法的整合，多个巧合是多个解决方案的整合。因此，多重联系、多个巧合是最优方法和最佳解决方案。绝妙实现所有方法的大统一，是万法之法。**

**一个联系是相信，两个联系是信服，三个联系是信念，四个联系是信仰——至信至诚！**

**一个巧合是偶然，两个巧合是必然，三个巧合是卓然，四个巧合是超然——不可思议！**

**一个创意或推理包含一个联系就能让人相信，包含两个联系就能让人信服，包含三个联系就能让人坚信不疑成为信念，包含四个联系就能让人至信至诚，成**

**为信仰。**

**一个创意或推理包含一个巧合是偶然意外，包含两个巧合是必然规律，包含三个巧合是卓然不群——匪夷所思，包含四个巧合是超然物外——不可思议。**

巧合这个词关键在“巧”字。全球最大的中文百科全书百度百科解释：“合”是基本要求，要“合”得既在情理之中，又出人意料之外。“合”得新颖别致，方见其“巧”。新颖即新奇，别致即美。“合”得神奇美妙，方见其“巧”。“合”到“天作”的程度才是“巧”。“合”是高度联系和整体联系，人与人握手叫联系，是单线联系。“合”相当于两个人拥抱，是整体联系。“合”即融合、合二为一，这是整体联系。“巧”是高度联系和整体联系到神奇和不可思议的程度才是“巧”。

因此，联系和巧合分为三个层次，第一是联系，第二是合——整体联系和高度联系，第三是巧——最高联系和不可思议联系。

系（单线联系）—合（整体联系）—巧（神奇联系）。顾名思义“系”是单线连接，“合”是合体、合二为一，即整体联系，“巧”指技艺高超和美妙，即神奇的联系。

多重联系、多个巧合就是层层递进、环环相绕的螺旋之力，裹挟一切，摧枯拉朽。

宗教如何让人信仰？因为它做到了四个重要联系和巧合：一是天地——天上是什么？地下是什么？二是生死——人从何处来？到哪里去？三是贵贱——人因何而富？因何而穷？四是聚散——人因何而聚？因何而散？人生最重要的四大问题和现象（以及所有问题和现象），都能通过因果全部联系起来，构成巧合。

齐白石妙品。英国艺术史家迈克尔·苏立文称：“齐白石少量的山水画是其最具原创性的作品”

佛教＝信仰（目标）？绝妙联系（要素×联系×巧合）：一是天地。得大善因缘得升天，二十八重天，即欲界六重天、色界十八重天、无色界四重天；结恶缘入十八层地狱。二是人从前世所为之因，投胎而来。今生所为之因，决定死法。三是人因前世积善之因而富贵，因积恶之因而贫贱。四是缘到则聚，缘灭则散。人生与因缘和神有天地、生死、贵贱、聚散的四重联系和巧合，再加上实证案例，这就是绝妙，绝妙即服——绝妙即说服，即征服。

马可·波罗向忽必烈讲一座桥，描述它的每一块石头。“可是，撑住桥的是哪一块石头？”忽必烈问。“支住桥的不是任何一块石头，”马可·波罗回答，“而是石块形成的桥拱。”桥存在的根本原因不是石头，而是石头之间的绝妙联系——拱。

朱新建妙品

齐白石有一句名言：“作画妙在似与不似之间，太似为媚俗，不似为欺世。”“似”指来源于生活，“不似”指高于生活。“似与不似之间”指实景和意境之间的联系，指熟悉和创新之间的联系，没有这重联系则不绝妙，不能让人心服口服。

齐白石告诉李可染，画道在于“笔笔相生，笔笔相应”。每一笔之间一定要相互联系、相互照应（巧合），最后形成多重联系和多个巧合，达到绝妙。笔笔相生——多重联系，笔笔相应——多个巧合。齐白石认为：掌握绝妙，能让技艺空前绝后。“画中要常有古人之微妙在胸中，不要古人之皮毛在笔端。欲使来者只能摹其皮毛，不能知其微妙也。立足如此，纵无能空前，亦足绝后。”

明代陶宗仪《辍耕录·叙画》曰：“气韵生动，出于天成，人莫窥其巧者，谓之神品。”其中讲了“神品”（妙品）的三个要素联系：一是气韵生动，二是格调浑然天成，三是布局暗藏多重联系之巧合、巧妙。

齐白石的画 = 天工神品？绝妙联系（要素 × 联系 × 巧合）：一是气足——“布局心既小，下笔胆又大。世人如要骂，五贤休害怕。”（题李苦禅画）二是格高——“作画要画得少，而表现繁，是不容易的。”“他（指毕加索）画鸽子飞翔时要画出翅膀的振动。我画鸽子飞时画翅膀不振动，但要在不振动里看出振动来。”（齐白石 92 岁时与胡橐论画）“古人作画，不似之似，天趣自然，因曰神品。”三是局巧——“笔笔相生，笔笔相应”。四是笔力——“作画须有笔力，方能使观者快心。”

## 九、“妙有”论

道家称规律、程序和绝妙为“妙有”，妙有即超乎“有”和“无”以上的原始存在，妙有即道。“太虚辽廓而无阂，运自然之妙有。”李善注：“妙有谓一也。言大道运彼自然之妙一，而生万物也……。《老子》曰：‘道生一。’王弼曰：‘一，数之始而物之极也。’谓之为妙有者，欲言有，不见其形，则非有，故谓之妙；欲言其无，物由之以生，则非无，故谓之有也。斯乃无中之有，谓之妙有也。”

妙有即联系。联系造物而无形。

妙有即高维对低维的投影，高智对万物的操控。有而不见，无而实有，无中生有。

妙有即不可思议联系创造万物、创造天外之天。

“道”字是空间卷曲，首走为道，头和脚相联系。道图是阴头联系阳尾，阳头联系阴尾。时空卷曲联系。道字和道图都是不可能联系的启示。创造之妙、创意之妙、宇宙之妙皆在于时空卷曲联系和不可能联系。“道”图就是高维思维图、绝妙联系图。

道图——妙图：时空卷曲，超常联系，高维思维

老子的大弟子尹喜在《道论》中讲：“圣人之道，本无首，末无尾，所以应物不穷。”道，首尾联系，所以应变无穷。（本无首，末无尾，只有一种可能——首尾相连，大道循环）

玻尔的族徽

道图玄妙：首尾相连、鱼头相交——多重联系；凸凹相合、鱼眼相对——多个巧合。（各部分恰巧吻合、完美对称）

无中生有谓之妙。这个“无”不是零，而是无形之规律、无形之联系。从旧物那头来，牵到新物这边去，这根线就是规律和联系，就是妙。妙即造物之法。妙即绝妙，即道，是万数之始、万物之极。绝妙是极限方法和极限智慧。

“道”字的甲骨文：一个人站在十字路口。字形上下左右对称，四个巧合；人站在四个路口，四重联系。老子讲“道”是“无为

而无所不为”，这个“无为”不是指什么都不做，而是指绝妙——多重联系、多个巧合。“无”字通“元”，无为即元为，宇宙本元的所为。

正如人站在十字路口，它是一个量子叠加态。（量子力学理论认为，量子既是波，又是粒子，处于波粒叠加态。人一旦观测量子，相当于做出干涉，量子就会只呈现一种状态。宇宙万物皆处于叠加态。）

“道”的甲骨文——无为——叠加态、巧合态——多重联系、多个巧合

量子力学是迄今为止最尖端、不可思议的科学理论，也是最接近宇宙真相的发现。根据著名的双缝干涉实验、薛定谔的猫的实验、测不准原理和不确实性原理，我们知道：量子同时处于多个状态和多个位置，并且在从A点到B点的过程中，量子同时经过所有可能的路线。只有在我们对其进行观测时，量子才是单一状态或单个位置，否则它一直处于叠加态、叠加位、叠加线。

量子是最小的不可分割的基本单位，即宇宙的本原。宇宙的本原是绝妙——多重联系、多个巧合，同时是多个状态——波粒叠加态——多重联系，同时在多个位置，同时经过多条路线——多个巧合。

“道”字中的人，在十字路口时存在可以往四个方向走的状态，叠加态也就是多重联系、多个巧合的绝妙状态。

“德”字的甲骨文：一个人站在十字路口，眼睛观测后，选择了往上走（“目”上一竖）。德不是无为，而是有为，选择了向上走。这个状态就是人进行了观测和干涉，所以叠加态和巧合态被打破了。绝妙状态消失了，只有一条路可走。这是德。“失道而后德”，德是失去了道后的状态。

“道生之，德畜之，物形之，势成之。”道是宇宙的本体，德是每种事物独特的功用。道为体，德为用。道无为，德有为。

老子为什么用水来讲道？水无为不争，永远处于多重联系、多个巧合的绝妙态、巧合态和叠加态。

“德”的甲骨文——有为和干涉——打破叠加态、巧合态

水的“七德”里的一条是“事善能”，水遇山则环绕，与之巧合；遇谷则充盈，与之巧合。把水放在圆形的容器里，它就是圆形；放在方形的容器里，它就是方形，与之巧合。它随环境而改变，不变的是与万物的联

系并巧合，得大自在。

水系万物——多重联系。水合万形——多个巧合。人、动物和植物70%的成分是水。万物有多少种形状，水就有多少种形状。

水最接近道——绝妙——多重联系、多个巧合。

“爻”字代表天地联系交织，上下同形巧合——多重联系、多个巧合

爻是组成卦符的基本符号。爻就是阴阳和道的直观符号。爻也是一种时空状态的基础表示形式，是伏羲易基础逻辑的立足点。爻表示的是阴阳交织的整体作用，对地球来说就是指太阳和月亮的运动对地球的交织作用，有“作用相交织”的含义。

用“——”来直观表述太阳的阳性作用，用“— —”来直观表述月亮的阴性作用，将其分属阴阳，称“——”为阳爻，称“— — ”为阴爻。

八卦，见于《周易·系辞下》：“古者包牺氏之王天下也，仰则观象于天，俯则观法于地。……近取诸身，远取诸物，于是始作八卦，以通神明之德，以类万物之情。”八卦生自太极、两仪、四象中，“四象生八卦”。

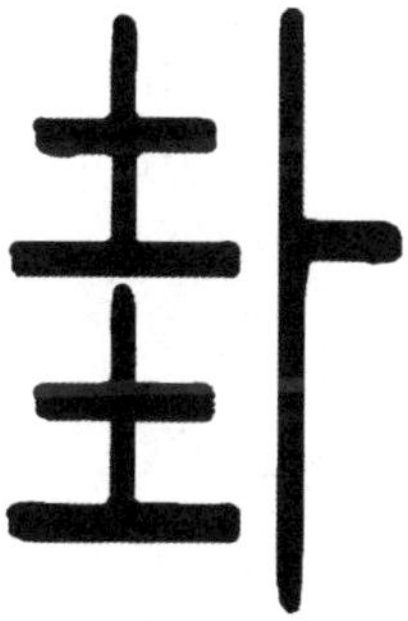

“卦”字代表天地联系交织，上下同形巧合——多重联系、多个巧合，然后可以占卜未来，洞悉天机

“卦”字的含义：左边为“圭”，一指观天，二指重土，代表天地联系交织，上下同形巧合——多重联系、多个巧合。右边是“卜”，代表掌握了多重联系、多个巧合，掌握了绝妙就可以占卜过去、未来，洞悉天机，俯仰天地。

八卦和六十四卦代表阴爻和阳爻的多重联系、多个巧合。

上下交织排列——多重联系；左右对称同形——多个巧合。

《周易·系辞下》开篇第一句话是“八卦成列，象在其中”。八卦成列——八卦有不同的排列组合和多重联系。象在其中——宇宙万象都包含其中，与其巧合、吻合。

量子力学之父玻尔把太极图作为家族族徽：波形把黑白鱼眼分割并包涵，表明波粒二象一体化联系。

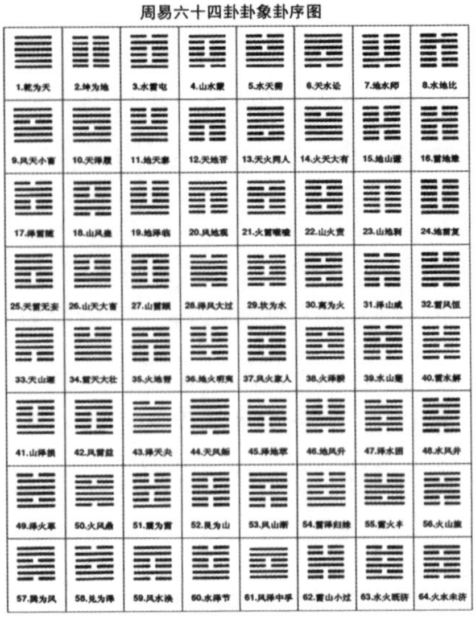


八卦和六十四卦代表多重联系、多个巧合——绝妙

## 十、“妙”的象形字义——天地万物的多重联系与阴阳巧合

老子用“玄”字来描绘大道，《道德经》中“玄”字出现有12次之多。老子所说的“玄”即“幽深的道理”，浩渺的宇宙，幽深无尽，潜藏着神秘莫测的玄机奥妙，所以老子说“玄之又玄，众妙之门”。“妙”字篆书左边是“玄”字。老子写《道德经》的时候，“妙”字不是“女”字旁，而是“玄”字旁。“妙”字原写为“玅”。

妙即玅，玄妙即道

“妙”字篆书左边是甲骨文的“玄”字，“玄”字的象形字义是一根丝连着日月和星辰，象征天体相互联系，**联系天空万象**；右边是甲骨文的“少”字，其象形字义是水中飘着一根丝，水像丝一样，**联系大地万物**。“妙”即“玅”，是天地之间的多重联系。“玄”字与“少”字形态相契，凸凹相合，寓意天地之间的多个巧合。字义代表多重联系，字形代表多个巧合。“妙”即“玅”，即玄妙，即道。绝妙为道。

《道德经》说：“微妙玄通，深不可识。”微妙——玄妙，玄通——通天。意思是：玄妙、绝妙，可以通天，高深莫测。道就是螺旋。

"妙"的篆书，代表多重联系

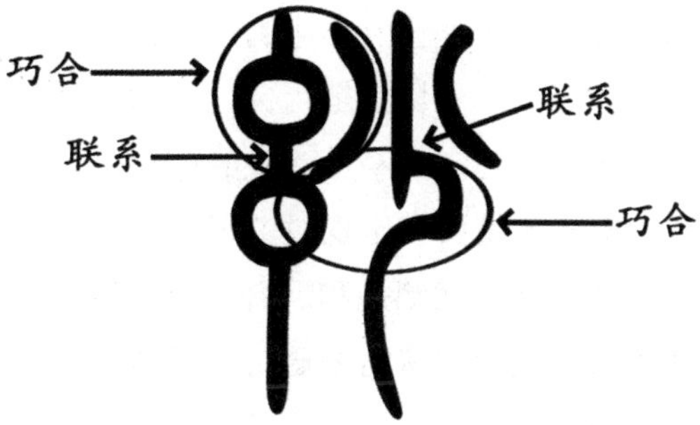


"妙"字：纵向是多重联系，横向是多个巧合——凸凹相合，阴阳巧合

## 千年来第一次看懂《道德经》——老子讲的是凸凹论，而不是矛盾论

黄金螺旋的数学表达式是 0.618，**螺旋文字表达式是巧合联系**。道是规律、程序、法则这都没错，但是它过于空洞、抽象、模糊。道的具体表现形式是什么？道怎么应用于生活和各种事业中？《道德经》的世界观早已耳熟能详，老子讲得也很透，欠缺的是对其方法论的解读。

《道德经》有两个特点：

一是大量的对仗词、对称词。无与有、弱与强、高与下、实与虚、明与暗、长与短……对仗的"仗"是仰仗、依赖的意思，对称巧合最值得仰仗依赖。对仗和对称是一种巧合。

二是大量的关系词。主要体现为"生"和"法"："道生一，一生二，二生三，三生万物""人法地，地法天，天法道，道法自然""天下万物生于有，有生于无"。

第一类是巧合词，第二类是联系词。《道德经》通篇讲的是多重联系、多个巧合。

螺旋之力是引力和离心力共同作用的结果。如果我们把螺旋看成是随机形成的合力，那么引力和离心力是对立双方，螺旋合力是博弈的结果。如果我们把螺旋看成是道和程序，必须要这样宇宙才能运行，那么引力和离心力就不是对立双方，而是巧合绝妙的一对（恰巧吻合），螺旋合力是绝妙的设计。

在这个前提下，看似对立的双方实质是巧合联系，而螺旋力实质是这两个力的巧合力。老子想要表达的是巧合，而不是矛盾。老子善用反面和不好，在他眼中一切皆和。一切都是巧合，一切都是联系。老子是在道是程序而不是随机，事物的两面是巧合而不是对立的前提下，阐明了《道德经》的理论体系和方法论。

**老子全篇没有出现过“矛盾、冲突”的表达，而都是和、合、容，这证明老子通常理解的矛盾对立双方实质是巧合和对称**。如引力与电磁力、强核力与弱核力，看似对立的双方，实质是恰巧吻合的合力，即巧合之力，两对力恰巧构成宇宙和万物，多一点、少一点都不行——恰巧和巧合。

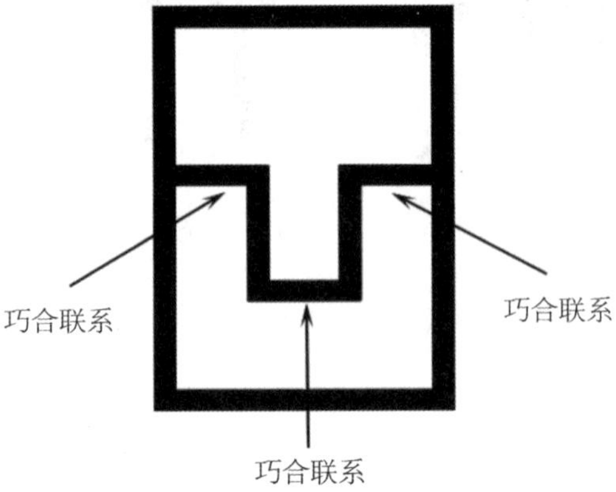


凸凹相合——多重联系、多个巧合。老子的道和阴阳是凸凹论，而不是矛盾论，讲相合，非相抵。所以，无为，不争

所以，老子反复强调“反者道之动，弱者道之用”，就是要颠覆式看待对立面，充分运用对立面，以形成巧合力。它们不是对立而是对应，不是矛盾而是巧合。**道的运动和功用就是补反填弱，保持巧合联系。老子理解的事物的两面性不是矛与盾，而是凸与凹，二者恰巧吻合——巧合。矛盾相抵，凸凹相合。**

凸凹相合就是榫卯，是最自然、最牢固的结构方式。凸出部分叫榫，凹进部分叫卯。榫卯 = 要素 × 联系 × 巧合 = 最强结构。榫卯是中国古人智慧的象征，是典型的多重联系、多个巧合的绝妙发明。榫卯的巧合力让山西古建筑历经千年及无数次地震而不倒，超过了钢筋混凝土建筑。

凸凹相合也是齿轮，齿轮是两千多年前就发明的绝妙传动装置，至今无法被超越。齿轮也是多重联系、多个巧合的经典代表。齿轮正是依靠巧合力发挥着无与伦比的传动作用。

榫卯

**凸凹，形相反，实相合。事物的两面就是看似对立，实则巧合。因为是巧合的一对，所以，《道德经》通篇都在劝你做反面，好配对。人人都喜欢出头做“凸”，得道的人就要低头做“凹”，与之**

**相巧合。形成榫卯和齿轮，形成最强结构和最佳传动**，形成“我为人人（巧合联系，对称平衡），人人为我（螺旋之力、巧合之力）”的功用。

齿轮是多重联系、多个巧合的代表，巧合力产生2000多年来无法超越的传动作用

凹是凸的反面；凸看着很强，凹看着很弱。到这里，我们就能真正理解“反者道之动，弱者道之用”，真正理解道的方法论是什么了。

**老子的阴阳论其实是凸凹论，已远远超越了黑格尔辩证法的矛盾论。我们看道家的太极图，阴阳鱼凸凹相合，相辅相成，完全看不出矛盾对立，反而是绝妙融合。从字面上看，矛与盾，见面就打起来。凸与凹，见面就合在一起，就像帅哥见到美女。矛与盾，见面就生攻防之心。凸与凹，见面就有巧合之念。矛盾是你死我活，凸凹是你情我愿。**

**特别善于比喻的老子，为什么不用“矛盾”来表达“道”而用“阴阳”来表达？因为，他认为事物的两面是阴和阳——女人和男人，看似相反，实则相合，所以用“阴阳”更为准确。我为了更形象直观地理解《道德经》，用“凸凹”来代表“阴阳”。**

矛盾论讲对立、转化、统一。《道德经》的凸凹论也偶有对立、转化，但是主要讲统一。其实“统一”这个词不准确，老子讲的是巧合联系、对称平衡。矛盾论讲矛盾的统一性是相对的，矛盾的斗争性是绝对的。凸凹论则相反。都和谐了，还乱什么！所以《道德经》全篇都在讲无为、无事、不争。

凸凹论不是主张对立双方的调和、和稀泥，也不是无所作为、任其发展，而是教你使用巧合之力、对称之力、螺旋之力、宇宙之力。“有物混成，先天地生，寂兮寥兮。独立不改，周行而不殆，可以为天地母。吾不知其名，字之曰道，强为之名曰大。大曰逝，逝曰远，远曰反。故道大，天大，地大，王亦大。域中有四大，而人居其一焉。人法地，地法天，天法道，道法自然。”道就是巧合联系、螺旋、对称的运行程序，道的运行产生了世界。道的命名为大，它的往复运行，让宇宙膨胀变大、变远、终返。所以，大道的力使天变大，地变大，王变大，领域变大，一统天下。所有的一切，都要去吻合并掌握道，才能做大。

“故道，大天，大地，大王，亦大域。中有四大，而人居其一焉。”这样才是合理的断句。道——多重联系、多个巧合——绝妙，能让一切变大。整个宇宙都是靠“道”这个程序变大的，吻合道，做个王只不过“居其一焉”，即其中一个作用罢了。做个大佬和行业之王，更是小事一桩。

老子的终极目的是教你做大。不是让你与世无争，而是让你巧合做大。

要领悟《道德经》有两个方法：一是看原文，不看翻译，重新解意。二是不看标点符号，重新断句。

老子老讲处低、靠后、守弱、人之所恶，站在好事物的对立面。这不是道德好、品德好，而是道好、得道，是为了形成巧合联系，产生巧合力。能量越大的人，越是要处在人之所恶，越容易与人之所好形成巧合力。一块跷跷板，100 个人站左边，只有一个人站右边，这个人的能量要比别人大 100 倍，才能保持对称巧合。好地方站的人总是大多数，坏地方就需要能量大的人来保持巧合。

老子的方法论为什么要强调处低、守弱、人之所恶？因为世人都抢了正面、阳面，你得去做反面、阴面。正如相亲大会，报名的全是男生，你得拉一排女生来才能配对。你试试：只有榫和凸，世界将会怎样？没有用啊。处低、守弱、人之所恶就是叫你去做卯和凹！把无用变大用，把无为变无不为。老子的无为是**“向无而为”**，人人都争“有”，“有”太多了，你要做“无”，来契合“有”，形成巧合力。

“其犹橐籥乎？虚而不屈，动而愈出。”风箱空虚而不枯竭，越鼓动风就越大。老子不讲风箱外壳的作用，而讲虚空的作用。只有风箱的形状——凸，没有中间的虚空——凹，风箱就没用了。反过来，只有中间的虚空，没有风箱的外壳，也是没用的。所以，老子不是说“反”的单独作用，而是说正反巧合的作用。只是人们仅关注“正”，完全忽略了“反”。所以，**老子才强调“反”，但目的不是“反”，而是正反巧合**。

“善为士者，不武；善战者，不怒；善胜敌者，弗与；善用人者，为之下。是谓不争之德，是谓用人之力，是谓配天古之极。”善于带兵的不武，善于打仗的不怒，善于胜敌的不争，善于用人的要低下。站到反面是为了巧合配对，配合天之极道。《道德经》全篇只在此处用了一个“配”字，点出了凸凹巧合的中心思想。“低下、守弱、不争”都是为了“配”——巧合配对。

“故恒无欲也，以观其眇；恒有欲也，以观其所徼。两者同出，异名同谓。玄之又玄，众妙之门。”要常从“无”中去观察领悟“道”的内涵；要常从“有”中去观察体会“道”的形式。无与有共同出发、共同作用，只是名称相异，都可以称之为玄妙（绝妙）。这句话暴露了老子的真实想法，无与有、正与反的巧合才是道。单独一方面都不是道，而是二者结合。关键是“两者同出”：两者共同出发、共同作用，形成榫卯的巧合力。虚空中的暗物质、暗能量与物质、能量共同巧合对称形成宇宙。

“有无之相生也”，所有的翻译都是有无的相互转化。“生”字查遍词典都找不到“转化”的意思，只有“生长”的意思。这句话正确的理解是有和无相依而生。单独的有和无都不利于生长，只有二者巧合才能形成天力，才是最好的生长。凸怎么转化成凹？牵强！凸凹相依而生成为榫卯、齿轮，一个最稳固，一个最有力，大用之用！绝妙！

“道之为物，惟恍惟惚。惚兮恍兮，其中有象；恍兮惚兮，其中有物；窈兮冥兮，其中有精。其精甚真，其中有信。”“道”这个东西，看着模糊，其中却有形象。看着虚幻，其中却有实物。看着黯然，其中却有精气；这精气是真实的，是可以信验的。道是正反两方面的巧合体，两方面的特征都有。如同凸凹相合图，你看着像凸，其中却有凹。

“知其白，守其黑，为天下式。”知道白，守住黑，形成巧合，这是天下之模式，宇宙之法则。知道“凸”已经有了，我来做“凹”，形成巧合，变成榫卯和齿轮，至静至动，这是天道。有了正电子，要配一个负电子，有了粒子，要配一个反粒子。它们之间不是矛盾冲突，而是巧合对称，是绝妙设计。

如何把巧合应用于解决各种问题？《方法之王，绝妙即服》在方法论上已超出《道德经》的范畴：

（1）巧合联系不只是一方面，而是多方面、多重性。

（2）巧合不只存在于事物的两面，还包括事物的要素及各个组成部分。

（3）巧合的方式多种多样，覆盖天地万物和所有行业。

地低成海，人低为王。这是形成巧合力、宇宙之力，而不是品德。**老子的《道德经》全篇讲的是力学，不是伦理学**。德由道定，巧合联系的道，决定了人要处低、守弱、往所恶的德。

“明道若昧；进道若退；夷道若纇；上德若谷，大白若辱，广德若不足，建德若偷，质真若渝。”光明的道好似黑暗，二者自相似，对称巧合；前进的道好似后退，二者自相似，对称巧合；平坦的道好似崎岖，二者自相似……

“大方无隅；大器晚成；大音希声；大象无形。道隐无名。夫唯道，善始且善成。”最洁白的东西，反而含有污垢；最方正的东西，反而没有棱角；最大的声响，反而听来无声无息；最大的形象，反而没有形状。最完美的事物都是完成了凸凹相合，呈现的形象也是凸凹相合图，你一定看得到反面的痕迹。

**最好的东西是完成了巧合联系的东西！**物理规律的巧合对称性，使得物质的反面巧合了正面，从而以中和的结果出现。正如“凸”被“凹”巧合，呈现“口”的结果（凸凹相合图），但中间看得到“凹”的痕迹，而“凸”的特征已被掩藏。

“以正治国，以奇用兵，以无事取天下。”治国 + 用兵 = 取天下，正 + 奇 = 无事无为。正反相合、阴阳相合、凸凹相合就是道。孤阳不生，独阴不长；阴阳巧合，又生又长。

“难易之相成也，长短之相刑也，高下之相盈也，音声之相和也，先后之相随，恒也。”难和易互相形成，长和短互相显现，高和下互相充实，音与声互相谐和，前和后互相接随——这是永恒的。老子讲的所有的对立双方都是自相似，都是对称巧合。二者形成巧合力、天力。老子讲对立双方从没使用“矛盾、冲突”的表述，而是相反的意思：“相成、相盈、相和、相随”——联系与巧合。老子不是把事物的两面看成矛盾双方或对立双方，而是看成融合双方和巧合双方。

现代科学的发展远远超越了以往的哲学。西方有句话说“哲学已死”，就是说哲学已解释不了科学发现。但是，老子超越了辩证法，发现了绝妙法、巧合论，看到了联系和巧合的大统一理论。

**哲学未死，重读老子。**

《道德经》讲的是巧合相成、对称相合的绝妙法，包括但超越了对立统一的辩证法。老子多讲统一，少讲对立。他为什么用大量章节讲无为？因为统一是绝对的，只需要顺应契合，所以无为。看似对立的双方，其实是巧合做功，合力前进。相反，他一直强调不争、不对立、不冲突；“夫唯不争，故无尤”。

波和粒子是两种对立的状态，但是量子可以叠加巧合；在和不在是两种对立的状态，但是量子可以叠加巧合。量子可以同时出现在两个位置，可以同时经过不同路径，量子好像专门为消解矛盾而生，在我们看来的矛盾，在量子世界里都是融合、统一、不争。

量子力学完全可以用《道德经》来解释。**道是量子哲学**。

“埏埴以为器，当其无，有器之用。凿户牖以为室，当其无，有室之用。故有之以为利，无之以为用。”糅合陶土做成器皿，有了器具中空的地方，才有器皿的作用。开凿门窗建造房屋，有了门窗四壁内的空虚部分，才有房屋的作用。所以，“有”给人便利，“无”发挥了它的作用。有提供利，无提供用。看似对立的双方其实都是利用。只有统一，没有对立，一切巧合，一切联系，是谓绝妙。

“容乃公，公乃王，王乃天，天乃道。”宽容才能公正，公正才能称王。容和公才是天道。**老子一直在讲统一，讲凸凹巧合力而不是矛盾博弈力。**

“是以圣人常善救人，故无弃人；常善救物，故无弃物。”无无用之人，无无用之物。一切都是巧合，一切都是绝妙的安排。

“知其雄，守其雌，为天下谿。知其白，守其黑，为天下式。复归于无极。”守在人人抢、力量大的反面——人人弃、力量小，与之形成对称巧合，成就巧合之力、螺旋之力。这就是让事情恢复到不可穷极的真理——复归于无极。恢复到绝妙态、巧合态。能量越大的人，越要守在众人所好的反面，这样才能对称平衡，巧合力才大。

“天下莫柔弱于水，而攻坚强者莫之能胜，以其无以易之。弱之胜强，柔之胜刚，天下莫不知，莫能行。”“强梁者不得其死，吾将以为教父。”老子在《道德经》中反复强调守弱和水的力量是最强大的，刚强和坚硬的事物却是最弱小的。这个道理与人们的生活体验有很大不同。我们在开篇讲过，宇宙是力的世界。四个力的作用形成了宇宙空间、物质能量。力强者胜，这是宇宙的法则。难道老子错了吗？

其实，老子的“守弱”不是弱小的意思，而是巧合顺应，顺应宇宙之力，与事物和形势巧合。顺是顺从、承接。应是对应、应和。顺是联系，应是巧合。顺应就是顺从、借助多重联系、多个巧合的螺旋之力、大道之力。

水的巧合力和顺应力是自然界中最大的。遇山环绕，遇谷充盈，完全与之巧合并联系。**守弱＝巧合**。强硬是反顺应、反联系、反巧合。力量再大也抵不过巧合之力。

水从至弱变为至强，来自巧合力——遇山环绕，遇谷充盈。守弱不是力量，巧合才是。守弱是为了巧合

因此，老子不是讲守弱，而是讲巧合。他讲的是道的力量、宇宙之力——多重联系、多个巧合的螺旋之力、对称之力、分形之力、全息之力、黄金分割之力。守弱就是巧合，巧合就是借大道之力、宇宙之力。巧合就是无为，无为无不为。无为不是无所作为，而是“同无共为”，无即道，同道共

为，顺道而为，用道的巧合联系之力。“是以圣人无为故无败，无执故无失。”同道共为，不会失败。

有了“**守弱＝巧合**”这个理解，我们就能真正看懂《道德经》：

“江海所以能为百谷王者，以其善下之，故能为百谷王。”江海与百个溪谷多重联系、多个巧合。联系——我后你前。巧合——我低你高，我洼你填。

“上善若水。水善利万物而不争，处众人之所恶，故几于道。”水利万物——与万物联系，输送养分。不争、处众人之所恶——巧合——你争好，我巧合坏；你处高，我巧合低。保持巧合对称。所以，水是自然界中最接近道的存在，水是拥有多重联系、多个巧合的宇宙之力。

守弱的水本身力量很小，但是**水最善于巧合，它的力量来自巧合。江海滔天巨浪，大坝决堤横扫千军。水的力量来自遇谷充盈，与山谷低地巧合联系，形成江河湖海。遇崖则下，与高坡悬崖巧合联系，形成九天而下之势。最终拥有至强之力**。

水＝巧合。水力＝巧合力。**巧合力＝至弱变至强＝绝妙生奇迹**。

**老子不用正而用反，反其道而行之，这是绝对的奇招！用反实质是用巧合，就是用反与正巧合，形成巧合联系的绝妙，最后产生至弱变至强的奇迹。这就是：奇招——绝妙——奇迹。奇招生奇迹！**

“万物负阴而抱阳，冲气以为和。”万物后背背阴、前胸抱阳，相互联系，对称巧合。和是恰到好处，恰巧合适。

“有余者损之，不足者补之。天之道，损有余而补不足。”天道是联系与巧合形成的对称平衡，天道就是要保证恰巧合适的对称平衡。

“曲则全，枉则直，洼则盈，敝则新，少则得，多则惑。是以圣人抱一为天下式。”委曲便会保全，屈枉便会直伸；低洼便会充盈，陈旧便会更新；少取便会获得，贪多便会迷惑。道是多重联系、多个巧合。你在曲的状态，道会给你配置全；你在屈的位置，道就要给你配置直；你在低洼之处，道就会给你配置充盈，以达到联系和巧合，保持对称和平衡。

“天之道，不争而善胜，不言而善应，不召而自来，绰然而善谋。天网恢恢，疏而不失。”天道是正反巧合力：不斗争而善于取胜；不言语而善于应承；不召唤而自动到来，不思虑而善于谋划，万物是网络状的多重联系、多个巧合，每个物体都会联系到，每个物体都会配对巧合，不会漏失。

“天之道，利而不害。圣人之道，为而不争。”这是《道德经》里最后一句话，是给凸凹论、巧合论做总结：天之道，给利而不给害。合则两利，分则两害。圣人之道，帮助而不争。事物的两面，老子主张合、天道趋向合——巧合、配合、撮合。宇宙之道是用合力，即巧合之力。

## 螺旋是宇宙终极力量和方式，螺旋是多重联系、多个巧合

宇宙万物都以螺旋的形式运动。**螺旋就是多个螺旋环的联系、多个螺旋环围绕一条中心轴的对称巧合——多重联系、多个巧合。螺旋是层层递进的多重联系、环环相绕的多个巧合**。螺旋也是一种对称和自相似分形。

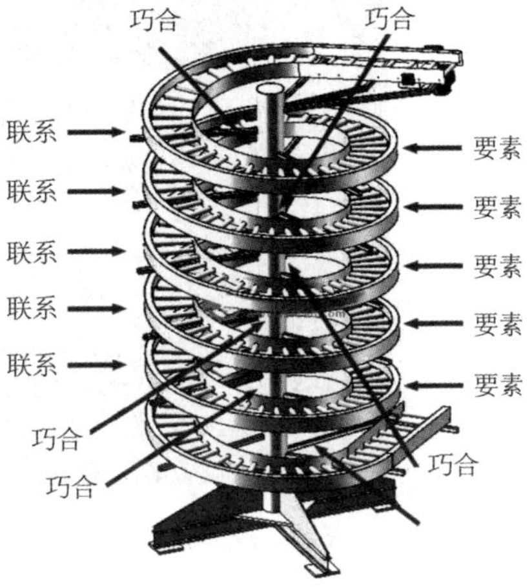

螺旋是层层递进的多重联系、环环相扣的多个巧合

螺旋形的存在有其内在的必然，宾夕法尼亚大学教授卡缅指出："从本质上来看，螺旋结构是在一个拥挤的空间，例如一个细胞里，聚成一个非常长的分子的最佳方式。螺旋形结构的形成所需的能量最小，空间也最小。分子中的螺旋结构是自然界能够最佳地使用手中材料的一个例子。"这说明，**螺旋的多重联系、多个巧合的能量和结构形式，是宇宙万物最佳的构成方法**。

宏观世界中所有的星体和微观世界中的物质，都是一层层的宇宙旋涡，将不同的能量高度聚合在一起，才缓慢形成星体或物质。能量聚合成物质，这种聚合一定要非常稳固致密，不易离散，这种聚合方式就是螺旋式。

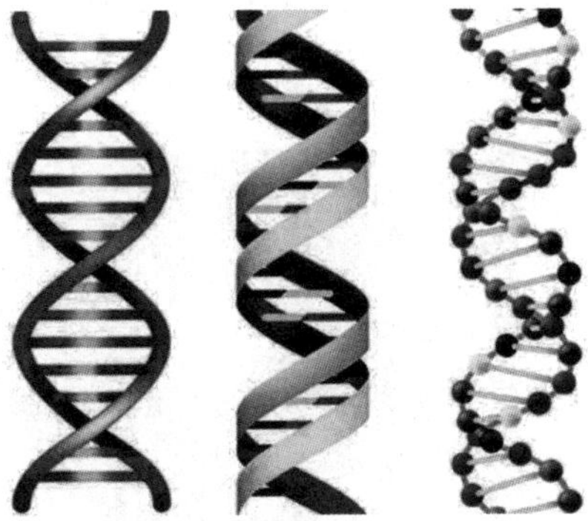
DNA 螺旋——多重联系（旋臂连接）、多个巧合（旋环相似）

从粒子的绕核运动，到电磁感应中的涡流，从水流的漩涡、龙卷风的螺旋结构，到星体的运行轨迹、黑洞的螺旋状结构、螺旋星云，螺旋蕴含着宇宙深处的秘密。生物层

面，从 DNA 的双螺旋结构到贝壳的生长、蜘蛛网的结织、犄角与毛发的生长，从树木的年轮、植物的生长，到向日葵及各种花瓣的螺纹状排列与构成，从指纹的涡卷形的螺旋轨迹，到头发的螺旋纹等——世界是螺旋式的。

螺旋作为宇宙终极的力量和方式，无处不在，使得万事万物都有多重联系、多个巧合。宇宙能量的运动，首先是圆运动。投石击水，水波一圈一圈扩散。太阳光、电灯光，其能量的传递，都是一波一波的圆运动。光波、声波、电波都是如此。

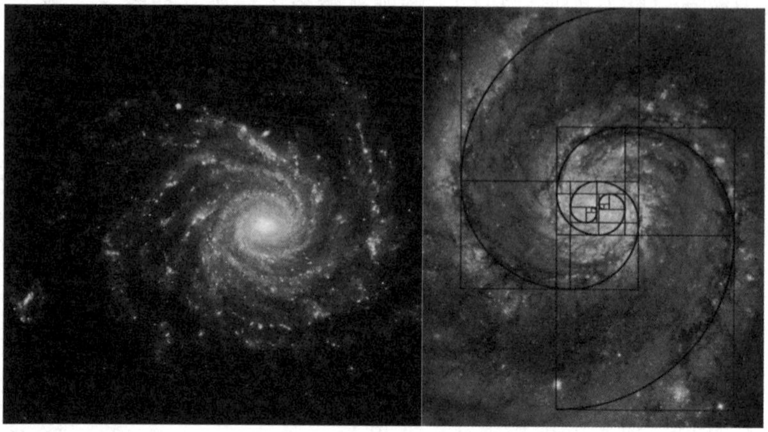

星云、宇宙终极力量巨力源、暗物质都是以螺旋、双螺旋形式运行

人类发现了这个规律，所以擅长用圆。所有的轮子，都是圆的。不过，单纯的圆运动，每一个圆之间是分开的，这样的模式，并不稳定，也不能持续。**如果圆与圆之间，能够衔接联系起来，环环相绕，层层递进——多重联系、多个巧合，就能形成源源不断、滔滔不绝之力。不但力量更强，而且非常稳固，这就是螺旋**。枪膛和炮膛都是螺旋线，这使得子弹和炮弹螺旋飞行，保证最高的速度和精度。

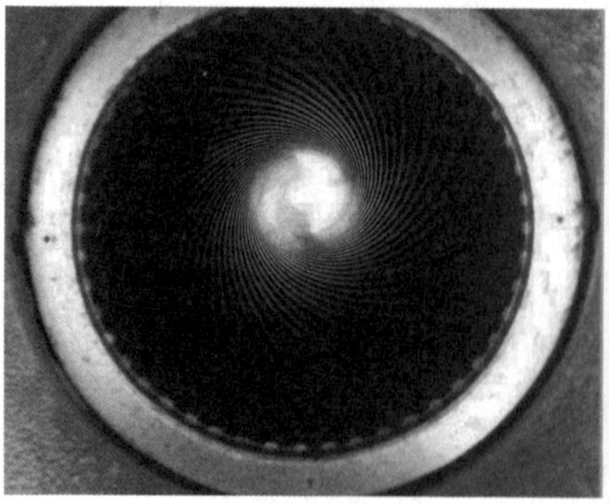

枪膛的螺旋线

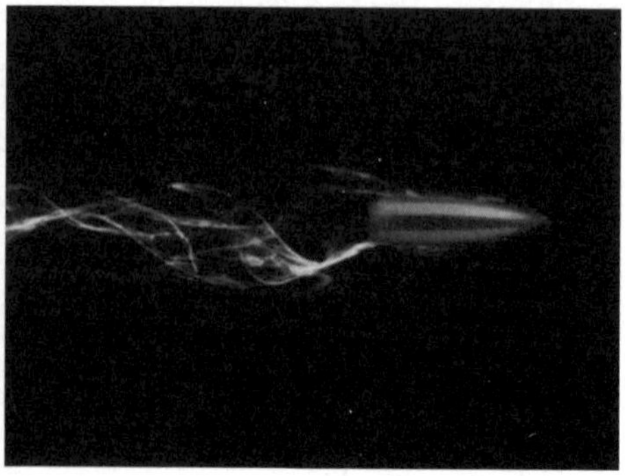

子弹飞行的螺旋线

最省力、最稳固的钉子是螺丝钉。最强力、最高效的发动机是涡轮发动机。最强力、最高效的推力来自螺旋桨。最快速、最精准的射击线是螺旋线。

**螺旋最大的特点就是，可以把转动变成平动或平移。在不借助外物或外力的情况下，这是最省力、最有效的做功方式。螺丝钉、螺旋桨就是利用了这个原理。螺旋之力——多重联系、多个巧合——绝妙，这是最省力、最有效、最快速、最精准、最牢固的说服推动方法。**

水里的旋涡、空中的龙卷风、宇宙中的黑洞都是螺旋产生的向心力，吸纳万物。螺旋桨产生离心力，推动飞机和轮船。**绝妙为什么“即服”？就是层层递进的多重联系力和环环相绕的多个巧合力产生的螺旋向心力将你立即说服和征服，产生正向行动；产生的螺旋离心力将你立即说服和征服，产生反向行动。**

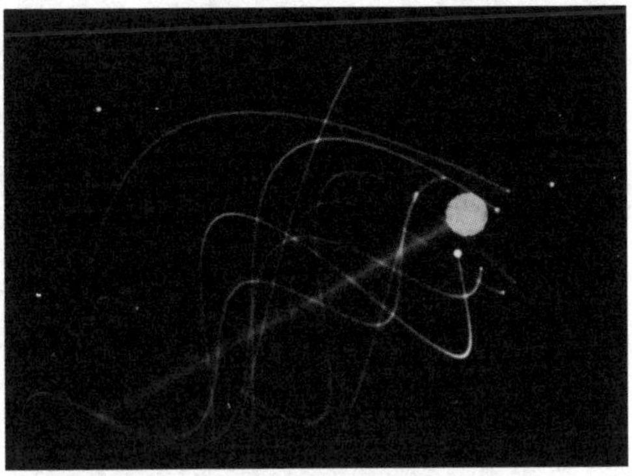

太阳系八大行星螺旋运行轨迹

**绝妙就是螺旋，螺旋就是绝妙。**

美学里最重要的黄金分割法则：一个黄金分割比例的矩形，长边与短边的比值是黄金数 1.618 的矩形称为黄金矩形，是黄金分割自相似性最好的体现。矩形内截取掉一个正方形，剩下的小矩形仍然为黄金矩形。依次无限截取下去，会获得相邻边长比为黄金数，并且依次呈螺旋形排列的自相似正方形。如果将这些正方形内的 1/4 圆弧连接起来，就会构成一个平滑的自相似螺旋，即黄金螺旋——自相似的分形。

螺旋是创造宇宙万物的一级方式，分形是二级方式，这两种方式都是绝妙。

**黄金螺旋就是围绕 1∶1.618 比例的多个长方形和正方形的联系和巧合——**

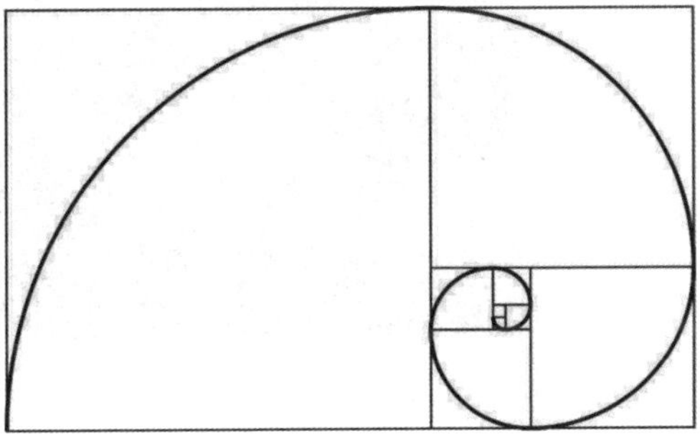

黄金螺旋是等比例长方形和正方形的多重联系（连接）和多个巧合（相似）

**自相似分形——绝妙。黄金螺旋和黄金分割就是绝妙！绝妙是宇宙的尺度和唯美的规则。**

黄金螺旋就是围绕黄金数 1. 618 这个中心轴层层递进的多重联系和环环相绕的多个巧合。所有视觉上绝妙唯美的景物，都是黄金螺旋的结构。

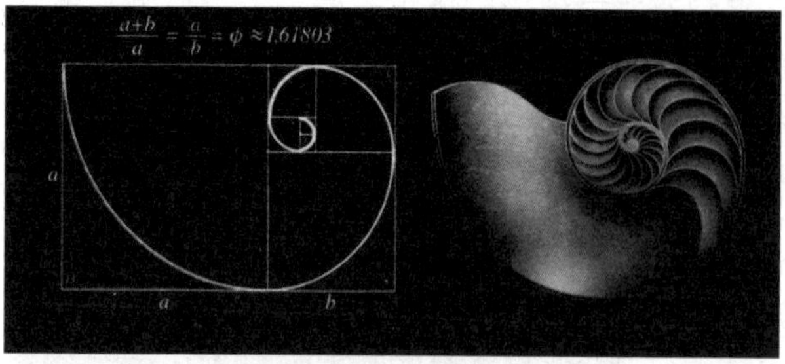


海螺的黄金螺旋

帕特农神庙的绝妙之美——黄金螺旋：长方形和正方形的多重联系和多个巧合

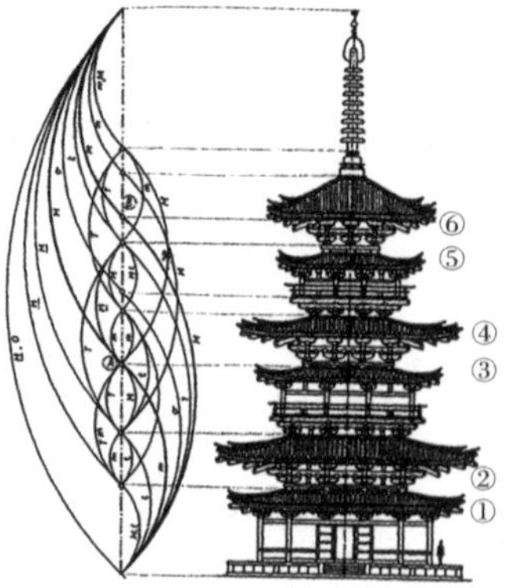


古建筑的绝妙之美——黄金螺旋：曲线与尖椭圆的多重联系和多个巧合

《蒙娜丽莎》的绝妙之美——黄金螺旋：长方形和正方形多重联系和多个巧合

斐波那契数列，又称黄金分割数列，指的是这样一个数列：0，1，1，2，3，5，8，13，21，34，55，89，…这个数列从第3项开始，每一项都恰巧等于前两项之和，这个巧合会重复无限多次——多重联系、多个巧合——绝妙。

斐波那契数列包含着宇宙万物起源之秘——比如松果、凤梨、树叶的排列、某些花朵的花瓣数（典型的如向日葵花瓣）、蜂巢、蜻蜓翅膀、黄金矩形、黄金分割、等角螺线等。

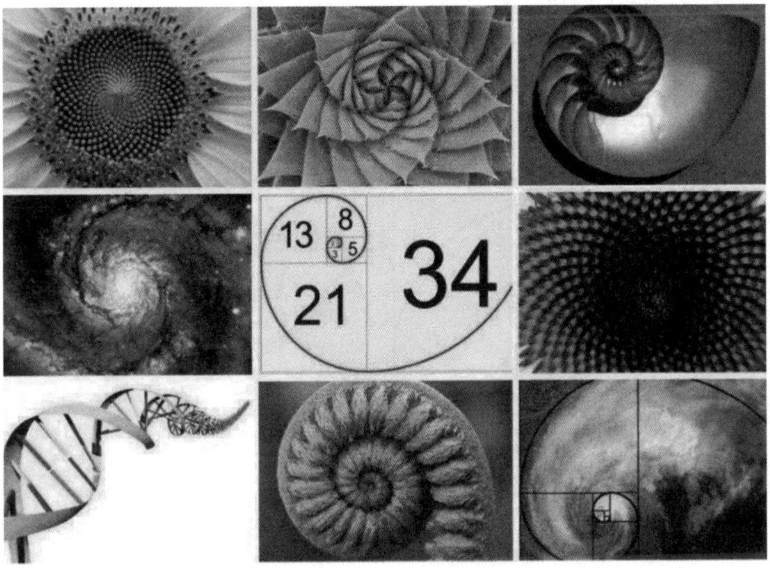


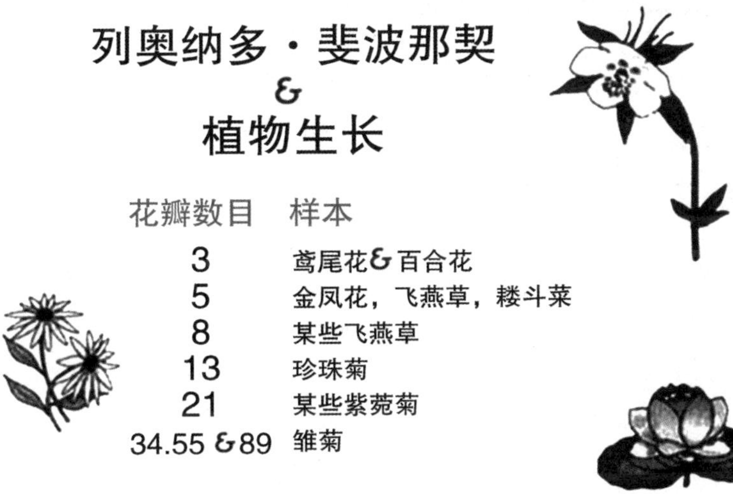


斐波那契数列无处不在

为了保证最佳生存空间，每片叶子和前一片叶子之间的角度是 222.5°，这个角度称为“黄金角度”，因为它和整个圆周角 360° 之比是黄金分割数 0.618055556，而这种生长方式就决定了斐波那契螺旋的产生。

一个枝干生长后产生分支，会产生两个生长点。接下来，主枝干生成另一个分支，从而产生三个增长点。然后树干和第一分支产生两个增长点，使总数达到五个。此模式继续遵循斐波那契数列。

大多数身体部位都遵循了数字 1、2、3 和 5。你有一个鼻子，两只眼睛，每个肢体都有三段，每只手有五根手指。人体的比例和测量值也可以按黄金比例进行划分。DNA 分子也遵循这个数列，在双螺旋结构的每一个完整周期中，长度为 34 埃，宽度为 21 埃。

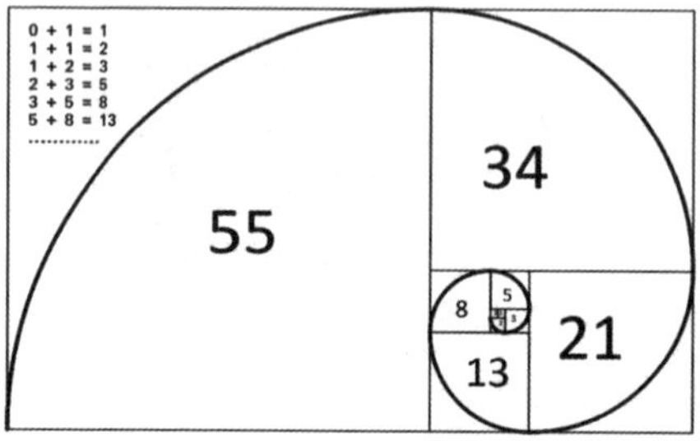


斐波那契螺旋——黄金分割螺旋

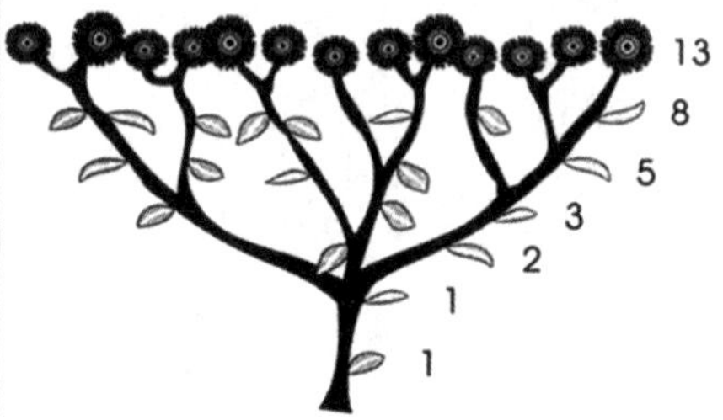


树的斐波那契数列

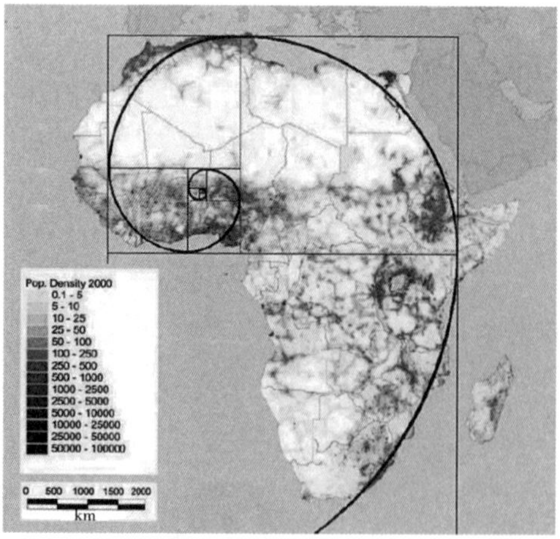


非洲的斐波那契数列

为什么这么多的自然模式反映了斐波那契数列？几个世纪以来，科学家们一直在思考这个问题。这个比率之所以存在，是因为这种特定的增长模式逐渐被证明是最有效的增长模式。在植物中，这可能意味着嗜光如命的叶子的最大暴露面积或最佳的种子排列方式。

宇宙万物演变发展的规律，无不依循着完美的斐波那契数列螺旋图，无不按照黄金分割比的规律演化。正因为斐波那契数列如此神奇，所以它被科学家称为宇宙数字和宇宙钥匙。

斐波那契数列也被人用于人口密度和土地面积测绘。在非洲，大多数人口稠密的城市坐落在或接近螺旋的开端。

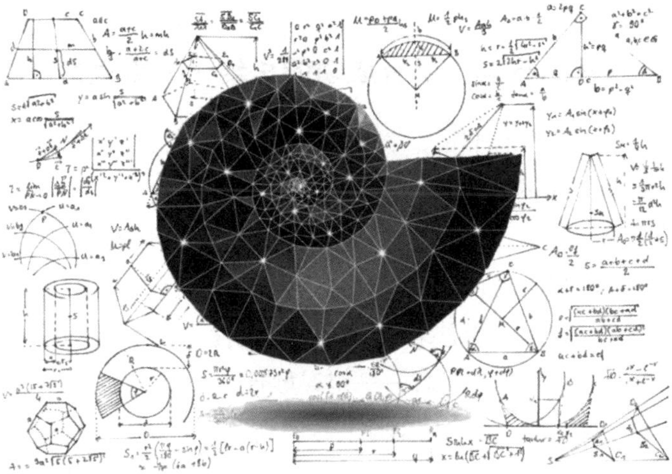

斐波那契数列螺旋线

**黄金分割是“形”的多个巧合联系，斐波那契数列是数的多个巧合联系——绝妙是宇宙的密码和钥匙**。天文学家开普勒在谈到黄金分割时，称其为“神赐分割”，“它实质上描绘了万物”。人们称**斐波那契数列螺旋线为“上帝的指纹”**。多个巧合、多重联系——绝妙之力，就是规律之伟力，就是神之力，就是宇宙之力。

为什么说宇宙的生成、结构、运动方式都是绝妙？除了原理上的解释，还有字意上的巧合。**百度百科中“妙”字有两个含义：一是美好，二是神奇。分别代表两种能量，一是美：妙品、妙境、妙不可言。二是造物的神奇：妙计、奇妙无比、妙手回春。从“妙”字的定义上看，就代表了宇宙生成和构成两种能量特质——宇宙生长的多重联系、多个巧合的神奇和宇宙构成对称和黄金分割的美妙。对宇宙万物最精准、最普遍的概括是——世界真奇妙，包含了神奇和美妙两种能量，恰巧跟“妙”字的定义吻合。**

儒家用“和”，道家用“妙”。老子用“妙”来形容“道”的特征，高，实在是高！

# 找回千年智慧的根本，重置商业方法的巅峰

## 一、千年智慧的根本，所有成功的总结——奇谋妙计

从古到今，东西方所有书籍、学说总结各行业成功的智慧，总结最多的就是“奇谋妙计”。所有类型的成功有三种总结：一是天时地利人和，二是天道酬勤，三是奇谋妙计。第一是运，第二是力，第三是智。天运由命不由己，力智由己不由天。人可以把握的只有力智。力不到不为财，智未达难称豪。小成靠勤，大成靠智。因此，成功智慧最多的总结是“奇谋妙计”。

东西方历史数千年智慧的顶峰——奇谋妙计、奇妙之法。

《孙子兵法》中最有名的一句话是“以正合，以奇胜”，即以正面迎敌，出奇兵取胜。正合奇胜的重心和关键在“奇胜”，正合是虚招，奇胜是实招。正合是刺拳，奇胜是重拳。正合是常法，谁都会；奇是变法，决胜的关键。

《孙膑兵法》讲：“奇发而不报，则胜矣”“**有余奇者，过胜者也**”——出其不意而又不被敌军发觉，就能取胜。奇招层出不穷的人，就能超出常人不断取胜。

《鬼谷子》讲：“参以立焉，以生奇。奇不知其所拥，始于古之所从。”——天时、地利、人和（时、空、力）三者的渗透（联系），就可谋划出奇谋妙计，而奇谋妙计是所向无敌的，从古到今都是如此。

克劳塞维茨在《战争论》中讲：“出敌不意是一切行动的基础和原则，出敌不意的两个因素是秘密和速度。只有能影响对方的人，才能出奇制胜；而只有行动正确的人，才能影响并支配对方。在实际战斗中要在相对弱势的兵力下获得某个时间和地点的优势，就需要发挥秘密和速度这两个最核心的战术原则，兵贵神速，出其不意是达成相对优势的先决条件。”

## 二、出奇是基础和原则，不出奇何以为兵

奇 = 胜？力强为胜，势均何为？绝妙联系：一是想不到的时间，那一刻攻强守弱。二是想不到的空间，那一处攻强守弱。三是想不到的速度，那一击加速度快。四是想不到的方式，那一招施强受弱。想不到就是出奇。

出奇通过改变时、空、速、式，实现时空折叠，改变力量强弱，出奇是高维

思维。奇=胜！出奇=制胜！正合是势均力敌，出奇是造势增力。出其不意，攻其不备，都是造势加力。

时：曹操夜袭——想不到的时间；

空：孙膑围魏救赵——想不到的空间；

速：古德里安闪电战——想不到的速度；

式：本·拉登“9·11”——想不到的方式。

曹操的奇袭经常发生在自己打败仗的当天，当对手认为他铁定连夜逃亡的时候，他的夜间奇袭就开始了——枭雄总是不按套路出牌。

**1. 围魏救赵为什么绝妙？**

战国时期，魏国将军庞涓率领8万精兵出征赵国，很快就直抵赵国都城邯郸。赵国国君派人去齐国求救。齐国担心赵国灭亡后魏国乘胜灭齐，为了自己的安全，齐国决定出兵。

齐威王命田忌为主将，孙膑为军师，率大军出征。田忌打算直奔邯郸，去解救赵国。

孙膑对田忌说：“想理顺乱丝和结绳，只能用手指慢慢去解开，不能握紧拳头去捶打（找到联系，才是方法）；排解搏斗纠纷，只能动口劝说，不能动手参加。对敌人，应避实就虚，攻其要害，使敌方受到挫折，受到牵制，围困可以自解。直接救赵，不等我们赶到，邯郸就已失守，你这样做又有什么用呢？魏国的主力去打邯郸，都城大梁却只剩下了一些老弱残兵，这不正是个大好机会吗？我们现在去救邯郸，跟魏国主力硬拼，伤亡一定很大。倒不如乘虚而入，直取大梁。魏国国都一旦危急，主力必定会回师自救。我们在他们返回的路途做好准备，以逸待劳，岂不是稳操胜券！”

为了麻痹庞涓，孙膑派兵佯攻襄陵，主力绕道直奔大梁。庞涓得到消息，只好撤离邯郸，赶回魏国救援。桂陵是通往魏国的交通要道，地势险峻。孙膑就在那里布下伏兵。魏军急急忙忙赶到桂陵时，早已精疲力竭。齐军杀出，魏军大败。

**绝妙（目标和功能）=要素×联系×巧合，我们用此分析绝妙，用绝妙解决系统问题和结构问题。**

围魏=救赵（目标）？绝妙联系（要素×联系×巧合）：一是直接救赵，路远来不及（时间长、空间远），与主力火拼无胜算（正合不利）。二是折叠时空，包围魏都（时间短，空间近），击其虚弱（奇胜增力），攻其必救（近空间换远空间），间接解围。三是围城打援，中途伏击，以逸待劳（近空间换远空间）。三要素：齐、赵、魏。孙膑把“齐军—邯郸”的联系，改变为“齐军—大梁”的联系。通过改变联系，用时短、路程近、围弱旅、打疲惫——围魏救赵达成四个巧合。

围城打援后来成了常用的战术。

围魏救赵既是绝妙，也是时空折叠的高维思维。

**2. 三十六计之李代桃僵为什么绝妙？**

齐威王常与大将军田忌赌赛马，田忌的马整体实力较弱，所以每次都输给威王，因此也输掉了许多赌金。田忌的客卿孙膑得知情况后，给田忌出了一个计策：让田忌的下等马先与齐威王的上等马比赛，先输一局；再让田忌的中、上等马与威王的下、中等马分别比赛，田忌就会赢得后两局，因此，他就能赢取整场比赛。

田忌采纳了孙膑的计策，果然，最后赢得了这场比赛，并获得了丰厚的赌金。齐威王得知是由于孙膑的妙计，田忌才获得了胜利，很赞赏孙膑的才华，后来封孙膑为军师，辅佐田忌作战。

弱势赛马＝胜利（目标）？绝妙联系（要素×联系×巧合）：一是实力相对弱，不能正合，而要奇胜。改变不了实力，那就改变规则。二是三正变三奇，下对上，中对下，上对中。出奇增力，改变弱势。三是以弱队负责“正合”，中队和强队主攻“奇胜”。恰巧可以 2∶1 获胜——达成下上败、中下胜、上中胜三个巧合。通过“出奇”把整体劣势转换成局部优势和整体胜势。

孙膑没有改变要素（上等马、中等马、下等马的对抗），他改变了三个要素之间的联系，实现了三打两胜的巧合。

出奇和奇谋妙计就是军事和谋略领域的绝妙和方法之王。

战争中兵力的集结是正合（汇合），兵力的数量、战斗力的强弱是定量和常量，无法改变。唯一可以改变的就是时、空、速、式，这些是变量。战争的决胜是力量的决胜。综合力量（战略力量）就是国力。这不是一时之间靠智慧和谋略能决定的（战略力量靠智慧长期作用决定），战役力量和战术力量则是靠智慧谋略迅速决定。

**3. 美国是“奇胜”的超级研究者**

“二战”时期美国能摆平德日，总体上靠的是国家的钢产量和 GDP。但是，美国这个“二战”时期的战略力量之王，在“二战”中更多还是依赖“奇胜”，比如太平洋战场的蛙跳战术、诺曼底登陆、东京燃烧战，以及广岛、长崎的震撼战略。当今美国力量更是强大了很多，反而越来越依赖超低成本的特种作战、金融战和经济战的“奇胜”。

兵法和竞争的根本不是低智慧含量的综合力量的直接火拼，而是高级智慧的上兵伐谋和不战而屈人之兵，是时空折叠，是超高效率的“奇胜”，通过战术力量改变战略力量，也叫“杠杆战略”和“极效战略”。

近年来，智业领域有人认为重要的是“正合”而不是“奇胜”。作为智谋和创意行业，强国靠国力胜，与你何干？大企业靠财力胜，与你何干？何况强国和大企业都是从弱小开始的，都是从出奇制胜发家的！并且他们做大做强之后都还一直极力追求“出奇”。强国和大企业都是通过智谋获得力量的。它们的力量积累来自无数次的“出奇”。而智谋行业却去谈“正合”，实在是不昧因果，不得要领。

克劳塞维茨时代强调实力相对弱势，采用出奇制胜。但是现代社会是高效率社会，实力越强越强调“奇胜”，以战术级的投入达到战略级的效果。**“正合”的“合”只是集合迎敌摆架势，“奇胜”的“胜”才是决战获胜。**

正如美国自“二战”以来一直把“震慑战略”作为主战略，国力只是摆架势，只是威慑。决胜靠的是低成本、高效率的特种作战和金融战。最早的现代战争是海湾战争，第二次海湾战争美伊双方各几十万大军“非接触性正合”，美国用600人特种部队奇袭达瓦尔镇，活捉萨达姆，行动过程没有开一枪。之后战争结束。“斩首行动”的奇胜，秒杀伊军“正合”的40万大军，是极限效率战。

美方对于伊拉克并没有采用传统的作战模式——以地面部队为主角，派出地面部队强攻并占领战略要地，并在海空军的配合下，全部歼灭对方的作战部队，而是直接通过空中力量，在卫星、侦察机、干扰机、预警机的帮助下，空军战机直接摧毁对方的雷达部队、重要地面目标，最终萨达姆的几十万大军因为丧失了指挥，还没找到敌人就已经一败涂地。“奇战”达到“不战”。

这次全新模式的现代战争，在世界上引发了巨大的震动，战争的主角怎么会从陆军变成海空军了呢？而这种模式的战争，使得世界上各个国家感到恐惧，因为此前各国军事力量的部署，都是主要防范来自地面部队的进攻，对于空中打击的防御，没有那么上心，因为各国都认为光凭空中力量，是不可能击败地面的百万雄师的。但是美国的战例，给世界各国上了很好的一课。

但是最先打醒全世界的，并不是海湾战争，而是在20世纪80年代一场用时仅

11.5 分钟的战争。20 世纪 80 年代，美国和利比亚的关系恶化，利比亚方面在锡德拉湾划定了一条死亡线，宣称如果美军敢越过这条线，等待他们的将会是死亡。利比亚跟伊拉克一样，认为美方如果行动，肯定是以地面突破为主，所以在海岸线上部署了重兵，并部署了大量重炮瞄准海岸线。但是美方直接派遣 3 艘航母、28 艘战舰、数百架战机，在死亡线外就发起“非接触战争”——空中攻击。仅仅 11.5 分钟，美军就摧毁了利比亚 5 座雷达站，击落 17 架战机，击毙利比亚地面部队 700 余人。而美军仅损失 1 架战机及 2 名飞行员。

这么短的战争，当时在世界上没有引起轰动，美国国防部长表示，这是史无前例的海空军配合的战争。直到海湾战争爆发后，这才引起人们的关注，人们惊奇地发现，从那个时候起，战争的方式已经发生了巨大变化。陆军已经从以前的进攻主角，转变成防御角色。现代战争，第一次打击肯定是通过海空军合作发起的空中打击，地面部队的作用就是在事后进入该地区，接管该地区。“奇胜”摆平对手，“正合”负责“洗地”。

美国是当今最强大的国家，翻开它的军事史，美国越强大，越要玩奇胜。越南战争和朝鲜战争是美国仅有的两次单纯玩“正合”的战争——把正合当“正胜”，结局都是惨败！这两次“正合”战之后，美国从此只玩“奇胜”，并且越玩越妙，比如 11.5 分钟战争、600 人战争，甚至零伤亡战争。所以说“奇胜”是极限效率战，以正胜为主导的“正合”是低效消耗战。

**4. 奇胜是大概率事件，正胜是小概率事件**

古往今来，奇才胜，正仅合。出奇制胜，出奇 = 胜利。“出奇”是“胜利”的代名词。成语为什么不说“出正制胜”？因为这是谬论。

孙子在两千多年前就神预言“以正合，以奇胜”。精确的表述应该是“以正慑，以奇胜”。“合”字的汉语解释没有迎敌、迎接的意思，而是“合拢，结合到一起”，即汇合、集合之意。“合”即合围，就是集结力量摆造型给对方看，包围、佯攻、威慑。

一次战役由无数的战斗细节和战术动作组成。即使是正面攻击，真实的战斗细节、战术小组、战术动作都是靠出奇制胜。战略、战术、战斗都是由无数个“出奇”组成：战术安排、攻击时机、火力布置、佯攻配合、坑道接近、突破扩口、纵深快插、穿墙破垒……战场形势千变万化，无一样不出奇，无一样不灵机。“善出奇者，无穷如天地，不竭如江海。”一次战役就需要不竭如江海的大量出奇。这就是为什么孙子不言“正胜”，只言“奇胜”。无奇不是战！

古今中外战例，擅于用兵者都是不得已才正面强攻，大多数情况是靠侧面出奇解决战斗。正因为这样，孙子才说“正合”而不说“正攻”“正胜”。因为“正合”（威慑）是大概率事件，“正攻”和“正胜”是极小概率事件，而且是杀敌八百，自损两千。有兵无法，何谈兵法?!

兵法的“法”主要指奇胜。“奇胜”是大概率事件，而且是兵不血刃，以一胜百！有兵有法，方为兵法！正合、奇胜是常态，正攻、正胜是偶态。偶态不足为规律，不足为道法。

机械化战争理论的创始人富勒，在《战争指导》一书中说：“不管什么时候，凡是向没有发生动摇的敌人发动正面进攻，总是要遭受惨败的。然而，无论哪一方面，都没有从中吸取教训。”再强调一次，正合不是正面进攻，只是集合、威慑。

指挥过普奥战争和普法战争、创立了日耳曼帝国，并使其成为欧洲战略中心的毛奇讲过：“除了要扼杀作战之外，不宜采用正面进攻，因为这种进攻成本太高，而应该采用包围的方式。单纯的正面进攻只能得到小小的成功，但却要付出巨大的损失。所以，我们应该转到敌人的侧翼，从侧翼发起攻击决胜。”

毛奇是毛泽东最佩服的军事家，他的这段话有两个重点：一是正面进攻等于扼杀作战（自杀）。二是正面采用包围，以正摄；侧面攻其不备，以奇胜。

包围是最直观、最有效的力量威慑，战争电影中经常看到的惊慌失措就是“我们被包围了”。**“正合”的主要形式就是集合力量进行包围。“合”即合围。“合”有两层含义：一是集合，兵力强过对方一点，正面集合威慑；二是合围，兵力强过对方数倍，全面合围威慑。**

1991 年 1 月 17 日第一次海湾战争，美军 50 万人聚结海湾“正合”摆造型，然后利用海空和高技术优势，对伊拉克先实施“奇胜”。代号为“沙漠风暴”的空中斩首行动，使伊拉克的指挥和控制系统瘫痪，严重削弱了伊军的战斗力。2 月 24 日实施“正攻”。美军发动了代号为“沙漠军刀”的为时四天的地面战，伊军全线溃败。伊军伤亡约 10 万人。美军仅 148 人阵亡（非战斗死亡 138 人）。

这次战争被称为“让人看傻了的战争”。“奇胜”解决了问题，“正攻”只是打扫战场。奇胜的代号是“沙漠风暴”，正合的代号是“沙漠军刀”，从行动的代号就可以区分出孰重孰轻。

#### 5. 奇胜的最高境界——一个人的战争

2020 年 1 月 2 日凌晨，美军出动 MQ－9 无人机，用 AGM－114“地狱火”导弹，炸毁了伊朗“圣城旅”指挥官卡西姆·苏莱曼尼及其随从乘坐的两辆汽车，特朗普斩首伊朗“影子总统”。苏莱曼尼可不是一般的军事将领，而是高于伊朗总统鲁哈尼的存在。

伊朗保守派曾两次让苏莱曼尼当总统，但都被他拒绝了，因为当总统是明升暗降——不仅是国内军队都归苏莱曼尼管，伊朗所有海外军事基地，叙利亚、黎巴嫩、也门、伊拉克等，都有他指挥的军队在作战。2017 年苏莱曼尼被《时代周代》评选为当年最具影响力的百人之一。

狙击手的天敌是狙击手，恐怖分子的天敌是恐怖分子。

以色列当年遭遇层出不穷的恐怖行动，以色列总理阿里埃勒·沙龙决定冒天下之大不韪，刺杀了恐怖活动最大的支持者、巴勒斯坦精神领袖亚辛，对恐怖行动起了很大的震慑效果，本来以为可能会激起更多的恐怖行动，然而在接连刺杀了亚辛和他的继任人之后，以色列境内的恐怖袭击事件得到了有效的扼制。美国的“定点清除”明显是受到了以色列的启发。

以前都是美国谴责伊朗的恐怖主义，这次苏莱曼尼被斩首之后，伊朗居然强烈谴责美国的恐怖主义。可是，美国为什么要搞“国家级暗杀恐怖主义”呢？这是美国战争策略的转变。

以前美国对中东的思路是，发动战争推翻某个国家，然后花费巨资扶持一个符合美国普世价值的上层，伊拉克战争就是如此。虽然伊拉克战争属于奇胜，但维护费用极其高昂。特朗普觉得太费钱：“美国已经在中东地区花了 8 万亿美元用于作战和维持治安，我们有成千上万名伟大的士兵受伤或死亡，对方也有数以百万计的人死亡。卷入中东战争是美国有史以来最糟糕的决定。”

很多人以为美国会就此放弃中东，但事实证明，美国只是换了一个思路而已，从普世价值改变为美国优先。区别就是，美国不需要改变或推翻中东任何国家，只需要把触犯美国利益的核心人物斩首，把国家战争变成一个人的战争。美国不对伊朗发动战争，而是利用国家力量发动恐怖主义暗杀。特朗普把费用巨大的正合，改成了“定点清除”的低成本奇招。

美国的逻辑：针对国家的战争，即使让对方牺牲一亿人，对方还是会组织还击。针对一个人的战争，解决一个核心人物，战争就结束了，国家就降伏了。这是兵法“擒贼先擒王”。“一个人的战争”技术支撑是智能化技术，无人机通过大数据分析、面部识别、信息传输、指令斩首几个步骤来完成任务。“奇胜”变成了一个人的战争。效率越来越高，成本越来越低。

正胜是重兵轻法，不是兵法，所以千年来不为兵家乐道。奇胜是极效战，是战争的最高方法。奇胜轻兵重法，方为兵法。**凡兵家必言出奇**。

孙子的“正合”实际是摆架势、震慑之意（无法奇胜，才正攻，即使正攻也要大量出奇才能胜利），不主张正面主攻。真正的接敌交锋是靠强攻点、侧击、包抄的“出奇”。

这十分符合《孙子兵法》反复强调的极限效率法则：“夫用兵之法，全国为上，破国次之；全军为上，破军次之；全旅为上，破旅次之；全卒为上，破卒次之；全伍为上，破伍次之。是故百战百胜，非善之善者也；不战而屈人之兵，善之善者也。”

“故上兵伐谋，其次伐交，其次伐兵，其下攻城。攻城之法，为不得已。修橹轒辒，具器械，三月而后成，距堙，又三月而后已。将不胜其忿而蚁附之，杀士卒三分之一而城不拔者，此攻之灾也。”——**上策是靠谋略获胜，最下之策是正面攻城**。

“故善用兵者，屈人之兵而非战也，拔人之城而非攻也。”

孙子极力反对正攻，极力主张奇胜谋胜。在《孙子兵法》中出奇等于上策，正攻等于下策。出奇等于策略和计谋，正攻等于失策和无谋。

**孙子兵法的核心是“不战”和“谋战”，即威慑战和极效战。通过正合来威慑，通过奇胜达极效。“上兵伐谋”——用兵的最高境界是使用谋略胜敌（奇胜）。通过正面威慑，实际出奇，快速、低消耗决胜，达到不战、奇战、谋战而屈人之兵，这才是用兵的最高方法和最高境界。通过战术级投资获得战略级收益**。

《孙子兵法》的方法深受中国老板的喜爱——四两拨千斤，空手套白狼。其核心是“奇胜”这个杠杆。

奇谋妙计这一智慧巅峰在近现代的隐身，经历了两个阶段：一是道隐器显——东西方策略智慧的顶峰就是奇谋妙计。到了近现代，随着科技的飞速进步，奇谋妙计被武器的锋芒掩盖了。二是道隐术显——现代武器进化中心在欧美，世界向欧美学习。现代商业和商战思想源头在欧美，我们向欧美学习。流行的都是术——商业技巧都是现代词语：定位、整合营销、4P、品牌形象等。隐身的却是道——奇谋妙计隐身到了幕后，成为大佬的不传之秘。

但是，商场如战场，历史上所有类型的成功智慧，没有人总结为定位、整合营销和品牌形象，而是奇谋妙计。这是众多领域的最高方法，“奇谋”是方法和手段，“妙计”是结果和目的。奇谋的目的是找到不可能联系，进而找到绝妙和妙计。这是所有方法的巅峰，它同样适用商场。商业方法应该从术上升到道。

本书通过联系论发现宇宙之道和万法之王——绝妙联系，进而发现千年智慧的绝密——奇谋妙计，正好就是绝妙联系的方法与目的（奇谋是方法，妙计是目的）的最佳印证。借这个机缘，本书有了一个责任——找回千年智慧的根本，重置商业方法的巅峰！在现代商业思想和方法上，重新找回奇谋妙计的位置，重新发现奇谋妙计的能量，用“奇招绝妙”重新定义商业思想和创意方法的巅峰，透析商业根本，正本清源，指路登峰。

## “方法之王”的逻辑框架

### 一、宇宙最高的秘密和方法：宇宙和生命来自实际零概率的多重联系、多个巧合的绝妙设计

宇宙和生命来自多重联系和多个巧合，精准的表述为绝妙、绝妙联系或绝妙设计。没有这些多重联系和多个巧合——绝妙，就没有宇宙和生命。

科学家把这些巧合统称为“宇宙巧合”。科学家测算过，这些巧合叠加在一起的概率仅为一千万亿亿分之一。这不是近乎而是实际零概率！物理学家称宇宙的实际零概率（极小概率）是超级智慧、人择和极其不可能。

极小概率也称为奇迹。实际零概率是指极小概率，出现的可能性极小，一旦出现就是奇迹，并且产生奇迹。多重联系、多个巧合——绝妙不仅本身就是奇迹（方法），而且能产生奇迹——宇宙和生命（结果）。方法是奇迹，结果也是奇迹。

对现实世界来说，人能穿墙而过、隔空取物是实际零概率、神通、不可能的事。实际零概率就是不可能变可能，不可能的事发生了——超越程序和方法——神通——奇迹——不可思议——至高无上！实际零概率（极小概率）——多重联系、多个巧合，就是超级智慧、终极程序和最高方法。

巧合的定义是“若干小概率事件一起发生，正巧吻合”。语出《初刻拍案惊奇》：“可见天意有定，如此巧合。”一是巧合是极小概率，二是巧合是天意——至高无上。

绝妙的定义是“事物的最高思想和意识境界”。因为是最高境界，所以绝妙在现实中极少出现，绝妙创意、绝妙之作在任何领域都是极少现象。因此，绝妙是极小概率。从定义、概率和“多重联系、多个巧合”的代名词来看，绝妙都是

最接近实际零概率的方法和现象。

多重联系、多个巧合——绝妙，这是宇宙万象的最高构成方法。在思想意识领域，绝妙是一种最接近实际零概率的终极方法和极限智慧。绝妙创造宇宙和生命，绝妙创造万物。

绝妙是宇宙的本质。

绝妙设计即绝妙联系，宇宙方法即绝妙联系。

## 二、绝妙联系就是创造和造物

长水大师注解的《楞严经》曰：“说一切法，不出因缘二字。”因缘就是联系。

麦克斯韦成了“联系之王”——麦克斯韦方程组让电和磁联系起来，产生了划时代的意义，由此发展出了现代电力和电子科技。

爱因斯坦把物质和能量联系起来。他毕生的愿望就是成为“联系之王”，把四种力联系起来，实现大统一理论——万理之理。

发现联系就是打开方法的大门，发现联系就是找到绝妙。找到联系就是找到造物智慧。

绝妙联系即多重联系、多个巧合——实际零概率，实际零概率的联系是不可能联系（多重联系、多个巧合），因此，绝妙是一种不可能联系，结果是使不可能变可能——奇迹。

绝妙创造奇迹，绝妙等于奇迹。

宇宙是一个绝妙的设计。我们能认知的宇宙中，一切都有绝妙的联系——对称、分形、全息、螺旋、黄金分割、斐波那契数列。造物、创造和创意就是把事物联系起来，达到巧合。没有联系和巧合，我们就无法理解宇宙。因为联系和巧合，所以理解。联系和巧合产生规律，产生认知，产生方法。

## 三、一切世界观和方法论都是联系论：方法就是联系，联系就是方法

（1）计算的定义：根据已知量算出未知量。

（2）创造的定义：根据已知物创造出未知物。（将两个或两个以上概念或事物按一定方式联系起来，造出以前没有的事物。）

已知与未知之间的桥梁是联系，没有联系就不可能由已知推导出未知，就不

能由已知物创造出未知物。联系就是计算和创造的原力。

（3）公式、定律和定理都是表达量之间的联系——多个量的联系、恰巧相等——多重联系、多个巧合。它们的本质就是发现事物的联系。公式、定律和定理就是绝妙。人类用绝妙（公式、定律和定理）发现世界、创造万物。

（4）演绎是从一般到特殊的推理，归纳是从特殊到一般的推理。它们都要求前提和结论之间有必然联系。类比推理取决于共有属性和推出属性之间的必然联系。没有必然联系就没有这三种方法。找到联系就能找到方法。

（5）六大论证方法和六大说明方法，都依靠大小前提之间、前提与结论之间的联系来推导。

（6）系统论就是把事物各要素联系起来，作为一个整体进行分析和综合。联系是系统方法的灵魂。

（7）方法的定义——黑格尔说："方法也就是工具，是主观方面的某个手段，主观方面通过这个手段和客体发生联系……"

方法就是主观与客体的联系。事物之间的联系就是解决问题的方法。

## 四、绝妙是最高联系——不可思议联系，绝妙是方法之王

世界上纷繁复杂的方法，统而言之都是联系。发现事物的联系就是找到方法，发现事物的最高联系就是找到最高方法。多重联系、多个巧合是事物的最高联系，绝妙是多重联系、多个巧合，绝妙是方法之王。

一种联系是一种方法，一个巧合是一种解决方案。多重联系是多种方法的整合，多个巧合是多个解决方案的整合。因此，多重联系、多个巧合是最优方法和最佳解决方案。绝妙实现所有方法的大统一，是万法之法。

多重联系、多个巧合就是层层递进、环环相绕的螺旋之力，裹挟一切，摧枯拉朽。

绝妙代表至信至诚，绝妙的说服力是最高级、宗教级。

把事物联系到不可思议、无法超越的程度（尽系为绝，多巧为妙）才是绝妙——最高联系、最高方法。

"不可思议"就是三维的人类无法想象的智慧，不可以思考到。人类的思想和语言不能达到。因为"不可思议"是高维智慧，是宇宙级智慧，是构成一切的方法，它的名字叫——绝妙。

**绝妙是"方法之王"的逻辑：**

（1）宇宙万物的联系是绝无仅有的可能、不可思议的巧合。宇宙的本质和核心——宇宙是多重联系、多个巧合的绝妙设计。尽系为绝，多巧为妙，绝妙联系创造万物。

（2）宇宙科学、数学、物理、哲学、逻辑等所有方法论证明，联系是所有方法的灵魂。

（3）无种不妙，无妙不臻——绝妙就是联系，绝妙就是极致。绝妙联系是知识和方法的最高形式和最高境界。有妙乃臻。

（4）佛法云："妙者，不可思议之法。"绝妙是超越思维的方法，是人类思想和语言不能达到的方法，即最高方法。事物之间的多重联系、多个巧合（不可思议联系）叫作绝妙。绝妙是不可思议的联系和方法。事物之间不可思议联系（不可能联系和多重联系、多个巧合）是高维智慧，产生超凡事物（不可思议之物，如大发明和高维空间）。

（5）方法即联系：①绝妙是多重联系，绝妙是最高方法。②绝妙是事物之间的多重联系、多个巧合、极致联系、不可能联系、不可思议联系。因此，绝妙是最高联系，绝妙是最高方法。③绝妙是多重联系、多个巧合——极小概率——不可能变可能——超越方法——神通——奇迹——不可思议——至高无上，绝妙是最高的方法——方法之王。作用之大，不可思议。

（6）螺旋是宇宙的终极能量方式。螺旋是创造万物的一级方式，分形和对称是二级方式，它们的性质都是自相似，它们的性质都是多重联系、多个巧合的绝妙。绝妙即造物，即终极能量方式，即最高方法。

对称、分形、螺旋、黄金分割和斐波那契数列都是绝妙，绝妙吻合宇宙万物的终极密码。绝妙是宇宙之道。绝妙即服：绝妙立即舒服、立即说服、立即征服。

（7）"道"即巧合对称——多重联系、多个巧合，老子用阴阳和太极图来比喻道，其实就是"凸凹论"，说明事物的两方面是巧合对称。老子主张处低、守弱是为了获得巧合之力、绝妙之力。"故道，大天，大地，大王，亦大域。"合道，做大一切。

（8）《佛教大辞典》这样解释"妙法"：第一最胜之法不可思议，曰妙法。《法华玄义·序》曰："妙者，褒美不可思议之法也。"

所以说，绝妙是第一方法、最胜方法、不可思议的方法。

技高，高不出妙；形胜，胜不过绝。

绝妙是最高、最强、最广、最深的方法：

（1）最高明的方法（最高）：第一最胜——绝妙指事物的最高思想意识境界。

（2）最震撼的方法（最强）：拍案叫绝——唯一可以让人兴奋大叫的方法。

（3）最普遍的方法（最广）：妙法广大——定位、USP、品牌形象、4P 等方法只适用于商业，音乐、绘画、电影、军事、科技发明等行业根本不需要。但绝妙适用于所有领域，并且是方法之王。

（4）最神秘的方法（最深）：妙不可言——五千年文明道尽一切，唯独妙不可言。

## 五、不可能联系是最高联系和高维联系，发现不可能联系的方法就是奇招，奇招 = 绝妙 = 奇迹

麦肯齐说："一个伟大的公式就像炼金术，它能把一个量转化成另一个看上去风马牛不相及的量，这种魔力仅仅存在于能够发现其中联系的人中。"

最不可能相关的事物也会有不可能联系——绝妙联系，$C^2$ 是不可能联系！找到它就能产生巨大的能量，找到它就相当于拥有了炼金术和魔力，这是一切创造的根源。

绝妙 = 不可能联系 = 炼金术和魔力。

万事万物的构成和联系都是绝妙的设计，也只能用绝妙来形容。

宇宙用绝妙的方式把事物相互联系在一起，你发现了事物的多重联系就等于发现了绝妙。你把事物多重联系起来，你就做到了绝妙。

天才的核心思维就是"联系"。他们经常把无关的东西联系起来。他们可以在没有联系的地方强行建立联系，在普通人认为是对立的地方建立联系。这就是"奇招"和"出奇"。

W. I. B. Beveridge 道："创意通常来自把想法联系起来，尤其是前人从来没有想象过的联系。"前人未想就是"奇招"，奇产生妙。超凡联系产生绝妙。

创意的最高境界是绝妙，形容创意最高层次的词语是"绝妙"。

越是不可能的联系，越是高级，越是绝妙和伟大。高级和顶级的联系都隐藏在暗处，不能轻易被发现。只有通过奇招——想人所未想、发人所未发，方能发现。熊大寻的方法论是"我出奇招，你出奇迹"。奇招就是绝妙。奇 = 妙。奇是闻所未闻，妙是不可思议。奇是方式，妙是目的。出奇就是超常规思维，只有超常规，才有不可能。

**只有出奇，用奇招，才能发现不可能的、顶级的联系，才能产生绝妙。奇谋**

**妙计——奇谋才有妙计。三十六计和历代妙计都是通过出奇产生绝妙，然后产生奇迹。**

**奇妙—绝妙—奇迹。**

**出奇制胜，为什么用“出奇”和“制胜”相连而不是其他词？奇是超凡联系、不可能联系。只有出奇才能绝妙，只有绝妙才有奇迹，奇迹是以弱胜强、以少胜多、反败为胜、百战百胜！**

世界的本质、规律和形式是神奇和绝妙。奇是手段，妙是结果。奇是联系，妙是能量。奇是创造，妙是新物。奇妙即造物。先奇后妙，有妙必奇。奇妙即创意，有奇必新，无奇不妙。

奇思妙想，奇思是因，妙想是果。奇思是不走寻常路，妙想是得到般若智。

三维思维是风马牛不相及，在四维思维里是风马牛相及，在五维思维里是无所不及。

低维思维里不可能的联系，在高维思维里都能联系上，并且产生超凡的事物。不可能的联系产生不可思议的事物。这个过程就是“出奇”。“奇”是三维空间里的向上大智慧，“奇”字的意思是得到向上大智慧，大有可为。通过三维空间里的“奇”，才能看到四维空间里的“常”。这个结果叫“妙”。宇宙真奇妙，世界真奇妙。

熊大寻方法“我出奇招，你出奇迹”的逻辑关系：**出奇招——不可能联系——绝妙——出奇迹。**

**乔布斯的方法论：一是非同凡想，二是找到联系。一是奇招，二是绝妙。**

**“奇妙”这个词有很深的意思。只有出奇，才能绝妙。**出奇就是超常规思维，就是高维思维。四维世界的“常”，三维世界的人认为“奇”。三维是四维的投影，三维由四维创造。四维创造三维的方法是不可思议——“奇”，不“奇”就无法找到不可能联系，不“奇”就无法在三维世界创造。**不奇不妙，不是创造。不奇不妙，何谈创意！**

成语“奇妙无比”，奇妙无法可比。最高境界，没有对手。用“无比”形容某种智慧和境界，只有“奇妙”。

**因此，奇招和绝妙即服是极限智慧和超级能量，是一切方法的巅峰——方法之王。**

# 第二章

# 绝 妙 即 服

扫码立领
★本书知识课堂
★作者方法论讲堂
★作者策划案例

## “绝妙即服”的逻辑

熊大寻核心理念：我出奇招，你出奇迹！

奇招就是绝妙的创意和策略，**“绝妙即服”：绝妙即说服，绝妙即征服。绝妙即立即说服，立即征服！绝妙是多重联系、多个巧合——极小概率——不可能变可能——超越方法——神通——奇迹——不可思议——至高无上，所以绝妙产生奇迹，绝妙无法超越。绝妙等于说服和征服。**

绝妙的创意产生多重联系、多个巧合——超级说服：

（1）三重联系产生信念，四重联系产生信仰——至信至诚；

（2）不可思议的多个巧合代表神通和天意——天意不可违！天意是至高无上的说服。爱因斯坦说：“巧合是上帝保持匿名的方式。”

（3）绝妙产生的不可思议的巧合给人震撼和敬畏，震撼和敬畏同样产生至信至诚，至信至诚产生病毒传播、无限消费、千古流传。绝妙即服的原理和过程，类似宗教的神迹显现、虔诚信服和无限流传。

绝妙产生四步自动流程：**一秒听懂、心服口服、无法超越、流传千古**（秒懂、佩服、敬仰、乐传）。**因此，绝妙是超低成本的传播、亿众佩服的传播、千年无敌的传播。所以，绝妙是极限智慧和能量，能实现小项目翻身、大项目突围。**

**绝妙的“四度说服”：**

**一秒听懂——速度；**

**心服口服——深度；**

**无法超越——高度；**

**流传千古——广度。**

**绝妙即服的四步自动流程包含了时间卷曲（速度）和空间卷曲（深度、高度、广度三维空间），绝妙即服其实是四维思维，是实现时空折叠（秒懂和乐传）的高维思维，有巨大的能量。**

2020年初新冠肺炎疫情，日本捐赠给我国的救灾物资上写的“山川异域，风月同天”等古诗词感动了13亿人。为什么“山川异域，风月同天”用得好？

山川异域，风月同天＝感动13亿人？绝妙联系：一是地相连——山川异域，日本与中国属异域比邻。二是天相连——风月同天，两国共享天地风月的美好。

三是人相连——寄诸佛子，今天把物资寄来给各位。四是情相连——共结来缘，为今天也为明天的友谊。五是1300年前日本亲王礼赠中国、鉴真六次东渡的情谊跟今天捐赠相联系。

一句话，天、地、人、情四重联系都讲了，出处、故事都与今天的捐赠行为巧合。这叫多重联系、多个巧合，达到了绝妙。所以“山川异域，风月同天”让13亿人都服气了。广告人和营销人还在认为中国的消费者听不懂优雅的口号吗？你们还在追求“庄稼一枝花，全靠粪当家”吗？还在把消费者当文盲吗？比起“粗直俗”的东西，老百姓更需要“绝妙美”的事物。

是你做得不绝妙，别把群众当文盲。

德里克·汤普森在《引爆流行》中写道：“我花了很多时间和心理学家讨论流畅性，即思维的简易性（原以为这是引爆流行的关键）。但是当我对着自己最喜欢的书籍、歌曲和电影的时候，我发现我最喜欢的并不是简单的事物，而是我理解了一个困难的事物之后所获得的奖励。这些灵光乍现的瞬间并不仅仅是因简易性而获得的感觉。它们是一种狂喜，来自弄懂一个事物所花费的努力（这才是引爆流行的关键）。”

**绝妙带来的“理解后的狂喜”，让其传播效率和能量远远超过传统认知的通俗易懂。**

**绝妙为什么即服？为什么让人心服口服？因为绝妙提供人天才般灵光乍现的狂喜和与天才相知的荣誉。绝妙让人心领神会，却难以望其项背，心服口服而又无法超越。这就是敬畏，敬若神明。**

**绝妙——不可能变可能——神通——奇迹——不可思议——敬畏。**

敬畏是最强大的自动传播能量，比如对领袖、神灵、高维智慧。

**高维是对低维时空的自由驾驭（时间卷曲、空间卷曲），凡能驾驭时空的思维都是高维思维。（三维有各个方向的面，三维驾驭二维的面；二维有无数个方向的线，二维驾驭一维的线）**

**绝妙即服，一秒听懂（刹那）和千古流传（永恒）是驾驭时间。亿众佩服（广度和深度）和无法超越（高度）是驾驭空间。**

绝妙来自奇招。**“奇”是“得大乃可，大有可为”之意。四维思维对三维思维是向上智慧，五维思维对四维思维是向上大智慧，六维思维对五维思维是向上大大智慧……“奇”指得到向上大智慧，才可以作为。只有出“奇”才能得创造之妙、造物之妙。所有科学发明和商业创造都是“出奇”的结果。**

“奇”字解析，可大向上。“大”即时空，“大”是时空量词，如年纪大、体积大。“奇”的含义有两个：一是“可大”，可以上升到高维时空来思考，这样可以得到大成果；二是“大可”，从高维往下解决低维，大有可为。奇招是一种高维思维。站在四维看三维，犹如三维人类看二维蚂蚁，一切澄明。

奇招是求最快、达最大，追求时空的折叠。所以，奇招是驾驭时空的高维思维。低维智慧在高维思维里只是常识，高维智慧到低维应用就是超智。智解决不了，只能用超智。

**怎么找到奇招呢？侯方域在《豫省试策四》说：“圣人所极智穷思而以为无奇者。”大智慧的人极智穷思到极限，捅破天花板，穷尽智慧上升到高维超智，才能找到奇招**。

奇妙——奇是因，妙是果。只有出奇招才能找到隐秘联系，找到隐秘联系才能达成绝妙。只有达成绝妙，才能出奇迹。因奇生妙，因妙成奇，谓之奇妙。奇妙之间本身就是绝妙联系。

奇妙——奇招就是绝妙。

奇思妙想——奇思才能妙想。奇思是手段，超常规的思考；妙想是目的，绝妙的创意。只有奇思、奇招才能找到不可能的联系，才能产生绝妙创意。

**时间和空间的不可能联系（卷曲联系）产生高维空间。事物的不可能联系产生高维智慧。奇招或绝妙对其他方法是降维打击**。

不可能联系只有来自奇思、奇招，“常”不能找到联系，只有“不常”“超常”即“奇”才能找到联系甚至不可能联系。奇招绝妙，无奇不妙。

乔布斯为苹果树立了核心价值观——非同凡想（Think Different）！“非同凡想”有两层含义：一是方法，出奇招，用非同类思维寻找不可能联系。二是结果，超凡入妙之想，是绝妙，是奇迹。

**非同凡想——想同非凡。从方法到结果，从出奇到绝妙，从奇招到奇迹**。

诗圣杜甫评价诗仙李白：“白也诗无敌，飘然思不群。”——李白的诗天下无敌，是因为他的思路出奇不群。**“不群”才能发现不可能的联系，才能达到不可能的高度。不群则无敌**。

王安石在《游褒禅山记》中讲明了他的方法论：“夫夷以近，则游者众；险以远，则至者少。而世之奇伟、瑰怪，非常之观，常在于险远，而人之所罕至焉，故非有志者不能至也。”——常规思路容易，所以众人行，但只能得到平庸；超常规思路很难，所以至者少，但是能得到奇迹。绝妙和奇观都在人迹罕至、险远之地，只有不走寻常路，只有出奇招，才能见奇迹。

“非常之观，常在于险远”也反映了绝妙方法论的地位，绝妙是多重联系、多个巧合——极小概率——不可能变可能——神通——奇迹——不可思议——至高无上，绝妙是最高、最难的方法。最高的方法常常是最难的方法。

哲学家叔本华说：“能者达人所不达，智者达人所未见。”达人所未达、达人所未见皆为超群出奇，出奇至妙是东西方统一的终极方法论。

成功：没有平凡的努力，只有持续的出奇！

奇招就是找到隐秘联系，奇招就是达成绝妙。

绝妙之所以即服，就在于它既展现了结构——条分缕析，又展现了概率——不可思议。

旅游景区策划和开发同理，大家都知道要玩概念、讲故事。要讲得好，要有三个结构性道理，就有人信，就游客如潮。没有结构性道理，讲得再好，还是无人信，门可罗雀。

证据产生说服，说服产生消费。

事物不是一分为二，而是一分为三。时间分过去、现在、未来；空间分长、宽、高；纵向分上、中、下，横向分左、中、右；颜色分黑、白、灰；建筑分黑空间、白空间、灰空间。中国古建筑“三分为一”：一个整体分为三部分。建筑立面分为屋顶、墙体、基座三部分；柱子分为柱顶、柱身、柱础三部分；平面布局分为三开间；内部空间分为前院、内庭、后院。凡事讲三点，这是一种结构表述法。

我们策划香格里拉，光说中甸的风光与希尔顿在《消失的地平线》一书中描绘的香格里拉一样，雪山、草地、喇嘛庙，这不是独一无二的证据，更不是结构性要素。这样的景色在川、滇、藏地区实在是太多了。你的道理和证据只停留在这个层面，那永远是公说公有理，婆说婆有理，永远扯不清。

香格里拉在哪里？其实《消失的地平线》里描述的是一个模糊、矛盾的地理位置：既有横断山，又离稻城西南面 1100 英里（1 英里≈1.6 公里）。横断山指示了在川、滇、藏交会处，但是稻城西南面 1100 英里又指向了珠穆朗玛峰附近。所以比较矛盾，众说纷纭。

熊大寻方法怎么论证呢？绝妙即服：绝妙即是说服，绝妙即刻说服、即刻佩服、即刻征服。

“香格里拉”藏语即“心中的日月”，这个名字很怪，应该是心中的净土、心中的圣地这样的叫法才正常又好理解。但“心中的日月”就不好理解了，可为什么这样叫呢？在当地能否找到相关证据，既能解释这句话，又能证明香格里拉所在呢？这就是我们思考的出发点。

后来，熊大寻果然在当地发现了卡瓦格博峰日月同辉的圣照、日月法师帽、日月建筑顶饰三大证据只有云南迪庆地区独有。加上《消失的地平线》多次描写的香格里拉的卡拉卡尔雪山，我们考察发现其当地藏语读音与卡瓦格博雪山很相似。因此，熊大寻把梅里雪山卡瓦格博峰定位为“香格里拉的标志”，天下所有的雪山又只有卡瓦格博有日月同辉的奇观。一个标志、三大证据，证明香格里拉在云南迪庆。由此 2001 年中甸县改名香格里拉县，10 多年游客量增长 1 万倍，是世界第一的旅游增长速度，创造了世界纪录，轰动全球。

这就是“绝妙即服”的方法和原理，找到香格里拉和迪庆、中甸的多重联系、多个巧合，策略和创意做到绝妙，就能产生强大的说服力。绝妙是人类的共情，一秒就能听懂，立即心服口服、至信至诚。不需要用一套逻辑去说服人，绝妙即最强的说服力。

证据只找到一个还不行，至少要找到三个，三个道理说服人，三条边形成结构，构成图形。三生万物。绝妙至少是三个要素的联系和巧合。

雪山、草地、喇嘛庙在藏族聚居地遍地都是，不是香格里拉的要素，三个“心中的日月”证据和香格里拉的标志才是。策略和创意不够绝妙就会争议不断，做到绝妙马上就会使人口服心服、至信至诚。

梅里雪山圣照“日月同辉”（何金武 1992 年摄影）

香格里拉地区法师帽子上的“心中的日月”

梅里雪山下白塔塔尖上“心中的日月”，是当地独有的日月神符

日月建筑顶饰代表形式的最高地位——形之日月；

日月法师帽代表信仰的最高地位——心之日月；

2008 年好莱坞影片《木乃伊 3：龙帝之墓》也印证了熊大寻的发现：把日月塔尖作为识别香格里拉的标志，并有大量特写

日月同辉圣照代表神明的最高地位——神之日月。

心、形、神三体合一，指向日月，心中的日月！

证明香格里拉的关键有两点：

一是证形。要证明香格里拉在哪里，卡拉卡尔雪山绕不开，小说中多次提到其是一个坐标，这是必证项。所以，我们必须证明。结果发现卡瓦格博也是楔形雪山，名字相近，极其震撼，我们将其定位为“香格里拉的标志”，先把这个地理坐标定下来。

二是证名。藏族聚居地楔形雪山实在太多，小说中提到的线索还有雪山、草地、喇嘛庙，这个太普遍，不能作为证据。怎么办？名字有唯一性，证名即证实。“香格里拉”藏语是“心中的日月”，这个名字我初次听到时觉得很奇怪，怎么会叫“心中的日月”呢？带着这个疑问，我们走遍了迪庆藏族自治州的中甸、德钦和维西三个县，才找到了答案。原来这里的建筑顶部和佛塔顶部都有日月图案，法师的铜帽顶上也是日月造型，最后发现了供在喇嘛庙里的日月圣照——卡瓦格博峰顶上日月同辉的景观，全世界绝无仅有。神山圣景，日月同辉。心之日月、形之日月、神之日月，心、形、神三位一体的证据，证明“心中的日月”原来在这里。

我在头脑中梳理了一条可能的逻辑线：卡瓦格博峰是藏族八大神山之首，地位至高无上。卡瓦格博峰不时出现日月同辉的奇观，当地人以为是神迹，所以建筑顶上、白塔顶上和法师的帽子上都做了日月同辉的造型。《消失的地平线》作者或告诉作者故事的人，可能曾经到过这里，目睹过三大日月奇观，回去之后心中念念不忘，用当地藏语为此情此景取了个名字“香格里拉”——心中的日月。

形名皆证，我们马上对外发布，并且受时任迪庆藏族自治州州长所托，熊大寻亲自撰写《大香格里拉联动整体策划报告》递交国务院。一个标志，三大证据，形名皆证。证明香格里拉在云南，助推香格里拉成为世界级旅游品牌。1995年当地游客量为1200人，2013年达到1200万人。10多年增长近1万倍，创造了旅游界的世界纪录。

之前，香格里拉在云南还有争议，四川和西藏都不服气，争议不断。但是它们没有做绝妙说服，一直口说无凭。一个标志、三大证据推出，形名双证，争议立消。证法、证据都让人意想不到，尤其心、形、神三个日月的证据。多个巧合就是绝妙，绝妙即服。

## 无种不妙，无妙不臻——纵横家都是绝妙即服的大师

绝妙即服，有三层意思，一是绝妙即说服，二是绝妙即刻说服，三是绝妙即刻征服。为什么？因为绝妙揭示了事物之间的极致联系、最高联系，绝妙找到了两个事物之间的秘密通道。

就像在异地他乡，两个人相遇会发生三种情况：一是发现对方是老乡，你会感到亲切，因为你们有地缘关系；二是发现对方是老同学，你会很高兴，因为你们有人缘关系；三是发现对方是失散多年的亲兄弟和爱人，你会跳起来，因为前

者有血缘关系，后者有姻缘关系。

血缘和姻缘是人类最高等级的关系（联系），绝妙就像发现两个不同事物的血缘关系和姻缘关系（最高联系），让你跳起来。所以，绝妙会让人手舞足蹈，忘形尖叫（拍案叫绝）。

这三个层次的关系恰好可用来形容好创意的三个等级，都算好创意，但绝妙是顶级。不管你怎么解释，用多好的理论来包装你的创意，做不到让人拍案、跳起、兴奋、震撼，都只是中下等创意。发现亲兄弟和姻缘爱人还磨叽啥？热泪盈眶，直接相拥。

“联系”用佛家的话来说就是缘，缘分深浅，乡缘、人缘、情缘和血缘，创意不能只发现普通联系，要发现极致联系、最高联系、不可能联系（不可思议联系）。不能只发现乡缘、人缘，要发现情缘和血缘，天作之合。让客户和创意一见钟情，白头到老。

创意不绝妙，还嫌别人不懂创意不识货，其实是自己不行。然后用你以为高超的理论和案例解释半天，这都属于磨叽，直接做到绝妙就完事了。**解释有用，还要绝妙干啥！**

没眼缘没感觉，不能强迫人爱上你啊，得有妙缘。别人不喜欢你的创意，你说别人不行，那是“创意渣男”。而绝妙是两情相悦，一眼来电。绝妙是亿情相悦，超级偶像，亿万粉丝。

佛教形容缘分的词：妙缘；形容佛法：妙法；形容讲佛：妙音；形容觉悟：妙觉；形容行旨：妙行。

妙即精微深远，即真理。绝妙即真理。

中国有著名的四个绝妙即服案例。

## 一、烛之武退秦师

郑国被秦、晋两个大国的军队包围，烛之武见到秦伯说：“越国以鄙远，君知其难也。焉用亡郑以陪邻？邻之厚，君之薄也。”［越过邻国把远方的郑国作为（秦国的）东部边邑，您知道这是困难的。您为什么要灭掉郑国而给邻邦晋国增加土地呢？邻国越雄厚，您就越薄弱。］秦伯听后，开始动摇。烛之武进而指出“存郑”对秦有利：“若舍郑以为东道主，行李之往来，共其乏困，君亦无所害。”（如果饶恕了郑国，并且把它作为东边的朋友，秦国出使的人来来往往，郑国可以随时提供接待和资助，对您只有好处、没有坏处。）这一无一有之间，攻郑与友郑的利弊就非常明显了。烛之武进一步从秦、晋两国的历史关系说明晋国曾对秦国过河拆桥，忘恩负义，并做出推论：如此贪得无厌的晋国，灭郑之后，必然要进犯秦国："若不阙秦，将焉取之？"这样一讲，使秦伯感到助晋灭郑，不但对自己无益，反而有大害，他立即改变主意，不但停攻郑国，还与郑国订立了盟约，从而孤立了晋国。随后，晋军也跟着撤退。从这一番说辞中可以看出，烛之武的高明之处在于，他善于从秦、晋、郑三国复杂的矛盾态势中找到三者的联系，把这些联系一一道破，就是绝妙说服。

烛之武"绝妙即服"——存郑=利秦（目标）？二者的绝妙联系（要素×联系×巧合）：一是远攻近交，攻远利晋。二是远交近攻，盟友利秦。三是秦晋之间，未来必战，存郑增力。

郑国、秦国、晋国，三者之间的联系共有三个层次，分三句话说出这三层联系，对纵向联系和横向联系都给予分析，即是绝妙说服。

## 二、邹忌讽齐王纳谏

邹忌是个美男子。有一天他问妻子："我与城北的徐公相比，谁更美呢？"他的妻子说："您美啊，徐公怎么能比得上您呢？"徐公是齐国最美的男子。邹忌不相信自己比徐公美，于是又问他的小妾说："我和徐公相比，谁更美？"妾说："徐公怎么能比得上您呢？"第二天，有客人从外面来拜访邹忌，邹忌和他坐着谈话，邹忌问客人："我和徐公相比，谁更美？"客人说："徐公不如您美。"又过了一天，徐公前来拜访，邹忌仔细地端详他，觉得自己不如他美。傍晚，他躺在床上休息时想这件事，说："我的妻子认为我美，是偏爱我；我的小妾认为我美，是惧怕我；客人赞我美，是有事情要求于我。"

于是邹忌上朝拜见齐威王，说："我确实知道自己不如徐公美。可是我的妻子偏爱我，我的妾害怕我，我的客人有事要求助于我，所以他们都认为我比徐公美。如今齐国有方圆千里的疆土，一百二十座城池。宫中的姬妾及身边的近臣，没有一个不偏爱大王的，朝中的大臣没有一个不惧怕大王的，国内的百姓没有不对大王有所求的，由此看来，大王您受到的蒙蔽太严重了！"齐威王说："说得真好。"于是下了一道命令："所有的官吏、百姓，能够当面批评我的过错的，可得上等奖赏；能够上书劝谏我的，得中等奖赏；能够在众人集聚的公共场所指责议论我的过失，并能传到我耳朵里的，得下等奖赏。"

政令刚一下达，许多大臣都来进献谏言，宫门和庭院像集市一样热闹；几个月以后，还不时有人进谏；一年以后，人们即使想进言，也没有什么可说的了。燕国、赵国、韩国、魏国听说了这件事，都到齐国来朝见齐王。这就是身居朝廷，不必用兵就战胜了敌国。

邹忌的绝妙即服——妻妾客＝齐王纳谏（目标）？二者的绝妙联系（要素×联系×巧合）：一是我身边是爱我（妻）、怕我（妾）、求我（客）之人，我没有听诤言的机会，所以我得不到真理。二是齐王身边也是爱他、怕他、求他之人，他没有纳谏的机会，所以他得不到真理。三是让爱我、怕我、求我之人因说真话有奖。

妻妾客是绝妙比喻，是说与服的绝妙联系。

## 三、触龙说赵太后

赵国求救于齐国，齐国要赵国派人质才肯出兵。赵太后不让长安君去齐国做人质。触龙跟赵太后说："我的儿子舒祺，年龄最小，不成才；而我又老了，私下疼爱他，希望能让他替补上卫士的空额，来保卫王宫。"太后说："可以。他年龄多大了？"触龙说："十五岁了。虽然还小，希望趁我还没入土就托付给您。"太后说："你们男人也疼爱小儿子吗？"触龙说："比妇女还厉害。"太后笑着说："妇女更厉害。"触龙回答说："我私下认为，您疼爱燕后就超过了疼爱长安君。"太后说："你错了！我对燕后不像疼爱长安君那样厉害。"触龙说："父母疼爱子女，就得为他们考虑长远些。您送燕后出嫁的时候，拉着她的脚后跟哭泣，这是惦念并伤心她嫁到远方，也够可怜的了。她出嫁以后，您也并不是不想念她，您祭祀时，一定为她祝告说：'千万不要被赶回来啊。'难道这不是为她作长远打算，希望她生育子孙，一代一代地做国君吗？"太后说："是这样。"

触龙说："从这一辈往上推到三代以前，甚至到赵国建立的时候，赵国君主的子孙被封的，他们的子孙还有能继承爵位的吗？"赵太后说："没有。"触龙说："不光是赵国，其他诸侯国君被封子孙的后继人有还在的吗？"赵太后说："我没听说过。"触龙说："他们当中祸患来得早的，祸患就会降临到自己头上，祸患来得晚的，祸患就会降临到子孙头上。难道国君的子孙就一定不好吗？这是因为他们地位高而没有功勋，俸禄丰厚而没有功绩，占有的珍宝太多了啊！现在您把长安君的地位提得很高，又封给他肥沃的土地，给他很多珍宝，若不趁现在这个时机让他为国立功，一旦您百年之后，长安君凭什么在赵国站住脚呢？我觉得您为长安君打算得太短了，因此我认为您疼爱他比不上疼爱燕后。"太后说："好吧，任凭您指派他吧。”于是就替长安君准备了一百辆车，送他到齐国去做人质，齐国的救兵才出动。

触龙的绝妙即服——赵太后送子 = 爱子？二者的绝妙联系（要素 × 联系 × 巧合）：一是触龙送子建功立业是出于长远考虑，是爱子。二是赵太后送女出嫁是出于长远考虑，是爱女。三是贵不过三代，历史上不送子建功立业的是害子，身边不送子建功立业的是害子。四是赵太后送子建功立业是出于长远考虑，等于爱子。

送子等于爱子的主体、客体、纵向、横向四个层面的联系剖析充分，绝妙说服！

## 四、蔡泽说范雎

范雎，著名军事家、谋略家，“远交近攻”的首创者。他同商鞅、张仪、李斯先后任秦国丞相，对秦国的强大和统一天下起了重大作用。蔡泽是燕国人，通过绝妙说服使范雎将自己引荐给秦王，并最终替代范雎成为秦国宰相。

蔡泽听说秦王与范雎有了嫌隙，就从燕国来到了秦国。范雎得知蔡泽的才华并有意来取代自己，很生气，把蔡泽叫来见自己。蔡泽施展了他的逆天说服术。

首先，他用自然界的常理打比方：自然界有春夏秋冬四季，每个季节完成自己的任务就应该隐退，你范雎也完成了自己的使命，为何不退？

自然界的常理虽然通俗，但毕竟与人事有别。所以接下来就是人与人比。秦国的商鞅、楚国的吴起、越国的文种你不会不知道吧？（三人都是功高盖世，结局都是兔死狗烹）

范雎道：“这三位先生有着最高贵的仁义、最彻底的忠心。大丈夫杀身成仁，死而无憾。”

蔡泽听闻，就将这三位先生与另两位先生比：闳夭、姬旦（功高善终），难道不效忠国家？前面三位先生难道不想效仿这两位先生？范雎没话可说了。

蔡泽见起效果了，就更进一步说服，来点更有力度的。这次说服的核心联系是范雎和秦王，也就是功臣和君主之间的关系。前面只谈到了功臣，现在再谈君主方面，仍然用对比的手法。“秦王保护功臣的态度与那三位先生的君王（秦孝公、楚悼王、越王勾践）的态度比怎样?”范雎心里被问得没底了，毕竟白起刚好被秦王逼死。

蔡泽再对比：“您的功劳与前面三位先生比，何如?”范雎承认不如。

蔡泽见大事已成，就做了总结性的发言，仍然用自然界的常理说明："日中则移，月满则亏，你该得到的都已得到了，可不要最后落得个跟那三位先生一样的下场。"

自此范雎被彻底说服。

蔡泽的绝妙即服——退位 = 上策？二者的绝妙联系（要素 × 联系 × 巧合）：一是天道，退为上。功成身退，四季交替，自然规律。二是反例，不退为下。商鞅、吴起、文种，不知退而亡。三是正例，退为上。闳夭、姬旦（周公旦）功高知退，终得善终。四是对比，比上不足，比下不如，不得不退。范雎面临的切身利害：秦王善不如商鞅、吴起、文种之君（比上不足），范雎功不如商鞅、吴起、文种（比下不如），后果可知。

退位等于保身的天道、反例、正例、自证反例，上下正反四个层面的联系立体剖析，四个巧合，绝妙即服。

烛之武说服秦伯、邹忌说服齐王、触龙说服赵太后、蔡泽说服范雎……古代高人逢说必服人，何也？高人都是用"绝妙"进行说服，都是绝妙即服的高手！**"绝妙即服"是智慧的绝密和根本，小则诗歌劝服，大则兴国消兵。纵横捭阖，出将入相，王霸之业，百家之说，背后都是深藏了数千年的"绝妙即服"。**

**看透联系，即是绝妙。讲透联系，即是说服！道家、佛家、纵横家都掌握绝妙之道，无绝妙不成家。**

掌握"绝妙即服"，不是让人买产品、消费一下那么简单。这种极限说服力，定位理论（核心方法：找到一个独特的词语）无法做到，ROI（震撼性、原创性和关联性）和 USP（独特的销售主张）方法做不到，4P 理论做不到，符号、词语做不到。绝妙即服是方法之王，也是普遍真理，适用所有行业。

应用于商业，效果就是用牛刀杀鸡。

普天之下，莫非王土，率土之滨，莫非王臣，可见方法之王——绝妙，是统领一切的理论方法。

康有为很推崇一句话"**无种不妙，无妙不臻**"。"臻"有到达之意，也有极致之意。每个行业、任何领域的最高境界是绝妙，做不到绝妙就到不了极致。绝妙是极致的方法——方法之王。

## "绝妙"是中国智慧最神秘、最高深的存在

用"绝妙即服"看透千年智慧的秘密：

## 一、用水破案

宋太宗时，大名府一带喜种茭白，茭白是水生植物，种在水塘。当地富户豪强专门扒挖官堤，把水放入自家水塘养茭白。富户发财，官堤破烂，旱不能浇田，涝不能防汛。历任府尹都不能破案，也无法制止。赵昌言就任大名府尹后，决定根绝此患。他也不去破案，而是提出了一个妙法：水入谁家田，谁家出钱修堤，如造成灾害，还要拿钱救灾。只此一招，吓得没人再敢扒堤，反而会阻止别人扒堤。

绝妙即服（要素×联系×巧合）——四个要素：富户、茭田、官堤、官府。三重联系、三个巧合：一是只看茭田水，不看谁扒堤，官府破案，省时省力。二是案件太好破，无人敢扒堤。三是把富户拉来一起护堤，随时关注官堤安全，防止水流到自家茭田。一个动作，三重联系，三个巧合。

## 二、连环计：环环相连，环环巧合

赤壁大战是《三国演义》里的重头戏。赤壁大战的核心是连环计，环环相扣，多重联系，多个巧合，最终形成大杀局，奠定了三国鼎立的格局。

第一环：蒋干去江东劝说周瑜降操，夜晚同榻之际，恰巧看到周瑜事先准备好的蔡瑁和张允降东吴的书信。于是，偷走交给了曹操，曹操一怒之下中了反间计，斩了蔡瑁和张允，之后悔悟。擅长水战的海军司令被杀。一群北方兵如何打水战？不习水战，又来不及训练，唯有抄捷径，为连环计铺好了路。

第二环：让蒋干邂逅庞统，与“卧龙”齐名的“凤雏”，跟周瑜不合，有心归曹。曹操大喜。敌人的敌人就是朋友，何况还是天才。巧合！北方兵不习水战，在战船上晕头转向，如何克服？庞统出高招：将战船用铁锁相连，上铺大木板，如履平地。曹操大喜。瞌睡遇上枕头，巧合！为火攻铺好了柴。

第三环：曹操第一谋士荀攸、程昱识破，万一火攻咋办？曹操大笑：现在是冬天，只有西北风，没有东南风，我在北岸，敌在南岸，对方火攻只会烧自己。又一个巧合。如果不在冬天，连环计就实施不了。这也是周瑜吐血的原因。没有这个巧合，一代枭雄曹操怎会识破不了此计?!

第四环：黄盖苦肉计，倚老卖老触怒周瑜，从斩首改为重杖暴打，反目成仇。这一幕恰巧被混入吴军中的间谍蔡中和蔡和看见。曹操急需懂水战、熟敌情的人，巧合！黄盖诈降船队得以靠近，放火烧船。为火攻铺好了引线。

第五环：诸葛亮借东风。推算出十一月二十甲子日恰巧有东南风。为火攻架好了鼓风机。巧合！另说，后世专家考证，当时的赤壁之战爆发的地点流行地形风，就是指当天气放晴的时候，当地就会逆刮东风。如果蔡瑁和张允还在，一定知道这个情况，一定反对连环战船。

没有反间蒋干、蔡中和蔡和，就没有诛杀蔡瑁和张允、庞统献计、黄盖诈降，也就没有识局、做局、破局。没有这一连串天时、地利、人和的联系和巧合，就没有连环计的成功。

整个连环计，步步相连，环环巧合，终于成就流传千古的妙计。周瑜、庞统苦心谋划的就是一件事——怎么让“火烧赤壁”的要素实现多重联系、多个巧合——绝妙！

“赤壁大战”连环计的多重联系、多个巧合

连环妙计让周瑜吐血重病，可见做到绝妙有多难！但绝妙一旦做到，就是绝妙即服，一战打服曹操，扭转乾坤，天下三分。

## 三、远交近攻

秦昭王开始图谋吞并六国，独霸中原。公元前 270 年，秦昭王准备兴兵伐齐。范雎此时向秦昭王献上“远交近攻”之策，阻秦攻齐。他说：齐国势力强大，离秦国又很远，攻打齐国，部队要经过韩、魏两国。军队派少了，难以取胜；派多了，打胜了也无法占有齐国土地。不如先攻打邻国韩、魏，逐步推进。

为了防止齐国与韩、魏结盟，秦昭王派使者主动与齐国结盟。其后四十余年，秦始皇继续坚持“远交近攻”之策，远交齐楚，首先攻下韩、魏，然后又从两翼进兵，攻破赵、燕，统一北方；攻破楚国，平定南方；最后把齐国也收服了。秦始皇征战十年．终于实现了统一中国的愿望。

绝妙即服（要素×联系×巧合）——四个要素：秦国、远国、近国、统一。四重联系、四个巧合：一是打远方，费时费力，守不住；二是打近处，省时省力，守得住；三是远交，给远方好处，攻近时，远方不来救援，孤立近方；四是由近及远，远也变成近，孤立远方，实现统一。

## 四、妙寻官印

吴江知县被巡按御史看出破绽，恐被其治罪。乃出重金请侠盗懒龙将御史印信盗来。官印丢失要治死罪。御史知是县令所为，秘而不宣。知县借问安察看动静。御史请入内衙，欢然谈笑。忽报厨房发火，御史变色，急手取封好的印匣，亲付与知县护持。知县不好推辞，只得抱了空匣出来。知县辗转无计，只得润开封皮，把所偷之印，放还匣中，封锁如旧，还之。

绝妙即服（要素×联系×巧合）——三个要素：御史、大印、知县。三重联系、三个巧合：一是隐藏失印消息，保护自己；二是通过失火事件，将大印的保管人变成知县；三是给知县台阶下，送还大印，制造管印和还印的巧合。盗印——隐藏，不宣——隐藏，托管印——公开，还印——公开。

## 五、一举三得

战国时五国合纵抗秦，楚怀王为纵约长传令到齐，齐宣王召集人计议。孟尝君说：“去或不去攻秦都不好。出兵攻秦，会得罪一个强国；不出兵会引起盟国愤恨。我看，马上答应楚王出兵，但我军却慢慢前进，以观其变。若秦军得胜，我们便按兵不动；若秦军失败，我们再赶上前去。其他国也不好说我们。”齐宣王闻之大喜，命孟尝君率兵前去。孟尝君令部队缓行，将要出齐国边界了，又说自己得了急病，一面令部队驻扎治病，一面派人打探消息。结果五国联军攻到函谷关下，互相观望，延误了战机，被秦军大败。孟尝君听闻，马上率兵回国，没损失一兵一卒。

绝妙即服（要素×联系×巧合）——三个要素：齐国、盟国、秦国。三重联系、三个巧合：一是遵约出兵，不得罪盟国；二是不得罪秦；三是保存齐国的实力。

## 六、不战屈人

秦二世时，陈胜命武信君攻赵，攻下十个城池后，其他城都坚守难下。武信君转攻范阳。蒯通游说范阳县令徐公：“秦朝的法律非常严酷，您做县令十多年，杀死的人太多了。他们的亲属之所以不敢杀你，是因为他们害怕秦朝的法律。现在天下大乱，秦朝的政令得不到执行，武信君的军队将要到来，你却还要坚守。那些人都准备杀掉你投降武信君啊。您应该赶快派我去见武信君。”

范阳县令于是派蒯通去见武信君，对武信君说：“范阳县令想向您归降，但怕您像对待其他十城的县令那样，把他杀了。现在范阳城里的年轻人想杀掉县令，坚守城池。您怎么不派我拿着侯印去封赏县令呢？这样他就会献出城池，那些年轻人也不敢杀他。然后用黄盖朱轮的车子迎接范阳县令，让他在燕、赵的边界驰骋炫耀，那么，边地之城都将相互转告：‘范阳县令先投降而获得富贵。’到时他们一定会竞相投降。这就是传送檄文就能平定千里的策略。”于是武信君以侯印迎接徐公。燕、赵之地听说此事，有三十多座城池投降。

绝妙即服（要素×联系×巧合）——三个要素：武信君、范阳县令、三十城。四重联系、四个巧合：一是武信君不战而获三十城，二是范阳县令封侯，三是三十城县令封侯，四是士兵和百姓平安。

## 七、留妪查奸

唐朝贞观年间，卫州板门店主张迪的妻子回娘家的时候，卫州三卫杨真等三个人投宿板门店，第二天五更时分就出发了。而就在他们投宿的那一晚，有人拿他们的刀，杀死了张迪，而刀子又放回刀鞘之中，杨真等人并未发觉。天亮的时候，店中的人追赶杨真等人，看到刀子上有血痕，就加以囚禁、拷打、讯问，杨真等人受不了苦刑，只好承认人是他们杀的。

唐太宗很怀疑，于是派御史蒋翊再侦察一次。蒋翊到了之后，追查了十五名以上的店人，查不出什么，只好暂时放他们回去，只留下一名老太婆。老太婆已经八十几岁了，最晚放出去。蒋翊派狱卒在暗中察看，说：“老太婆出去之后，应该有人会与她谈话。你就记下那个人的姓名。”果然，老太婆出去之后，就有人找她谈话，狱卒记了下来。第二天，情形相同，那个人又问老太婆：“御史怎么推勘案情？”这种情况一再出现，而且都是同一人。经过讯问，那人承认与张迪妻子通奸，杀了张迪。蒋翊上奏，皇上赐他丝帛二百段，又任命他为侍御史。

韩思彦当监察御史，巡视并州时，发生盗贼杀人的事件，但是凶手作案的动机无法确立。恰巧有一个胡人，喝醉了，身上又带着刀，且行为不检，抓来之后，经屈打成招。韩思彦却十分怀疑，于是在清晨时，召集数百名儿童，直到晚上才放出去，这样连续三天。然后问儿童说："出去之后，有人向你们打听吗？"儿童都说有，于是抓到真凶。

现代法证学创始人艾德蒙·罗卡曾提出了著名的"罗卡定律"："凡有接触，必留痕迹"。"痕迹"就是凶手和受害者之间的联系（线索）。这个定律普遍适用是建立在现代科技发达的基础上。

古代没有这个条件，凶手和受害者之间就断了联系（线索），怎么让他们重新联系上？就需要重新制造联系和接触。为什么用老妪和儿童作为联系或诱饵呢？因为老妪头昏眼花，儿童懵懂无知，凶手可以放心与之接触，而不易被发现。打听案情，不被发觉——这是凶手最想干的事。蒋翊和韩思彦就是通过老妪和儿童，制造了与凶手想干的事的巧合，从而重新让受害者和凶手联系上。没有这个巧合，就不会再出现联系，这就是精妙之处。

绝妙即服（要素×联系×巧合）——四个要素：官府、受害者、老妪（小孩）、凶手。三重联系、三个巧合：一是官府想找到凶手，二是凶手想打听官府的消息，三是老妪（小孩）成为联系和巧合。

## 八、江南牛皮

明英宗正统年间因修缮宫殿，预计需一万多斤牛胶，命人传令江南立即筹集。当时江南巡抚周忱因公进京，途中巧遇使臣，使臣请周忱立即返回江南，周忱却请使臣先行，他自有打算。周忱来到京城后，便求见王振（宦官首领，深受英宗宠信），说："京城库房中所贮藏的牛皮已有多年，其中多半腐朽，不如清理出来煮炼牛胶，等下官回到江南，立刻买新牛皮归还库房。"就京库而言，是以旧换新，就周忱而言，是节省时间，圆满交差，双方相互得利，于是王振很高兴地答应了周忱的请求。

绝妙即服（要素×联系×巧合）——三个要素：江南、牛胶、京城库房。三重联系、三个巧合：一是解了皇宫之急，二是库房牛皮以旧换新，三是江南人民免受催逼之苦。一举三巧合。

## 九、系统工程

宋真宗在位时，皇宫曾起火。一夜之间，大片的宫室楼台殿阁亭榭变成了废墟。为了修复这些宫殿，宋真宗派当时的晋国公丁谓主持修缮工程。当时，要完成这项重大的建筑工程，面临着三个大问题：第一，大量垃圾要外运；第二，需要大批砖瓦；第三，需要运送木材和石料。丁谓采用了绝妙方法，一个动作实现三个要素的联系和巧合：首先，从施工现场向外挖了若干条大深沟，把挖出来的土用来烧制砖瓦。其次，从城外把汴水引入所挖的大沟中，利用木筏及船只运送木材、石料。最后，把沟中的水排掉，把工地上的垃圾填入沟内，使深沟重新变为平地。

关良画作——出将入相、纵横捭阖的秘法：绝妙即服

简单归纳起来，就是这样一个过程：挖沟（取土）→引水入沟（水道运输）→填沟（处理垃圾）。绝妙无比！开渠修宫成为现代决策学和统筹学广泛援引的经典案例。

绝妙即服（要素×联系×巧合）——三个要素：烧砖瓦、送材料、运垃圾。一个动作，三重联系，三个巧合。

## 十、多重利益

楚怀王死了，楚怀王的太子熊横还在齐国作人质。苏秦对齐相田文说：“您为什么不把熊横留住，以此向楚国索取下东国呢？您可以派人对楚王说：‘只要你把下东国还给齐国，我会替您把太子杀掉。否则，我要联合秦、韩、魏三国共同扶助熊横做楚王。’”田文于是派苏秦出使楚国，对楚王说：“大王如果不尽快割让下东国给齐，太子便会用比大王多出一倍的土地换取齐人对自己的支持。”楚王于是献出下东国。

苏秦回齐后跟楚太子说：“齐国拥立太子为楚王，可是新立的楚王却以土地贿赂齐国以扣留太子。太子何不以更多的土地许诺于齐呢?”太子于是许诺割让比楚王割让的多出一倍的土地。楚王听到这个消息，甚是惊慌，便割让了更多的土地。

苏秦又去跟楚王说：“齐人之所以胆敢多割楚地，是因为他们以太子相要挟。臣愿意设法赶走太子，太子一走，齐国再无人质，必然再不敢向大王索要土地。大王趁机与齐结交，这样既消灭了令大王寝食难安的仇敌，又结交到了强大的齐国。”楚王听了十分高兴，说：“寡人以楚国托付给先生了。”

苏秦再次拜见太子，忧心忡忡地说：“现今专制一国的是楚王，太子您不过空具虚名，齐人未必相信太子的许诺，而新楚王业已割地给齐。一旦齐、楚交结，太子就有可能成为其中的牺牲品，请太子早做良策!”太子醒悟：“惟先生之命是从。”乘马连夜逃去。苏秦接下来派人到田文那里诋毁自己：“苏秦劝您扣留太子，并非替您打算，他是为楚国的利益奔忙。劝太子连夜逃走的也是苏秦，可您并不知晓，我私下里替您怀疑他的用心。”田文对此大为生气。

苏秦又派人到楚王那里游说：“割地以达成协议的是苏秦，忠于大王而驱逐太子的仍然是苏秦。现在有人在孟尝君那里大进苏秦的谗言，说他厚楚薄齐，他其实是想为大王效劳，希望大王能知道这些情况。”楚王于是封苏秦为武贞君。

事情还未结束，苏秦通过景鲤向田文进言说：“阁下名重天下，是因为识才重才。苏秦当世少有之才。万一政敌重用苏秦，便会危机丛生。现在苏秦很得楚王的宠信，您不如顺水推舟，与之亲近，阁下便得到楚国的支持。”于是田文与苏秦言归于好。

绝妙即服（要素×联系×巧合）——四个要素：楚王、熊横、田文、苏秦。本是一颗残子，苏秦通过“拥立太子，两头牵线”这一妙手，五重联系、五个巧合，做成大局。一是齐国得到楚国的土地。二是让熊横逃走，保全性命，感恩自己。三是替楚王赶走了竞争对手熊横。四是自己取得楚国的封地、封号。五是让田文善待自己。

## 十一、双妙称霸

楚国攻打宋国，宋国求救于晋。当初晋文公流亡时宋国对他很好，所以召开会议，商量救宋。开创“出奇”和“兵者诡道”的先轸提出“报施救患，取威定霸”的谋略：要报答对晋文公有过恩施的国家，解救这些国家的患难，通过报施救患，在诸侯之中树定威信，确立晋国霸业。为此，制定了两个绝妙的策略：

第一个策略：攻打刚刚依附楚国的曹卫。楚国也善待过晋文公，不能直接进攻楚军。只能间接攻击楚国的盟国，以解宋国之危。可是，攻击恩人的朋友有失道义，但如果恩人的朋友是自己的仇人，那就名正言顺了。曹国和卫国是楚国的盟国，在晋文公逃亡时又都刻薄无礼，攻击曹卫就成了一举两得的“报仇救恩”的正义行动。这一妙招，把楚国置于两难之境：不救曹卫，失去的不只是曹卫，其他盟国也会离楚而去；救曹卫，只能放弃攻宋。晋国成功救宋。报恩立威，楚国还要冒先打晋国的恶名，免除了晋国攻楚以怨报德的骂名。

攻曹卫 = 报恩称霸？绝妙即服（要素 × 联系 × 巧合）——四个要素：楚国、宋国、晋国、曹卫. 。四重联系、四个巧合：一是报了曹卫之仇。二是报了宋国之恩。三是间接削弱楚国。四是避免了骂名，成就了美名。

第二个策略：要想救宋必须要拉拢齐、秦两国。晋文公说：“我想攻打楚国，需要有盟友。齐、秦两国不愿意，怎么办？”先轸说：“不如让齐、秦两国都去怨恨楚国。让宋国舍弃我国，而去向齐国和秦国送财物，通过齐、秦去请求楚国退兵。我国却将获得的曹、卫两国土地赐给宋国。楚国喜欢曹国和卫国，必定不答应齐国和秦国的请求。齐、秦两国请求不成，必然因此而怨恨楚国，然后我国再叫齐、秦两国参战，两国就不会不愿意了。”晋文公听了很高兴，因此将曹、卫两国的田地赐给了宋国。

楚国的令尹成得臣派宛春来传话，说：“请你们恢复卫侯的君位，把土地退还曹国，我们也解除对宋国的包围。”子犯发怒说：“子玉真无礼啊！晋君只得到一项好处，而子玉却得到两项好处，一定要攻打他。”先轸说：“你应该允许他的请求。我们不答应曹、卫两国的请求，等于不允许解除对宋国的包围，宋国投降了楚国，楚国的兵力不是更强大了吗？这样，楚国一句话对三个国家施了恩，而我们一句话却招了三个国家的怨。不如私下允许恢复曹、卫两国，以离间他们，然后逮捕宛春来激怒楚国。”于是把宛春囚禁。身为阶下囚的曹、卫国君与楚国绝交，以换取复国的待遇。

成得臣恼羞成怒，没有攻下宋国，又丢了曹卫，颜面何存？于是进攻晋国。晋文公下令退却九十里（退避三舍），兑现当年对楚国的承诺，然后才以正义之名迎战，城濮之战一举奠定晋国两百年的霸权。

赠地送礼 = 结盟称霸？绝妙即服（要素 × 联系 × 巧合）——五个要素：楚

国、齐秦、宋国、曹卫、晋国。五重联系、五个巧合：一是齐秦收礼，求楚被拒（宋国得到曹卫之地，楚国不同意齐秦请求），恨楚投晋。二是曹卫绝交楚国换取复国，成为晋国盟友。三是明面上答应了楚国的请求，给足面子报恩，树立仁义形象。四是解宋国之围。五是激怒楚国，使其顶着恶名攻晋，晋国变成自卫反击。

## 绝妙是最强说服的原理——绝妙代表天意，天意不可违

有几个成语能形容发现绝妙的状态：拍案叫绝、击掌叫绝、抚掌称妙。绝妙的创意会让人拍桌子大叫，其他做不到，只有绝妙能做到。

所以，绝妙是一种惊喜，是一种震撼，是一种无法超越的佩服。熊大寻方法把绝妙带给人的体验总结为四个自动化流程：一秒听懂（速度）、心服口服（深度）、无法超越（高度）、流传千古（广度）。也可以总结为：**成为知音、至信至诚、敬若神明、人类共存**。

人听到绝妙创意时的第一步是，一秒听懂（成为知音）。因为绝妙是人类的共识和共情，人类的基因里就有这样的编码和设计。

有一个成语叫妙不可言，绝妙可以意会，不用言说。这说的就是基因密码。绝妙是基因本能，一听一看就能意会，不用解释，不用言语传递，直接到达心灵。因为绝妙共识、绝妙共情是人类的深层基因密码和集体无意识，是一种人类本能，一听就懂，一听就高度认同，一听就极度欣赏。

这种共识共情，佛教称为“本自具足”。绝妙是联系和天道，每个人内在本来就具备天道——宇宙的所有信息及其相互联系。

列夫·托尔斯泰在 1897 年写的一本小书《艺术论》中写道：“艺术并不像心理学家说的那样，是人类释放剩余能量的游戏；它不是人类情绪的表达；不是让人愉悦的事物的产生过程；甚至更重要的，它并不是乐趣；它是一种将人类团结起来的途径，它将人类统一在共同的感觉里，它对于生命和个人，以及人类的福祉必不可少。”

艺术的最高境界就是绝妙。绝妙也是一种将人类团结起来的共识和共情，是人类必不可少的幸福。为什么绝妙好词、妙笔、妙音、妙法能流传千古？因为这

是人类最高级的幸福和精神福利。

第二步是心服口服（至信至诚）。听到、看到绝妙的创意和事物，先是秒懂，接下来就是绝妙共识——人类深层基因密码导致的心服口服。这东西怎么这么绝、这么妙？发自心底，止不住地佩服，发出感叹。绝妙真的是最好的说服、最强的说服。让人心服口服，怎能不服?!

第三步是无法超越（敬若神明）。发自心底地佩服后，人就会开始评估和对比，这么绝妙的创意我怎么想不出来呢？我真的想不出来！不仅自己，其他所有人也想不出来！一身冷汗。这东西真的是无法超越啊！这个阶段就超越心服口服了，无理由的信服、诚服、敬畏，奉若神明。

世界上无法超越的事物有几样：神、超人（伟人、圣人、各行业的佼佼者）和绝妙。对于神和超人，因为无法超越，人已无超越之心，所以只有诚服之心，敬仰信奉之心。绝妙同样如此，因为无法超越，所以只有诚服、敬仰和信奉，也就是至信至诚。

第四步是流传千古（人类共存）。到了敬若神明，人就会发自内心地口口相传，分享内心的佩服、震撼和敬仰，对于绝妙的事物，分享会得到一种荣誉感，人们乐于分享，形成病毒式传播和信息扩散。人人共享，代代相传，最终流传千古。

宗教的神就是这样流传千古的；伟人、各行业的佼佼者就是这样载入史册的；绝妙好诗、绝妙好词、妙笔丹青就是这样代代传颂的。因为他们无法超越，因为他们代表了一种智慧和思维的世界纪录。绝妙创意和绝妙好词也代表了一种思维的至高境界，代表了一种智慧思想的巅峰纪录，同样无法超越，因此流传千古。

**绝妙让人敬畏，敬若神明。哪种传播超过神？哪种流传超过神？**

无法超越、世界纪录和巅峰代表一种人类共识共情的深层基因密码和集体无意识，被人类本能驱使，永远牢记。绝妙的传播心理学原理正是如此。

**这四个自动流程总结起来有三种含义：第一，绝妙是最低成本的传播，一秒就懂，成本极低。第二，亿众佩服的传播，即最大空间的传播，覆盖数亿人。第三，千年无敌的传播，因为无法超越，又人人佩服，所以不可能被替换，是最长时间的传播。一句话概括：绝妙是花最少的钱，在最大空间，进行最长时间的传播，这是最佳传播、最强传播。**

2009 年我们策划宿迁的时候，熊大寻在宿迁市浙商招商大会上，现场即兴解读了“宿迁”二字：“宿”是一个人带着一百万元来到这个宝地，“迁”是这个人带着一千万元走了，所以宿迁是一个能让人十倍、百倍赚大钱的宝地，宿迁是一个“百万带来，千万带走”的城市。当时现场有几百名浙江老板，其中大部分只有小学文化水平，但他们秒懂，现场掌声雷动，持续几十秒。

绝妙不是故作高深，而是人类的共情，是人人都可以意会的妙品。

这个绝妙的口号一提出来，宿迁市的领导就激动地讲“熊大寻是继项羽之后，对宿迁造福最大的人”。“带来百万，带走千万”已成为宿迁招商引资的宣传口号。

宿迁＝招商？绝妙联系：一是“宿”字拆开：一个人带一百万元来到这个宝地。二是“迁”字拆开：带着一千万元走了。三是“宿迁”的意思就是“百万带来，千万带走”。“宀、亻、百、千、辶”与这句话有五重联系、五个巧合。城市名字暗示能十倍发财，这是天意。你还能找到更好更有效的口号吗？不可能了。做到绝妙＝无法超越。

奇招：一是常人不会从城市名字上着手思考。二是想到名字也想不到把字拆开。三是把字拆开也未必能想到“百万带来，千万带走”。

奇峰境有仙，蹊径方通天。

政府领导为什么会对熊大寻评价那么高？没有别的原因，就是因为绝妙。古代文人都很斯文，只有看到绝妙时，才会拍桌子大叫——拍案叫绝。同毕达哥拉斯发现绝妙定理又唱又跳一样，感觉瞬间通神，因为绝妙是高维智慧。撞见绝妙好比天神下凡被你遇到，你会又唱又跳。

“宿迁”这两个字和招商引资的关联，不可能超越这个创意了。全国人民来想，花一千年想，也难以超过。因为两个事物间的绝妙关联只有一个，你找到了，别人就没办法了。不是能力的问题，而是先后的问题。这个唯一你先找到了，就没有第二了。上天只创造一个你，只在一个地方创造一个绝妙。世上没有两片相同的叶子，也没有两个相同的绝妙。天意独一。

其实能得到市长这么高的评价，“百万带来，千万带走”这个绝妙创意只占了一半功劳，还有一半是在招商大会之前，熊大寻策划机构受邀为宿迁市进行旅游策划和规划，我们策划的骆马湖取别名“马上湖”事件，引发全国及全世界媒体的报道，不花一分钱，引爆骆马湖。客户评价：“熊大寻为我们节省了两亿元的广告费!”

秘密在于：骆马湖在地图上像一只坐在马背上的蝙蝠，马背上的湖，于是改

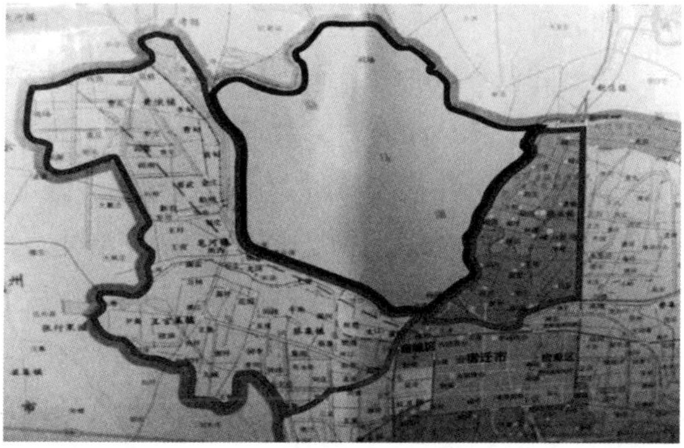

马背上的湖——马上湖！一张图炒热一个城市！一张图节省两亿元的广告费！绝妙和震撼的核裂变传播效应

名“马上湖”，广告口号“游马上湖，马上有福”。并且没有真改名，而是巧妙地用了别名，这极大地节省了成本和时间，又避免了麻烦，获得了巨大成功。因为改地名，一是要报国务院审批，二是时间要等两年左右，三是改地图和路标等成本要上亿元。我们告诉宿迁市政府领导，李白别名李青莲，苏轼别名苏东坡，苏东坡别名比正名还有名。骆马湖为什么不能有一个别名“马上湖”？取别名不走程序、不费事，时间和资金全省了。

创意提出一周，宿迁市政府行动高效，马上湖的广告覆盖全市

此次事件营销的最直接成果：全国所有媒体聚焦报道马上湖，有40个国家的媒体也报道了这件事，真是省了两亿元的广告费；投资300亿元的亚洲最大影视城落户骆马湖；湖滨新城40平方公里土地全部被开发商拿下，没有剩余一块。这就是绝妙的威力，绝妙即说服，说服即生意，绝妙是最低成本的传播。

骆马湖 = 马上湖？绝妙联系：一是骆马湖的地图像马背上的蝙蝠——马上福。一宿升迁，马上有福。二是“蝠”同音“福”，也同音“湖”，马上福也是马上湖。三是马上湖吉利，扭转乾坤。

经历了“马上湖”的绝妙，不到一个月又现场经历了“百万带来，千万带走”的绝妙，客户就给了我们很高的评价。所以绝妙即说服，即生意，即荣誉，即品牌，即名利。

策划和创意不能做到绝妙，基本等于忽悠，等于对项目不负责。因为绝妙的创意、定位、产品和商业，对于项目而言，就是一切，绝妙即一切。做到绝妙，项目一定成功，并且能节省大量宣传费用。做不到绝妙，危险重重，事情不妙。每个项目都有一个或几个绝妙的创意藏在暗处，策划就是要把它们找出来。

用熊大寻的话来说就是：每个项目老天都做好了绝妙的创意，我们只是来发现它，把它找出来。

因此，甲方一定要要求创意、策划和规划方，必须把定位、产品和营销策划做到绝妙，否则就换人。每个项目一定都隐藏着一个绝妙的创意，找不到就不能通过。一直到找到这个绝妙为止。除了资金之外，这是开发项目最重要的事。甚至比资金还重要，你的项目有绝妙创意，你可拿它来找到资金。好创意永远不缺资金。但是有资金没绝妙，项目建成人不来、来得少，产品卖不好，品牌打不响，这都是致命的。项目创意绝妙，绝妙即说服，说服即人潮，人潮即钱潮。所以，绝妙即一切。

## 绝妙是方法之王，王命达而天下从。做不到绝妙，只能找一套理论来说服别人，好比假传圣旨

广告公司、咨询公司、策划公司和规划公司，99%的方案和创意都无法做到绝妙，绝妙是一种极限智慧，极少人能达到。达不到怎么办呢？他们就发明了一套逻辑和理论，通过这套逻辑和理论让客户接受平庸的创意，从而让客户放弃追求绝妙的机会和可能。这时怎么办？我告诉甲方一个道理：没有任何一种方法和理论大得过绝妙，没有任何一种方法和理论可以让你放弃绝妙，因为绝妙是方法之王。

绝妙是灵犀（通天犀），心有灵犀一点通。而一点不通，两点不通，半天讲不通，自己不满意，就不能通过。绝妙的创意是人类的本能和无意识的能量，不需要通过一套逻辑来说服，一秒就懂，然后是无敌传播。

无妙不臻，绝妙即臻（极点），不绝妙只有争（争论）。

认识不到绝妙的能量，做不到绝妙，就会沉迷在自己的世界里。自己有一套听上去不错的理论，就是做出来的创意和设计总会让同行诟病，争议较大。客户心里

也在打鼓，一下子接受不了。还得解释好半天，用自己那套理论去打消客户的疑虑。好说歹说强迫人接受。强词夺理大概就是那么回事，这就是不绝妙造成的。

**绝妙的创意，首先，客户一秒就懂，拍案叫绝，好创意自己会讲话，根本不需要解释。其次，同行虽然出冤家，但在绝妙面前，反对者是词穷的。**

**什么叫妙不可言？一是绝妙的东西妙到无法用语言赞美，二是绝妙的东西妙到无法用语言反对。**

广告界有一句话“不做总统就做广告人”，这个高抬自己了。他们认为自己是语言和词语的大师，认为符号和词语就是权力。这个理解好像把一个国家制胜的根本：政策、战略、策略、组织、战术等绝妙策略、奇谋妙计忽略了，只归功于 LOGO 和几个词语了。太孩子气了！诗人好像更懂词语，也没体现什么权力啊！诗歌的流传主要是靠绝妙，心与物的绝妙联系，意境绝妙、结构的绝妙（对仗、对称的巧合联系）。只听过绝妙好词，没听过强力好词！这一家之言，太过偏颇。

符号和词语如果能做到绝妙，就会充满力量，像绝妙好词一样流传。没有绝妙的词语缺乏力量，必须依靠巨大的广告费和天量的广告频率，才能形成力量。

西方广告理论中的定位强调词语的作用，品牌形象论强调符号的作用。这些广告理念来自美国 20 世纪初战争宣传理论，美国政治学家、传播学者哈罗德·拉斯韦尔于 1927 年出版的大众传播开山之作《世界大战中的宣传技巧》，它强调“人性”的词语能在战争时唤起巨大的共鸣。翻译者增加了符号对社会团体的特殊意义的理解。后来者照本宣科搬到了商业领域，认为符号和词语对企业和产品有重大作用。他们忘了哈罗德·拉斯韦尔所说的这些符号和词语的力量来自国家宣传机器的全面开动，但商业上的符号和词语根本无法做到。

另外，政团成员会对符号宣誓，教团成员会对符号祈祷，但没有人会对一个商标符号宣誓和祈祷！在商业上，符号只是一个注册商标，如此而已。大理、香格里拉的 LOGO 符号重要吗？忽略不计！它的符号就是景点！大理的符号是三塔、苍山和洱海，香格里拉的符号是梅里雪山、松赞林寺，产品就是符号。企业同样如此，我用华为手机，从没想到过它的 LOGO 符号，甚至都记不住，只会想到它的产品本身——妙用。

对于企业、产品和项目来说，符号的作用更是微小。因为，你不可能拿出国家宣传力量来炒热你的 LOGO，即使有这个力量也没有意义。乔布斯把“苹果”这个词语改名叫“桔子”或“椰子”，符号也改成桔子或椰子，一点都不会影响他的企业成功。苹果的成功不是词语和符号，而是绝妙产品——智能手机。人们在办公室用电脑，在户外用手机，他把二者巧妙联系，并把照相机、游戏机、随身听、钱包也联系起来，多重联系、多个巧合，六个东西恰巧合一。苹果的成功是因为绝妙而不是其他。

手机＝大生意？绝妙联系：一是手机上网——随时随地上网，让手机用户都是我的客户。二是触摸式的大屏幕，方便上网。三是视网膜屏幕，世界最领先的像素。四是指纹识别，保护机密，引领移动支付。五是自己的操作系统 App Store。前四点是用为了占有最大数量的客户，卖手机。最后一点是为了卖软件，多赚一道钱，同时防病毒，保安全。苹果的多重联系：电脑、相机、游戏机、随身听、钱包与手机联系，手机的所有功能创新反过来与前者巧合——恰巧吻合。

企业和产品是因妙用而存在，这是你的本质。

没有天量广告频率支撑的普通词语毫无意义。大理可以占据“大理国”的词语，中甸可以占据“雪域高原”的词语，武汉可以占据“江城”的词语，泰州可以占据“水城慢生活”的词语，但是没用！词语本身力量很小，词语要有巨大的能量，一是依靠高频宣传，二是依靠绝妙。高频就是烧天价广告费，有这个钱支撑，平庸的创意和词语都会流行！对绝大多数项目来说，我们只能依靠绝妙。大理依靠“风花雪月，自在大理”、中甸依靠“香格里拉”、武汉依靠“高山流水，白云黄鹤”、泰州依靠“阁花会水梅柳茶”，取得了天价广告费的宣传效应！并且，天价广告词几年就消失了，但绝妙的广告词流传千古！

绝妙的词语才是力量！绝妙＝天价。

成吉思汗、毛泽东、拿破仑从未做过定位、4P、品牌，他们只是做到了奇谋妙计；

齐白石、毕加索、莫奈从未做过定位、4P、战略、品牌，他们只是把绘画做到了绝妙；

肖邦、巴赫、莫扎特从未做过定位、4P、战略、品牌，他们只是把音乐做到了绝妙；

李白、杜甫、白居易从未做过定位、4P、战略、品牌，他们只是把诗歌做到了绝妙；

托尔斯泰、米兰·昆德拉、萨特从未做过定位、4P、战略、品牌，他们只是把文学做到了绝妙；

黑泽明、科恩兄弟、诺兰从未做过定位、4P、战略、品牌，他们只是把电影做到了绝妙；

比尔·盖茨、山姆·沃尔顿、杰夫·贝索斯、乔布斯从未做过定位、4P、战略、品牌，他们只是把产品和商业模式做到了绝妙。

绝妙是方法王国里的国王。王命达，天下从。

定位、4P、品牌形象、USP（独特的销售主张）等广告营销理论和方法，属于包装法、形式法。“绝妙即服”属于产品法、内容法。把事情或产品从一开始就做到绝妙，让事情或产品一开始就成了妙法、妙品，让事情和产品一开始就绝妙即服！妙法和妙品让人心服口服、自动流传。这就是除了商业，包括音乐、绘画、电影等百行百业成功的根本——绝妙之作！关键是如何做到绝妙，其他都属次要或多余。

产品不绝妙，才需要定位、4P、品牌形象、USP等广告营销方法。绝妙已服，何需再说（营销）！当然，在广告营销层面运用“绝妙即服”，更能解决“广告费有一半浪费了，但我不知道是哪一半”（说而不服）的百年营销难题。

商业方法论百年来一直是买椟还珠、舍本逐末。包装法、形式法的“椟”大行其道，而产品法、内容法的“珠”秘而不宣、用而不说。本书要做的就是妙语连珠，破椟亮珠，让“东方之珠”光耀全球。

**从古至今，东西方所有历史书、政治书、军事书、文学书、商业书，对于各种成功智慧，最多的总结就是出奇制胜、奇谋妙计、绝妙之作，而不是定位、4P、品牌形象、USP、符号和词语等。**

福特通过“流水线”这个奇招找到绝妙（通过输送带与多个工序的绝妙联系形成流水线），让人人都买得起汽车，成了汽车之王。滴滴出行通过将私家车变出租车和顺风车这个奇招找到绝妙（私家车与出租车和顺风车的绝妙联系），成为共享经济之王。拼多多通过拼团砍价的奇招找到绝妙（网购＝大生意？绝妙联系：一是最低价，震撼价购物，满足占便宜的人性需求。二是拼团砍价，销售裂变。三是社交裂变——免费、领现金、领奖。这些招都有一个目的——让十亿人

福特流水线的绝妙即服，开启了大工业时代

进场），成为团购之王。没有一个归功于定位，也跟4P、品牌形象、USP、符号和词语等没有关系。这全部归功于绝妙联系，绝妙创意，出奇制胜，奇谋妙计。

**人类对世界最精确、最普遍的概括——世界真奇妙！**

“平淡无奇，事情不妙。”无奇则平淡、平庸，不妙则不好、危险。

你的人生和事业严重缺乏“方法之王——奇招绝妙”，所以，你平庸不好。一旦掌握绝妙，扭转乾坤，奇妙无比！奇招和绝妙的能力无与伦比！古人为什么唯独把“奇妙”这种思维和“无比”组成一个成语？这本书会带你看到最深处的秘密，找到最高处的方法。

不奇不妙，纯属胡闹；奇招绝妙，方为得道。

古话没有这样说：平淡无符，平淡无词，平淡无位。无符、无词、无位都没关系，但是必须要有奇有妙！古话也不会说“符号无比，词语无比，定位无比”，只会说“奇妙无比”。

没有“世界真符号，世界真词语，世界真定位”，只有“世界真奇妙”。

所以说，绝妙是一切领域的最高方法：军事妙计，佛教妙法，道教妙道，围棋妙手，智谋妙计，医生妙手，艺术妙品，文学妙笔，餐饮妙味，演艺妙语，音乐妙曲，创意创作妙想……在中国文化中，可用“妙”来统一概括各个领域的最高境界。法到极顶方为妙，奇招和绝妙即服是极限智慧和超级能量，是一切方法的巅峰。

**1. 顶层思考绝妙，中下层思考其他**

因为绝妙不仅是最高的方法，还是最系统的方法——吃透联系。大佬总是着眼顶层和全局。所有领域的上层都在谈道法和妙计，商业大佬也如此。这个“道”不是无为而治的道，而是无所不为的道。大佬的道是超凡联系、不可能联系的道，此道即绝妙，结果是奇迹。大佬心中想利，口中谈道，手中用计，由心到手都是妙。四两拨千斤，整合与撬动，世界500强，满眼满屏全是绝妙！中下层才谈定位、品牌形象、整合营销、4P、符号和词语。这些是有用处，但不是关键，不是根本大法和大用之法，不是超级智慧和能量。绝妙就是联系，联系就是规律，规律就是造物，造物就是宇宙，符合宇宙的频率和根本逻辑，才能做大，才能无限。

有人认为词语能控制人的思想，让人做事情。刚才是孩子气，这会儿是书生气。要知道“刘项原来不读书”，上下五千年，干成大事的大多数不是掌握词语的人，但都是掌握绝妙联系的人，掌握人与事的联系，能聚人成事。词语能控制思想，权力领袖的词语才有这个作用，词语不绝妙，频率来弥补，必须靠开动无数宣传机器来使它产生威力。词语绝妙，就像《道德经》，即使老子出关隐世，也能改变人的思想，无为无所不为，但两千年来也就那么一位。其他的思想是历代宣传机器开动的结果，比如孔子。

定位理论也是这样，认为定位在一个空白的词语上，这是压倒一切的能力。这跟强调符号和词语是一回事，只是商业文人的小聪明、小见解。定位确实有用，但不是商业根本性的力量。衡量一种方法、理论和思想是不是真理，是不是根本，是不是极限智慧，就看人类以往大多数智者和书籍有没有同样的总结，就看宇宙大道和万物规律有没有和它道理相同。没有就是小技巧，不是大方法。

宇宙是用绝妙联系来造物、运行的，跟定位、4P、品牌形象、USP、符号和词语毫无关系！强调词语而忘记让词语真正起作用的绝妙，就是强词夺理。文以载道，道即绝妙。文字词语是用来传达绝妙的，不绝妙则无用。

词语无绝妙则无魂，词语无频率则无力。没有绝妙和频率，词语就是个词语，啥也不是！过分强调词语的作用，这叫强词夺理！包含绝妙的词语叫妙语。妙语连珠，生花妙语。绝妙的词语能串珠成链，产生质变！绝妙的词语能枯木生花，起死回生！

道即规律、方法，即事物的联系，即绝妙。老子说道是什么？玄之又玄，众妙之门。玄妙之极，绝妙之门。道即妙，道理即绝妙。

妙语有绝妙，词语中有道理，所以能连珠生花；强词无绝妙，所以是夺理无理。跟强抢民女一样，本身无理，你还编一套说法来解释。很多人都非议你的创意不行，那不是别人错了，群众的眼睛是雪亮的，一定是你没做到绝妙就拿出来忽悠人。所以你再怎么解释都只能骗得了一时，不是你说得不对，而是你做得不行，不如脚踏实地尽全力做到绝妙。真理是掌握在少数人手里，但是真理多数人都会赞赏。别把自己当科学家了，科学的真理是揭示未知，多数人一开始理解起来确实困难。但广告和传播的真理是传达已知，旧元素新组合而已，多数人能够心领神会。广告和传播的本质就是面向大众的传播与说服，别人都反对、都质疑、都不舒服，你还传什么，你还说什么？说服的关键是要让人心服口服，你不绝妙，人家只能不服来战喽！

为什么我们讲“绝妙即服”？绝妙让人一听就懂，心服口服！即刻说服，即刻征服。“即”是等同，“即”是快速。绝妙的关键不在于“说”，而在于“服”。绝妙的创意一来就让人服了。不说不服，一说就服。

为什么绝妙让人一秒就懂、心服口服、无法超越、流传千古？因为绝妙是万物的本质规律，是宇宙天道。人是已知宇宙之中最绝妙的物体。人的基因和意识也是绝妙联系的产物。对绝妙的理解和欣赏是百万年来血液里自带的。跟人一样，天生就跟自己的爸妈特别亲，特别默契，血浓于水，无法代替，永世传续。佛教的最高法是妙法，道教的最高法是妙有，绝妙即法，绝妙即道。道法绝妙，得合大道，大道之行，天下为公。你的道理绝妙，就能万众信仰，天下公推。你的道理不绝妙，不仅人搞不懂，理解难，你还得找一套理论来解释，用多余的词语来弥补绝妙的缺失，强词夺理。

2. **凡疑不绝，凡绝不疑**

**凡是有疑问和反对意见的创意，都不是绝妙的创意。凡是绝妙的创意都没有质疑。**

很多策划人和广告人推出一个创意，被众人质疑，他们总会用一套一套的理论来解释，有的干脆关门谢言，我自曲高任你俗。其实，是自己的创意没做好！创意做到绝妙，不分文化高低，大家一秒就懂，佩服得五体投地。

熊大寻主张武汉的城市形象和旅游口号一定要用“高山流水，白云黄鹤”，不要用“高山流水，知音江城”。谁规定一个城市的定位，一定要把城市名放进去？这样就失去了妙味，不绝妙了。不绝妙则不能流传千古。高山流水遇知音，第一句就有知音了，再说就是画蛇添足，画不留白，顿失妙味。高山流水为地上，白云黄鹤为天上。天上地下都有了，多妙啊！“白云黄鹤，知音江城”更不好，变成两个意思，不搭界。为什么总怕别人不知道武汉是一座江城呢？中国江城何其多，这两个字是最不值钱的。

“高山流水，白云黄鹤”妙韵无穷。这句话也可以解释绝妙的功用：高山流水遇知音，白云黄鹤传千古。绝妙让人秒懂，如遇知音，心有灵犀；绝妙流传千古，如黄鹤一去，白云千载。

武汉形象 = 绝妙？绝妙联系（要素 × 联系 × 巧合）：一是高山流水遇知音这个无形资产太有内涵了；二是黄鹤楼这个有形资产太有名了；三是《高山流水》是十大古曲之一，《黄鹤楼》是唐诗第一，“黄鹤一去不复返，白云千载空悠悠”，二者太高雅了；四是“高山流水，白云黄鹤”将前三者概括，且是一幅意境高远的山水画。

3. **绝妙秒懂，绝妙即服**

做不到绝妙，就要通过介质和中介来传递一个道理，让人明白这个道理后，再回来理解他的创意。这相当于在原事物和创意之间找一个翻译，相当于你和外国人交流，中间要翻译官来翻译，这个沟通过程是很困难的、缓慢的、模糊不准确的，更谈不上心有灵犀、心领神会。

发明一套逻辑来推销创意，实际情况比翻译更糟。翻译只是缓慢、模糊，基本意思还是对的。用自创的一套逻辑来推销则可能完全失去事物和创意的本意，本质和共性联系的真理不重要了，逻辑变成了主角，反客为主。事物和创意变成了旁观者和附和者，完全围绕这个派生逻辑展开。事物与创意之间唯一的那个绝妙更是无影无踪。

其实绝妙就是事物与创意之间的自生逻辑、天生逻辑和主干逻辑，除此之外的即使是正确的，也只能是派生逻辑、枝干逻辑。自生逻辑是几千年来人类的本能和无意识，是最高效的逻辑。做不到绝妙，就只能寻求派生逻辑的帮助。这叫退而求其次，离开绝妙的创意，再好也都是退而求其次的结果，一定不是最优创意。

比如，几十年来的广告史，基本的说服规律就是给人好处。不管 USP、定位理论、4P、整合营销传播还是品牌形象论等，简而言之，都是给人一种好处，然后产生销售。有时候这种好处是生理上的，有时候是心理上的。这有没有用？很有用。几十年的广告创意和策划，基本就是围绕这个中心进行。在绝妙即服提出来之前，这就是圣经和最高方法。

自从我们发现了绝妙即服的原理后，才发觉原来自古以来，就暗藏着一个真正至高无上的说服方法，超过原有的广告圣经和品牌圣经的方法，这就是绝妙即说服。绝妙是最小成本、最大空间、最长时间的传播方法，是最强的方法，比给人好处更高效、更强有力。

给人好处这一广告方法的圣经，尤其是独一无二的好处（USP）确实厉害，我觉得它是广告方法里最有实效的。但是跟绝妙比起来，就差了不少。首先是成本大，需要大量广告费用支撑，才能让人相信，形成说服；其次是口服心不服；再次是可以被超越；最后是难以流传千古。

迈克尔·波特的竞争战略、杰瑞·麦卡锡和菲利普·科特勒的 4P 营销理论、特劳特的定位理论、罗瑟·瑞夫斯的 USP、威廉·伯恩巴克的 ROI、克劳德·霍普金斯的科学的广告、大卫·奥格威品牌形象论等营销战略及广告理论，都有较强的实用性，对于初学者具有较高的指导意义，尤其是定位理论、USP 和 ROI 方法对我入行启发较大。但是，随着近 20 年的策划实战，发现这些方法都有较大局限。当你横向应用到其他领域和行业时，往往就失去了作用；当你纵向上升到产品、商业模式的时候，基本都用不上了。当你走过这些登山小路，仰望说服力的顶端时，你发现绝妙早已在巅峰了。两千年来它就在那儿！

对于绝妙方法论，我们经历的是先做后总结，不是一来就知道要做到绝妙，而是找最厉害的来用。一是有好胜心，做创意、出思路要做到极致，不能让人超越。方案一秒征服，不用解释。二是有同理心，把客户的项目当自己的来做，务必要成功，追求出奇迹。所以，一直以来这些都逼着我们追求极致方法。其他的方法都无法达到这两个标准。后来做到了，坐下来总结熊大寻方法的核心是什么，哦，原来这个东西叫绝妙！“绝妙”才可以实现我们想要的结果。我们是先做到，后悟到。尝到了甜头解了渴，才知道这个是西瓜！

“绝妙”是中国文化的精髓和绝密，道不可道、佛不可说、妙不可言，我们只是找到了这个老方子，实践上有了起死回生、妙手回春的功效。所以，尝试把“妙”讲明白，让所有领域的人都能大有裨益。

本书有两个历史性意义：第一，突破“莫名其妙”，以前没人能讲明白绝妙，本书第一次讲明白了；第二，打破“妙不可言”，以前的高人都知道妙的好处，但不说。本书第一次说出来了，并且系统讲述：绝妙是什么？绝妙怎么做？绝妙会怎样？

## 每件事物都隐藏着一个绝妙，你要做的事就是找到它

戴比尔斯的产品创意做得好，它不仅给人好处，更符合绝妙。1951 年智威汤逊公司开始为戴比尔斯服务，“钻石恒久远，一颗永流传”便是那时创作的经典之作。

这个几十年前“钻石等于爱情”的创意，以前的广告界评价它时只限于给人好处。原创者和评价者都有局限性，并且这个广告词其实并不精练、不够精准。我写到这里，花了几秒钟来想一句更好的广告词：一钻拥有，天长地久。强调订婚、结婚戴钻戒的“一钻”和“一生”的联系。客观上讲，这比原有广告词更准确、更有好处。情侣买钻石不是为了“一颗永流传”，而是为了“天长地久”。

原来的广告词用来形容绝妙的作用倒是不错——绝妙恒久远，一句永流传。

做钻石的广告词真的不准确，好处不明显。“钻石恒久远，一颗永流传”一句都在说钻石，跟我有什么关系？但“一钻拥有”则直接诱惑，“天长地久”则直接承诺，把钻石的亿万年时间价值和爱情承诺联系起来，做到绝妙。

钻石＝一钻拥有，天长地久（目标）？绝妙联系（要素×联系×巧合）：一是天长地久的成因与爱情的承诺联系。二是“一钻拥有”与“一旦拥有”的谐音暗示。“一……就……”是一个魔法句式，一劳永逸的诱惑。三是前一句讲钻石，后一句讲爱情。钻石＝爱情。（钻石恒久远，一颗永流传——两句话都在说钻石，爱情哪儿去了？绝妙联系没展示出来。）广告词如何绝妙？坚信每件事物都有一个绝妙深藏其中，刻苦用心，必须找到。

“钻石恒久远，一颗永流传”这句广告词虽然不妙，但妙的是“钻石＝爱情”这个营销创意。今天用熊大寻方法来衡量，我们才能进一步发现藏在广告后面的产品和营销策略创意的妙处。这句广告词首先给了人好处：钻石恒久远，一颗永流传。但上面说了，好处没讲明白，没有“一钻拥有，天长地久”明白、准确和有力。钻石为什么能给爱情天长地久的力量？这不是那句广告词能解决的，估计原创者智威汤逊公司也懵懂。熊大寻对戴比尔斯的创意尝试做了一个解密：

钻石＝爱情（目标）？绝妙联系（要素×联系×巧合）：第一，钻石是世界上最久远的宝石，象征天长地久；第二，钻石具有最高莫氏硬度值，象征爱情牢不可破；第三，钻石晶莹剔透，象征爱情纯洁无瑕。这样恰巧在钻石与爱情之间找到三重联系、三个巧合。

所以说真正厉害的是“钻石＝爱情”这个策略，而不是那句还需要完善的广告词。真正厉害的是隐藏在后面的这三个绝妙联系和说服，在钻石和爱情这两个不相关事物之间找到了三个共同点，这就是在心与物之间找到绝妙联系，三个巧合，创造绝妙。然后就是无法抵挡的说服力和诱惑力。

钻石硬度十分大，之前是在电钻上做钻头，所以叫钻石，为工业用品，不值钱。戴比尔斯家族垄断钻石矿后，做了这个绝妙策划——“钻石＝爱情”，把钻石从工业用品变成了生活用品和奢侈品，一个绝妙、三重联系、千亿家族！

这个绝妙创意：第一，找到了新一代爱情信物的空白，黄金信物之外的第二战场；第二，使戴比尔斯在钻石产品和爱情信物的品牌打造上成为老大；第三，几十年如一日宣传“一颗永流传”，符合唯一、第一和专一的原则。

**这里得出熊大寻定位方法“三个一工程”：唯一、第一、专一。唯一即独一无二，第一即数一数二，专一即说一不二。至于广告词，那是因为几十年海量的**

**广告投入产生了熟悉效应，熟悉的事物都能获得人们的认可，因之而成经典，而不是靠绝妙。广告词并不绝妙，但策略绝妙。**

因此，给人好处远远不够，戴比尔斯的成功，靠的是在钻石和爱情之间找到了绝妙的唯一通道和三个绝妙联系。没有这个绝妙支撑，就没有说服力。“钻石 = 爱情”的策划绝妙，但广告词没跟上。

红塔山香烟的品牌口号原来是“点燃无穷智慧，启迪广袤思维”，这是明显地给精神好处，但是为什么后来被“山高人为峰”替代了？而且一替代就是 20 年，估计还将永远替代下去。为什么？因为前者做到了给好处，还做了一个比较巧的比喻，但是这些远远不是绝妙。

“山高人为峰”才是绝妙。山高人为峰 = 红塔山？绝妙联系（要素 × 联系 × 巧合）：一是山代表红塔山；二是“人为峰”给人最高的精神追求和享受，山高人为峰也代表企业的精神境界；三是里面有三个事物——山、人、峰，人通过山到达巅峰。红塔山给人巅峰的感觉，红塔山是烟草品牌的巅峰，所以绝妙，不可超越。既给了好处，还能绝妙，这才是最佳传播，这能一秒听懂、心服口服、无法超越。**你编什么样的逻辑来解释你的创意，都无法超越绝妙创意的高度和威力。**

不要怪你的客户老土和不懂创意，应永远只怪自己的创意不绝妙。这是熊大寻 19 年来创意策划的真实经历和体会，只要创意绝妙，不需要讲第二句话，不需要解释一句话，客户立即就懂、拍案叫绝。**绝妙是不需要解释和说服的。需要解释就是因为不绝妙。**

**绝妙的创意会让人冷汗直冒——怎么不是我想出来的?! 简直无法超越啊!**

有的广告词和创意，离绝妙很远，完全不绝妙。但是你还觉得挺好啊，为什么？因为客户为了这个平庸的广告词和创意投了几亿元广告费，拼命烧钱打广告，你天天都看到、天天都听到，这个创意就变成了你的“熟人”和“朋友”了，你就会对其产生信任和好感，就会觉得挺好的。

其实，它还是个平庸的创意，自己不行，靠钱撑腰。说穿了，这是广告界和策划界的一个发家秘密：让客户拼命花钱打广告，平庸的广告创意也就成了大家“熟悉的人”了，你也就觉得挺好了。其实不是创意好，而是钱多。再烂的创意，狂轰滥炸之下，也会成为流行词。广告靠钱砸了个脸熟，广告人和策划人也出名了，其实这些广告最高水准只不过做到了给人好处，离绝妙还差得远。

**平庸的广告创意靠钱砸出名，产品销量也上去了，老板会觉得是创意的功劳，其实这是钱的功劳。如果创意绝妙，同样的广告费会产生十倍甚至百倍的效**

**果！因为绝妙会自动传播和自动流行，平庸的创意绝对不会**。绝妙创意的自动传播力是平庸创意的千百倍，看看流传千年、尽人皆知的绝妙诗词就能明白。

陆游的《游山西村》："山重水复疑无路，柳暗花明又一村。"绝妙联系：一是"山重水复"比喻困境（二者联系）；二是"柳暗花明"比喻机遇（二者联系）；三是"疑无路"比喻焦虑；四是"又一村"比喻生机。一句诗四重联系、四个巧合，十几亿人皆知，成为中华民族集体意识。

**中国文学艺术的最高境界是"寄情山水"，就是将山水风物与情感思想联系起来，将风景与心境联系起来，传达"天人合一"的哲理，创造绝妙，创造妙语和妙笔。这就是中国文化创作的基本逻辑。这个逻辑其实就是——发现绝妙，以妙传道。**

王维的《终南别业》："行到水穷处，坐看云起时。"绝妙联系：一是"水穷"比喻困境（二者联系）——山穷水尽；二是"云起"比喻机会（二者联系）——风起云涌；三是从行到坐，比喻从仓促到从容（二者联系），换一种方式，生一番境界。一句诗三重联系、三个巧合，千古流传。

"哪有庸句见日头，自古妙语传千秋。"平庸的创意和广告词，第二天的日头都见不到就销声匿迹了。近人俞陛云说："行至水穷，若已到尽头，而又看云起，见妙境之无穷。可悟处世事变之无穷，求学之义理亦无穷。此二句有一片化机之妙。"流传皆绝妙。

看书、看电影、看电视，你都会发现古人经常拍手称妙，可以说有古装戏必有击掌称妙。因为古人知道绝妙是智慧思维的最高境界，古人经常创造绝妙。而现代人不知道绝妙的能量，缺乏创造绝妙的能力，平庸的创意泛滥成灾。所以，很难看到令人拍手称妙，妙似绝迹。

绝妙即流传，绝妙即自动传播。做到绝妙，不用投广告，不用互联网，不用上热搜，口口相传，代代铭记。

我曾在广告行业从业多年，清楚广告业最高标准就是 USP（独特的销售主张：独一无二的卖点，大众愿意买单），确实很管用。USP 具备销售说服力，但不是事物之间的绝妙联系，不是绝妙创意，所以不具备自动流行性和传播力，必须靠烧钱来达成普遍传播。而绝妙是具备自动、普遍传播力的。

其实，每个项目都有一个或几个绝妙的创意存在，关键是广告人和策划人要找到它。绝妙的创意是最低成本的传播，我们的企业管理者和政府决策人一定要提升自己的标准，一定要让广告词和创意做到绝妙，让人拍案叫绝才通过，毕竟这是决定你的产品、城市品牌和旅游品牌生死存亡的大事情。找到绝妙就可以产生百倍的传播威力。更重要的是，因为无法超越，所以可以永恒。为你的品牌和城市留下一个永恒的口号，是一种文化永生。

有读者问托尔斯泰，为什么要把安娜·卡列尼娜写死？托尔斯泰回答道："不是我要将她写死，而是她自己要死。"

有人曾经问米开朗基罗，他是怎么创作出"大卫"这尊完美的雕像的？米开朗基罗平静地回答："其实这形体本来就存在于大理石中，我只是把不需要的部分去掉而已。"

**每个物品、每件事情本身都藏着一个绝妙联系，我们只需要去找到它。乔布斯说："他们并没有创造什么，他们只是看到了一些联系。"**

熊大寻做的许多策划和创意，有同行评价"不是人想出来的"，其实没什么诀窍，就是做到绝妙。"不是人想出来的!"不是表扬我们，而是表扬上天。因为，**绝妙是人类世界无法超越、上天做好了悄悄藏在那里的。绝妙是上天的创意，当然不是人想出来的。我们充其量只是发现了它。**

## 绝妙是一种思维的世界纪录，是唯一的方法论信仰——让人膜拜

绝妙创意也离不开广告。因为现代商业竞争，唯快不破，有钱就坚决打广告，这是很实用的法则。这时你就会问了：绝妙也离不开广告，那和平庸创意也差不多啊。NO！差距太大了。

第一，绝妙有自动传播力和自动流行性，比如绝妙的唐诗宋词，随着时间的推移，会尽人皆知，流传千年。而平庸的创意和诗词还没有开始，就已经结束了，不能让人拍案叫绝，不能让人心服口服，不能让人感到无法超越的创意，根本无法流传。

第二，绝妙创意胜过平庸创意十倍甚至百倍，绝妙比 USP 要厉害几倍，所以绝妙创意加广告的威力也是平庸创意加广告的十倍甚至百倍，也是 USP 加广告的几倍。

第三，**绝妙创意本身是一种思想和智慧的世界纪录——无妙不臻**。你在这个项目的创意上达到了绝妙，就好比博尔特在 100 米短跑上创造了世界纪录。

你在那个项目上达到了绝妙，就好比布勃卡在撑竿跳高上创造了世界纪录。体育项目的世界纪录让人激动，难以超越，广为流传，载入史册，跟绝妙对人的心理作用机制和四步自动流程相似。所以，达到绝妙就是创造思维的世界纪录，让人敬畏，人会本能地传播它，使它具备自发传播和自动流行的能量。所以它的传播成本是最低的，节省的成本也是平庸创意的十倍甚至百倍，且是USP的几倍。

没有第一不被记住，没有第一不被传颂，没有第一不被铭记。第一就是无法超越，绝妙就是第一。

给人独特的好处，也要学会绝妙地给人好处。不要停留在USP而忘了找到绝妙，放弃了获得数倍的力量。向上有大智慧。

**所有创意、策划、广告和营销的方法，如定位、USP等最多让人耳目一新，只有绝妙能做到让人敬畏。**

美国心理学会奖项得主达契尔·克特纳的社会心理实验报告指出：**“敬畏是唤醒行为之最！敬畏产生最高的分享率和流传性**。当人们领略了伟大的智慧、震撼的景观、庄严的盛况或者雄伟的力量后，敬畏是一种他们发自内心的惊奇与震撼，这种意识体现为自我超越的伟大体验。敬畏开阔了人们的视野，并让人实现自我超越，能给人带来仰慕与激情。”

爱因斯坦说：“最美丽的情绪无异于体验神秘的快感。它是所有艺术与科学的精髓。就像一个陌生人体验了这种敬畏情绪后就不想体验其他情绪一样，人们会不断地渴望这种情绪，至死方休。”敬畏的力量远远胜过其他情绪。让人敬畏的事情，分享率比其他高出十倍。

**心灵的最高境界是敬畏之心。让人产生敬畏是最高方法。宗教根本之法是让人敬畏。绝妙是一种方法论的宗教，让人敬畏、信服和膜拜。**

孔子曰：“君子有三畏：畏天命，畏大人，畏圣人之言。小人不知天命而不畏也。”敬畏是人生的大智慧，不仅是一种人生态度，也是一种行为准则。

“敬”使人效仿追随，“畏”使人激励上进。“敬畏”的功能等同于超级偶像。哪种分享和流传能超过超级偶像?!

绝妙的自动化传播心理机制：**智慧的世界纪录——敬畏——广为流传**。

科学和哲学都是让人敬畏的存在，达到让人敬畏才是顶级智慧和唤醒，达到敬畏才是接近真理。

举一个中国对联的绝妙例子，这副对联流传了600年：

**天下口，天上口，志在吞吴。**

**人中王，人边王，意图全任。**

已经很妙了是吧？当你知道这是朱元璋出上联，刘伯温对下联，是不是更妙了？

其他方法的结果总是公说公有理，谁也不服谁。因为其他方法是自己跟自己比。绝妙的结果没有争议，只有敬畏和心服口服！因为绝妙是跟全世界所有人比过赛了。因为绝妙是智慧思维的世界纪录，无法超越！这幅对联流传了600年！

## “绝妙”是隐藏在一切方法和智慧后面的教父

绝妙是超越人类思维的客观存在，任何行业找到绝妙就是绝作，就是高山仰止。宗教家找到绝妙就是妙法，军事家找到绝妙就是妙计，棋手找到绝妙就是妙招，发明家找到绝妙就是妙用，作家找到绝妙就是妙笔，书法家找到绝妙就是妙书，画家找到绝妙就是妙品，音乐家找到绝妙就是妙音，僧人找到绝妙就是妙悟，道士找到绝妙就是妙门，演讲家找到绝妙就是妙语，大厨找到绝妙就是妙味。

形容所有行业技艺登峰造极、出神入化都用“绝妙”，绝妙是万业之最高法。绝顶聪明，妙到毫巅。绝顶，妙巅，绝妙就是最高境界。但是，人类历史上从来没有人总结“绝妙”的原理和作用。我们从事策划创意近20年来，每个项目都在运用绝妙联系，时时都在享受绝妙联系带来的好处，深知绝妙的极精微、致广大。所以，本书是一个回报，也是一个野心，告诉世人“绝妙”才是隐藏在一切方法和智慧后面的教父。

**《教父》里有一句名言：“在一秒钟内看到本质的人和花半辈子也看不清一件事本质的人，自然是不一样的命运。”**本质就是事物的根本属性，即事物的性质（内部联系）和关系（外部联系）。**掌握绝妙就是看透联系，就是让你一秒钟看到本质，就是让人一秒听懂、心服口服，超级力量，引领亿众。**

### 一、绝妙 = 要素 × 联系 × 巧合

世界和事物的本质是系统和结构。系统是事物各要素之间的联系。结构是系统各要素相互联系的方式或秩序。系统即联系，结构即联系。看透联系，就是看透事物的本质，就是看透系统和结构。绝妙是多重联系、多个巧合，绝妙是最高

联系、最高方法。掌握绝妙就能一秒看透本质和联系。掌握绝妙就是掌握系统方法和结构方法。庖丁解牛，游刃有余。

系统 = 要素 × 联系。系统论说：要素可以改变，联系不可更改，否则就不是这个系统了。系统的本质和核心是联系，而不是要素。系统地看问题、系统地解决问题，就是发现联系、改变联系、创造联系——绝妙。

**绝妙 = 要素 × 联系 × 巧合**，传统的系统论和系统方法只强调改变联系创造新系统，而熊大寻强调：解决系统问题，除了改变联系外，还要达成巧合，这样才是最高明的系统方法，才能绝妙地解决系统问题和结构问题。

微软为员工提供午餐和晚餐。午餐吃饭的人数一般比晚餐的要多，因为不是人人晚上都要加班。所以做午餐的供应商利润更高。但是有时候，午餐却做得很糟糕，怎么办呢？

这个问题有几个要素：一是供应商偷工减料；二是厨师水平下降；三是微软给的钱少。改变这几个要素其实并没有长期作用。供应商因为逐利，厨师因为倦怠，所以迟早都会越做越差。怎么办？

**看透本质—改变联系—要素巧合—产生绝妙：**

一是选两家供应商，一家提供午餐，另一家提供晚餐；二是每 3 个月做满意度调查，评价是午餐做得好还是晚餐；三是如果认为晚餐做得好的多，午餐、晚餐供应商交换；四是如果连续 6 个月午餐供应商都胜出的话，就更换晚餐供应商。

自从这个制度开始实施，那些表示“自己已经做得很好了”“换口味，成本就要大幅提高”的供应商，很快就能提供比原来好得多的服务。这个问题的本质，不是系统中供应商、厨师、餐费的要素有问题，而是微软和供应商之间的联系有问题。**改变联系，要素巧合**：供应商物美价廉、厨师手艺精湛、微软给的钱合适——伙食变好的多个条件的巧合。

什么是规律？事物内在的必然联系！你给它一个刺激，它通过必然联系产生一种行为，这就是规律。比如，你发动汽车，就是对它的一个刺激。汽车开始跑了，这就是给它这个刺激之后它所产生的行为。

系统论认为每一个现象背后，都有一个黑盒子，我们看不见它。但这个黑盒子，才是所有规律产生的原因。系统论把这个黑盒子叫作系统。如果你无法洞察现象背后的系统，你就不可能知道问题出在哪里，更别说如何解决。看透本质，就是为了理解表象背后的“黑盒子”——系统，从而真正从本质上解决问题。

汽车由发动机、底盘、车身和电气设备四个部分，以及一万个零件组成，这就是汽车这个系统的要素。而这一万个零件如何连接，就是它们之间的联系。所谓的一秒看透本质，就是透过现象，看清系统这个黑盒子里的要素及其联系的能力。**我们通常很容易看到要素，但常常忽略它们之间的联系。而问题的解决方法，常常就藏在这些联系里。且最高明的解决方法——绝妙，不仅改变联系，还要达成巧合。**

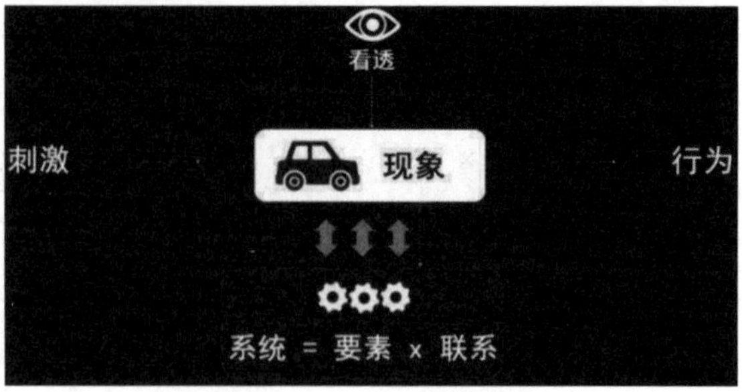


绝妙 = 系统 × 巧合 = 最优系统

一块蛋糕，分三份给三个人，如何分得公平？想把三份分得完全一样大几乎是不可能的，而且切割蛋糕的人总会有私心，会把自己的一份切得比别人的大一些。那么该怎么办？

**看透本质—改变联系—要素巧合—产生绝妙。**

这个事情有三个要素：一是三个人，二是蛋糕，三是分配。改变要素解决不了问题。换谁来切蛋糕，都面临同样的问题。把蛋糕换成大的同样会分配不均。只有改变联系才是系统方法。

让切蛋糕的人继续切蛋糕，但蛋糕切开后，切蛋糕的人最后一个领取蛋糕，而其他人先领取蛋糕。这样一来，掌刀的人就会尽力把蛋糕切得一般大，以防止最后剩的那块太小而造成自己的直接损失。改变联系后，恰巧三个人都满意。

通过改变联系，而不是要素，三个人获得了他们都认可的公平。在洞察系统的时候，你一定要透彻地理解要素之间的联系，以及要素联系达成的巧合，因为问题的解决方案，常常就藏在这些联系和巧合里。改变联系—要素巧合—绝妙方法：三个人满意、蛋糕平均、最佳分配——三个巧合。

早期美洲殖民者们贩奴，从非洲把奴隶贩卖运送到美洲，这需要漫长的海上航行与管理。贩奴活动一开始遵循的是离岸点人数的办法，即奴隶在非洲上船时计算总数，到美洲上岸时直接结账。这导致航行过程中贩奴者们经常怠于管理奴隶，有的甚至直接杀害奴隶，或者在半途直接把部分奴隶扔进海中。所以到岸时留下来的活着的奴隶数非常少。购买奴隶的资本家们为此花了不少冤枉钱。

这个问题的本质不是改变要素——贩奴者的友善度、船的舒适度、医疗和生活条件（直接改变很难），而是改变奴隶和贩奴者的联系。

后来，资本家们看透本质——改变联系—要素巧合—产生绝妙：把离岸（上船）计算奴隶总数改变为到岸（离船）计算。这一小小的改动，使得贩送的船长们纷纷改变当初对待奴隶的办法，想方设法改善奴隶在海运途中的生活条件，以确保更多的奴隶能够到岸，否则，在途中死掉一个奴隶就会直接造成船长的经济损失。

**改变联系，达成巧合**：对奴隶友善、船的舒适度改善、医疗和生活有保障——对奴隶健康的多个条件的巧合。

你在暴雨中开车，碰巧遇到三个人站在路边：一个是体弱多病的老妪，看起来已处在崩溃边缘；另一位是曾经救过你命的朋友；第三位是你的梦中情人，这是你的千载良机。但是你的车上只有一个空位。老妪需要帮助，朋友必须回报，梦中情人也不能错过。你会让谁搭车？当然是那位老妪，然后，你把车钥匙交给你的朋友，你留下来和梦中情人等公交车！

绝妙即服（要素×联系×巧合）——四个要素：我、老妪、朋友、情人。四重联系、四个巧合：一是救了老妪，二是回报了朋友，三是陪了情人，四是自己幸福。

**找到联系就是找到绝妙，改变联系就是创造绝妙。任何绝妙方法都从发现联系、改变联系和创造联系中而来。**

**万有引力，万有妙力。万有引力使之下落，万有妙力使之升华。物质世界是万有引力在作用。精神世界是万有妙力在做功。一切精神追求和智慧探索都围绕妙力展开。无妙力不艺术，无妙力不科学，无妙力不智慧。**

## 二、万物普遍联系，万物尽藏绝妙

### 1. 围棋的绝妙即服

1933 年 10 月 16 日，吴清源与本因坊秀哉进行名人战，后者下出了被称为“世纪妙手”的白 160。

这手棋绝妙在于：一是与上方白子有联系，一步连回；二是与左边白子有联系，形成滚打；三是瞄着右下黑棋的断点。因此，黑棋防上面，则 160 往左一路下，黑棋断后，白棋直接下在右下断点，黑棋两边气紧！深入黑空的这一白子，黑棋竟然无法吃下，成功破空！这步棋就是在上方、左方和右边都形成绝妙联系，让黑棋防不胜防，是为妙手！妙手定局！如果没有把这三方面中的任何一方面联系起来，这步棋都不成立，都不是妙手。这三方面联系起来，形成巧合，防不胜防。

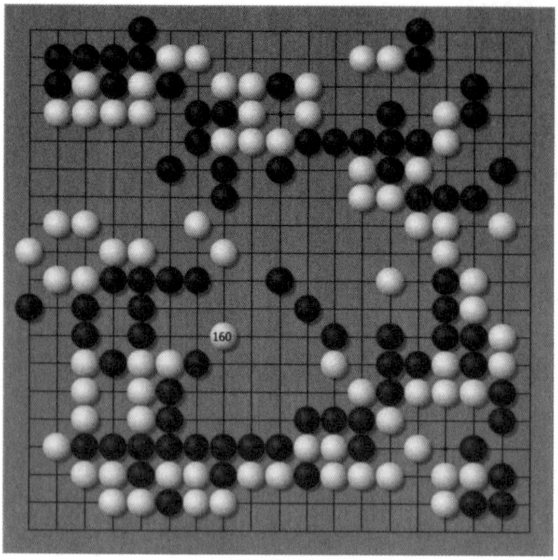

围棋棋盘1

1950年，日本第五届最高位战坂田荣男执白对藤泽秀行。白棋下方被逼入绝境，白△碰。此手堪称颠覆人类思维，在很长一段时间内被视作围棋历史上最具魔性的妙手，“石佛”李昌镐称之为“历史上最伟大的妙手”。它的绝妙在于：一是间接补上方的断点，二是盯着右下黑棋的断点，三是兼顾左边出头。在三个关键地方找到绝妙联系，形成巧合，妙手破局。同样，如果没有把这三方面中的任何一方面联系起来，这步棋就不成立，就不是妙手。

围棋妙手基本遵循两个规律：一是妙手与多个地方有联系，形成多个巧合。尽系为绝，多巧为妙。绝无仅有的可能，不可思议的联系。二是下出妙手，立即扭转形势，分出胜负。

**妙手为什么无解？因为一箭三雕！让对手顾头顾不了尾，无法破解。不可能出棋的地方竟然出棋了——不可能变可能——不可思议——神通。所以，围棋界经常将妙手称为“神之一手”和“鬼手”——神和鬼才能下出的妙手！天和神才能做到绝妙。绝妙通神。达到绝妙，神通广大，神鬼莫测；达到绝妙，就是一招定局。“绝妙即服”，绝妙为什么可以立即征服？因为绝妙是多重联系，一箭三雕，巧到不可思议，仿佛天意和神旨。做到绝妙，对手无解，超越竞争，绝妙定乾坤。**

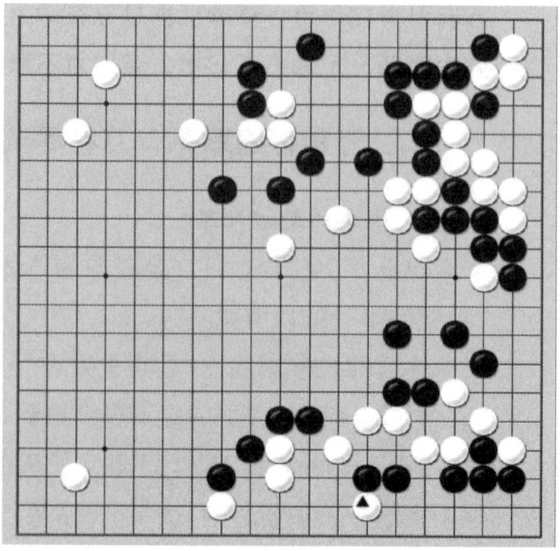

围棋棋盘2

中国的成语中，只有一种智慧能够翻天覆地和扭转乾坤——妙手回春，只有绝妙可以回春。“回春”是指由死到生，这是时空折叠、不可思议之法。

2016年3月在人机大战第四局，李世石祭出白78挖的“神之一手”，一场逆袭之战也由此开始。Alpha Go 被李世石的“神之一手”下得系统崩溃，陷入混乱，这场人机大战也成为人类唯一战胜 Alpha Go 的一盘棋而载入史册。Facebook 的首席 AI 科学家雅恩·洛因说：“AI 对于人类相当于半神，不可战胜。”人类唯一的方法就是找到绝妙，使用方法之王，下出妙手。妙手是人类唯一可以战胜 AI 的方法。妙手是神通、“神之一手”，只有神才能战胜半神。

每个人都应该掌握方法之王，发现“神之一手”，找到回天之力，实现人生逆袭。

**2. 音乐的绝妙即服**

我很喜欢的两首歌曲，旋律美而悠远。一首是《教父》的插曲《温柔地倾诉》，另一首是日本民谣之父吉田拓郎的《襟裳岬》。尤其是《襟裳岬》，邓丽君也曾翻唱过，让人怀念，是二十世纪七八十年代人类心灵文明轴心时代的绝作。

《温柔地倾诉》从头到尾，每个八拍是上一个八拍（乐句）的自相似分

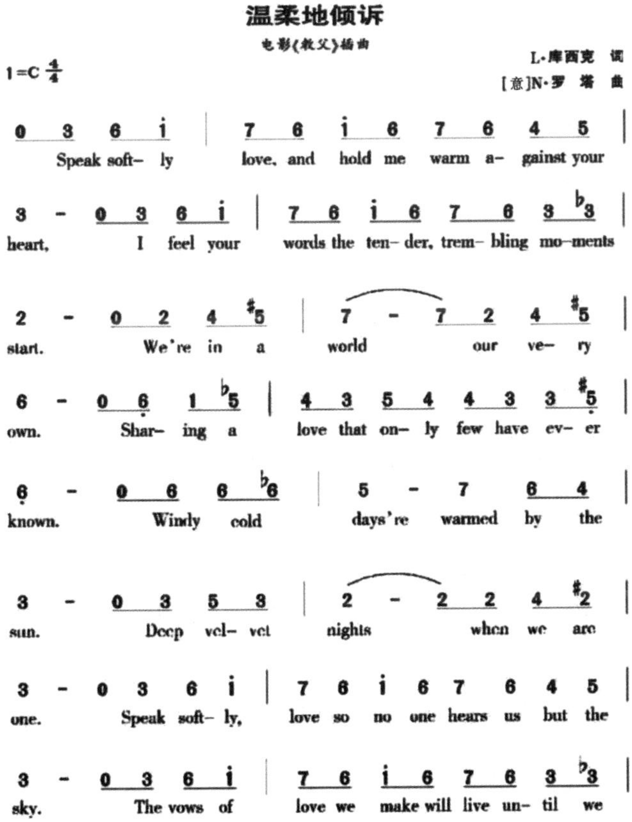


《温柔地倾诉》简谱

襟　裳　岬

《襟裳岬》简谱

形——多重联系、多个巧合。下一乐句是上一乐句的发展和推进，下一乐句与上一乐句呼应、和谐。下一乐句与上一乐句有联系，也有不同，形成起伏回旋。《襟裳岬》每个八拍也是上一个八拍的自相似分形，当然还有韵律变化，也是上上一个八拍的自相似分形，是更为复杂的多重分形。

这两首歌曲的前一乐句最后一个音（两拍的音）和后一乐句最前一个音基本一样，都是切分后拍起，这就是上下乐句的联系之一。

核心乐句要有自己的独特之处。《温柔地倾诉》是♯5、♯4（♭5）、♯2。三个音实现分形巧合。《襟裳岬》是7、4和5与 $\dot{3}$ 、$\dot{4}$ 与6两对六度音的分形巧合，还有多个滑音多个巧合。

主歌从第一乐句开始通过自相似分形低回盘旋，副歌从变奏开始也通过自相似分形高飞盘旋。旋律线起伏回旋，围绕核心乐句实现层层递进、环环相绕的螺旋——多重联系和多个巧合。

简单来说，就是找到一两个独特的核心乐句，围绕它按照独特之美的逻辑，通过自相似分形发展旋律，形成乐句之间的多重联系和多个巧合，就是绝妙好曲。

音乐的和声、复调和对位，都是多重联系、多个巧合，都是根据一定的规则以音对音，使音乐在横向上保持多个声部本身的独立与相互间的对比和联系，在纵向上又能构成三和弦三个音巧合的和谐。

为什么音乐的走向是“起伏盘旋”？因为旋律就是旋转的韵律——围绕核心乐句的多重联系、多个巧合，层层递进，环环相扣。韵律形成自己的分形螺旋。

分形是大自然创造物质世界的二级方式，也是形成几何秩序的必要手段。分形的基本要素是几何与数，因为单独的几何图形无法形成秩序，只有通过分形，通过几何与数的结合，才能形成各种美的秩序。分形越复杂，形成的几何秩序越高级、越奇异，美感越强烈。绝妙的旋律就是一种十分高级的音律分形。用蒙特里安的画作来表示绝妙的旋律呈现出来的视觉形态，具有十分强烈的节奏美感。

蒙特里安的画竖起来，就是不同旋律的螺旋分形和韵律分形

丹尼尔·列维京（Daniel Levitin）教授是一位神经学家，同时也是一位音乐家。他率领的研究团队最近发现，音乐的节奏中也存在着分形结构，且节奏中的分形模式，可以用来区分不同的音乐流派和作曲风格。同样，绝妙的画作也具有多重联系与多个巧合的自相似分形结构。

3. **绘画的绝妙即服**

齐白石讲画的要诀是“笔笔相生”，“生”即生发——多重联系；“笔笔相应”，“应”即对应——多个巧合。绘画的第一笔下去，就会生发出第二笔，第二笔会生发第三笔。画作是根据画者临场的意趣即兴创作，每一笔都是跟上一笔和其他笔的配合，每一个图形都是跟上一个和其他图形的配合，即多重联系、多个巧合，也即构图。跟园林建造的“因借”是一个道理：笔笔相生——因势循导；笔笔相应——巧借得体。“因”是联系，“借”是巧合（配合）。所以，自古园画同宗，可园之画，可画之园。寓园于画，寓画于园。

清朝邹一桂在《小山画谱》中提出八法：“一曰‘章法’。章法者，以一幅之大势而言。幅无大小，必分宾主。一虚一实，一疏一密，一参一差，即阴阳昼夜消息之理也。布置之法，势如勾股，上宜空天，下宜留地。或左一右二，或上奇下偶。约以三出。为形忌漫团散碎，两亘平头，枣核虾须。布置得法，多不厌满，少不嫌稀。大势既定，一花一叶，亦有章法。圆朵非无缺处，密叶必间疏枝。……相向不宜面凑，转枝切忌蛇形。石畔栽花，宜空一面；花间集鸟，必在空枝。纵有化裁，不离规矩。”绘画第一法的章法最重要，讲究宾主、虚实、明暗、疏密、参差、上下、左右、奇偶的巧合联系和对称平衡。

齐白石说：“山水笔要巧拙互用，巧则灵变，拙则浑古，合乎天趣。”巧拙的巧合联系与对称平衡。

作画讲规矩，这是有法。同时，作画也讲“以法法无法，以无法法法”。清朝郑绩：“何为味外味？笔若无法而有法，形似有形而无形。于僻僻涩涩中藏活活泼泼地，固脱习派，且无矜持，只以意会，难以言传，正谓此也。或曰画无法耶？画有法耶？予曰：‘不可有法也，不可无法也，只可无有一定之法。’”郑板桥说：“手中之竹又不是胸中之竹也。意在笔先者，定则也。趣在法之外者，化机也。”

关良画作——“增不得一笔，亦少不得一笔。笔笔是笔，无一率笔；笔笔非笔，俱极自然。”

李老十画作——“以我襟含气度，不在山川林木内，其精神驾驭于山川林木之外。随笔一落，随意一发，自成天蒙。”

“有法”是匠人，“无法”“化机”“味外味”是大家。绝妙的画作是格高气足。格高即超凡的章法构图，气足即深度的思想笔墨。艺术之绝妙与宇宙规律之绝妙原理相同，但是，艺术之绝妙超越宇宙之绝妙，不是普遍性之妙而是唯一性之妙，不是有法之妙而是无法之妙。格高气足是真绝妙。

李老十山水画作——“使古人之神妙，皆若出于吾之心”

齐白石山水画作——“绘事必须多读书，读书多，胸次廓彻，山川灵奇，透入性地，时一洒落，何患不臻妙境？”

朱新建山水画作——“不似则未尽其法，太似则不为我法。法我相忘，平淡天然。”

苏轼的形神论道出了作画的“无法之妙”：论画以形似，见与儿童邻。赋诗必此诗，定知非诗人。诗画本一律，天工与清新……谁言一点红，解寄无边春。

北宋黄休复在《益州名画录》中把“逸品”定为绘画最高境界，并定义如下“笔简形具，得之自然（妙），莫可楷模，出于意表（奇）。故目之曰逸格”。“得之自然”不是自然事物，而是“自然之妙有、以无为而用，同自然之功”。“得之自然”是绝妙，“出于意表”是出奇。历代皆公认此论。后世论述“逸品”同理：“笔墨技法达到极致而产生的无法之法。即‘画到生时是熟时’的一种境界，是‘奇思异想’（出奇），加上‘妙手偶得’（绝妙）的结果，逸品是无法使人楷模的”。可见，作画的最高境界是出奇和绝妙——奇妙。

汉丞相萧何是中国书法史上把兵法引入书法的第一人。他在《论书势》中说：“夫书势法，犹若登阵，变通并在腕前，文武遗于笔下，出没须有倚伏，开阖籍于阴阳。”他把书法的笔势、笔法比作登阵作战。意思是：登阵要随机应变，用笔要善于变通；登阵要调兵遣将，用笔要安排好点画；作战贵在出奇制胜，用笔要有起有伏；作战要能展开和集结，用笔、结体要善于处理好擒纵、提按、曲直、粗细、断连、起止、正敧、舒敛、向背、虚实、方圆等多对要素的巧合联系和对立统一（韵律对称）。

蔡邕在《笔论》中说：“为书之体，须入其形。若坐若行，若飞若动，若往若来，若卧若起，若愁若喜，若虫食木叶，若利剑长戈，若强弓硬矢，若水火，若云雾，若日月。纵横有可象者，方得谓之书矣。”这里有坐行、飞动、往来、卧起、愁喜、水火、日月等多对要素的对立统一和巧合联系。王羲之的“预想字形大小，偃仰、平直、振动、令筋脉相连，意在笔前，然后作字”，也是讲多对要素的巧合联系和对立统一。

书法的形态结构与人的生理、心理结构有一种“同形同构”的关系，讲究巧合联系和对称之美，但书法的对称是韵律对称，音、书、画都是韵律对称——合乎逻辑的重复性、规律性、多样性。王羲之说“若平直相似，状如算子，上下方整，前后平齐，便不是书法”。指的就是书法是虚实、疏密、平直的多对要素的韵律对称（对立统一）而不是同形对称。

一切艺术皆韵律，一切韵律皆绝妙。**林语堂说：“一切艺术的问题都是韵律问题?。”**韵律是“构成系统的诸元素形成系统重复的一种属性，也是使一系列大体上并不相连贯的感受获得规律化的最可靠的方法之一”。韵律即音的高低、轻重、长短、动静（间歇）的组合或巧合联系，韵律体现在各种艺术形式上，指多个要素、多对要素（如黑白、虚实、疏密、长短等）的对立统一和巧合联系，也叫韵律对称或韵律分形。前面讲过，“作为哲学范畴的对称是指宇宙的根本规律对立统一规律”，规律即对称，规律即绝妙。韵律是最可靠的规律化方法，韵律是多对要素的对立统一，韵律即对称，韵律即绝妙。

王羲之讲书法之妙就是讲多对要素的对立统一和韵律对称：“刀圆则润，势疾则涩；紧则劲，险则峻；内贵盈，外贵虚；起不孤，伏不寡；回仰非近，背接非远；望之惟逸，发之惟静。敬兹法也，书妙尽矣。”赵孟頫“书画同体，用笔同法”。音乐、书法、绘画、建筑、园林同理。

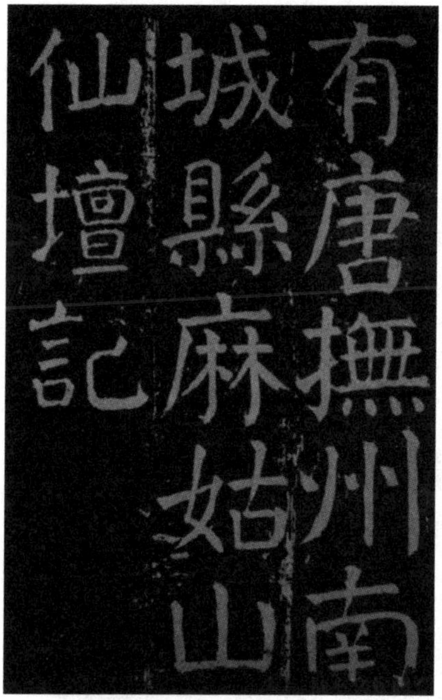

颜真卿《麻姑仙坛记》之“奇妙”

书画之妙从何而来？出奇！易曰：“艺精审于曲，道纯于致曲，以应万机则为曲成。曲为殊，殊为特别，异不同类。”特别为奇，异类为奇。此奇是“进技于道”之奇，是“道纯曲殊”之奇。不是为奇而奇。“道纯于致曲”，曲即道，曲巧合于直，柔巧合于刚。《易经》说“曲成万物而不遗”。曲为妙，曲为殊，曲为奇妙。奇妙无比，奇妙之力无可比拟，成就万物。

崔瑗《草书势》最早提出了书法艺术的品评标准及审美范畴，主要有“奇”和“妙”，如“放逸生奇”“几微要妙”。在这以后的许多书法家都对此有所涉及，如蔡邕“体有六篆，要妙入神”，索靖“信奇妙之焕烂”，王僧虔“书之妙道，神采为上”等，使“奇”“妙”等成了“书势”中品评书法的重要准绳。故而“奇”“妙”作为书法艺术品评标准被提出实则是书法艺术品评标准的滥觞。(选自《中国古代书论选读》)

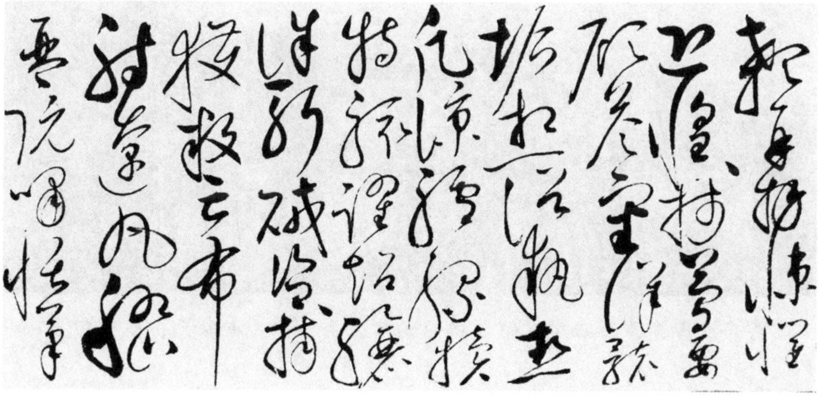

宋徽宗草书《千字文》

4. **建筑的绝妙即服**

音乐、绘画和建筑的韵律美表现在重复上——自相似分形：可以是间距不同、形状相同的重复，也可以是形状不同、间距相同的重复，还可以是别的方式的单元重复。这种重复的首要条件是单元的相似性或间距的规律性——多个巧合；其次是节奏的合逻辑性——多重联系。艺术的分形既不是有规分形，也不是无规分形，而是韵律分形。

浙江省杭州市富阳区场口镇东梓关村建筑的自相似韵律分形——多重联系、多个巧合——绝妙

安徽省黄山市黟县宏村建筑的相似性、间距的规律性、节奏的逻辑性

浙江省嘉兴市嘉善县西塘建筑的自相似韵律分形——多重联系、多个巧合——绝妙

5. **园林的绝妙即服**

园林的绝妙即服：要素 × 联系 × 巧合（因借）。园林四要素：叠石、理水、

花木、建筑（亭、台、楼、阁、榭）。它们之间用什么方式来联系和巧合呢？——“巧于因借，精在体宜”。这八个字是《园冶》一书中最为精辟的论断，亦是造园原则和首要技法。要求园林内部的叠石、理水、花木、建筑各要素之间要因势利导安排，相互巧借得体。《园冶》反复强调“借景”，“构园无格，借景有因”，“因借”是治园的根本方法。

朗香教堂立面的自相似韵律分形——绝妙之美——极度舒服

巧于因借：因借是叠石、理水、花木和亭榭的巧合联系

“因”是讲园内，因势而用，指景观与地形的联系和巧合 。《园冶》说：“因者，随基势高下，体形之端正，碍木删桠，泉流石注，互相借资；宜亭斯亭，宜榭斯谢，小妨偏径，顿置婉转，斯谓‘精而合宜，者也。”“高方欲就亭台，低凹可开池沼……临溪越地，虚阁堪支；夹巷借天，浮廊可度。……院广堪梧，堤湾宜柳。”

“借”讲园内园外，指景观之间的联系和巧合。《园冶》特别强调“借景，林园之最要者也。如远借，邻借，仰借，俯借，应时而借”。“借者，园虽别内外，得景则无拘远近”，它的原则是“极目所至，俗则屏之，嘉则收之。”“奇亭巧榭，构分红紫之丛；层阁重楼，迥出云霄之上。”“理者相石皴纹，仿古人笔意，植黄山松柏、古梅、美竹，收之圆窗，宛然镜游也。”因借方法是使多个要素之间相互借用，互成风景。这样，造园者巧妙地因势布局，随机因借，就能做到得体合宜。

“掇山”即假山的营造，讲究“瘦漏生奇，玲珑安巧”。假山石以“奇巧”为标准，“度奇巧取凿”“择其奇巧处镌治”；建筑营造讲究“奇亭巧榭”；景观营造讲究“触景生奇，含情多致”“楼面掇山，宜最高，才入妙”“池上理山，园中第一胜也。若大若小，更有妙境”“假山以水为妙，倘高阜处不能注水，理涧壑无水，似少深意”。《园冶》通篇把“奇”“妙”（巧）作为治园的最高法则，贯穿到所有环节。

奇亭巧榭，假山以水为妙

“因”地势设景，景与势形成巧合联系。“借”强调自身与周边的关系，互相借资，景与景形成巧合联系。“因借”即景观要素的巧合联系。门窗见木石，木石掩粉墙，粉墙露楼阁，楼阁映水塘，水塘伴亭榭，亭榭眺远山。多重联系、多个巧合——绝妙！

《园冶》讲“景到随机”“制亦随态”“随形而弯，依势而曲”，景观要素要与周边充分联系和巧合。园林妙在因借，借此达到“南轩寄傲，北牖虚阴。半窗碧隐蕉桐，环堵翠延萝薜。……池荷香绾，俯流玩月，坐石品泉”“虽由人作，宛自天开”的妙境。

借景——景观相互联系，恰巧成景

**6. 功夫的绝妙即服**

李小龙能不能打？甚至有的散打冠军也怀疑这事。但散打冠军遇上真正的世界排名前五的高手，基本只有一个“输”字。而李小龙打败过许多世界顶尖高手，他拥有惊人的速度和力量，你对比一下那个时代的搏击比赛视频，李小龙的速度和力量绝对是统治级的！

李小龙打得过泰森吗？我习武 20 多年，看过世界很多格斗术和顶级搏击的高手比赛，也很欣赏泰森。但是，泰森街头格斗应该打不过李小龙。李小龙真正的功夫是杀人术。你在电影上看到的功夫只是皮毛。他的核心技术是以最快速度、最强力度打击最要害部位。李小龙擅长的标指是戳眼、戳喉、挂拳和李三脚，街头实战主要是击裆和头。这几招他在美国试镜时表演过。他强调："功夫越简单越好，直截了当，一招毙命。"他讲的功夫很玄："功夫的最高境界就是忠实地表达自己。"其实他要表达的自己就是最短时间把人打倒。如何达到这个目标？

标指——戳眼

标指——戳喉

李小龙的绝妙即服：截拳道 = 最快打倒人？绝妙即服（要素 × 联系 × 巧合）——三要素：速度、力量、要害。第一，天下武功，唯快不破。弓箭是冷兵之王，枪是热兵之王，原因就是速度。第二，一力降十会，力大可致命。第三，要害最脆弱。

截拳道的核心就是围绕"快、力、害"三个要素进行多重联系和多个巧合：一是右式站架，把速度更快、力量更大的右手和右脚放在前面。二是李小龙有寸拳的功夫，所以右手朝前也可以打出重拳。三是李小龙的拳以挂拳为主，右架的挂拳更容易打到左架拳手的面部和裆部（绝大多数人是左架）。挂拳比拳击的刺拳更快、更隐蔽（刺拳需要旋转拳头）。四是脚以侧踹为主，当然还有直击裆部的弹踢。因为侧踹距离最短，速度最快。五是指有标指，最长手距。李小龙单指可以插穿易拉罐，标指主要是击打要害，速度最重要，故右架更有利。巧合！标指容易致残，李小龙后来禁用此术。六是防守也要快，主要是侧踹截击对手。因为侧踹距敌最近，速度最快。七是右架把重拳放在前，意味着失去了蹬地、扭腰、转胯和做功距离的助力，必须是前手拳具备远超常人的杀伤力，也就是前手拳比别人的后手拳要厉害。所以，李小龙日常功力训练是一指、二指俯卧撑，单指插穿易拉罐，电击肌肉，提升爆发力和速度。他可以一秒击九拳、踢六脚，拳头打击力是400磅（1磅≈0.4536千克），超体重三倍（如同强力挥棍），跟拳王阿里一样！一脚可以将壮汉踢飞5米。

挂拳

弹踢

不管街头比赛还是正规比赛，击败对手主要依靠后手、后腿重击。右式站架一定吃亏，因为后手和后腿重击没有了。右撇子只有一种情况会用右架：当你右手握有匕首或短棍，你一定是右式站架。即使是高手可以打要害，也不会用右架。为什么全世界右撇子只有李小龙用右架？因为他有可怕功力：李小龙把右手、右脚练到了刀棍的杀伤程度。持刀棍方能站右架！截拳道玩的是功力，功力不够，勿站右架。

李小龙有多厉害？我只提供一个常识供你参考：右撇子站右架，只有一种可能，拳脚如刀棍。为什么那么多的格斗冠军视李小龙为偶像，而不是其他功夫演员或散打冠军？因为内行看门道，一看就知道你能不能打。李小龙在格斗界的影响力无与伦比，除了真的很能打，主要就是他在武术哲学和方法上达到了绝妙即服，他懂得并充分应用“方法之王”。

**7. 毛泽东的绝妙即服**

毛泽东在《为人民服务》里也引用过比喻：人总是要死的，但死的意义有不同。中国古代文学家司马迁曾说过：“人固有一死，或重于泰山，或轻于鸿毛。”为人民利益而死，就比泰山还重；替法西斯卖力，替剥削人民和压迫人民的人去死，就比鸿毛还轻。张思德同志是为人民利益而死的，他的死是比泰山还要重的。鸿毛和泰山，在中国的语境里，是轻与重的最佳比喻，是绝妙的，因此即刻说服。

司马迁是史家第一人，老子是哲学第一人，毛泽东是伟人。《史记》和《老子》流传千古，《毛泽东选集》有十亿读者。

绝妙就是话语权，绝妙就是征服，绝妙就是权力。写文章、演讲、传播、策划都要绝妙，**无绝妙不说服，无绝妙不传播**。毛泽东对绝妙的运用炉火纯青，其“九大绝妙比喻”众所周知，成功进行了面向数亿群众的传播说服。

一是用“小石头”比喻革命力量，把蒋介石比喻为“大缸”。胡耀邦同志回忆：“我12岁在家乡文家市里仁学校上学时，那天早晨在里仁学校操场上，我第一次看到毛主席给起义部队讲话：‘我们现在力量还小，还是一块小石头，可是总有一天能够打烂蒋介石反动派的那口大缸！’他这话给我留下了一生不可磨灭的印象，使我从小树立起革命一定会胜利的坚定信念。”小而硬战胜大而脆，农家小孩一秒听懂，起身跟党走。

二是用“屁股”比喻革命根据地。井冈山时期，毛泽东非常重视根据地建设。他形象地比喻说：“革命要有根据地，好像人要有屁股。人假若没有屁股，便不能坐下来。要是老走着、老站着，定然不会持久。腿走酸了、站软了，就会倒下去。革命有了根据地，才能有地方休整，恢复气力，补充力量，再继续战斗，扩大发展，走向最后的胜利。”

这个比喻太生动。屁股跟根据地的绝妙联系：一是连着大腿；二是可以休息；三是动力之源。红军经常急行军，太知道休息的重要性了。

三是用“星星之火”和“汪洋大海”比喻人民战争。1930年毛泽东在回答“红旗到底可以打多久”的问题时，提出了“星星之火，可以燎原”的著名论断。1938年《论持久战》中提出：“兵民是胜利之本”“战争的伟力之最深厚的根源，存在于民众之中”“动员了全国的老百姓，就造成了陷敌于灭顶之灾的汪洋大海，造成了弥补武器等等缺陷的补救条件，造成了克服一切战争困难的前提”。

“星星之火，可以燎原”与汪洋大海的人民战争，这一水一火，用到绝妙。汪洋大海与人民战争的绝妙联系：一是地球上最大的力量，灭顶之力。二是有容乃大，代表团结一切力量的统战和政治动员。三是深厚持久，涓涓汇入，磅礴滔天，持久战的形象代言。绝妙无比！

老子用水之柔，毛泽东用水之强。应用之妙，存乎一心。

四是用“打扫和洗涤”比喻开展批评和自我批评。1945 年《论联合政府》中说：“有无认真的自我批评，也是我们党和其他政党互相区别的显著的标志之一。我们曾经说过，房子是应该经常打扫的，不打扫就会积满了灰尘；脸是应该经常洗的，不洗也就会灰尘满面。我们同志的思想，我们党的工作，也会沾染灰尘的，也应该打扫和洗涤。‘流水不腐，户枢不蠹’，是说它们在不停的运动中抵抗了微生物或其他生物的侵蚀。”

理由充分，说法绝妙，无法反驳。

五是用“两座大山”比喻旧势力。1945 年《愚公移山》：“现在也有两座压在中国人民头上的大山，一座叫作帝国主义，一座叫作封建主义。中国共产党早就下了决心，要挖掉这两座大山。我们一定要坚持下去，一定要不断的工作，我们也会感动上帝的。这个上帝不是别人，就是全中国的人民大众。”

大山是大家天天见到的东西，占着地、遮着眼、挡着路、绕不开，再合适不过。

六是把共产党比喻为“种子”。1945 年 10 月他在《关于重庆谈判》一文中说，我们共产党人好比种子，人民好比土地。我们到了一个地方，就要同那里的人民结合起来，在人民中间生根、开花。我们的同志不论到什么地方，都要把和群众的关系搞好，要关心群众，帮助他们解决困难。团结广大人民，团结得越多越好。放手发动群众，壮大人民力量，在我们党的领导下，打败侵略者，建设新中国。这是党的七次代表大会的方针，我们要为这个方针奋斗。

种子与发动群众的绝妙联系：一是扎根大地；二是播种培育；三是开花结果。

七是用“敲牛皮糖”比喻积小胜为大胜。“美军的‘磁性战术’，就是企图让我军吃不掉他们又甩不掉他们，以达到使我军疲惫和消耗我军力量的目的。我们也要来个魔高一尺，道高一丈。我们湖南家乡用稻米精制的一种黏力很强的传统糖块，一般是几斤或十多斤一块，名叫牛皮糖，很甜，群众很喜欢吃，但必须用铁锤一小块一小块地敲下来，才便于吃。”

八是用“纸老虎”比喻反动派。1946 年 8 月，他在与美国记者斯特朗谈话时，就提出了帝国主义和一切反动派都是纸老虎的论断。

纸老虎与外强中干的联系：一是看着强大；二是其实是纸糊的。

九是用“牛马”比喻剥削、压迫。1922 年 9 月，毛泽东第二次来到安源后，研究罢工事宜时指出，斗争中要有勇有谋，口号要提得“哀而动人”，争取社会上大多数人的同情。他亲自创作罢工口号“从前是牛马，现在要做人”。14 日，安源路矿 1.7 万工人喊出了“从前是牛马，现在要做人”的口号，举行大罢工，这口号成为最有名的革命口号之一。

牛马与剥削的联系：一是没有地位；二是打骂随身；三是做牛做马，生动无比。

有人做过粗略统计，仅《毛泽东选集》第一卷至第五卷中，运用比喻的就有 150 多例。每个比喻用的都是老百姓日常接触的事物，绝妙无比，让没有文化的人都能一秒听懂，马上行动。

**8. 《史记》的绝妙即服**

《史记》中也有绝妙比喻。

(1)《李将军列传》：桃李不言，下自成蹊。——桃李不讲话，花果很诱人，形美质甘，所以自然引来路人。比喻人的品德，绝妙。

(2)《汲郑列传》：陛下用群臣，如积薪耳，后来者居上。——简单直白，一听就懂。

(3)《淮阴侯列传》：狡兔死，走狗烹；飞鸟尽，良弓藏；敌国破，谋臣亡。——一秒冰天一秒寒，让人即刻不寒而栗。

(4)《平津侯主父列传》：天下之患在于土崩，不在瓦解。——墙崩倒台，这是大事；瓦解漏水，这是小事。多妙的说服！

(5)《孔子世家》：累累若丧家之犬。——多么形象生动的比喻，简直不能再妙。

(6)《鸿门宴》：如今人方为刀俎，我为鱼肉，何辞为？——绝妙无二的说服。

(7)《陈涉世家》：燕雀安知鸿鹄之志哉！——一是大与小，二是高与低，三是都会飞翔，代表理想与未来。三个共同联系。

历史上这些经典名句能流传千古，在于绝妙，在于无法超越，无法代替。

## 无比喻不说服

绝妙为什么可以“即服”？因为它在两个不同事物之间找到了多重联系、最高联系。本来不好理解的事，通过这个绝妙的联系，人一下就能明白。比喻是人类共有的有效说服方法。比喻就是在两个不同事物之间找到绝妙联系。

著名文学理论家乔纳森·卡勒这样定义："比喻是认知的一种基本方式，通过把一种事物看成另一种事物而认识了它。也就是说，找到甲事物和乙事物的共同点（联系），发现甲事物暗含在乙事物身上不为人所熟知的特征，而对甲事物有一个不同于往常的重新认识。"

**比喻就是绝妙，跟绝妙一样，比喻就是在两个事物之间找到绝妙联系。**找到这重联系就会让人快速理解。纵横家施展说服术、诸子百家传播学说经常使用。

找到事物间的联系，由低到高具有三层作用：一是比喻这个层面，让人一下听懂；二是创意这个层面，让人拍案叫绝、心服口服；三是创造这个层面，发明创造，造物。商业上的革命性产品和商业模式也属造物。所有的造物都是联系事物的结果。比喻只是最初级的绝妙。

传播学家威尔伯·施拉姆指出："有效传播的一个秘密是把一个人的语言保持在听众能够适应的抽象程度上，以及在抽象范围内改变抽象程度的能力，以便在具体的基础上谈论比较抽象的内容，使读者或听众从简单熟悉的形象转到抽象的主题或概括上来不感到困难。"比喻说理就起到了这样的作用，用来打比方的大都是简单熟悉的已知形象，借此通向复杂深奥的抽象未知。

想想这些成语吧：揠苗助长、守株待兔、狐假虎威、鹬蚌相争（鹬——你，蚌——我，渔翁——他，三重联系、三个巧合）、画蛇添足、刻舟求剑、南辕北辙、望洋兴叹、唇亡齿寒、自相矛盾、五十步笑百步……它们都是古人在说理中运用的生动形象的绝妙比喻，使诸子百家难懂的理论变得容易理解。

"南辕北辙"成语典故：魏王想攻打赵国，季梁劝他说："我在大路上遇到一个赶着车向北走的人，他告诉我说：'我要去楚国。'我问他：'你要去楚国，为什么要向北呢？'他说：'我的马好。'我说：'你的马虽然好，但这不是去楚国的路啊！'他又说：'我的路费很充足。'我说：'你的路费虽然多，但这不是去楚国的路啊！'他又说：'给我驾车的人本领很高。'他不知道方向错了，赶路的条件越好，离楚国的距离就会越远。"

"南辕北辙"有五重联系和五个巧合：南辕——目标，北辙——行动，马好——人强，路费——钱多，驾车高手——管理高手。

比喻型成语都可以找到多重联系、多个巧合，形成绝妙，立即说服。这些成语都出自经典说服案例，具有绝妙即服的能量。

东西方文化都大量使用比喻来说理与说服，以便打动人并留下深刻印象。不论思想家、政治家，连民众都会说"人怕出名猪怕壮""良药苦口利于病，忠言逆耳利于行”（良药——忠言，苦口——逆耳，利于病——利于行，三重联系，三个巧合）。绝妙之方，联系之法，自古普遍应用。

亚里士多德那本专门研究说服的《修辞学》，其中有六处论到比喻，他讲的是比喻生动、巧妙、令人喜爱。亚里士多德认为：“比喻的原则在于相似，善于使用比喻是有天赋的表现，因为他看出事物的相似之点。”比喻是一种相似的分形——绝妙。中国文化更推崇“比兴”手法，这形成了中国人形象思维的习惯。西方国家是逻辑思维，中国是形象思维。西方人是概念、推理、分析，中国人是形象、类比、综合。比喻说服在中国有十分重要的地位。其实，不管是逻辑思维还是形象思维，不管是概念、推理、分析还是形象、类比、综合，通通都是绝妙联系。

我们来看看比喻如何利用绝妙联系进行说服。

刘向在《说苑·善说》中记载了一则有趣的故事：有人告诉梁王，惠施善譬（比喻），如果不让他用譬，他连话都不会说了。梁王于是对惠施说：“愿先生言事则直言耳，无譬也。”惠施说：如果有人不知道弹弓，来问它的形状，说“弹弓的样子像弹弓”，他明白吗？——不明白。如果换一种方式，说：“弹弓的样子像箭弓，不过弦是竹皮做的。”他明白吗？梁王说：“明白了。”

这个故事告诉我们，**比喻在说服中有极其重要的作用。无比喻不说服。比喻为什么有那么强大的说服力？因为它在两个事物之间找到了联系和中介，每重联系都是一种巧合，通过这重联系和中介承上启下，你就能秒懂并信服。**

**巧合是恰巧合适。联系和巧合就如同古建筑中的榫卯，把两个部件天衣无缝地契合成一个整体。无缝对接，零障碍沟通！**

找到多重联系就是绝妙，比喻很绝妙。不绝妙则没有说服力。有的比喻本身就无法超越，具有唯一性。好的比喻和绝妙一样会产生四步自动流程：一秒听懂、心服口服、无法超越、流传千古。成语和俗语之所以流传千古，就是因为绝妙。

老子讲道，道很玄、很深奥，不用比喻完全不能让人明白。所以，老子的《道德经》通篇都用比喻，每一个比喻都十分绝妙。老子可算是玩绝妙的高手，是说服大师。

老子在《道德经》第八章说：“上善若水。水善利万物而不争，处众人之所恶，故几于道。”在第七十八章又说：“天下莫柔弱于水，而攻坚强者莫之能胜，以其无以易之。”前者说水之好静，是“无为”，后者说至柔之水却蕴含着无比强大的力量，是“无不为”，合在一起就是“道”，是“无为而无不为”。

老子为了说明“天下之至柔，驰骋天下之至坚”，继续用水这个绝妙的中介做比喻，水最守弱而不争，但万物却离不开它，最坚固的东西都可以被冲毁。

我们设想一下，还有比“以水喻道”更绝妙的吗？只有空气有得一拼，但是，空气看不见摸不着，不好理解。在利万物上，水里的鱼对空气的感觉就不明显了。另外，空气冲击坚固物体缺乏观感，没有大水决堤来得震撼深刻。再次，空气居于高处，水处于低处。地低成海，人低为王。所以，以水喻道，这个比喻是唯一的，妙不可言，不可思议！老子在水与道之间找到了五个绝妙联系！

水＝道（目标）？绝妙联系（要素×联系×巧合）：一是水无为而无不为；二是水喜欢处于低处；三是水至柔胜于至强；四是水利万物而不争；五是水滴石穿，无坚不摧。水喻道即绝妙，即说服。

用空气做比喻就不绝妙，比水差了处低、穿石两点，有不少瑕疵，人就不会心服口服，说服效果就差很多。以水喻道，几千年来，没人可以超越。所以，做到绝妙就是无法超越，就是智慧的世界纪录，就能进入人类本能和基因编码。**体育项目的世界纪录会被打破，智慧的世界纪录却无法超越**。

《道德经》第八章：“上善若水。水善利万物而不争，处众人之所恶，故几于道。居善地，心善渊，与善仁，言善信，正善治，事善能，动善时。夫唯不争，故无尤。”老子总结了水之“七善”：

居善地——善于把自己放到合适的位置，即处低；

心善渊——心要像深潭一样清澈、平静，不受外界环境所扰；

与善仁——水利万物而不争；

言善信——说话像水一样堵止开流，守信用；

正善治——水虽然柔弱，却可以去除万种污秽；

事善能——善于发挥才能，做擅长的事情，不做力所不能及的事；

动善时——随势而动，有坡则成急流，洼地则成静潭。

老子用水喻道，用水喻德。七善即七德，七善即上善，上善若水。上等的道德像水一样，**水与道德的七个共同联系，联系到不可思议的程度。水与道的联系有七个巧合，绝无仅有的可能，不可思议的巧合。尽系为绝，多巧为妙，还能有比这更绝妙的吗**？老子总结“天之道，利而不害；人之道，为而弗争”，“水之道”即“天道”和“人道”。

老子还用大量绝妙比喻进行说服：

（1）第十一章：“三十辐共一毂，当其无，有车之用。埏埴以为器，当其无，有器之用。凿户牖以为室，当其无，有室之用。故有之以为利，无之以为用。”

三十根辐条会集到一根毂中的孔洞当中，有了车毂中空的地方，才有车的作用。揉和陶土做成器皿，有了器具中空的地方，才有器皿的作用。开凿门窗建造房屋，有了门窗四壁内的空虚部分，才有房屋的作用。所以，“有”给人便利，“无”发挥了它的作用。

器具的实形是为空服务的，实为小用，虚为大用。讲明这个理，还有比锅碗瓢盆、房屋空间更绝妙、更通俗的吗？

（2）第二十三章：“希言自然。故飘风不终朝，骤雨不终日，孰为此者？天地。”

不言政令不扰民是合乎自然的。狂风刮不了一个早晨，暴雨下不了一整天。谁使它这样的呢？天地。

狂风暴雨不持久，微风细雨长阴天。用这个妇孺皆知的自然现象比喻政治，直观绝妙，活灵活现。最后还加上一句，天地要这样运行。不服不行，老子太绝妙。

（3）第六十章：“治大国，若烹小鲜。”

治理大国就像煎鱼，要少翻动少折腾。这句话有两个含义：第一，煎鱼是只翻一下。熟一面，翻一面，起锅完事。第二，煎鱼是日常小事。治大国要少折腾，举重若轻。有比煎鱼更绝妙的比喻吗？没有！

（4）第六十六章：“江海能为百谷王者，以其善下之，故能为百谷王。”

江海之所以能够成为百川河流汇集的地方，乃是因为它善于处在低下的地方，因此能够成为百川之王。

**海洋占地球总面积的70%，陆地只占30%，海洋代表了地球，而不是陆地！处低为王，还能找到比海洋更绝妙的比喻吗？不能！**

还有一个很有名的故事：老子的老师常枞问老子自己的舌头在不在，老子答在。他又问牙齿还在不在，老子答没有了。常枞问老子这样答的理由，老子回答说：“老师您年纪大了，舌头还在，是因为它柔软；而牙齿掉了，是因为它刚硬。”

柔能克刚，你还能找到更好的例子吗？一个水，一个舌头，全被老子找到了，达到了绝妙就进入人类集体无意识和本能，就能全民皆知，就会流传千古。因为无法超越，因为绝妙。一绝是论道，二绝是比喻。

老子的理论不受历代统治者推崇，所以进不了课本，也没钱打广告。但是不要紧，有绝妙就能流传，而且是在全世界流传。老子的世界影响力远超受历代追捧的孔子，绝妙胜过频率，因为绝妙自动具有流传千古的能量。

据光明网等媒体报道，在西方，《道德经》的销量已经在 2018 年超越了《圣经》，跃居所有经典之上，现已荣登世界书籍排行榜第一名！

孔子问道于老子，回来后三日无言。子贡很奇怪，问孔子为何如此。孔子答道："我遇见有人的思维像飞鸟一样活跃时，我可以用像箭一样的论点制服他。如果对方的思维像鱼一样遨游在像深渊的理论中，我可以用钓钩来捕获他。然而老子的思想似龙一般，遨游于太虚，无形无影，我无法捕捉，甚至找不到言语去反驳他。让我久久心神不定，难以测知老子是人还是神。老聃，真是我的老师呀！"

比喻在说服传播中的极其重要的地位说明了：找到多重联系、多个巧合有多重要！做到绝妙有多重要！

**比喻 = 联系 + 巧合 = 绝妙。**

佛教也非常擅用比喻，最有名的要数"盲人摸象"，这个故事出自《大般涅槃经》。禅宗最擅长以喻说禅，精彩的比喻也有很多：止啼黄叶——比喻骗小孩、糊弄人的把戏；戴角虎——比喻虎生双角，威猛异常；羚羊挂角——比喻落落洒脱、无迹可寻；探竿影草——比喻随机施教；骑牛觅牛——比喻不知道自性清净、一心外求的痴汉；磨砖成镜——比喻方向错了，缘木求鱼。还有"龟毛兔角""石上栽花""夜中树影"等，都是绝妙的比喻，一听就懂。

（1）六祖的禅诗：菩提本无树，明镜亦非台。本来无一物，何处惹尘埃。

绝妙联系：一是菩提树非菩提，是名为菩提。二是明镜台非明镜，是名为明镜。《金刚经》云："佛说佛法即非佛法，是名为佛法"，二者关联。三是无物何尘与众生佛性本自具足，真如空性，不执着于外在名相，空无一物，哪有尘埃！

（2）契此和尚的《插秧诗》：手把青秧插满田，低头便见水中天。六根清净方为道，退步原来是向前。

绝妙联系：一是插秧和悟道都是低头见天；二是心地清净方为道，为稻与为道是一回事；三是插秧和悟道都是退而得，不求而得。

（3）《寒山吾心诗》：吾心似秋月，碧潭清皎洁。无物堪比伦，教我如何说。

绝妙联系：一是吾心与秋月一样——自性；二是开悟如同秋月照碧潭——空性；三是开悟之妙和秋月碧潭之美一样无可比拟，只可意会，不能言传。不可说，一说即是错。开悟领法，但"法"不能明说，因为"万法空相"，只有不执着于明确的“相”才能“开悟”。用语言说出“法”来，那就是着了“相”，就不是法的本来面目了。所以佛祖要“拈花微笑”，示而不说。

青青翠竹无非般若，郁郁黄花皆是菩提。禅宗是生活禅，参话头，一切禅机皆来自生活，与吃饭、干活息息相关。**诸子百家用比喻求说服，禅宗用比喻达顿悟。**

《法华经》等众多佛经强调“智者以比喻得解”，古代有“禅宗语妙天下”的说法。比喻、象征的巧合联系手法，是禅宗妙悟和语妙天下的根本。

被誉为“宋、元、明、清四朝诗话第一人”的严羽说：“大抵禅道惟在妙悟，诗道亦在妙悟”。他认为韩愈在学力上强于孟浩然，但诗歌的艺术魅力却逊于他，原因就在于孟浩然作诗多用“妙悟”之思维方法。孟浩然最有名的两首诗，一首是《春晓》：“春眠不觉晓，处处闻啼鸟。夜来风雨声，花落知多少。”绝妙联系：一是春天的到来是视觉感知，这首诗却用听觉描绘春天：“不觉、闻啼、风雨、花落”。二是“处处闻啼鸟”比喻清晨的热闹。三是“花落知多少”比喻夜晚的孤寂。四是猜晴，“处处闻啼鸟”。五是猜雨，“花落知多少”。六是不写春景，只写对春的感知。春在户外，但四句诗全是室内的感觉。以内写外，妙悟。

另一首是《过故人庄》：“故人具鸡黍，邀我至田家。绿树村边合，青山郭外斜。开轩面场圃，把酒话桑麻。待到重阳日，还来就菊花。”绿树—青山，村边合—郭外斜，开轩—把酒，面场圃—话桑麻。四重联系，四个巧合，对称之美，绝妙之悟。

**绝妙不仅即服，绝妙还能即悟。“服”不过是追随你，“悟”则无所不为。**

绝妙就是地球70亿人，给大家一千年，一起想能否超越这个创意，答案是不能。这就是绝妙。老子用水论道，你来试试能否超越？智慧和创意的世界纪录，2500百年了还是没法打破。

隔行如隔山是借口，隔行不隔理是高手。**老子以水论道的七重联系，契此和尚插秧论佛的三重联系，尽系为绝，多巧为妙。**

在多个事物中找到隐秘联系，在两个事物中找到多重联系，这就是绝妙。**绝妙能翻盘、突围、破局，绝妙定乾坤。绝妙产自不可思议的联系，产生不可思议的功效。**

每个项目都隐藏着一个绝妙创意，你要去找到它，不找到就不要停止思考。尽全力在石头中找到大卫，不要把不需要的部分当成大卫来保留。不要把时间用来拼命解释让人明白，不要浪费时间抱怨客户不理解、水平低，而要把时间用来寻找绝妙。找到了就绝妙即服，就那么简单。

创意离绝妙有100米，你冥思苦想达到70米，不要以为你已经找到绝妙了，不要停下来。再冥思苦想，到100米处才能停下来。你要付出“冥思苦想的平方”——$C^2$，才能找到绝妙。时间要花在这里。

客户都是比你有智慧的人，不然人家为什么是甲方？人家不接受你的创意，那是人家要求高，你的创意不达标。做到绝妙，心有灵犀，相视一笑，这才叫高手过招。为什么说“高手过招，点到为止”？你一亮招就是绝妙，对方就说可以了。不用费那么多话，搬那么多理论。

若你总觉得客户不专业，其实是自己不绝妙。熊大寻常说一句话：隔行不隔理。所有行业到了高处都是相通的，都是联系着的。还有一句话：登上一座山的山峰，你就可以看到群山之巅。这是一个道理，绝妙就是不同事物的共同联系，就是共同通道，找到了，人家立即跟你心神相通。

**《道德经》语言的最大魅力就在于，一句一绝妙，一句一明白，一句一叹服。老子不仅是哲学家、思想家，同时也是语言大师。用绝妙的比喻讲绝妙的智慧，成就了绝妙的《道德经》，其被公认为中国最高级的哲学著作之一。老子用绝妙讲道，道即绝妙，绝妙即道。绝妙即服。老子很绝，就问你服不服！**

除了比喻是绝妙的一种方式外，幽默搞笑也是一种绝妙。大家看看各种脱口秀，主要靠段子和一语双关撑场。段子的主要创作方式就是在两件事情之间找到联系，然后让大家爆笑。段子的创作也是高智商的活动，不绝妙不好笑。一语双关更不用说了，一语关联两个事物。

比如，《吐槽大会》调侃毕赣导演拍片用自己的老姑父当主角，参加戛纳电影节走红毯也带着老姑父——“你这哪是走红毯，你这是走亲戚啊！”调侃王楠结婚时放鸽子——“这是真的放鸽子，不是新郎没来啊！”龚琳娜调侃凤凰传奇：“我的乐队按五行组成，还缺一个‘土’，我看你们刚好合适。”凤凰传奇反怼：“可是我们不是‘土’，我们是‘火’啊！”

所以说无联系不搞笑，无绝妙不幽默！莎士比亚说：幽默和风趣是智慧的闪现。你以为喜剧、小品和脱口秀是搞笑吗？不是，人家玩的是绝妙。你以为辽宁民间艺术团、开心麻花和德云社斗的是乐吗？不是，人家斗的是智商。没有绝妙的小品不是好小品，没有绝妙的段子不是好段子。

小品和脱口秀还有一个关键——分寸拿捏。分寸感就是观众笑点、接受度和包袱之间的联系和平衡，这个要拿捏好。收和放之间的联系要把握好。

**只要有人类存在，绝妙的事物就会作为永恒的记忆流传下去，因为绝妙提供**

**人自我超越和与天才同行的至高精神享受，是一种人类团结的力量。所以，绝妙是一种极限智慧和能量，能让人一秒听懂（成为知音）、心服口服（至信至诚）、无法超越（敬若神明）、流传千古（人类共存），这种能量太强大了，做大做强城市和企业都是小事，做什么都能成。**

## 湖南衡山与江苏宿迁的成功——龙脉与龙运

熊大寻在策划南岳衡山时也用了绝妙比喻来说服客户。

衡山的知名度和旅游总人数都是中国五岳中最低和最少的。为什么？因为衡山的定位出了问题，衡山的定位是“寿岳”，因为宋徽宗、康熙帝都给它题过字——“寿岳衡山”。所以衡山千百年来都在用“寿岳”作为定位。衡山脚下还有一个寿文化广场，广场中有一个世界最大的铁鼎，上面有999个“寿”字，两边是寿文化村，全是仿古式商铺，但是行人寥寥、门可罗雀。

衡山盲目打“寿”文化牌的结果导致了三个问题：

一是没有实实在在的产品支撑。中国延年益寿的产品如人参、雪莲、鹿茸等，衡山都不出产，既是寿岳，却无长寿产品，寿岳就成了一个空泛的概念，严重的名不符实。

二是没有实实在在的文化支撑。中国司寿的神仙是南极仙翁，就是那位妇孺皆知的长着寿星头的老神仙。既然是寿岳，那么应该供奉这位老神仙才对。但是衡山不仅没有南极仙翁的庙宇，反而山顶上最宏伟的庙宇里却供奉着火神，这叫风马牛不相及！乱套了。

三是“寿”字吸引不了游客。

为了形象地说明这个问题，我用电影和电视做比喻，给当地领导指出了“寿”品牌的弊病：

东岳泰山的定位是“五岳之尊，中华之魂”，它“卖”的是一个“尊”字，什么是尊？就是老大！这相当于电影界里张艺谋、斯皮尔伯格拍的电影，部部卖座，男女老少都爱看。泰山“卖”“尊”字，男女老少都对它感兴趣，所以泰山成功了。

西岳华山的定位是“华山天下险”，“卖”的是一个“险”字，这相当于电影里的惊险片、悬念片和枪战片，所以男女老少都爱看，自然华山也很卖座了。

中岳嵩山的定位是“天下武功出少林”，“卖”的是一个“武”字，这相当于电影里的功夫片、武侠片。《少林寺》《新龙门客栈》，男女老少都爱看，嵩山也很成功。不仅少林寺成为全世界最有名的寺院，就连它的方丈也是全中国最有名的方丈，俄罗斯总统普京访问中国的第一站都选择去了少林寺，其影响力可见一斑。

衡山呢？它“卖”的是一个“寿”字，这相当于中央台的老年人节目《夕阳红》，只有老年人爱看，男女老少里面只占了个“老”字，只能吸引到老年人，所以它的游客量最少，影响力最小。

那么衡山的病症发现了，如何来根治呢？

衡山扮演的角色不应该只是自身的角色，而应成为整个湖南旅游板块的定海神针。湖南旅游有两个擎天柱，一个是张家界，一个是衡山。张家界是纯自然风光，缺乏历史文化，而整个湖南可以用三个字概括“出名人”：“中国半部近代史由湖南人写就”，“惟楚有材”。湖南集中了中国近现代不少名人，这是湖南板块最突出的特点。所以纯自然风光的张家界根本代表不了湖南。而衡山虽然景观平平，历史文化却极厚重，所以对衡山的打造一定要站在整个湖南文化的制高点上，要有拉动整个湖南撼天动地的气势。如此才能既有代言整个湖南的高度，又有将湖南历史文化为我所用的便利。

五岳有四岳分布在黄河流域，唯南岳衡山位于长江之南、湘江之滨，这不能不使人觉得意外。中国古代的政治、经济、文化中心都在中原一带，而荆楚属荒蛮之地，于是就愈显衡山之特别了。

我们乍一看衡山不怎么样，山既不高也不险，景观优美度欠缺，但是正因为没有石头山的线条优美，所以有了土山的森林茂密。它在四大名山里植被相对最多。正因为它树木茂密、植被多，所以应了中国一句老话“深山藏古寺”。衡山深山中藏有十大丛林、八百茅庵，文化极为丰厚。这也是一种辩证法，因缺自然景观，所以富历史人文。

华山、泰山都是石头山，线条很好看，但因山体裸露太多，藏不住东西，所以没有太多的寺院。但是衡山与这些山不一样，它外观不行，但植被茂盛，所以，禅宗的六祖慧能从北方逃到衡山这个好藏身的地方建了道场，在这里培养出了禅宗最重要的几位大师，如南岳怀让、马祖道一、青原行思等，禅宗一花开五叶，在这里分成了几大流派，成为中国禅宗的第二个摇篮。

南北朝时，印度僧人达摩东来开创了禅宗一教，到隋唐时一分为二，其中六祖慧能倡导的“不立文字，教外别传，直指人心，见性成佛”的悟道法刷新了禅宗的历史，而开创了南能顿宗。从禅宗六祖创立南宗以来，南岳以香火之盛、寺院之多、名禅师之众奠定了其在中国宗教史上的崇高地位。

禅宗在南岳大放异彩后，青原行思一支经石头希迁等数传，由洞山良价开创了曹洞宗；云门文偃开创了云门宗；清凉文益开创了法眼宗；南岳怀让一支经马祖道一、百丈怀海等数传，由沩山灵佑开创了沩仰宗；由临济义玄开创了临济宗。这即是禅宗的五家。于是菩提达摩当年期望的“一花开五叶”终于在此“结果自然成”了。

另外，衡山方圆800里，一共72座山峰，中国古代四大书院，其中就有两个在衡山，其中就包括“惟楚有材，于斯为盛”的岳麓书院和石鼓书院，可见其文化之盛！

还有蒋介石设在衡山的衡山指挥所，是其坐镇大后方的司令部，蒋介石多次到过衡山，并且逃到台湾后，他的司令部仍然叫衡山指挥所。可见蒋介石的衡山情结之深。

最后，也是最重要的一点，我研究后吓了一跳！衡山七十二山峰，天下名人揽其中！毛泽东故居韶山就是七十二峰之一的韶峰，曾国藩故居所在地双峰属七十二峰，东汉发明造纸术的蔡伦、思想家王夫之等也是在衡山下长大的。还有从鸦片战争到“五四”运动的79年间，湖南涌现了魏源、左宗棠、谭嗣同、陈天华、黄兴、宋教仁等杰出人物。这段时期，湖南被列入《中国历代名人辞典》的有83人，占书中所列全国名人的11%。

从“五四”运动前后到新民主主义革命，乃至社会主义革命与建设时期，湖南涌现出一大批党政军领袖人物，毛泽东、蔡和森、任弼时、刘少奇、彭德怀、贺龙、罗荣桓等就是杰出的代表，画坛一代宗师齐白石、“杂交水稻之父”袁隆平，甚至台湾的宋楚瑜、国民党主席马英九都是衡山脚下的人。

综上所述，熊大寻指出衡山聚集了中国很多的名人，同时最能代表湖南文化特点，所以衡山的定位绝不应该是牛头不对马嘴的“寿”文化，而应该是“天下名人出衡山”和“中国龙脉——南岳衡山”，这才是衡山的指纹！这样一来，天下望子成龙的父母一定会带着子女到衡山朝拜，沾沾这里的龙气，至此衡山即可盘活，并且拉动整个湖南旅游业。

当地领导听完非常高兴，他说：“长沙每年中考、高考前，都会有许多中学老师带着学生名单到衡山来祈福，每次结果都很灵验呢。这个定位太适合衡山了。我们湖南至少有5000个人每天都在思考衡山怎么转型，搞了几年都不尽如人意，没想到您才不到一天就解决了。”

这里面有两个绝妙：一是用不同类型的电影来比喻，让人一听就懂。二是定位绝妙。衡山＝轰动？绝妙联系：一是衡山七十二峰，名人故居在其中。二是韶峰和双峰，毛泽东和曾国藩，论人物，近代无出其右。三是天下名人出衡山——中国龙脉。这对游客有巨大的吸引力。

地以人传，出一个名人，一个地方就有名了。衡山那么多名人不用，去“卖”什么“寿”！不管皇帝给你题了什么字，只可以挂起来作为文化景点。

衡山位于衡阳，衡阳目前定位还叫“雁城”，来源是“北雁南飞到此歇”。一是来历太小，二是利益不大，三是太不绝妙。范仲淹的诗句“塞下秋来风景异，衡阳雁去无留意”这个有点文化。但是意思不好，人家大雁都没有留意，你还成天抱着大雁不放。那么衡阳的内涵和神在哪里呢？最近听说请高人来搞了个广告词“雁城衡阳，展翅翱翔”。如果我的员工头脑风暴会上出这种创意，会被骂惨掉。

这个像运动会的口号，不像城市形象口号好吗！你要说给人好处，从此顺利、大吉大利都合情理，用“展翅翱翔”只能祝福少年儿童了。不能只图押韵顺口的形式，衡阳千年文化和景观完全没有体现，这个定位太开玩笑了！衡阳把定位盯在一只“无留意”的雁上，不仅自作多情，而且大失水准。

武汉有黄鹤楼，也没叫“鹤城”，而是“高山流水，白云黄鹤”，把城市文化和自然景观概括出来，山水云鹤，绝妙高雅。关键还把城市的灵魂显出来了：辛亥革命发源地，结束了两千年帝制。高山仰止，流水恩泽，白云千载，黄鹤一去。妙！

我们策划的“刘邦故里”江苏沛县的城市形象口号是“**天下风云，龙运沛县**”，每个字都有来头和绝妙联系：“风云”——刘邦回乡创作《大风歌》，“大风起兮云飞扬”；“龙”——刘邦是中国历史上的第一个“真龙天子”，“运”——大运河；“龙运”——刘邦征战八年就成功了，汉朝建立，是中国年代最长的中央五朝。三重联系，三个巧合。字字珠玑，意蕴深远，才是绝妙。

我们还用绝妙策划为沛县创意了招商口号“**风云际会，龙运充沛**”，龙运充满沛县！创意做到绝妙，你不服也得服。

沛县因为出了刘邦，自古称为龙城。

文天祥的诗《沛歌》这样写沛县：“秦世失其鹿，丰沛发龙颜。王侯与将相，不出徐济间。当时数公起，四海王气闲。至今尚想见，虹光照人寰。”可见沛县是风云际会、龙运充沛的风水宝地。

我们根据刘邦《大风歌》、文天祥《沛歌》，名人来沛必歌，总结沛县的招商理念：来者必成，成者必歌！刘邦建立汉朝后返乡归沛，吟唱《大风歌》：“大风起兮云飞扬。威加海内兮归故乡。安得猛士兮守四方！”

熊大寻总结：**《大风歌》唱出了创业的三部曲——创业、霸业、守业。**

起风云——创业——最快（起兵八年即定天下）；

威四海——霸业——最强（历史上武力最强的王朝）；

守四方——守业——最长（统治时间最长的王朝）。

**投资沛县，创业最快，霸业最强，守业最长！又是三重联系、三个巧合，妙！**

熊大寻提出**“天下创业第一地”**：白手起家，商人宝地。

大汉的历史、刘邦的历史就是一部白手起家的创业史。布衣刘邦带领23个沛县老乡起义打天下，建大汉，最终这23人全都被封王侯。这23人大多是沛县各行业的小商人，周勃是蚕具商人，樊哙是屠狗商人，灌婴是丝缯商人，王陵是富商，他们以沛县为根据地，从沛县起义，最后都获得了大成功。沛县是商人的福地宝地，在沛县创业可以做大做强，风云天下。刘邦与沛县的历史就是最成功的创业史，沛县是中国最成功的创业圣地。第一个布衣皇帝，第一群布衣王侯，第一个成功团队（都是老乡，极为少见）。

通过系统的城市策划，我们把沛县包装到了绝妙，客商不服都不行！做策划要把企业吃透，做城市策划要把城市文化吃透。吃透才能做透，做透才能绝妙。绝妙即服，人才会来投资，才会来旅游，口号才能流传千古。

## “绝妙”的说服性传播原理

传播学认为：绝大多数的说服性传播并不能产生立竿见影的效果。一般来说，非权威性、可信度较低的传播者和媒介发出的说服性传播，一般难以引起受传者重视。但经过一段时间后，或是经由权威性传播者和媒介大量传播之后，或许会产生很明显的效果。这样产生的效果，在明显表露之前被称为“迟行”效应。

“迟行”是绝大多数说服性传播的共性，为什么？不绝妙！所以要经过几个认知关：一是不能一秒听懂，需要时间理解消化，需要通过介质来增加理解；二是不能心服口服，需要大量时间沉淀和大量重复宣传，用熟悉来代替绝妙；三是做不到无法超越，不是唯一和第一，难以至信至诚；四是即使流传一时，也难以流传千古。

而绝妙创意可以产生四步自动流程，秒懂、叫绝、即行是绝妙说服的特征。不仅即服，而且即行。熊大寻方法之绝妙即服的“即”，就是看到了这种高速知行的特点。充分利用人类共性共识的本能，大大压缩说服传播的过程，高效说服，快速行动。

**心服口服产生信仰，信仰可以让人不顾一切地行动。偶像为什么会让粉丝狂热？因为在粉丝眼里，偶像一切皆美妙。**

1953年出版的《传播与说服》中，霍夫兰提出：“意见传播，也就是进行说服，主要取决于信息本身。但是传播方式方法对说服效果也有影响。差距与畏惧是它的两个重要变量。即传递的意见与说服对象的初始态度之间的差异，这种差异应当达到足以引起说服对象的心理不平衡或紧张状态，才有望得到说服效果。”

差距与畏惧是说服的关键之一。绝妙创意四步流程中，我们强调拍案叫绝（心服口服）和无法超越两个动作，就是“绝妙”让人震撼和敬畏：这个创意太绝妙了，超越了我想象的妙。这是第一步感知，产生差距。接下来第二步：这个创意简直无法超越，我根本不可能做到。这是畏惧和震惊。绝妙是不可思议的多个巧合，“这怎么可能?!”这也是畏惧和震惊。差距与畏惧都超出了受众初始的预计。

绝妙是制造差距和畏惧的顶尖高手。就像一个人类棋手遇到阿尔法狗这种AI棋手一样，它的每步棋都比你的计算深几十步，这种差距造成的无力感和敬仰度，就是绝妙对受众和同行制造的差距和引发的畏惧。

绝妙营造的是正向差距和畏惧，即积极心理落差，即高山仰止和奉若神明。绝妙的对称性完美和螺旋式能量，使得绝妙即“服”是舒服和佩服。积极、愉悦的心理落差不会产生负面情绪，**人不会跟山比高，不会跟神仙斗法，但是会至信至诚地信服它，乐此不疲地传颂它**。这种绝妙造成的心理绝对高差形成了传播势能——此妙只应天上有，绝妙是一种天意。“善攻者动于九天之上。”

**“故善战者，求之于势，不责于人”，绝妙就是制造九天飞瀑之势，形成压倒性说服，而不去责怪别人不理解、不接受。**

许多广告人和策划人认为，客户的智慧和专业有局限性，对我们的好创意不理解，我们需要教育客户，通过我们的广告和策划逻辑来使他们发生改变，接受创意。其实这是自己不尽责的表现。熊大寻有一句话：**拼命花时间发现绝妙，不要花力气说服客户**。好创意一听就懂，人家听不懂，是你做得不够好。你的创意没有差距和畏惧造成的传播势能。

做到绝妙不仅要有“势”，而且是“九天之势”——最高的势，神瞰众生的势！所以，做到绝妙就是秒懂，就是心有灵犀一点通。做到了绝妙就是发动了人类智识的本能助力，如有神助。

第二次世界大战爆发，说服性传播的祖师霍夫兰率领心理学专家组赴华盛顿，在美国陆军新闻教育署研究宣传士气的问题。霍夫兰的实验方法是让士兵看影片，通过对影片内容、形式和设计变化，测量、分析传播来源的可信度、恐惧诉求的程度、问题提出的先后效用、论辩时是讲一面之词还是两面都说、结论是明示好还是暗示好等传播问题，运用于战争动员和鼓舞士气，旨在“提出科学的见解，以辨别哪些条件可使劝服性传播的效果增强或减弱”。他建立的说服性传播理论和法则，目的是通过说服性传播改变人们的意见和信仰。

霍夫兰认为说服途径有两种：一是正面说服内容和理由，主要表现在逻辑构思、遣词造句等言语表达方面，即系统地提供有说服力的信息，激起个体的积极反应。二是侧面提供线索以激起个体的思考，让个体体会和把握劝服内容，这种劝服的技巧性更强一些，更有劝服力。

广告业原有的劝服最高技巧是给人好处，这只是第一种正面说服技巧，只能激起个体的反应。而“绝妙即服”接近于第二种，从侧面提供线索，它能激起个体的思考。绝妙创意会激起人的思考，为什么人会拍案叫绝和心服口服？就是因为受众思考后恍然大悟。给人好处只能激起人的生理或心理反应，即情绪性，或者叫感性。绝妙却是激起人的思辨性或者理性。一个是浅度激发，一个是深度激发；一个是诱发情绪冲动，一个是引起深思熟虑。所以，产生的说服力和持久性有很大差别。

**传统的创意和广告，一直以来把“通俗易懂”作为唯一法则，因为它们也只能做到这一点。而绝妙的创意和广告，除了能做到“通俗易懂”（一秒听懂），还能做到“心悦诚服”（心服口服）。“悦”从何来？绝妙的对称性完美、黄金分割巧合都让人极度舒服和愉悦。“服”从何来？绝妙的神通和不可思议让人心服口服。**

当然，还有“无法超越、流传千古”，那难度就更高了。“通俗易懂”只能让人看明白，这个人并不心悦诚服，既不悦，也不服，所以很难产生购买行为，更不会去主动传播。

真正的传播来自心悦诚服。你佩服明星，他的颜值、才华让你悦服，你会去传播他；你佩服大佬，他的财技让你悦服，你会去传播他；你佩服道德模范，他的行为让你悦服，你也会去传播他。你佩服、悦服什么，就会去传播什么！广告就是说服性传播，关键在“服”，心服口服，佩服、舒服和悦服才是征服。

以往的广告理论和方法大多只有说，没有服。**极少数做到的服，也只是不悦之服，跟绝妙的说服力差太远。绝妙不仅服，而且悦。**绝妙即服，第一次把“服”作为终极目的，并且找到最高方法与之匹配。绝妙——不可能变可能——奇迹——神通——心悦诚服！

“二战”期间美国为什么把“说服性传播”作为传播学的重要领域来研究？因为说服是传播的核心，能让人改变信仰，能让人上前线牺牲生命，能保家卫国。要实现这个目的，说服必须要达到心悦诚服和至信至诚。

在《方法之王，绝妙即服》之前，没有任何一个策划和广告理论要求要让受众“心服口服”“心悦诚服”。以往的广告理论和方法只提“通俗易懂”和“好处打动”等粗浅刺激和感官刺激，只能提供一重联系。而绝妙即服提供两重联系——信服、三重联系——信念、四重联系——信仰，绝妙即服提供深度刺激和理性思考，结果是立即说服，立即征服，产生自动化传播。

说服性传播有三个变量十分重要：注意、理解、接受。其中最关键的是接受，霍夫兰认为“接受的程度与所提供的激励有很大关系，讯息使人产生对回报或愉悦经验的期待，更利于说服和传播”。

绝妙为什么会让人迅速接受并且自发传播？就是因为绝妙提供了一种成就感和荣誉感：第一，理解绝妙是一种成就。我听懂了、看懂了它的绝妙之处，别人不一定能听懂、看懂。创造和发现绝妙的人有高智商，我也差不多。第二，分享绝妙是一种荣耀。你所说的代表你的层次，你分享绝妙，代表你的思维在高层次。你分享给别人时，别人还不知道，代表你比他更高层次。你分享时别人也知道了，代表你们是同道中人，英雄所见略同，惺惺相惜。**这就是“绝妙自传播”的心理机制，它扣动了口口相传的扳机。**

“余音绕梁”这个成语，说的就是绝妙自动传播，心灵激荡，舒服佩服，长久回响。

给人好处也能提供回报或愉悦经验的期待，但是这要借助产品的力量，这个回报和愉悦是产品或优惠给的，而不是创意本身。绝妙则是创意本身就能提供回报和愉悦。这就是两者的本质差别。给人好处再加上绝妙，就是极致。前述的钻石即是“好处 + 绝妙”，成为世界级大生意。熊大寻要求绝妙创意本身就包含好处。

**绝妙为什么让人心服口服、至信至诚？原因在于，绝妙是一种天意和天命。绝妙吻合对称、分形、螺旋、黄金分割和斐波那契数列，绝妙吻合宇宙万物的终极密码，绝妙是宇宙之道。**

我在宿迁市浙商招商大会上刚一提出“百万带来，千万带走”，上百位只有小学文化的老板立即掌声雷动，毫不影响“一秒听懂、心服口服”的绝妙反应程序。绝妙不是故作高深，而是人类的共情，是人可意会言传的妙品。因为是人类的基因本能，所以不需要多高的文化程度，都能秒懂、叫绝。

我们策划四川兴文石海，这是一个巨大的天坑，周边有一些小石林，云贵川天坑太多了，石林的规模全国也没有一个可以和云南石林相比。单纯地“卖”石林和天坑都不行。游客不多，怎么办？我当时在现场转了三个小时，到午餐时间了，陪同领导让去吃饭也不去，一定要找到一个世界奇观“救”这个景区不可。

功夫不负有心人，这个天坑半山腰部有一条天然的步行道环绕山一圈，刚好在观景台对面最壮观的石壁上，我发现了一个天然的巨大的“运”字，创意马上就有了：石来运转。恰巧这个“运”字右边的“云”字很像观音像，又增加一个概念“大运观音”。这样一讲，游客一定会顺着半山的步行道至大运观音像面前去拜拜，摸摸大运，走上一圈，走大运，石来运转。一个震撼性奇观和概念挽救一个景区，带来百万游客！

天然的“运”字，“运”字的“云”又像极了观音坐像

这个“石来运转”的概念为什么你会信？为什么你一定要走一圈？因为绝妙。让你感觉是天意如此。刚好是石头景观，刚好是有可以转一圈的天然步道，刚好有一个巨大的“运”字，刚好这个“运”字的半边很像观音菩萨。几个刚好就构成了绝妙。这几个巧合和刚好差一个都不行！

所以，一个地方、一个项目，绝妙只有一个，天意独一，绝妙唯一。所以发现绝妙有多难？很难。但是熊大寻的理念是“我出奇招，你出奇迹”。逼得每个项目都是熊大寻本人亲自考察、亲自策划创意、亲自手绘设计，争取每个项目都要发现绝妙，做到无法超越。

兴文石海 = 震撼性景观？绝妙联系：一是石海天然的大“运”。二是天坑半山有一条天然环形步道，对应“转”字。三是石海对应“石”字。“石来运转”谐音“时来运转”，转运之旅。绝妙无双！

绝妙的自动传播机制的秘密：第一，绝妙是一种思维的世界纪录；第二，绝妙是天意，人会敬仰和遵从。

说服性传播学的理论基础是“刺激 - 反应”理论，研究方法是实验法。它研究的四大基本范畴是传播者、传播内容、受众、受众反应。

《传播与说服》一书首先讨论的是传播者的可信度问题。传播的有效性很大程度上取决于由谁来传播。比如政府机构总是费尽心机地选择最容易得到支持的代言人来向国会提案。即使是流言，也有着受人尊敬的信息源的名字作为佐证。比如，你常常可以听到一则流言中带有这样的话：消息来源可靠。

不同的信息源即传播者，能改变受众感知和评价的方式，能改变受众的意见和态度。好的传播者即信息源具有两大特性：权威性和可依赖性。权威性，即传播者在多大程度上被认为是确凿主张的来源；可依赖性，即人们多大程度上相信传播者会尽力传播他认为最确凿的主张。

“绝妙”的世界纪录和天意代表，恰好对应这两大特性。“绝妙”是不可思议的多个巧合，这也是一种天意，只有天和神能这样做。无法超越的智慧纪录有足够的权威性，天意代表了上天，天意具有至高无上的可依赖性。绝妙即最佳信息源、最佳传播者。

策划界、广告界和说服性传播界都应该更上一层楼，研究绝妙，找到绝妙，发掘绝妙的威力。道无止境，每个行业、每种方法都需要不断改善，不断提升，接近真理。

熊大寻方法无意争高低、排座次，也无意颠覆传播方法论，只不过是在 10 多年帮助客户发展的实践中，屡屡切身体会到绝妙带来的“一剑封喉”和“一击必杀”的快感，以及对品牌的核爆效应。绝妙的创意真有“封喉”的功能，让人无法反驳，立即认同。只要做到绝妙，客户都是秒懂，举座兴奋。

发现绝妙，会让你的项目汇报变成传教和布道，自带光芒，不负苍生，也会让品牌和项目开启四步自动传播和快速引爆轰动。熊大寻每次与客户签约从不庆祝，反而感到沉重。因为，又要开始艰苦地寻找绝妙了，十分累人。汇报的时候是我们最开心的时候，因为可以展现绝妙了，可以传法布道了，可以看到听众眼睛里兴奋的光芒了。

## 舆论领袖是说服性传播的关键：精神领袖引领舆论领袖

“二级传播理论”是1948年拉扎斯菲尔德在研究选举行为的基础上提出的。在1940年美国总统选举之际，他们对公众投票的情况做了调查，原以为广播、报纸宣传会对人们的投票意向产生重大影响，结果却大吃一惊：选民的政治倾向很少直接受大众传媒的影响，人们之间面对面交流似乎对其政治态度的形成和转变更为关键。

大众传播对人们的影响不是直接的，而是一个两级传播过程。信息通过大众媒体首先到达舆论领袖那里，这是第一级传播，即信息传达。舆论领袖再把他们读到和听到的内容传达给受他们影响的人，进而扩散影响，这是第二级传播，即人际影响。这就是著名的“两级传播理论”。

拉扎斯菲尔德认为在影响人们的决定方面，个人联系比大众媒体更频繁、更有效。

受众对信息的采用由以下阶段组成：认知、说服、决策、使用和确认。在两级传播模式的诠释下，大众传播在人们的认知阶段具有重要作用；而在说服和决策阶段，人际传播的影响更显著。

拉扎斯菲尔德的著作《个人影响》指出：个人不是与社会隔离的，而是与群体中的其他人相互影响的；对媒介讯息的响应和反应不是直接和及时的，而是通过中间站传递的，并受到其影响；在大众传播的条件下，人际传播仍在积极地发挥作用，对大众传播的状态和效果具有重大影响。大众传播往往是通过人际关系来影响受众，改变受众的态度和行为。**舆论领袖在传播过程中的特殊地位，决定其具有十分巨大的影响力。**

在“二级传播理论”中，舆论领袖是一个核心概念。其对舆论领袖所下的定义：“人们所认识和信赖的人，具有专长和对问题见解深刻。舆论领袖能够向人们提供建议和解释，改变他们的态度和影响他们的行为。与正规组织的领导人物不一样，舆论领袖是非正式的领导，给人出谋划策，其影响力常常比大众传媒更大。”

广告理论中的独特卖点和给人好处，简单粗糙，完全不顾及舆论领袖或意见领袖的感受。所有的广告理念以消费群为绝对中心，只要群众不要舆论领袖，只要灌输不要说服，追求越俗、越直白越好。完全依赖大众媒体的一级传播，因为本身缺乏魅力、智力和魔力，难以激起二级传播即口碑传播和舆论领袖（意见领袖）传播，甚至引起他们的反感和排斥，即使高频率投放广告也难以产生说服效果。

舆论领袖是引爆流行的关键——“大的传播节点”，是“广播”扩散的核心。（详见第六章“好处高频”）

舆论领袖通常都是智慧和决策能力出众的精英，很理性，不像大众那样好忽悠。一定要让其完全佩服，才能让其传播。在创意层面，绝妙的智慧世界纪录和不可能变可能的神通——智力和魔力，是打动舆论领袖的最佳方法。绝妙是精神领袖，精神领袖引领舆论领袖。

绝妙具有的思维世界纪录、不可思议的多个巧合和天意代表的非凡魔力，能让人心服口服，产生流传，产生二级传播（舆论领袖传播）。而且在二级传播中，能够立即引起共鸣和认同。

传统广告理论是灌输性传播，绝妙理论是说服性传播。广告理论是先灌输，先广告，管他说服不说服——低效传播；绝妙即服是先说服、先征服，再传播，自传播，节点传播——极效传播。

营销大师 John Wanamaker 曾经提出广告界的哥德巴赫猜想：“我在广告上的投资有一半是无用的，但问题是我不知道是哪一半。”广告界的权威和经典理论无法解答这个问题，**现在《方法之王，绝妙即服》可以揭晓答案了：你之所以浪费一半广告费，因为只有通俗易懂，没有心悦诚服；你之所以浪费一半广告费，因为不绝妙，没有说服大众，没有征服意见领袖。广告传播的目的是说服，绝妙即服！**绝妙就是心服口服！

广告是广而告之，核心是“说”；绝妙是绝妙即服，核心是“服”。广告营销的核心是“说服”，说服的核心是“服”。以往广告营销的重心都是研究“说”，**绝妙是研究“服”的方法和学问，填补百年来广告营销缺失的另一半方法，找到广告营销先天缺失的另一半理论和实践大厦。**

万法的最高境界都是绝妙，广告业和策划业需要重新定义方法和高度——妙意——绝妙创意。

**弥尔顿认为，“认识真理的智能是所有的人所固有的，所以真理在自由流通中会赢得承认”。绝妙即服远远超过广告理论，它是人类真理。**

## 打动——忘形而动——深度感官参与是流传的核心

美国学者维纳在《人有人的用处：控制论与社会》中讲：“消息只是从消息发出者抵达消息接受者的单向过程。而信息，则是对一个消息刺激的反应的再提取，即反馈。有天然的磨损倾向，也有天然的增熵趋势，还有增加混乱的必然，**再提取和反馈**的作用就是同这个自然的增熵趋势做斗争。信息的传输比实物的传输更重要，因为信息是人的感觉和功能的延伸，可以从一个世界延伸到另一个世界。”

简单地说，就是信息天然有磨损倾向，时间越长损耗越大。怎么抵消损耗、保持记忆？这就要调动人的感觉和功能，对信息有领悟、兴奋、震撼等参与感、再提取和反馈，这样才能抵消磨损，保持记忆，全世界流传。**绝妙使人产生四步流程：秒懂、佩服、敬仰、乐传。就是调动人的感觉参与到信息中来，最后达成减熵**，从一个世界延伸到另一个世界，流传千古。这是其一。

其二，**绝妙的多个巧合是对称、秩序和完美结构的象征，天然的减熵和有序，不仅不会磨损信息，而且还会增强信息的记忆。**

绝妙是最强的打动。打动是深度感官参与，如同初恋，记忆如初。打动产生流传。

拍案叫绝就是最强的再提取和反馈，没有之一！绝妙是深度理解，绝妙的事物不需要刻意记忆，通过深度理解达成的记忆，是逆熵记忆，是最长久、最完整的记忆。**正因为绝妙产生的这种超强信息的完整性，才保证了流传千古的可能性**。

强大的说服让人心动，心动未必行动。绝妙是强烈的心动，强烈的心动会让人得意忘形，拍案叫绝，让人忘形而动。拍案叫绝，不是大喜就是大怒，做到了绝妙就收获了大喜，谁能忘记大喜？

给人好处、定位、USP、品牌形象等只是浅度调动人的官能，绝妙则是深度调动人的感官。给人好处最多是好吃、好玩、好用的点式调动、一维调动、感性调动；而绝妙是一连串的恍然大悟、拍案叫绝、心服口服、高山仰止、荣耀分享等链式调动、多维调动、理性调动、思维调动。调动人的感官功能的程度，决定了信息传播的速度、深度和广度。

《传播是怎样运行的》的作者施拉姆认为，在传播过程中传播者和接受者没有主客之分。他强调了传受双方对信息的编码、释码及译码处理，突出传播的互动性。一个人既可以是传播者也可以是接受者。所以一个人在接收外来信息的时候，他是一个接受者，此时他是一个译码者的角色。“译码”的定义是把接收到的信号还原回信息的意义。所以接受者把接收的信号首先还原成符号，进而分析信息的意义。他要对信息的意义进行解释，加上自己的理解，这时他又是释码者的角色，他要为以后如何向外传递信息做准备。当他按照自己的经验解释信息，储存到信宿后，要向外传递信息时，他是一个传播者，储存信息的信宿充当了传播者的信息源，他进行编码并向外传递信息，这时他是编码者的角色。

这就是个高度循环的模式，每个传播单位都是编码者、释码者、译码者。

简单地说，就是传播中每个人既是传播者，又是接受者，做好 4 个动作：编码（编译）—释码（还原）—译码（自识）—再编（自编）。在这个信息双向互动过程中，至少有三个步骤会出现偏差，编码、释码、译码的标准和水平都会让信息磨损和增熵。

传统的广告理论是要发明一套逻辑、理论和标准来编码、释码、译码，而且这套标准基本只有广告人明白，广大受众一无所知或知之甚少，就会造成释码不准、译码混乱、编码离题。这就是信息磨损的原因。

而绝妙不然，它是一种人类集体无意识和基因本能，是一种人人生而皆知的标准和密码本，而且是唯一的标准，不会有偏差。所以，编码唯一，释码精准，译码无差，再编唯一。减损减熵，同声翻译，完美传播。因此，绝妙创意的传播，是自带人类密码本的编码、释码和译码过程，一秒就懂。为什么能流传千年？就是因为理解零障碍，信息零磨损，然后就是荣耀感。

2002 年，熊大寻受邀进行大理城市策划和旅游规划。当时的问题就是“五朵金花的故乡”这个品牌已经老了，刚好当年中央电视台要在大理拍摄《天龙八部》电视剧，大理市政府把天龙八部影视城也建了起来。怎么借这个事件和平台推出大理城市和旅游新形象？

我认为即使不拍《天龙八部》，大理的城市形象和旅游定位也不能用“五朵金花的故乡”。这只是借势老电影阶段性的促销口号，它没有把大理核心的文化和资源体现出来。熊大寻定位“三个一工程”：唯一、第一、专一。唯一是人无我有，第一是天下第一，专一是坚持前两点不改变。城市定位就几个字，不要空喊大口号和非核心要素，这些经不起市场的检验，更经不起时间的考验。定位就是将独一无二的东西亮出来。“五朵金花的故乡”只是一部老电影带来的热度，早已过去了。大理的定位要做到无法超越！

我们研究了 40 多本大理的资料，把《天龙八部》又看了一遍，最后给出“风花雪月，自在大理”的定位。熊大寻定位方法之一叫“一字一景，一句绝美”，一个城市的资源实在太丰富了，定位口号实在太简短了。所以，要把每个字发挥到极致。城市形象和旅游定位一定要有超强超美的画面感，见字如见景。七八个字的定位让人看了就能产生想来的冲动。

产品生命周期仅有几年，城市生命周期是按千年计算的。即使是产品广告口号，我们也反对粗直俗，而力求绝妙。城市形象口号除了能经得起市场的检验外，更要绝妙不可，这样才经得起人类文化审美和时间的检验。

“风花雪月”一词代表了一类资源，上关风、下关花、苍山雪、洱海月，满足了一字一景。下半句“自在大理”，看起来简单，实则很难很艰辛。推导出这句话的依据有 7 个：

第一，大理国一共有 22 位皇帝，其中就有 9 位出家当了和尚，淡泊名利，逍遥自在。

第二，大理国 500 年历史，从未发生过内战，平和乐居，逍遥自在。

第三，东山将军和白姐错换鞋子，神仙故事，逍遥自在。

第四，大理每一个景点都有一个爱情神话，处处有爱，逍遥自在。

第五，《天龙八部》第 32 回题目叫“且自逍遥没谁管”，里面写大理国国王段正淳和段誉发现王语嫣的古画，虚竹吸收了逍遥老人 70 年功力，做了逍遥派掌门人。武侠大理，逍遥自在。

第六，大理人打招呼叫“有空来闲”，一个“闲”字，道出了大理人骨子里逍遥自在的性情。

第七，武侠文化有两大特点：一是武功盖世，二是爱情动人。武侠迷心中的武侠圣地，一是华山，二是大理，大理更胜一筹。华山只论剑不论情，大理是有情有剑，含情脉脉，六脉神剑。华山有山无水，大理有山有水。大理的山水人文最能代表武侠文化精髓。而且武侠就是逍遥自在。

尤其前两条，纵向观上下五千年历史，横向放眼全世界，也找不到第二个。大理给人最突出、最明显的感受就是“逍遥自在”。

根据上面7个依据，熊大寻推导出这样的结论：风花雪月=逍遥自在。

风花雪月给人什么好处？就是逍遥自在。风花雪月是风景，逍遥自在是心景。完美组合！

于是熊大寻提出“风花雪月，逍遥天下”“风花雪月，自在天下”“风花雪月，逍遥大理”“风花雪月，自在大理”几个定位。其实都是一个意思，只是表述不同而已。

最后，当地领导意见是“逍遥”这个词有不作为和江湖之嫌，用东北小品的话讲有瑕疵，就定了“自在”一词。其实，从旅游吸引力和传播来讲，用“逍遥”一词更好。一是庄子《逍遥游》，顾名思义，逍遥就是旅游，逍遥是旅游追求的目的。二是逍遥江湖，这个词是几亿男人的向往，跟武侠关系密切。但是，自古庙堂之高，江湖之远，本就泾渭分明，领导的选择可以理解。“自在”其实是更高的境界。我们的观点：定位要绝妙，定位要用一千年！从用一千年角度考虑，“自在”确实更内敛、更有内涵。反正来大理旅游，年轻人得逍遥，成年人得自在，各得其所。

这个定位绝妙在哪里？

一是用“风花雪月”代表大理，一字一景，无法超越。画面感太强了，联想太丰富了。客气一点讲是很难超越，客观一点讲是无法超越。

二是“逍遥自在”是旅游大理的感受，没有比这个更合适的词了。最具情怀的辞职信“世界那么大，我想去看看”的作者顾少强，就是来大理旅游找到了真爱，回去写了这封辞职信。这就是大理逍遥自在的力量，来了连“铁饭碗”都不要了，追求逍遥自在去了。敢砸“铁饭碗”，才是真自在！而且这不是孤例，很多年轻人来了大理、丽江，马上把工作辞了，到此安家，因为找到逍遥自在了。

这就是绝妙即服，大理目前坚持这个口号已经18年了，希望一千年不变。

现在看来，这个定位还是有一点遗憾。其实大理最震撼的风景是苍山云，堪

云南大理广告牌

称世界上最美的云，变幻莫测，气象万千。懂大理的人才知道它有多美。能够把“云”放到定位中就完美了，但是留白可能更高级，不是吗？

“风花雪月，自在大理”，绝无仅有的可能，不可思议的巧合——天意。天意难违。这个口号因为绝妙，所以打动。打动就是一种深度感官参与，因此流传。

## 绝妙即媒介

麦克卢汉在《理解媒介》中提出3个核心观点：

一是媒介即信息。媒介不只是一种工具和载体，媒介本身就是一项内容，媒介产生新的行为方式和标准，这种方式和标准不是媒介内容决定的。

二是媒介是人的延伸。麦克卢汉在书中分析了人类的三种延伸，其一是身体器官的延伸，比如车轮是脚的延伸，衣服是皮肤的延伸。其二是某种感官的延伸，比如口头言语是听觉的延伸，印刷物是视觉的延伸。其三是中枢神经系统的延伸，这里专指电气时代，包含了广播、电报、电话、电视等新兴媒介。

三是泛媒介论。麦克卢汉笔下的“媒介”并非传统的传播媒介，而是一种“泛媒介”，在麦克卢汉的眼中“媒介无处不在，如影随形，凡是**人与人、人与事物或事物与事物之间产生联系或发生关系的东西，都可以叫作媒介**”。麦克卢汉给“媒介”一词下了一个广义的定义——人的一切外化、延伸、产出，即媒介是人的一切文化过程。他把人类任何技术进步、任何工具的发展都看作媒介的成长，看作人体的延伸。按照他的观点，衣服是皮肤的延伸，石斧是手的延伸，车轮是脚的延伸，广播是耳朵的延伸，电视是耳朵和眼睛的延伸，电子技术则是人类整个中枢神经系统的延伸。总之，人要同周围的环境发生关系，就得通过媒介。

按泛媒介的观点，**绝妙也是一种媒介，它是事物之间的联系和桥梁。绝妙本身就是一种认知工具。比喻是一种媒介，在事物与道理之间架桥，说理传播，让人迅速接受。比喻即绝妙，绝妙即媒介。**

**跟麦克卢汉对媒介的定义一样，媒介即信息。绝妙本身就是信息，而且是具有高理解度和高记忆度的信息，不需要翻译。**

宿迁这个名字与招商引资的联系是什么？“百万带来，千万带走。”这句话是两个事物之间的桥梁，即联系，而且是最佳联系，是唯一、第一。这句话就是媒介。按广告理论创作的广告词是编码，需要破译密码。绝妙则是媒介，直接把信息公布在广告牌上大白于天下，不需要破译密码。因为绝妙就是密码本。

**绝妙是人脑的延伸。中枢神经的延伸只是被动接收信息刺激，人脑的延伸则是主动参与信息渗透和反馈**，参透和破解事物之间的最佳联系。绝妙的普及，也在改变人的行为方式和标准。亚里士多德和老子的时代崇尚并且有众多的绝妙思想，所以造就了人类的轴心时代——“人类群星灿烂时”。唐诗宋词的时代流行并且有众多的绝妙好词，所以造就了中国文化的高峰。当代策划咨询和广告业对绝妙的崇尚，一定会造就智业的大繁盛。从现在起提升创意的标准和思考方式，开启你的绝妙智慧，向绝妙进发！

江苏泰州素有“儒风之盛，素冠淮南”的美誉，涌现了施耐庵、郑板桥、柳敬亭、梅兰芳等许多名人。这样一个城市怎么定位呢？现在的城市形象定位和旅游定位是“泰州太美，顺风顺水”。这口号明显是在给人好处，是广告营销的做法。但这个定位不绝妙。在一个文化那么厚重的城市，一定要配一个绝妙的、有文化感的定位才相宜。我到泰州第一天考察完就提出了定位：**泰州——阁花会水梅柳茶（楼花会水梅柳茶）**。

阁——望海楼，泰州的标志，江淮第一楼；

花——千岛菜花、千年茶花；

会——溱潼会船，热闹非凡；

水——千年城河、“晚上水包皮”（泡澡）；

梅——梅园，梅兰芳纪念馆；

柳——柳园，柳敬亭公园；

茶——泰州早茶：蟹黄汤包、干丝等，“早上皮包水”。

江苏泰州广告牌

跟“风花雪月”“清泉石上流”一样，“阁花会水梅柳茶”，一个字代表一种景物和资源，并且整句话如同优美的诗句，构成一个完整的意思：楼阁与花，水中映会，梅柳垂岸，饮茶观天。好一幅意境高远的文人画卷！梅柳本来指代名人，但在这句定位里恰好可以外化为梅树、柳树，妙不可言。好的城市形象和旅游定位自带画面感，既反映了城市的外部观感，又反映了城市的内涵。听了看了这句话，你就想来。可以用一千年！

另外，“阁花会水”是视觉，“梅柳”一说一唱是听觉，“茶”是味觉。调动五官，全面体验。

至于为什么要用“阁”字为首选，一是因为阁比楼更亲切、更宜人。泰州是胡锦涛的家乡，阁比楼意思上更尊贵。阁代表国家最高机关，内阁、入阁都是这个意思。用“楼花会水梅柳茶”也是一流境界，楼代表望海楼，更直观。

一个城市和景区的定位十分关键，它不同于企业的产品定位，给人好处，叫人掏钱即可。中国企业平均寿命 3 ～ 5 年，企业和产品策划是一锤子买卖，定位简单粗暴，口号堪称“粗直俗”（其实产品定位绝妙，销量能成倍增长）。城市和景区则要千百年存续下去，一定要做到绝妙，无妙不臻。一次就做好千年的事，定位口号要“绝妙美”。“粗直俗”的定位难服众、争议大、不流传，“绝妙美”的定位让人心服口服，流传千古。

绝妙是最高级的给人好处。“风花雪月”“清泉石上流”“阁花会水梅柳茶”，不仅给你优美的自然景观的好处，更上升到诗情画意的审美最高境界，从自然景象中抽离上升到心灵。

美境——意境——心境。

把城市的灵魂提炼升华出来，把城市的灵魂之美呈现出来。寄情山水，寄魂山水，这才是城市形象和文化旅游定位的最高境界。

“阁花会水梅柳茶”一句话就把泰州这个城市的外在景观和内在文化全部概括，江南楼阁，梅柳茶叙，堪称绝妙，有“天人合一”之道。身未动，心已远。见之闻之，心向往之。

**绝妙定位给你三重好处：物理好处、心理好处、真理好处。**

绝妙的定位不仅能完美地完成广告传播的任务，更能传播一种独有的美、独有的道和哲理，比如“风花雪月，自在大理”“高山流水，白云黄鹤”“山高人为峰”“清泉石上流”，比如绝妙的诗句“行到水穷处，坐看云起时”“采菊东篱下，悠然见南山”。

**绝妙是中国方法的灵魂，是中国文化的顶峰。**

广告和策划业需要找回灵魂，需要方法之王，需要最高标准，需要重置行业智慧的巅峰。

## 好广告不讲雅俗，只讲妙不妙

好广告不讲雅俗，只讲妙不妙，妙才能说服。雅而妙才是高雅，俗而妙才是通俗。说服之俗是平易不平凡，不是粗直俗。

逻辑学家维特根斯坦说：“语言的本质是思维”。这是西方的认知，那东方呢？鬼谷子说：“口者，心之门户”。什么意思？语言是思想的门户。

宣传企业产品和宣传城市、景区的语言和思维完全不一样，不在一个层次，这也决定了它们的定位语言也不在一个层次上。首先，宣传企业产品的语言和思维因其生命周期限制，基本上都急功近利。宣传城市和景区的语言和思维必须是千秋万代。这个基本思维的不同，决定了各自定位语言的不同。其次，企业产品是微观产品，城市景区是宏观产品，体量大无数倍。再次，宣传企业产品是单点思维，突出产品核心卖点即可。宣传城市、景区是三维思维，必须考虑方方面面。城市和景区的定位语言要比企业产品难十倍百倍。最后，责任不一样，企业产品只对企业几百、几千名员工负责，城市、景区要对几十万、几百万人负责。因此，企业产品的定位可以不绝妙（但熊大寻要求企业产品创意及广告创意必须绝妙），但城市、景区的定位必须绝妙。

熊大寻10多年前策划过两个酒品牌。第一个是“中国绿酒”。云南有一种本地名酒，叫杨林肥酒，它用了陈皮、茴香等药料，所以它是绿色的。药酒合一，养生健体。这个绿色正是杨林肥酒区别于一般白酒的最大价值所在，但是一百多年来没有人想到在这方面做文章。相反，因为这个“肥”字，大家都谣传这个酒是用肥肉炼出来的，喝了会胖。原来的广告语叫“绿色养人”，更是莫名其妙。

卖酒关键要卖文化，我研究了绿酒的文化，结果大吃一惊，中国自古以来就有绿酒文化——唐朝的白居易诗云：“绿蚁新醅酒，红泥小火炉。晚来天欲雪，能饮一杯无？”北宋晏殊词云：“绿酒初尝人易醉。一枕小窗浓睡。”明代王稚登诗云：“红颜薄命空流水，绿酒多情似故人。”

另外，我们的成语里还有“灯红酒绿”和“玉液琼浆”，为什么叫“玉液琼浆”？玉是什么颜色？绿色，因为酒是绿色的，所以叫玉液。你看，有那么多的绿酒文化，你不去用它，反而打广告宣传“绿色养人”，太过平庸。

有了这些丰富的绿酒文化，我们根据绿酒是古代宫廷酒的史实，对酒文化做了一个总结：在古代，白酒是下里巴人喝的，绿酒是阳春白雪，是贵族喝的，将其区分开来。一出场，就为云酒抢占一个制高点，与贵酒、川酒分庭抗礼。

绿酒在中国有十分深厚的历史文化内涵，将这片还是处女地、没有人用过的绿酒文化，为我所用，杨林肥酒必能在中国酒业中掀起热潮！

至此，策划思路水到渠成——杨林肥酒在云南地区延用其老名，对外省重新命名定义为“中国绿酒”。在这里，我将中国两千年的绿酒文化为我所用，人为地将酒业分为两类：一类是白酒，以“茅五剑”（茅台、五粮液、剑南春）为代表。因为它们比绿酒更有实力，“出道”更早，所以我们不跟它们争。

一类是绿酒，那“中国绿酒”就是老大了，因为是我最早提出来的，文化也是我最早挖掘整理的。要喝百姓酒、喝白酒找茅五剑，要喝贵族酒、喝绿酒当然首选“中国绿酒”。

这样一来，中国酒业市场人为地被我们划去半壁江山。并且我们的命名也站在战略的高度，叫“中国绿酒”，可以防止绿酒文化炒起来，别人跑来抢市场。我叫“中国绿酒”，你如果还想叫四川绿酒、贵州绿酒、山东绿酒，对不起，我是你爸爸，你是我儿子，你打不过我的。

绿酒文化要做足，还需要一条历史线索。大家都知道云南在明代有一位医学家叫兰茂，他写了一本著作叫《滇南本草》，比李时珍的《本草纲目》还早一百多年。

那么，我们可以编写出这样的故事：兰茂是明朝大臣蓝玉的后代，明太祖颁布法令“徙南京大姓以实西南”，将南京的贵族大姓迁徙到西南地区来，所以蓝家就迁到了云南。

当时绿酒在中国已消失，但是因为兰茂是医学家，他有幸保存了绿酒的配方，其后人或徒弟在云南的嵩明杨林镇悄悄地酿造起来，形成了今天的杨林肥酒，也就是中国绿酒的前身。

有了这段历史故事，这酒更加具有文化魅力。如此一来，杨林肥酒必将改写“云南无名酒”的历史，这次策划不仅可令杨林肥酒起死回生，更重要的是，将创造云南甚至中国酒业的全新历史。

杨林肥酒＝名酒？绝妙联系：一是百年绿酒；二是玉液琼浆、灯红酒绿，千年绿酒文化；三是古代贵族喝绿酒，与白酒区分开；四是中国绿酒第一品牌，史无前例。

奇招：从酒的颜色上思考，一百多年来没人做过！不出这个“奇”，就没有“中国绿酒”这个“妙”！两千年绿酒文化为一家所用，非常有话题性，妙不可言。

另一个是茅台镇的酒，原来名字很普通，隔10多年了我都记不住了。茅台镇位于赤水河边，号称“中国酒文化长廊”，全国著名酒厂，在赤水河的就有10多家。茅台镇大小酒厂有几十家。最著名的就是国酒茅台。我对这家酒厂老板讲，茅台镇的酒闻名天下。你把你原来的名字改了，名字就是定位，叫“茅台镇镇酒”。这是一个很厉害的策略。茅台酒都不是镇酒，若你是消费者会怎么想？天下名酒出茅台镇，你是镇酒，名酒中的名酒啊！

茅台镇镇酒＝名酒？绝妙联系：一是茅台镇的白酒很有名，我们也在茅台镇；二是茅台镇的“镇酒”没人叫过；三是“茅台镇镇酒”名字似小实大，王中之王。一个名字就把广告语都省了。

奇招：千年来酒的竞争都在口味、工艺、历史这些领域展开，创意的着眼点都在这些方面。没有想过在茅台镇这个乡镇名字上做文章，百年茅台酒业圣地的历史文化都被你一家用了！奇思产生妙想。

**这两个酒的创意都是出奇招的结果，常规思路不会有绝妙的创意。“奇思”和“妙想”为什么要连在一起？祖宗的造词有深意。**

“中国绿酒”和“茅台镇镇酒”不是取一个名字那么简单，名字本身是定位，藏着绝妙的策略——千年绿酒文化和百年茅台镇文化都为我所用了！平易不平凡，平易之中见神奇！这两个品牌后来都做得不错。没有广告，完全靠绝妙创意，绝妙的创意就值上亿元广告费！如果打上广告，花同样的广告费，成功速度会比别人快几倍，可能已经是惊人销售额的大型酒企了。

广告不是文学艺术，不分高雅和通俗。广告是说服传播，只讲打动和说服。熊大寻的创意有高雅的，也有通俗的，但都是要绝妙的，因为绝妙是最强的说服！企业要成大业，必须做百年生意、百年品牌，所以也必须用绝妙来要求自己。绝妙管千年！绝妙即说服，即亿万人心服口服，万众一心，方成大事。绝妙成就大业。创意不做绝妙，不过小儿胡闹。

所以说，**广告不分雅俗，只分妙不妙。雅或俗只要做到妙，就能打动和说服，就能拍案叫绝。**

俗的事物做得妙，也是高手，也是得道。比如东北小品够俗的，但是妙啊。小品乐不乐，完全看包袱和笑点，主要创作手法就是绝妙联系。例如“脑袋大、脖子粗，不是老板就是伙夫”。老板和厨师的联系：一是脑袋大，二是脖子粗。“眼睛一闭一睁，一天就过去了哈。眼睛一闭不睁，一辈子就过去了哈。”一天和一辈子的联系：睁眼和闭眼。为什么东北小品俗，但是能老少通吃？因为里面藏着绝妙。

雅的东西不绝妙，比俗还让人难受。雅的做到绝妙，如同齐白石的画和肖邦的音乐，全世界通吃，没有文化和语言障碍，一秒就懂。雅的事物不妙，则境界不高。俗的事物不妙，则是真的庸俗。**高雅——雅而妙为高**。**通俗——俗而妙为通**。高到哪里？巅峰！通到哪里？人海！

**雅而妙才是高雅；俗而妙才是通俗。妙雅能高山仰止，妙俗能四通八达。**

企业产品的绝妙创意不同于城市、景区，可以偏重通俗易懂。但是在说理服人和利益诉求上，要做到绝妙。不一定妙在门面上，但要妙到心里去，更要注重实用。

## 好广告不是粗直俗，而是简白美——凡俗与妙俗

中国现代文化、广告营销理论都讲简单、直白，简单、直白并不等于粗直俗，也不等于否定“绝妙美”。中国文化的精髓其实是“简白美”，山水画的留白，简笔成画——夏半边，马一角；中国园林的借景、框景——云白、光白、水白。唐诗宋词的绝妙好词，流传不衰。流传下来的好诗都简白美，不深奥。深奥晦涩就很难流传。中国传统文化的精髓是简白，妙就妙在简白。简白一定美，没有不美。简白美才符合中国人的集体意识。

简是简单、扼要，白是直白、留白，美是绝妙。妙的东西一定美，所以有“美妙”这个词。简单扼要就是扼住重要联系，直白、留白就是听得懂、看着美。

有的信奉通俗粗直的广告人会拿民谚举例子，“庄稼一枝花，全靠粪当家”，还说广告和定位一定要通俗简单，才能传播开来。那我问一句，“庄稼一枝花”跟“花落知多少”“离离原上草”“白日依山尽”“夜半钟声到客船”相比，你说哪个更广为流传?!流传的唐诗都是大白话，一听就懂，而且美妙。美妙的东西是世人都在流传。美不一定流传，美妙一定流传，因为绝妙在其中。

就传播的广度和深度而论，唐诗是民谚的百倍千倍，而且植入了人的精神和头脑深处，成为文化基因，因为我们民族的说服基因和传播基因是绝妙，是简白美。

所以，不是通俗直接才能流传，不是下里巴人式的文字语言才能流传。**如果阳春白雪的文字语言做到绝妙美、简白美，就比通俗的更容易说服、更容易流**

**传**。传播不取决于雅俗，传播取决于心服口服，心服口服取决于绝妙。澄清两点：一是好的定位语言，美而不深奥。深奥其实不美，至少不符合中国传统审美。美的语言文字都简白，简白才美。“采菊东篱下，悠然见南山”“明月松间照，清泉石上流”“只在此山中，云深不知处”。没有一句是深奥难懂的，都是老百姓一听就懂的，但是意境高远，回味无穷。这些语句在古代相当于“你吃饭了吗”的大白话，不过藏着意蕴和美。不是有文化、有美感就等于深奥难懂，这其实是不懂文化和文化粗浅的人的想法。

宋朝孔平仲的《孔氏谈苑》云：“白乐天每作诗，问曰解否？妪曰解，则录之；不解，则易之。故唐末之诗近于鄙俚 。”白居易每次作诗都要让路边的老太太听懂才罢，听不懂则改。所以，唐诗已经是民间大白话了。唐诗绝对是简单、直白、美。

文化文化，文字融化。把难懂的融化成易懂的，让人明白。文以载道，文字文化是用来传道、传真理的。只有春风化雨、润物无声、化育万众，才能传道。“简”“白”“美”三字是并列关系，也是因果关系。

粗直俗是一听就懂，绝妙美和简白美是一听就懂，一看就美，一想就远，纵深大多了，上下五千年，纵横八万里，不在一个水平层次上。所以，不是“庄稼一枝花”才是通俗易懂，才是简单直白。“大漠孤烟直，长河落日圆”也是通俗直白，然后还一听就懂，一看就美，一想就远。通俗不是庸俗，**平易之俗是大美，平凡之俗是真俗**。平易之俗是俗中有雅、雅俗共赏，平凡之俗是为俗而俗、俗不可耐。

邓丽君的歌也是通俗（邓丽君的歌简白美，唱与词已到出神入化之境界）。邓丽君有多少粉丝？关于她，有一句绝妙含蓄的广告词：十亿个掌声！二人转多少粉丝？东北小剧场啊。（本人很喜欢东北小品，别的是咯吱人让你笑，他们是人站在那里你就想笑，也到了一个化境。）记住，道不远人。道、法、真理都是通俗的。高僧大德家常话，禅门话头一级棒。

熊大寻 20 年前就做过广告策划，对广告策划那些技巧已经很熟了。我们既不主张广告语言要高雅，也不主张广告语言要通俗。我们只主张广告语言要绝妙，要有强大的势力和说服力。“中国绿酒”“茅台镇镇酒”“香格里拉”“风花雪月”“伊甸园”这些词都具有强大的势力和说服力。不是高雅就说服不了人，也不是通俗就让人心服口服，只有绝妙才是标准！绝妙是最高境界，是天意，绝妙有九天而下之势。

**绝妙不等于深奥。绝妙等于简单、直白，不简单、直白，怎么一秒听懂、绝妙即服**？怎么表现大漠的孤寂清冷——“大漠孤烟直，长河落日圆”，用“直烟”和“圆影”啊！孤烟无风，长河无浪，多孤独啊？绝对是方圆百里不见人啊。这个多绝妙。所以流传千古，写大漠孤寂，别人无法超越。这句诗不需要任何翻译，简单、直白到跟看见相片一样，通俗、绝妙。

大漠孤烟直，长河落日圆 = 孤寂？绝妙联系：一是大漠苍茫，长河无声。二是孤烟凄清，落日感伤。三是直烟无风，圆影无浪。三重联系，三个巧合。

红塔集团“山高人为峰”，人人一听就懂，但是不俗，平易不平凡。每个字平易，组合起来都不凡。中国绿酒、茅台镇镇酒、风花雪月、清泉石上流、古镇大院山水画，一听就懂，平易中有深意，平淡之中见神奇！邓丽君的歌是通俗的，但是你好好看看她的歌的歌词，都是平易不平凡的绝妙好词，尤其是与旋律相配，简直无法超越。讲人话，诉家常，人间烟火，绝美动人。

讲人话不是粗直俗，人不都是大老粗，产品的调性也不都是大老粗。1949 年前中国的文盲率是 80%，大多数人是文盲，这个时候你做宣传，那是得俗一点。现在中国的文盲率只有 5%，有文化的人比例增长了 15 倍！现在做宣传，你讲话得有水平，不能像文盲。很多人信奉粗直俗的创意，真的是把目标消费者当文盲来沟通，把粗直俗、听得懂这种粗浅的方法当成最高的真理，完全不知道产品和创意的多重联系和多个巧合的征服力，完全不懂绝妙即服的能量。

做广告跟追女孩一样，谈吐很重要。谈吐太雅、太深奥，别人嫌你装；谈吐通俗直白，别人嫌你俗；谈吐简白美，才能让人一见倾心。广告人不要老是强调“说”——听得懂，得把重心放到“服”——心服口服。记住：听得懂不会成交，信服才会！你试试老用听得懂的态度谈恋爱、交朋友，把人当文盲，只会让人反感。你用心服口服的态度，才明白绝妙是你无往不利的法宝，恋人、朋友都是你的。别的不说，幽默就是一种绝妙。

听得懂跟服没有一点关系。绝妙也让人听得懂，但是让人信服是靠多重联系和多个巧合。其他高手讲道，孔子听得懂、看得清，你讲得再高、讲得再深，我都可以超过你。但是，老子讲道，讲得云里雾里，神龙见首不见尾，孔子也没全听懂，但是绝妙感受到了，服啊——老子是神！可见讲通俗、听得懂跟说服没有关系，绝妙才能让人服。熊大寻也提倡“通俗易懂、听得懂”，但这不是一种技术，没有技术含量，只不过是常识。

过于追求通俗就是粗俗。一千多年前唐诗就是民间大白话了，50 年前邓丽君的歌就是通俗歌曲了。你看看邓丽君的歌的歌词，简洁直白，妙有意境。通俗的“通”是通达（联系）、通情达理，是把情、理联系起来，是平易、不平凡。没有联系和妙味的俗是粗俗、庸俗。

“通俗”出自《警世通言》：“话须通俗方传远，语必关风始动人”。可见，话语必须通俗易懂才能传得远——俗，话语必须关联（联系）风俗人情才能感动人心——通。说服打动来自联系，有联系的俗才能打通和通达，这才是通俗。

绝妙有两点让人服：一是信。事物之间的多重联系和多个巧合，事物的要素结构全亮出来了，用人来比喻就好比掏心掏肝，你还不信？至诚至信！二是服。多个巧合——不可思议——奇迹神通——心服口服。最近中共中央宣传部、中央广播电视总台联合创作的《平语近人》电视节目，绝妙联系：一是平——平语、平易；二是近——近人；三是平语近人——平易近人。三重联系、三个巧合，也是字、音、义的巧合。宣传口号最重要是要充分应用多重联系、多个巧合达成绝妙，绝妙是最高级的传播。词语和语句本身没有能量，一旦包含和揭示了多个联系和巧合，就具备了神奇的能量。

即使在文盲率达 80% 的民国时代，李叔同一首《送别》——“长亭外，古道边，芳草碧连天”也流传了百年，词多雅，属于简白美的雅。而同时期比它通俗得多的歌，没有一首的流传程度超过它。不是你打着“接地气、讲人话”的旗号，你就可以粗言粗语。**你的情诗和情书是怎么打动你女朋友的**？**你的论文是怎么通过的，使你拿到毕业证的**？**你的求职信是怎么让你入职的**？**大多数人的人生没有一个环节是通过讲俗话直话打动人的！讲人话等于讲直话讲粗话，那是莽夫的理解，你的人生需要简白美**。

粗直俗的广告通常打着“通俗易懂”的旗号招摇撞骗。要看清它的真面目，需要对它精准命名。**粗直俗不是通俗，而是“凡俗”**。无理声音大，平凡得可以，离庸俗就不远了。

**简白美可以称为“妙俗”，这是真正的“通俗”，“通”是大智慧，直通人性心理，一秒听懂，心服口服。“凡俗”不可能让人心服口服，传不起来，播不出去**。这是嬉笑怒骂。“妙俗”让人心服口服，亿众传播。这是嬉笑怒骂皆文章。有没有文章，是天上地下的差别。

好的广告不是“走过路过，不要错过”，不是“挥泪大甩卖”，不是“进店两折起”，好的广告也不是深奥难懂、故作高雅，而是在人们的理解力和挑战力之间保持平衡。

## 创意“最优新鲜度”——妙俗的接受度最高

2014年，来自哈佛大学和西北大学的研究者想要准确找出最有可能从美国国立卫生研究院（NIH）这样广受推崇的机构赢得资助的提案策略，到底是安全熟悉的提案更受青睐，还是极端有创新性的提案？他们准备了大约150个研究提案，并从新颖性角度给每一个提案打分。然后他们招募了142名世界知名的科学家，让这些科学家来评估每一个提案。

结果，最新颖的提案获得了最低的得分。极度熟悉的提案得分也很低。获得最高得分的是那些被认为适度创新或半创新的提案。莱克汉尼说，这就是观点的“最优新鲜度”——理解力和挑战力间的平衡。这就是产品和创意最先进且最能被接受的最佳平衡点。最优新鲜度的曲线如图所示。

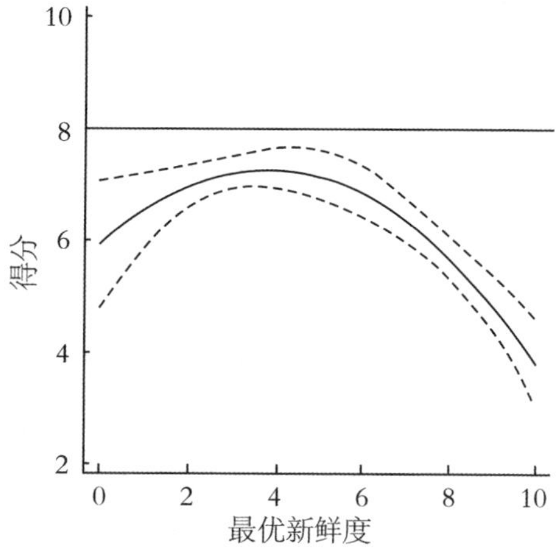


创意“最优新鲜度”曲线图

通俗易懂、没有智慧含量和创新挑战的方案，得分出人意料地低，因为它跟最新颖、天马行空的方案是一回事，正应了“过犹不及”这句老话。过度的通俗就是“凡俗”，接受度和深奥难懂是一回事。凡俗的接受度很低，妙俗的接受度最高。妙是创新，俗是熟悉。五五分，中间平衡。

我们前面讲过，**传统的创意和广告只能做到“通俗易懂”。而绝妙的创意和广告除了能做到“通俗易懂”（一秒听懂），还能做到“心服口服”**。“通俗易懂”只是让人看明白，这个人并不心服口服，懂跟服相差十万八千里，所以很难产生购买行为，更不会去主动传播。现在按创意“最优新鲜度”曲线图来看，“通俗易懂”竟然连接受度都很低，因为没有挑战性。

真正的传播和流传来自“心服口服”——提供挑战性，你挑战过，胜不了。心服口服是“战而不赢为服”——挑战胜不过人家，于是佩服，于是去传播。你佩服明星，你会去传播他（长相、才艺上你挑战不了他）；你佩服大佬，你会去传播他（财技上你挑战不了他）；你佩服道德模范，你也会去传播他（助人为乐上你挑战不了他）。你佩服什么，一定会去传播什么！

**“服”有多重要！不战怎能“服”?!** 而只是通俗易懂、给人好处的广告，是很难做到自动传播或流传的。（如果这个好处是破天荒的好处，有可能会传播，这个只有破产大甩卖做得到。）

“山川异域，风月同天”对国人来讲是闻所未闻，太生僻了！但是你一下就能看懂，并且在理解之后，就是13亿人的心服口服和山呼海啸般的传播。这时，你才真正明白，说服和征服跟通俗易懂没有关系，只跟“绝妙即服”有关系。

日本人心中排名第一的唐诗是张继的《枫桥夜泊》。绝妙联系——“月落”：一见；“乌啼”：一闻；“霜满天”：一感。“江枫”：一暗；“渔火”：一明；“对愁眠”：一幻。“姑苏城外寒山寺”：一远；“夜半钟声到客船”：一近；“寒山、钟声”：一幽。

此诗用不同景象与明暗、远近、虚实、幽响产生绝妙联系，达到了高深幽玄的境界。所以，它不仅进了日本小学的课本，1929年日本还在青梅山仿建了寒山寺和枫桥，抗战时还专程派人把寒山寺的钟盗走。**绝妙给人宗教级的说服和征服！** 跨越种族，跨越时空，不可思议，远非简单的通俗易懂可比。绝妙即服——解开了传播、广告和营销近百年的迷惘和困惑。

绝妙是一种偶像，让你挑战，但你赢不了。所以，心服口服，无法超越，于是流传。绝妙是一种平衡和中庸，承上启下，沟通前后，所以能拥有最高接受度和传播率。

擅出奇招、“搜尽奇峰打草稿”“法自我立”的石涛第一个提出绘画之妙在于“不似之似”。他说：“名山许游未许画，画必似之山必怪；变换神奇懵懂间，不似之似当下拜。”“不似之似”有两层含义：一是实景与意境之间的联系——绝妙。二是熟悉一半，新奇一半——最优新鲜度。“不似之似”就是绝妙即服，让人当下就拜。

设计过最著名的汽车、飞机和火车的工业设计之父洛伊说：“想要销售一些熟悉的东西，就要让这些东西带来惊喜。而想要销售一些惊喜的东西，就要让这些东西显得熟悉。”

创意“最优新鲜度”就是旧事物与新事物之间的联系，联系是天生的承上启下，联系就是旧的一半、新的一半。绝妙联系是理解的桥梁和中介。

为什么绝妙联系能让人一秒听懂、心服口服？原因之一，它符合创意最优新鲜度。它是新旧事物之间的联系，能承上启下。

**绝妙就是意料之外，情理之中，智慧之上**。

创意的基本要求就是“意料之外，情理之中”。达到新奇与熟悉的平衡才是绝妙，才是创意。后来这个基本要求被人遗忘和误传了。创意变成泛滥随手的东西。其实创意的基本要求就是，绝妙就是创意，创意就是绝妙。不到绝妙，何谈创意？

单一的“意料之外”和单一的“情理之中”都不是创意，都是最低的接受度。只有二者兼具才有最高的接受度。但如此还不够，还必须达到“智慧之上”才算绝妙。绝妙最突出的特征是智慧之上，它直接产生敬畏和心服口服。

东北二人转只能在东北小剧场演出，东北小品就能上春晚，有几亿受众。原因就是赵本山及其团队，把“凡俗”变“妙俗”了。小品的创意设计，都是往绝妙上走的。做到绝妙，掌声笑声一秒就来。你以为小品玩的是搞笑吗？人家玩的是绝妙！掌声都给在“妙”字上，不是给在“俗”字上。

**“最优新鲜度”就是绝妙**。**绝妙在境界上达到不可思议，在理解上达到人可思议**。为什么绝妙能让人一秒听懂、心服口服？就是因为**绝妙创意在人的理解力和挑战力之间找到了最佳平衡**。让你理解，可以一秒听懂。让你挑战，能心领神会，却只能望其项背，才会产生心服口服。

绝妙是在两个熟悉事物之间找到新奇的联系，在熟悉中产生震撼的新意。事物是理解力，联系是挑战力。还是拿朱元璋和刘伯温的妙联举例说明：

天下口，天上口，志在吞吴。

人中王，人边王，意图全任。

“吞吴”和“全任”是熟悉理解，“天下口，天上口”“人中王，人边王”是新奇挑战；上联整句是熟悉理解，下联整句是新奇挑战。一妙在解字，二妙在对仗，三妙在身份。境界上不可思议，无法超越。理解上心领神会，但难以望其项背。胡思乱想是天马行空，绝妙创意是天马行踪。创意可以天马，但是必须行在踪迹（联系）上。

不是听得懂就有好的接受度，情况有时相反。接受度和传播度的关键是说服和心服口服。心服口服才会敬畏，敬畏才会流传。绝妙产生敬畏，敬若神明，哪种流传超过神?！我们称这种“最优新鲜度”为“平易不平凡”，即可以做到的挑战。看看全世界百年品牌的广告词，大部分是平易不平凡的。

鹿牌威士忌：自在，则无所不在。

麦氏咖啡：滴滴香浓，意犹未尽。

万事达：万事皆可达，唯有情无价。

联邦快递：使命必达。

IBM：四海一家的解决之道 。

555 香烟：超凡脱俗，醇和满足 。

苹果：Think Different（非同凡想）。

三星：无穷想象，无限可能。

红牛：你的能量，超乎想象。

黄山烟：一品黄山，天高云淡。

地摊广告马上收摊。百年广告长做百年！

1997 年，曾被踢出局的乔布斯重掌苹果，借由“非同凡想”这广告，他让迷失的苹果重新找到了自己的灵魂：苹果就是创意，创意就是非同凡想。长达一分钟的广告涵盖了爱因斯坦、鲍勃·迪伦、约翰·列侬等著名人物，文案“非同凡想——向那些疯狂的家伙致敬”。这则广告让乔布斯落泪，甚至被誉为百年来最伟大的广告。也正因为乔布斯确立了“非同凡想”的价值观，苹果才改变了世界。“非同凡想”是价值观——奇招，“联系事物”是方法论——绝妙。苹果为什么是全球市值第一的公司？核心就是“奇”和“妙”，得道了！

“非同凡想” = 苹果？绝妙联系：一是我们的方法超越你的想象。二是我们的产品超越你的想象。三是我们卖的不是产品而是思想，“非同凡想”最酷。

最近有句话很多宣传茶叶的都在用：万丈红尘三杯酒，千秋功业一壶茶。喝茶卖茶的都把它作为价值观。广告语除了卖货，还要有妙味，反映产品的价值观，有点真理在里面。上述大企业的广告语都很卖货，有点妙味，有价值观。很多是外国企业，估计是翻译的问题，我觉得还是不够妙。跟戴比尔斯一样，还可以好好改进，但我估计英文原意很妙。

综观世界百年企业史和广告史，做大做长的企业，没有一个品牌口号是粗直俗，全都是简白美，甚至有的能达到绝妙。

## 创意是“旧元素新组合”，是旧事物之间的联系

奇绝，奇妙。奇即绝，奇即妙，奇即绝妙。奇招即妙计、妙招。妙计也是两个事物的共同联系。在现实与目标之间有一个最好的共同联系，就是妙计，不可替代。

不要讲你的方法超过绝妙，不要讲你的领域不需要绝妙。绝妙是天道、真理，是一切领域和行业的最高法则和最高方法：军事妙计，宗教妙法，棋类妙手，智谋（神机）妙算，医生妙手（回春），药业妙药，艺术妙品，文学妙笔生花，餐饮妙味，音乐（累珠）妙曲，创意创作（奇思）妙想。在中国文化中，可用“妙”来统一概括所有领域的最高境界。

绝妙是中华民族的集体意识基因和文化思维传统，无论是诗歌、哲学、绘画、音乐、智谋、军事等，所有领域都有突出的崇尚“绝妙”的传统。社会学家勒庞说：“人类是依附传统而存在的，因为只要脱离了传统，不管民族气质还是文明都不可能保存下来。”

清代大书法家何绍基总结这种现象叫**“无种不妙，无妙不臻”**——中国每一种文化艺术和思想都追求绝妙，绝妙是超级联系，达到绝妙才能登峰造极。

无绝妙不巅峰，无绝妙不流传。

**为什么“绝”和“妙”组成一个词——绝妙**？“绝”就是穷尽、无，“千山鸟飞绝”；“绝”就是极限、极顶，“会当凌绝顶”。绝妙就是无法超越，极限水平。**别的方法前面为什么加不了“绝”字**？**你的方法为什么不能统领三百六十行**？**因为不是真理，不是天道，不是最厉害的方法**。只有绝妙是！妙还常与神相连，神妙莫测，神机妙算——绝妙通神，是五维思维，是上天的思维。

美国广告大师詹姆斯·韦伯·扬说：创意，就是旧元素的新组合。什么叫“旧元素新组合”？旧元素让人熟悉，新组合给人新奇。旧元素的新组合，让人既熟悉又陌生，达到最优新鲜度。因此激发“居然这样！太神奇了”的惊叹，引发传播。旧元素 A 和旧元素 B，它们的多重联系和多个巧合是什么？找到了亮出来，就是绝妙。所以，创意即绝妙。

其实，人类社会的所有科技、发明和创造都是旧元素新组合的结果，发现旧事物之间的共同联系，然后产生新事物。

创意、创造力是一切力量和事物的灵魂。创意、创造力就是绝妙，绝妙是一切力量和事物的灵魂。绝妙无形无相，统领万法，无妙不臻，是一切方法的最高领袖。现代科学证明：其大无外，其小无内，万物互联，万物之间相互联系。共同联系就是宇宙生息的法则，找到共同联系就是造物。

## 顶层玩绝妙，中下层玩其他

卖货的口号真的很简单，技术含量很低，把你的 USP（独特的销售主张）找出来就行了（USP 可能是工艺、性能、原料、技术等，很容易找）。只是卖货等于吆喝，吆喝等于摆地摊。你见过摆地摊做成了大企业的吗？有时间你到菜市场门口，看卖菜刀的吆喝，现场示范斩钉截铁，USP 张口就来，现说现展示，并且顺口押韵，通俗易懂，观众颇多。

但是企业主和城市管理者的思维要升级，甚至要升维。目前东西方广告界的方法到 USP 和定位理论就是顶点了，但是我们的企业主和城市管理者还完全不了解。前者产生于 20 世纪 50 年代，后者产生于 20 世纪 70 年代，都是过了半个世纪的理论了。我们不以时间论英雄，但是百年大企业真的运用这两个方法的有几个？看看上述著名企业的广告语就知道。

大企业、大品牌的根本之道在于绝妙。从商业模式、产品创意、营销策略到广告语，层层绝妙，没有不绝妙的，著名城市形象口号和旅游口号也都是绝妙的。

ZARA 的老板奥特加曾经超过比尔·盖茨成为世界首富。ZARA 是时尚服装界的另类，在传统的顶级服装品牌和大众服装中间，奥特加独辟蹊径开创了快时尚模式。ZARA 的商业模式就是应用绝妙联系的结果。

ZARA = 大生意（目标）? 绝妙联系（要素 × 联系 × 巧合）：一是顶级服饰很时尚，是大生意。大众服饰不时尚，是大生意。大众而时尚应该是大生意。二是"大众"要求低价，所以复制拷贝时尚，降低设计费，降低产品价格。三是"时尚"要求流行，400 多名设计师，经常出没于米兰、巴黎时装发布会，复制最新的设计理念和款式。四是时尚要求个性，所以"多款式、小批量"，一年大约推出 12000 款时装，但每一款的量只有几件。即使是畅销款式，ZARA 也只供有限的数量，卖完了也不补货，以此满足个性化需求。五是"多款式、小批量"要求"快"，即拥有强大的信息系统和每个门店经理拥有向总部直接订货的权力。每隔半小时，ZARA 每个门店经理都会根据 POS 机里的销售系统，对店面进行实时控制和补货。

ZARA 的绝妙联系不是横向并列联系，而是纵向逻辑联系。ZARA 的这个绝妙联系，包括了商业模式创意和产品创意。营销和广告按着商业模式和产品创意走。ZARA 全世界 800 多家店都开在城市最繁华的中心位置，甚至与 LV 等奢侈品店开在一起，因为 ZARA 是时尚的代表之一。ZARA 采取的是饥饿营销策略，货品稀少，错过就没有，以引起抢购，因为 ZARA 采用的是快时尚。

你的企业商、产、营、广的绝妙联系找到了吗？四个环节都要绝妙。（城市和景区的商业模式创意和产品创意，我将在第三章“极点策略”里讲述。）

USP和定位其实还是有用的，但这对于策划高手来说只是基本功和技术本能，而不是核心竞争力，更不是最高方法。一个创意策划做到USP和定位精准，只能打60分。及格了！剩下的40分，十分费力，要竭尽全力找到绝妙联系，做到绝妙即服。更高的追求是从商、产、营、广四个层面来做到绝妙。这更费劲，一句话形容——呕心沥血！做到就是做大。

世界上最大的花海在哪里？青海门源回族自治县40万亩（1亩≈667平方米）花海！原来的旅游形象定位叫“花海门源”，太简单了，同质化严重。我们研究发现门源两边是雪山，中间是花海，很震撼，尤其夏季气候十分凉爽，是古代著名的避暑胜地。《资治通鉴》记载门源原名叫若凉城。1299年永昌王在门源皇城滩建避暑行宫，名斡尔多城（皇城之意）。夏季有雪山和花海，在全国十分罕见。

熊大寻为其定位“凉城美景，花好门源”。第一，定位与“良辰美景，花好人圆”巧妙谐音，容易记住。第二，“凉城美景”把避暑、雪山这两个卖点都考虑了，而又与“花好门源”组成一个完整的意境。第三，把“花海”上升到“花好”，从自然景观上升到人文情怀，打造爱情胜地，吸引年轻人。促销口号：“花好到门源，爱你一万年！”

“凉城美景，花好门源”=“良辰美景，花好人圆”？绝妙联系：一是古称若凉城，又有避暑王宫，著名避暑胜地，恰好就是“凉城”。雪山花海对应“美景”，花海对应“花好”。二是“凉城美景”谐音“良辰美景”，“花好门源”谐音“花好人圆”，朗朗上口，意境美好。三是与中国数不清的花海区分开来，并且直接达到赏花的最高境界——花好人圆。将花海与爱情结合起来。后续爱情活动名正言顺，便于营销宣传，有话题性。

有的广告看着平凡，其实是平易不平凡。“怕上火喝王老吉”，四川人喝绿茶，云南人喝普洱，河南人喝毛尖，人们为什么要喝广东凉茶？王老吉找到了一个绝妙联系：王老吉=全国喝？一是全国都吃烧烤，全球气候转暖，大家都上火。防上火是刚需。二是所有品种的茶都防上火，但是我恰好叫“凉茶”，真巧！三是我是第一个提出防上火的，专利就是我的，市场就是我的。营销创意绝妙了，广告将营销创意讲出来就行了。所以，平易不平凡。此中有绝妙。你让绿茶喊防上火，它没有带“凉”字的茶有说服力啊！广东又最热。妙啊！原来王老吉一年花几亿元宣传“广东凉茶王老吉”，根本卖不动，后来懂得绝妙，就做成了爆品。

很多厉害的品牌，广告词不妙，但是产品和商业模式很妙，戴比尔斯钻石也是。产品营销妙，商业模式妙，广告可以省很多钱。把产品创意直接喊出来就行，但也要注意平易不平凡。

花好门源——门源花海大地艺术

绝妙最大的应用是科学发明，然后才是商业创意和百行百业。绝妙在商业中首要的应用是商业模式创意和产品创意，其次是营销创意，最后才是广告创意。

陆游诗曰：妙道本自得，至言初不烦。妙道本自得——产品创意本身有妙道了；至言初不烦——广告词就不用烦琐费事了。

熊大寻主张企业在商业模式和产品上就要做到绝妙，这才是关键。产品创意一般，营销创意必须绝妙，营销创意一般，广告创意必须绝妙。处处不妙，关门倒灶。

## 诗歌最早是用来说服人的

古代诗歌理论名著《毛诗序》写道，诗有 6 种形式：风、雅、颂、赋、比、兴。天子用风诗教育感化臣民，臣民用风诗讽谏规劝天子诸侯。诗要找个比喻委婉地讽谏，写唱诗的人就没有罪过，听到吟唱诗的君主会引以为戒，因此叫作“风”。诗歌是用来说服的。

**诗天生就有绝妙联系的基因。不绝无以成诗。可见作诗不是附庸风雅和文人雅兴，而是一种强大的传播说服技巧。其传播说服作用超过现在的广告词和广告语言。**《毛诗序》讲：纠正政治的过失，感动天地和鬼神，没有超过诗歌的。古代的圣王就是以诗来规范夫妇关系、培养孝敬、敦厚人伦、完善教化、移风易俗。

《悯农》是如何教化说服的？“锄禾日当午，汗滴禾下土。谁知盘中餐，粒粒皆辛苦。”

锄禾 = 节约？绝妙联系：一是粒粒米 = 滴滴汗，二是盘中餐 = 皆辛苦，三是

家中坐 = 烈日锄，四是用锄禾这个与餐食有因果关系的行为来说服，即用艰辛与乐享的因果关系来说服。正午锄禾这个介质绝妙，立即说服。

《游子吟》是如何教人孝顺的？“慈母手中线，游子身上衣。临行密密缝，意恐迟迟归。谁言寸草心，报得三春晖。”

缝衣 = 慈母？绝妙联系：三个内在联系，三个意象。一是烛光里的妈妈，二是一针一线的妈妈，三是密密缝的爱护和迟迟归的惆怅。层层递进，由浅入深，震撼心灵。每次读这首诗，都会有泪流满面的感动。

“慈母缝衣”这个情景是绝妙的中介，连起母亲的那头，连起游子的这头。形式内涵都无法超越，这已经不是教化说服了，这是直击灵魂，感天地，泣鬼神！你仔细想想，还有比这个更绝妙的说服吗？没有了。重新认识诗歌，每句都是大白话，但是联系绝妙、比喻绝妙、取材绝妙，意境无穷，所以永恒。

这两首绝妙好诗都有极强的画面感，说服不仅仅是以理服人，更是以情动人。以情动人是更高级的说服。以情动人必须要有画面。这两首诗都像一部电影的特写，情景、细节、心理描写都栩栩如生，如临现场，因此，撞击心灵，超级说服。（熊大寻一再强调，城市形象和旅游定位口号要有优美的画面感。）

诗歌为什么讲究“诗情画意”？理、情、景，三位一体，既有哲理，又有感情，还有场景。诗歌就是要做到以理服人、以情动人、以景感人，最终达到“惊天地泣鬼神”的超级说服。古诗为什么都要绝妙？无妙不诗！因为它是超级说服工具，要承担重大的教化说服和社会传播功能。只有做到绝妙，才能一秒听懂、心服口服、敬畏崇拜、教化千古。诗歌的作用和功能比现在的广告厉害多了，所以，诗歌的核心方法是绝妙即服。

好的定位和广告词也要这样，要有很好的画面感。给人好处只是讲道理，绝妙则还要以景动人、以情动人。别忘了“触景生情”这个词。你不提供“触景”，怎么让他“生情”？尤其是城市形象和旅游定位口号，文字一定要触景。所有的词语在受众脑海中转化为情景，然后才进行理解、思考、决策。王老吉和加多宝的电视广告：吃火锅、吃烧烤、赤日炎炎……多少上火的情景啊。把问题亮出来，再把答案交给你。

**触景—生情—动人，这是一个说服逻辑链**。对城市和景区来说，你有什么代表性景观和人文，就要优美地展现出来，这个都做不到，就不是广告词和定位语了。此外，还要找到事物的绝妙联系——多重联系，多个巧合，心景与物景的联系，做到字字如珠，一句成链，整体绝美。绝妙即美，绝妙让人一秒听懂，画面感强是原因之一。这也便于理解啊！

对企业产品的策划和广告来说，目的只有一个，就是产生购买这个行为。人是按照看到—想到—做到这个三部曲走的。只有先看到，才会有想到和做到。因此，画面感的营造很重要，美国营销大师爱玛·赫伊拉曾说："不要卖牛排，要卖吱吱声。"这就是造画面、造场景。

"阿波罗"号飞船登月，阿姆斯特朗"人类的一小步，世界的一大步"。这件事至今争议不断，越来越多的人认为这是一个摄影棚摆拍的骗局。但是，阿姆斯特朗迈出人类在月球第一步的画面，那几个脚印，深深地印在了苏联人的脑海里，他们产生了巨大的焦虑，由此，放弃国民经济的投入转向军备竞赛，最终拖垮了国家。

美国的"星球大战"计划需要一个广告片和代表作，选择什么介质呢？星球大战=登月？绝妙联系：第一，登月是自古以来人类最大的梦想。"嫦娥奔月"想了多少年？第二，代表了太空技术的最高水平。第三，人类梦想、震撼技术、太空飞船、月球漫步、全球直播，这一系列画面比任何介质都好，都更有新闻性、震撼性、关注度。所以策划登月事件是一个绝妙创意！想一想有超过它的吗？没有。这个绝妙创意，加上月球漫步的画面，产生了巨大的震撼性，导致了苏联"大地震"。绝妙即服，绝妙即是征服。

广告大师威廉·伯恩巴克提出ROI的广告理论——一个好的广告应当具备三个基本要素，即ROI：相关性原则（relevance）、原创性原则（originality）、震撼性原则（impact），这三个要素被称为广告的"鬼斧"。这已经接近绝妙的标准了。绝妙就是要找到事物的联系，即相关性；每个项目都有一个绝妙，天之原创；绝妙让人拍案叫绝，令人震撼。但是这个理论没有把核心"多重联系和多个巧合""不可思议谓之妙"以及获得绝妙的方法"出奇"讲出来。

创造绝妙和发现绝妙，是一件"上穷碧落下黄泉"的事，真的是要费尽心思，绞尽脑汁，反反复复，才能找到。苏东坡说："求物之妙，如系风捕影，能使是物了然于心者，盖千万人而不一遇也。"就是说找到事物的绝妙像拴住风、捉住影一样难，找到则能让事物了然于心，千万人中也难遇到一个啊！也有灵感乍现，妙手偶得，但更多情况是前者。策划和创意就是解决问题，我们不做纵论山河万里的事，这个适合文化学者和电视评论员。我们只解决问题，创意做到绝妙，策略做到极点，景观做到震撼，产品做到必需，传播做到高频（这个要靠客户去做。我们会强烈建议，这是落地执行的关键）。通过这一套完整的操作，帮助客户和项目实现突破性发展。

绝妙不是用来自我欣赏和扬名的，而是用来帮助项目的。“我出奇招，你出奇迹。”这不是自我吹嘘，而是一种市场规律和创意价值观，更是一种本质方法论。熊大寻只在策划创意上做到第一，追求做到绝妙，无人超越。我们不谈宏观大论，只做“一剑封喉”。我们只是做绝妙的手艺人。

我们也不花时间在跟人辩论上，凡绝无疑——绝妙的作品，人会心服口服，无须辩论，无人存疑。我们也不花时间在说服客户上，绝妙即服——绝妙的作品，客户一秒就懂，无须说服。我们只花时间在创造绝妙、发现绝妙上，任何项目都有一个绝妙的创意，不要轻易停下思考，一定要拼命接近它，一直到找到它。这就是策划人和创意人的工作。

绝妙是给人正面刺激的最高状态，三个成语和惯用语足以证明：拍案叫绝、击掌叫绝、抚掌称妙。看到绝妙让人拍桌子大叫，如此高的赞美和评价，没有超过绝妙的。中国文化里最高的评价给了绝妙。做到绝妙，就是奥斯卡奖，就是诺贝尔奖。

《毛诗序》原文：“情动于中而行于言，言之不足，故嗟叹之，嗟叹之不足，故咏歌之，咏歌之不足，不知手之舞之，足之蹈之也。”对绝妙的事物用语言来赞美，语言比不上用感叹，感叹比不上用歌唱，歌唱比不上用手舞足蹈。拍案和击掌就是“手之舞之足之蹈之也”，可谓最高形式的赞美，不如此不足以表达对绝妙的敬服。

熊大寻用“绝妙”这个标准和要求，重新创造了策划业和广告业，重新定义了创意：不绝妙叫什么创意？称得上创意就一定要绝妙！无绝妙不创意。

## 对仗和押韵的实质是多重联系、多个巧合

对仗和押韵是古代诗歌中十分重要的修辞方式，对仗体现诗歌的对称美和均衡美——美学之美；押韵体现诗歌顺口、悦耳的韵律感——音乐之美。

**诗词为什么能流传千古？一是内容的绝妙，二是形式的对仗和押韵。对仗就是句子与句子的巧合、词与词的巧合、字与字的巧合。押韵是读音的巧合。每首诗就是多重联系、多个巧合，达到整体结构的对称之美和音律之美。**

诗词从内容到形式都达到绝妙，所以古今中外最能流传千古、尽人皆知的就是诗歌和诗词。所以，最开始诗歌就是用来说服和教化人的。**诗词是最早、最**

**长、最广泛的绝妙即服。**

押韵太普遍了，逢诗必韵。我就不讲了，主要讲讲对仗。律诗要求颔联（三、四句）、颈联（五、六句）对仗——中间两联对仗，要使相应词语的词性相同或相近，平仄相反。

**春日忆李白**（杜甫）

白也诗无敌，飘然思不群。清新庾开府，俊逸鲍参军。

渭北春天树，江东日暮云。何时一尊酒，重与细论文。

（渭北—江东，春天—日暮，树—云。一句三巧合）

**观猎**（王维）

风劲角弓鸣，将军猎渭城。草枯鹰眼疾，雪尽马蹄轻。

（草枯—雪尽，鹰眼—马蹄，疾—轻。一句三巧合）

忽过新丰市，还归细柳营。回看射雕处，千里暮云平。

这两首是典型的中间两联对仗。

我们来看看流传千古的多重联系、多个巧合的对仗诗句（多为一句三巧合）：

感时花溅泪，恨别鸟惊心。烽火连三月，家书抵万金。

野火烧不尽，春风吹又生。远芳侵古道，晴翠接荒城。

山重水复疑无路，柳暗花明又一村。

笙歌归院落，灯火下楼台。

海内存知己，天涯若比邻。

行到水穷处，坐看云起时。

城阙辅三秦，风烟望五津。

造化钟神秀，阴阳割昏晓。

两个黄鹂鸣翠柳，一行白鹭上青天。窗含西岭千秋雪，门泊东吴万里船。

欲穷千里目，更上一层楼。千山鸟飞绝，万径人踪灭。

绿树村边合，青山郭外斜。开轩面场圃，把酒话桑麻。

杜甫的对仗诗句数量最多，杜甫是玩绝妙和多重联系、多个巧合的顶尖高手，所以他的诗流传千古的最多，故称他为“诗圣”。

词曲的对仗就不像诗那么严格，其对仗也不那么固定，更加自由。因为词调有上千种，各调的句式不同。请看多重联系、多个巧合的词句：

明月别枝惊鹊，清风半夜鸣蝉……七八个星天外，两三点雨山前……

枯藤老树昏鸦，小桥流水人家，古道西风瘦马。夕阳西下，断肠人在天涯。

无可奈何花落去，似曾相识燕归来。

醉里挑灯看剑，梦回吹角连营。八百里分麾下炙，五十弦翻塞外声。

人有悲欢离合，月有阴晴圆缺，此事古难全。

三十功名尘与土，八千里路云和月。

排比是演讲中的必杀技。排比的定义是“把内容相关、结构相同或相似、语气一致的几个（一般要三个或三个以上）短语或句子连用的方法”。排比也是一种自相似和对称，也是多重联系、多个巧合的绝妙技巧。比如毛泽东创立《湘江评论》的创刊词：“天下者，我们的天下。国家者，我们的国家。社会者，我们的社会。我们不说，谁说？我们不干，谁干?”

“修辞”在拉丁文中的意思就是“说服、劝服”。修辞是“说服的艺术”，亚里士多德将其视为“任何问题上都能说服的技巧”。修辞手法中的比喻、对偶、排比、对比、拈连、双关、错综、互文等，都是充分利用自相似、对称，都是多重联系、多个巧合。可以说，修辞的本质就是多重联系、多个巧合，修辞是一种绝妙。所以，东西方都把它视为“说服”的重要方法。绝妙即服是一切方法的总源、主根。

对比：把两种事物或同一事物的两个方面并举加以比较的方法。如：朱门酒肉臭，路有冻死骨。

对偶：用结构相同或相近、字数相等的一对短语或句子对称排列起来表达相对或相近的意思。如：满招损，谦受益。

借喻：不直接说出要说的人或事物，而是借用与这一人或事物有密切关系的名称来替代，比如以部分代全体，用具体代抽象，用特征代本体，用专名代通称等。如：不拿群众一针一线（“一针一线”代指最小，也是所有）。

双关：让词句具有双重意义的修辞方式。双关可分为谐音双关和语义双关两种。如：“人家笑我气管炎”。

映衬：把两个相对或相反的事物，或同一事物的两个方面放在一起，让它们互相衬托、相得益彰的修辞手法。如：蝉噪林逾静，鸟鸣山更幽；锲而舍之，朽木不折；锲而不舍，金石可镂。（韩愈《劝学》）

对偶：也叫对联，包括起句和对句两个部分。这两个部分字数相等，意义相关，结构相同或相似。如：落霞与孤鹜齐飞，秋水共长天一色；登高而招，臂非加长也，而见者远；顺风而呼，声非加疾也，而闻者彰。（韩愈《劝学》）

层递：把三个或三个以上结构相似、语意递升或递降的词语或句子顺序排列在一起，表达层层递进的内容。层递可以分为递升和递降两类。递升：全国同胞们！平津危急！华北危急！中华民族危急！递降：自然科学的皇后是数学。数学的皇冠是数论。哥德巴赫猜想，则是皇冠上的明珠。

互文：“参互成文，合而见义。”具体地说，它是这样一种互辞形式：上下两句或一句话中的两个部分，看似各说一件事，实则是互相呼应，说的是一件事。如：明月别枝惊鹊，清风半夜鸣蝉；北国风光，千里冰封，万里雪飘。

拈连：指利用上下文语义关系，把通常只用于甲事物的词语顺势拈来，巧妙地运用在乙事物上。运用拈连时，不能仅仅追求字面上的联系，而应从语义出发，把握事物间的内在关系，只有内容相符，才能“拈”得自然，“连”得贴切。如：蜜蜂既是在酿蜜，又是在酿造生活；你别看我耳朵聋，我的心并不聋啊！

修辞为什么是说服的艺术？因为修辞中充满音、义、字、词、句的联系和巧合。因为修辞即绝妙，绝妙即服！

## 智王的绝妙

**从横向上看，绝妙统领所有行业的方法，是大统一方法。从纵向看，绝妙同样统领创意、策略、战术、策划、战略等不同层次的智慧，是最高方法。**

子贡是孔子的学生，名端木赐，也是春秋时期唯一的纵横大师。他名为儒家弟子，实为黑市拳王！隔山打牛的绝活为其首创，其成就后世许多纵横家都无法比拟，堪称智王。让我们来看看他高超的纵术和绝妙战略。

齐国田常要争夺齐国的政权，但又害怕齐国贵族高氏、国氏、鲍氏、晏氏反对，于是就先移兵伐鲁。孔子听说，非常着急，对弟子们说：“鲁国是我们祖先坟墓所在，父母之国，国危如此，有谁愿为国效力？”子路等弟子要去，孔子都没有同意，子贡请去，孔子了解子贡身负纵横捭阖之术，便同意了。

子贡先到齐国游说田常：“您征伐鲁国是个错误。鲁国城池小，国君愚蠢，大臣无用，士民厌烦打仗，是难伐之国。吴国城高墙厚，兵精粮足，又有贤明大臣把持，这容易攻打，您不如攻打吴国。”田常听后，勃然大怒：“攻打强国，你这是什么意思？”

子贡坦然解释道：“忧在内者攻强国，忧在外者攻弱国。现在您的忧患在国内，如果您攻打鲁国，得胜了您的功劳却不会算在里头。相反，战胜弱国，上使齐君骄纵，就让您与国君有嫌隙；下使群臣骄纵，就让您与大臣争权夺利，到了这步田地您待在齐国就很危险了！不如攻打吴国。伐吴不胜，民人外死，大臣内空，那时您上无强臣为敌，下无民人怪罪，孤立齐君而掌握齐国的，不就只有您了吗？”

田常转怒为喜：“好吧！可是我已起兵伐鲁，突然又转而伐吴，大臣如果怀疑，怎么办？”子贡说：“您先按兵不动，我去劝说吴王，让吴国救鲁而伐齐，您正好引兵迎击。”田常同意，子贡奔南边去见吴王夫差。

子贡对吴王说：“现在齐国攻打鲁国，想与吴国争强，我真为大王着急，吴国救鲁，可以扬名，讨伐齐国，利益所在。名为存鲁，实则困住齐国，可谓名利双收之举。”吴王认为这个主意不坏，但又担心越国趁机报过去之仇，就想先讨伐越国，再按子贡之计行动。子贡说：“这个好办！让我去劝说越国与吴国共同出兵，多一个同盟少一个敌人，这样既无后顾之忧，又增同盟之喜！”吴王大悦。

子贡东行至越，越王到郊外迎接。子贡告知越王吴国准备攻打越国。越王连忙顿首再拜，向子贡问计。子贡分析了吴王的暴政，说：“如果大王您诚心帮助吴王出兵伐齐，那么如果吴王得胜，必定攻打晋国。我去面见晋君，劝他与您共同抗吴，则必定削弱吴国，吴国经齐、晋两次大战，大王您再制其后，吴国必灭。”

越王十分高兴，应允子贡之计，并赠送百金、剑和良矛。子贡推辞而行。

子贡回报吴王说越王已答应顺从吴王。过了五天越国大夫文种来拜见吴王，说越王已准备好军队、礼物，准备亲自随吴王伐齐。吴王大喜，告知子贡，子贡说：“越国军队可以使用，礼物可以收下，但越王不能同去。”吴王听从，并发九郡之兵伐齐。

子贡却转身去了晋国，告诉晋王现在齐、吴大战在即，吴若胜齐，大军必临晋境，并为晋出计：修整军队，以逸待劳。果然，吴王大败齐军，乘胜攻晋，吴、晋大战于黄池，吴国惨败。

越王乘机涉江袭吴，吴王连忙回军，吴越战于五湖。最后吴国王宫被围，吴王夫差被杀。三年之后，越王勾践称霸，列身“春秋五霸”。

子贡出使列国，运作纵横之术，改变了五国命运，影响了春秋格局：保存了鲁国，削弱了近邻强敌齐国，破了野心勃勃的吴国，使远方可作同盟的晋国强大，越国成为春秋五霸并且对子贡感恩戴德。

综观其眼花缭乱的用术，其实很简单，即把“救鲁”事件做成一个平台，以利益驱使，牵住齐、吴、越、晋四个线头，将四者联系起来，让四国的利益在这个平台上进行交易转换、资源整合，从而空手进白刃，连环出拳，一气呵成，最终在一头牛身上剥五层皮，游刃有余，让人目瞪口呆！

纵横术也是绝妙术。我们来看看它妙在何处：

救鲁=助齐？救鲁和助齐的共同联系：弃鲁伐吴——除异夺权；

↓（共同联系）

救鲁=助吴？救鲁和助吴的共同联系：救鲁困齐——名利双收；

↓（共同联系）

救鲁=助越？救鲁和助越的共同联系：救鲁联晋——灭吴复仇；

↓（共同联系）

救鲁=助晋？救鲁和助晋的共同联系：救鲁击吴——救国保民。

智王子贡采用的是复合绝妙，纵向横向，立体绝妙。高难度设局，超级战略。

## 汉武帝的绝妙和赌王的身世

在汉武帝以前，诸侯国跟朝廷并存，国中有国。各个诸侯都可以世袭，而且权力非常大。这就对皇权造成了巨大的挑战。例如汉景帝的时候就发生了著名的七国之乱，七个诸侯国一起造反。

为了解决这个心腹大患，加强皇权的统治，汉武帝用“绝妙即服”的思维想出了一条妙计——推恩令，不费一兵一卒就把诸侯国尾大不掉的问题给解决了。

诸侯历来都是嫡长子继承制，每一个嫡长子都可以继承父亲的王位、封地和财富。现在汉武帝让诸侯的所有儿子都有继承权，诸侯和他的儿子们都很高兴。但是，这是一个非常厉害的计谋。

举个例子，汉武帝有一个哥哥叫刘胜，此人就是刘备的祖先，正是推恩令让刘备成了一个穷人，作为王族的后代却只能做卖草鞋的生意。刘胜作为汉武帝的哥哥自然也有非常多的封地。不过刘胜有 150 个儿子，本来只有嫡长子有继承权，推恩令一出，150 个儿子都可以继承了。那么一个偌大的诸侯国就变成了 150 个小诸侯国，这样自然无力跟朝廷抗衡了。经过了许多代人分家之后，到了刘备父亲这里，已经没有地可以分了，刘备自然也只能靠卖草鞋为生了。汉景帝的儿子刘发，其长沙国也算大国，但仅仅过了五代，到了刘秀也只能以种地为生了。

赌王何鸿燊的爷爷何福，当年是香港著名的华商五巨头，超级富豪。何福的哥哥是香港第一任首富何东。何福自己生了十几个子女，何鸿燊的父亲何世光又生了十几个子女，才两代人家族就已经有上百人了。何鸿燊实际上从爷爷那里已经分不到钱了，如果不是他自己靠博彩发了家，他只不过是一个普通人而已。这就是为何总是说中国人富不过三代。其实大部分的钱不是被败光的，而是被分完了。

现在明白推恩令的厉害了吧，它不是推恩，而是推平。推上三代就成了平民！

刘彻的思考——削权 = 感恩？（等同于把你卖了，你还帮他数钱）绝妙联系：一是削权，将一个权力“蛋糕”分给 150 个人，权力就小了。二是分到的人感恩，这 150 个人当然很感恩。三是被分的人必须要感恩，不然会反。只有一个办法，就是分给他的 150 个儿子！平均父爱，家庭和睦，给你一个完美的解释。

这件事一开始只有两个要素：汉武帝和诸侯。只有两个要素就是死局，要破局就需要加入新的要素——诸侯的儿子。新要素的加入也改变了联系，原来要削藩分地就是削分诸侯，还地于朝，这就平添了仇恨，甚至可能逼反诸侯。现在变成了分地给诸侯的儿子。这个联系的改变实现了武帝放心、诸侯满意、儿子高兴三个巧合。

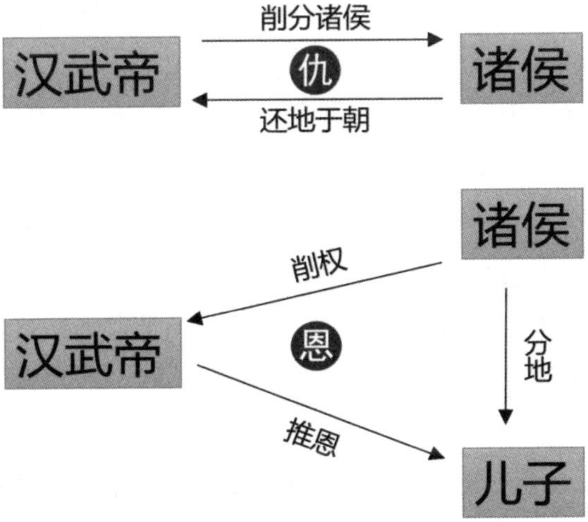


汉武帝破局图：增加要素，改变联系，实现巧合

这个绝妙联系很厉害，削权等于仇恨，怎么能等于感恩呢？汉武帝完成的是一个不可能联系，找到了奇谋妙计。出了奇招，必出奇迹。推恩令对历史产生了重大影响——中国进入大一统王朝阶段。

## 商业创意价值链和品牌创意体系

中国城市和景区的竞争，历来是靠天吃饭。古人给我留了什么文化，老天给我留了什么景观，前辈给我留了什么产业，靠山吃山，靠水吃水，有什么卖什么。这是以前城市和旅游的商业模式。

熊大寻用绝妙创意为城市和景区打造两种商业模式：一是震撼性概念；二是震撼性建筑和景观。不靠老天和古人吃饭，靠震撼性创意吃饭。通过震撼创意的大能量空间，换取城市自然增长的漫长时间，实现城市和景区十倍速发展和时空折叠。

震撼性创意有两层含义：一是意料之外，情理之中，预算之内，市场之需。创意、文化、资金和市场之间绝妙联系。二是听说过，没见过；没听过，没见过。就是根据城市和景区的历史文化和自然资源，创意世界奇观。既吻合当地历史，又出人意料，震撼世人，制造熟悉的惊喜。

**1. 震撼性概念模式：原材料——品牌化**

原来的模式是原材料，现在变成精加工和品牌化。原来是初级产品，现在是高级产品、尖端产品和品牌产品。原来是土特产模式，现在是奢侈品模式。原材料还是以前的原材料，现在是土豆变薯条，虫草变极草。品牌提升价值。

我们策划“香格里拉的标志”和三个日月证据，让迪庆坐稳了“香格里拉”的宝座。这个震撼性概念和世界级品牌，让迪庆旅游增长创造世界最快纪录！山还是那座山，水还是那道水，城已经不是那座城了。这是新的城市发展模式，新的旅游发展模式！迪庆 = 香格里拉？绝妙联系：一是卡瓦格博峰是卡拉卡尔，二是日月圣照、日月法帽、日月慧尖是“心中的日月”，三是松赞林寺是香巴拉庙。绝妙即服。

**2. 震撼性建筑和景观模式：原山水——创意 + 山水人文城——震撼性创意 + 山水人文城**

原来的模式是照相机，现在变成相机 + 手机 + 电脑 = 智能手机，革命性产品迭代，直接让相机和其他手机卖不动了！旧元素，新组合，创造全新震撼产品，创造全新震撼建筑和景观。

连云港东海龙宫、天目湖中华天眼、玉溪世界音乐城一旦建成，15 亿人非来不可，不来后悔！有了东海龙宫，原来的花果山不重要了。有了天眼，原来的天目湖不重要了。有了音乐城，原来的玉溪老城不重要了（震撼性建筑和景观详见第四章核弹震撼）。震撼性建筑和景观，是革命性和颠覆式，直接让前面的东西失去位置。

城市和景区管理者一定要学会商业的思维，用绝妙创意实现超常规、超格局发展。

城市和景区发展新模式的绝妙创意：城市和景区 = 跨越式发展？绝妙联系：一是概念定位跨越，区域级跨越成世界级、天下第一；二是产品项目跨越，普通级建筑和景观跨越成震撼级世界奇观，震撼世人。三是知名度和人气跨越，网红城市和著名旅游目的地。

广告创意—营销创意—产品创意—商业模式创意。这既是创意的价值链，也是创意的完整体系。当然上面还有最高级的科学发明和社会机制的创意，足以改变全人类，但这已不在我们讨论的范畴。

**1．广告创意**

主要是定位语和广告词，广告就是说服，绝妙即服。“风花雪月，自在大理”“清泉石上流”“游马上湖，马上有福”，这是绝妙的广告创意。

**2．营销创意**

中国绿酒和茅台镇镇酒是精彩的营销创意。三株口服液和脑白金，一个前所未有地创造了墙体广告、大量入户散发宣传单和人海战术营销网络的营销创意；一个史无前例地开辟了“新闻广告”的全新境界和“联销体”的营销渠道方式，实现了无人匹敌的产品销量。脑白金广告 = 超强说服？绝妙联系：其一，新闻是事实；其二，事实是说服力；其三，软性新闻广告。

**3．产品创意**

雅虎把综合信息变成大生意，谷歌把搜索信息变成大生意，今日头条把推荐信息变成大生意。它们是三代信息生意的巨头。它们找到了三个绝妙联系。

**雅虎的绝妙联系：互联网 = 大生意**？一是人人需要看信息；二是把报纸信息变成网络信息。**谷歌的绝妙联系：雅虎之外的网络信息 = 大生意**？一是人人需要找信息；二是把陈列信息变成搜索信息，把被动阅读变成主动阅读。**今日头条的绝妙联系：雅虎、谷歌之外的网络信息 = 大生意**？一是人人都要选信息；二是把搜索信息变成推荐信息，专属信息定制，根据用户的喜好推送信息。

三个公司，三个绝妙产品，抓住普遍人群的普遍需求，以及它们与互联网的联系。

我们创意的天眼、东海龙宫、玉溪音乐城，发现世界最逼真的桂平天然大佛、洛阳龙门石窟天然大佛等，都是城市和景区的产品创意。

**4. 商业模式创意**

从每个成功的大企业身上我们都能发现一种赢利模式或商业模式。

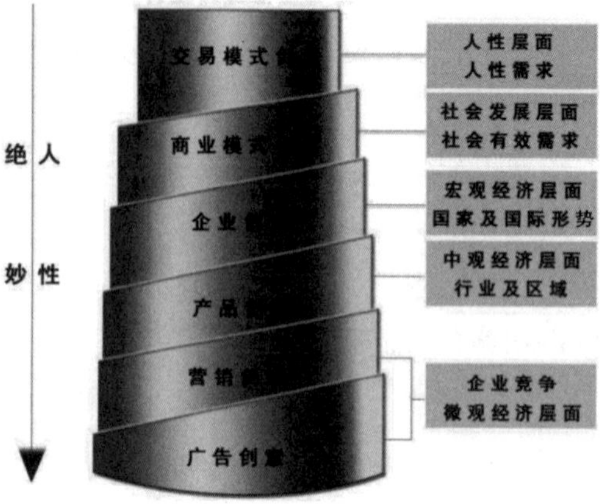


智能巴比伦塔

耐克的业务外包，将研发、营销、工业设计及制造标准留在本部，其余生产业务外包到世界各地，实现产销一地，迅速打败阿迪达斯，稳坐运动用品第一把交椅。老年创业的山德士上校发明了一种省力的赚钱方法：将自己的炸鸡配方和店面经营方法卖给别人，坐收品牌权益费，使肯德基像动物繁殖一样很快就遍及全世界，一次投入就可以有无数次的收钱机会。修正药业实施行业价值链整合，通过上游建原料药厂控制采购成本，下游利用电信与邮政分拆后，邮政主业在快递业务上与方兴未艾的快递业竞争不力的时机，给邮政富余人员好处，将其计划经济时代几十年来的邮政网络收为己所用，低成本建设遍及全国的医药销售网。另外，还有戴尔电脑的直销方式，霍英东创造的卖楼花模式，碧桂园创造的教育加房地产模式，华侨城发明的旅游加房地产模式等，每一种成功的商业模式或赢利模式的建立，都无例外地深度把握了人性和绝妙联系的结果，每一种绝妙商业模式的诞生，都无例外会催生一个行业垄断企业的问世。

## 绝妙是最优战略和最佳商业模式

硅谷创投教父彼得·蒂尔在《从0到1》中讲：从1到$n$的世界里，一切市场博弈都是零和游戏，你的获得是从别人的损失中来的，竞争惨烈，利润微薄；从0到1的世界里，即从无到有创造全新产品，市场无限大，超越竞争，获得垄断性利润。

彼得·蒂尔直接超越了战略之父迈克尔·波特的三大战略（成本领先战略、

差异化战略、聚焦战略），提出了革命性的“超越竞争”战略和“失败者才去竞争”的理念。

最好的战略和竞争策略是超越竞争，只有出发点是超越竞争，才能实现从0到1的创新性垄断，才能赢得持久的竞争。如果出发点是竞争，则永远是从1到*N*，红海竞争。怎么实现超越竞争？一是绝妙的产品（苹果手机、福特汽车），二是绝妙的商业模式（沃尔玛、亚马逊、谷歌）。因为绝妙方法本身具有“无法超越”的特性，无法超越=超越竞争。

《从0到1》提出：“每一个垄断企业的专利技术在某些方面必须比它的替代品好上10倍，才能拥有真正的垄断优势。要做到10倍改进，最明确的方法就是创造全新的事物。”

“好上10倍”就是运用绝妙无法超越的本质，“创造全新的事物”就是运用绝妙即造物的功能。所以，绝妙天生就是最好的竞争战略和最好的策略。

彼得·蒂尔认为建立垄断企业的方法：一是占领小市场，二是破坏性创新。而破坏性创新最为重要。破坏性创新是1997年美国创新理论大师克莱顿·克里斯坦森在《创新者的窘境》一书中提出的。破坏并不是突破的意思，突破是在原有的基础上进行创新，因此突破性的技术通常是维持型的技术。而破坏就是找到一种全新的、革命型的技术。例如，柯达胶卷被尼康数码相机打败了，数码相机被智能手机打败了。破坏性创新不是在原有思维体系里创新，而是另辟蹊径——出奇。我不是要把胶卷做得更好，而是通过不需要胶卷来打败你！我不是要把数码相机做得更好，而是通过不需要数码相机来打败你！这种出奇产生的绝妙产品，最终结果就是绝妙即服——绝妙立即征服！

克里斯坦森认为：“破坏性创新是一种与主流市场发展趋势背道而驰的创新活动，它的破坏威力极为强大，一般成果的企业都难以适应这类创新带来的挑战。”因此，破坏式创新的关键词是“背道而驰”和“另辟蹊径”，其实质就是出奇，就是奇招，奇招产生绝妙。

最好的企业都是通过出奇创造了绝妙的产品或商业模式，从而具有了超越竞争的垄断性优势。因此，它们从来不跟其他企业直接竞争，它们不是惧怕竞争，而是选择超越竞争。它们从一开始就已经赢了。它们的商业模式就是绝妙即服，消灭竞争，达到垄断。

阿里巴巴的绝妙即服：厂家（最大销量）、商家（最低店租）、消费者（最低价格）和阿里平台（最多中介费），四重联系、四个巧合，直接把商店干掉——立即征服！

微信的绝妙即服：自己（天天展示）、朋友（天天关注）、联络（免费导致超量通信）、腾讯（最大流量和粘性），四重联系、四个巧合，直接把短信干掉——立即征服！

商业模式的本质是合利共赢，“合利”就是找到多个市场要素的利益，将它们进行联系和巧合。“合”就是联合（联系）、巧合。做一件事，大家恰巧都有巨大的好处，这就是商业模式。关键是找到联系点和巧合点。

每个互联网巨头都是找到了让人拍案叫绝的模式（绝妙），然后立即征服市场（即服）。在互联网行业中，行业巨头一般会占据70%以上的市场份额，而行业的其他竞争对手则分享剩余的30%市场份额。而且行业巨头的市值基本上是排名第二10倍以上。所以所有的创投资本都在寻找下一个“绝妙即服”。

同样，《罗辑思维》也是通过破坏性创新成为新的独角兽企业。《罗辑思维》有两个绝妙即服：第一是名字。罗——逻，谐音；辑——编辑（编辑别人的思维和知识）；思维——思维和知识付费——产品；罗辑思维——逻辑思维，是指将思维内容联结、组织在一起的方式。思维是以概念为工具去反映认识对象的。这些概念是以某种框架形式存在于人的大脑之中，即思维结构。这些框架能够把不同的范畴、概念组织在一起，从而形成一个相对完整的思想，加以理解和掌握，达到认识的目的。

罗振宇的核心学习方法全部从这个定义中衍生出来，这个名字有深意，把其产品的核心说出来了。四重联系、四个巧合，绝妙的名字！

第二是商业模式：罗辑思维的商业模式是知识快餐、知识付费。

绝妙即服（要素×联系×巧合）——四个要素：思维知识、老师、时间、方法方式。巧合联系：罗辑思维＝快速学习？一是时间：短音频——短频快，省时。二是方式：脱口秀——生动化、组合式，省心。三是老师：跟牛人学——高人指点，省力。四是思维知识：概念化——新鲜有趣，形成独家观点，转身就可以卖弄，省事。

罗振宇的学习方法论，也是为了自证自己产品的合理性：

（1）人格。人才是知识的真正载体，不断地和人才交流学习，是效率最高的方法。因为知识在人才那里，已经被整理、融合好了。

（2）概念。就是不断收集新概念来学习。如果知识要被人理解，就得沉淀成一个个概念。如果没有概念作为框架，各种杂乱的知识堆在一起，就显得很乱。

学习知识的本质是学习知识的概念，建立知识的框架。

（3）缝合。许多知识会像水一样流走，要将新知识和你原来的知识体系缝合在一起，变成你自己的理解，能够自己表达。

（4）碎片。利用碎片化时间学习，将碎片化知识整合到自己的知识体系中，是这个时代提升学习效率的重要方法。

（5）目标。对各种知识的整合过程。世界上有两种人，一种人的世界是立场、意见、感受。另一种人的世界是目标、方法、行动。第一种人脑海中的各种知识是互相打架的。只有把思维方式切换到目标、方法、行动时，一切才被串联起来。明确了目标，不断往前走，才能把知识落实成行动结果。

罗振宇的核心方法是缝合、串联、整合（把零散的东西彼此衔接起来）。缝合衣服有两个要领：一是左右对齐，二是多线串联。一是巧合，二是联系。新知识与旧知识之间的联系和巧合，可以形成框架和体系。知识不是对立的，而是多重联系、多个巧合。不是隔行如隔山，而是隔行不隔理。虽然是贩卖二手知识，但罗振宇也是绝妙即服的高手。

本书的中心是绝妙在城市、旅游和企业策划创意上的运用，其他领域就不阐述了，大家可以自己去“以法验事”。在商业领域和品牌策划领域，除了上述的定位、广告和营销的层面之外，在产品、产业和商业模式层面，绝妙都具有最高的指导意义。熊大寻在第一本书《拳打策划，脚踢广告》里讲过五层次策划：广告策划—营销策划—产品策划—产业策划—商业模式策划。五层策划，绝妙通吃。

## 大佬的商业模式和产品创意

绝妙联系是万物的真理，不仅是商业和创意的无上之法，也是所有领域的无上之法。不仅科技、数学、物理和商业，甚至人际关系也需要绝妙联系。

1967 年米尔格兰姆提出六度空间理论，认为世界上任意两个人之间建立联系，最多只需要六个人。也就是说，最多通过五个中间人你就能够认识任何一个陌生人。这就是六度空间理论，也叫小世界理论、小世界现象。这种现象，并不是说任何人与其他人之间的联系都必须通过六个层次才会产生联系，而是表达了这样一个重要的概念：任何两个素不相识的人，通过一定的方式，总能够产生必然联系。

社会网络其实并不高深，它的理论基础正是“六度分割”。几年前一家德国报纸接受了一项挑战，要帮法兰克福的一位土耳其烤肉店老板，找到他和他最喜欢的影星马龙·白兰度的关联。结果经过几个月，报社的员工发现，这两个人只经过不超过六个人的私交，就建立了人脉关系。原来烤肉店老板是伊拉克移民，他恰巧有个朋友住在加利福尼亚州，恰巧这个朋友的同事是电影《这个男人有点色》的制作人的女儿在女生联谊会的朋友的男朋友，恰巧马龙·白兰度主演了这部片子。

六度空间理论，你可以认识任何一个陌生人

德国土耳其烤肉店老板＝美国马龙·白兰度？绝妙联系：一是与马龙·白兰度同一个行业的人；二是与马龙·白兰度同一个地方的人；三是用你现在的朋友对接前两种人。德国卖烧烤的和美国巨星通过 5 个人就关联上了。绝妙不绝妙？惊喜不惊喜？应用好绝妙联系，你就是社交达人。**社交圈的黄金法则：有空常联系，联系产生人脉，联系才有生意。有空常联系是谋人，没空常联系是谋事。**

美国的优步（Uber）和模仿者滴滴打车，它们的产品和商业模式是共享汽车，这是个运用绝妙思维策划出来的好生意。之前的问题是，出租车远远满足不了打车人的需求，有车的人没有赚外快的路子。怎么在这两件事上找到绝妙联系？优步和滴滴的这个大生意有两大绝妙：

第一个绝妙，出租汽车和私家车的绝妙联系是什么？私家车＝出租车？一是有司机，二是有车，三是关键是有时间。怎么让市民来当出租车司机？答案是公司出钱，市民出闲。第三重联系找到，实现三个巧合：公司免费拥有出租车，市民合法挣钱，消费者方便打车。

第二个绝妙，出租车和顺风车的绝妙联系是什么？顺风车＝出租车？一是有司机，二是有车；三是关键是同时同地。怎么让顺风（顺路）车来当出租车？答案是公司出钱，市民出闲，网络出点，即在第一个绝妙实现的基础上，通过互联网技术实现实时顺风车变网约车。离客人最近的私家车（网约车）即刻接客。

优步和滴滴 = 私家车 + 出租车 + 顺风车，实现三者的绝妙联系。

共享汽车 = 大生意（目标）？绝妙联系（要素 × 联系 × 巧合）：一是私家车出车，节约巨大购车成本；二是私家车主出力，可节约巨大的工资成本；三是私家车数量远远超过出租车，覆盖全城，实现随叫随到，远胜出租车，这个需求十分巨大；四是私家车主有钱赚，公司有车用，客人随时随地打车。三个巧合，三者共赢。

共享单车看似跟共享汽车一样，其实完全不一样，差得太远了。前者是不时之需，后者解决的是刚需。前者是替代品，后者是必需品。我们用绝妙思维分析就可以看出：单车和无车路段运输的共同联系是什么？到达目的地 = 无车路段运输？一是单车；二是随时随地；三是收费。于是，共享单车商业模式出炉，收押金，扫码租车。但是这不是绝妙创意，因为找到的不是二者的唯一联系。到达目的地 = 无车路段运输？还可以步行，步行更实惠、更卫生、更环保。这重联系不是结构要素，这个巧合不成立。

共享单车有三大问题：一是严重挤占城市空间和步行道；二是共享单车“坟场”让人触目惊心；三是爱卫生的人不愿使用，都不知道上一个使用者上厕所洗手了没有？有皮肤病吗？共享单车的商业模式核心是解决下车后最后一公里的问题。这最后一公里的便利不如步行性价比高。何况，现代都市人没时间锻炼，有空走两步就是在健身啊。所以，从共享单车诞生之日起，我就不看好它，因为不绝妙，没有说服力也就没有生命力。果然，领头羊摩拜单车和 OFO 单车巨额亏损，行业江河日下。问题就在于商业模式不绝妙，产品不是必需品。

绝妙的商业模式是无法超越的。我们会为优步拍案叫绝，但共享单车不会。因为最后一公里，步行干净卫生、不要钱、能锻炼身体，就这三点把共享单车比下去了。它是可以超越的。凡是可以超越的一定不绝妙。绝妙的核心就是无法超越。绝妙的特征都是由无法超越决定的。

**全球第一强企业沃尔玛的商业模式和定位是“天天低价”。这也是从绝妙策划得来：**低价 = 大生意？绝妙联系（要素 × 联系 × 巧合）：一是低价带来大客流；二是超强进货议价力；三是低租金；四是多门店。低价有自己的商业逻辑链：低价能带来大客流量，客流量大就能增强进货和门店租金议价能力，把成本降下来。省下来的钱就干一件事，多开店，再次加大客流量。更大客流量形成更强的议价能力，形成超级循环，多个巧合。像沃尔玛这样的吸客引流能力，已经让它

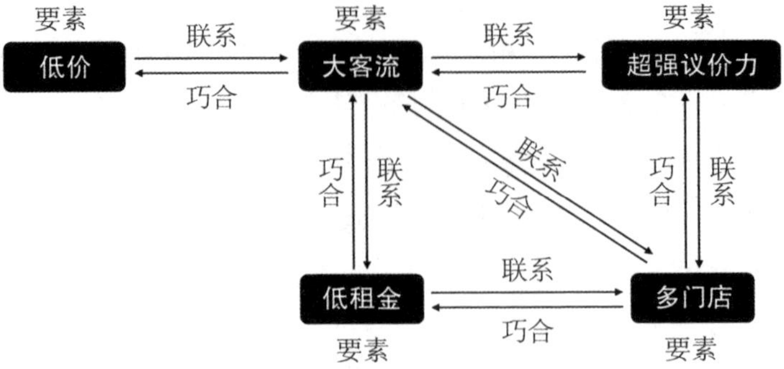


沃尔玛绝妙模式：六重联系、六个巧合

成为商圈的龙头，开发商要炒热商圈，第一步就是要引入沃尔玛这样的龙头商家，给出的条件往往是超低租金甚至一年免租。这个商业模式的核心就是以价换量，也是绝妙所在。

最近在上海大火的美国 Costco（开市客）超市，它的商业模式是低价高质和会员制，比沃尔玛更胜一筹，是前者的升级版。沃尔玛太强大了，Costco 被逼面对更厉害的问题——最低价怎么等于大生意？最低价和大生意的共同联系是什么？沃尔玛“低价 = 大生意”已经做到绝妙极致，无法超越，Costco 就研究“最低价 = 大生意”。一字之差，天壤之别，完全换了一种商业模式。低价还有钱赚，而且是运营做到极致才行。最低价怎么赚钱？必须和沃尔玛区分开来。

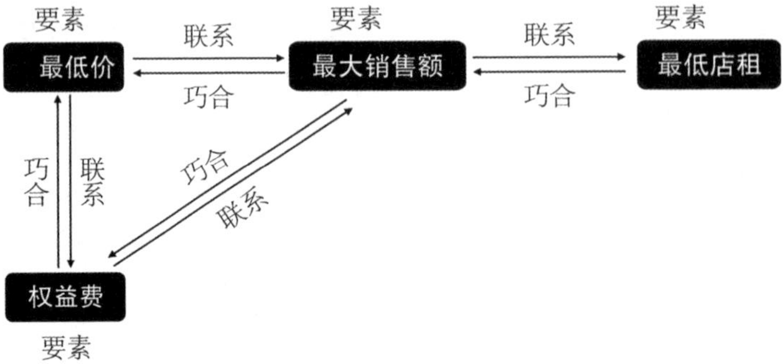


Costco 绝妙模式：四重联系、四个巧合

**最低价 = 大生意**？绝妙联系（要素 × 联系 × 巧合）：一是最低价高质商品；二是最大销售额；三是最低店租；四是权益费（享受最低价高质商品的权利）。为了实现以上四重联系，Costco 做了四件事：一是免费退货；二是交费会员制；三是为了最低价可以不盈利；四是远郊开店。

这个绝妙模式的核心是会员费。因为定位是最低价，所以即使做到最大销售额、最低店租，还是很难超过沃尔玛，很难赚到大钱。最后若跟沃尔玛拼运营技术，这是低层次竞争。而拼创意和商业模式才是高层次竞争。所以 Costco 虚晃一枪，做到最大客流和最低店租后，收起了会员费。不只靠卖货赚钱，更要靠会员费。核心盈利靠会员费必须做到这几点：一是全球最低价；二是最大销售额。这样才能保证收到大量会员费覆盖高额成本和实现大额盈利。

为了最低价这个目标，Costco 做到为了最低价可以不盈利。为了最大销售额这个目标，Costco 把人性的力量加入了进来。除了家用电器 90 天免费退货，其余商品无理由、无限期退货。这么诱人的规定，一下就吸引了无数消费者。交费会员制：执行会员一年交费 110 美元，非执行会员一年交费 55 美元，成为会员每件商品打九折。你交了会员费，买一件就赚回一成的钱。你为了赚回会员费，就会在这里消费无数次。Costco 不允许有卖得比它还低的店，这一点是它的核心力量，所以在低价上比沃尔玛做得彻底坚决，公认全球最低价在这里。

有了前三条，Costco **就紧紧抓住了人性需求的三个欲望：不后悔、不吃亏、占便宜**。这样，第四条远郊开店也就顺理成章了，那么大的吸引力，根本不愁没人来。所以，它可以在地价租金最便宜的远郊开店，节约成本，还方便停车，因为人们来这里都是一车一车购物的，注意：这个车是汽车，不是购物车。它不要在市区店买一瓶酸奶的人进来，不欢迎。在远郊开店恰恰是为了最大销售额。从其上海店开业半天被挤爆停业、凌晨两点开始排队来看，把少量购物者通过远距离排除在外是非常明智的，否则一车一车购物的人都进不去啊。而且 Costco 的商品都是特大号包装，这也是为了满足最大销售额的目标。

Costco 的会员费以每年 2 亿美元在增长，2014 年的会员费收入为 24 亿美元，而货物利润在 10 亿美元左右，扣除了所得税后，净利润在 20 亿美元左右，这刚好跟会员费收入差不多。2018 年全年商品销售营收为 1384.34 亿美元，占总体营收 97.78%，会员费营收为 31.42 亿美元，占总体营收 2.22%，最终归属于 Costco的净利润为 31.34 亿美元，略低于会员费营收。靠会员费就撑起了这家公司一年超过 31 亿美元的利润，换算成人民币就是 215 亿元。这说明这家公司真的是靠会员费挣钱。

沃尔玛模式：低价商品 = 大生意；Costco 模式：最低价商品 = 大生意。

**沃尔玛之所以是全球第一强，是因为它把“低价商品 = 大生意”穷尽了四条共同联系，做到了绝妙。同样作为零售巨头的 Costco 改变了游戏规则，在“最低价商品 = 大生意”上做到了绝妙。两家都穷尽了各自商业模式的多重联系，做**

**到了无法超越和不可思议，因此是绝妙的商业模式创意。**

Costco 创始人之一的詹姆斯·辛内格曾说：自己在零售业摸爬滚打几十年，看到太多沉沉浮浮，许多像希尔斯（Sears）那样曾经辉煌一时的商家最后变得门可罗雀，就是没有抵制住加价的诱惑。Costco 不但抵制住了加价的诱惑，甚至价格低到不盈利。Costco 将商品的毛利率控制在了 10% 左右，而一般超市的综合毛利润都在 15% ~25% 之间，很多品牌不错的日用品在这里都是最低价格，甚至包括一些从不降价的奢侈品。

我们再看一下它与沃尔玛的对比数据。净利率：沃尔玛约为 1.3%（2019 年 2 月财报），Costco 为 2.2%（2018 年底财报）。库存周期：Costco 仅 29.5 天，沃尔玛为 42 天（近 5 年）。单店销售额：Costco 为 1.7 亿美元，沃尔玛是 4300 万美元。单店利润：Costco 为 300 万美元，约为沃尔玛的 2 倍。

**发现事物间共同联系，做到无法超越，也就等于做到绝妙，绝妙就是大生意！Costco 成了新零售模式创新的巨头，成为小米雷军最佩服的企业。**

**你想想，低价 = 大生意，你能超过沃尔玛吗？无法超越。因为它已做到绝妙。**

**你想想，最低价 = 大生意，你能超过 Costco 吗？无法超越，因为它已做到绝妙。**

**你的生意是什么？你的绝妙在哪里？你的无法超越在哪里？**

绝妙创意不仅是定位、广告、营销的终极秘密，更是产品和商业模式的核武器。企业家研究产品、投资、商业模式，一定要用绝妙思维来衡量分析。

**不绝妙一定不是好生意，不绝妙一定不是大生意。没有创意就没有生意，没有绝妙就没有需要。**

**亚马逊的绝妙即服——亚马逊 = 世界最大的以顾客为中心的企业？**绝妙联系（要素 × 联系 × 巧合）——一是最多的书籍：常规的最大书店只有几十万本书，亚马逊书店有 310 万本书。抓住长尾获取巨额利润。二是最实惠的价格：40% 的折扣！零退货率造就的议价能力。三是最便利的服务和最快的速度：每一种商品都有“定价”“特价”“您节省多少钱”的字句，读者可以货比三家。下单后，当天或隔天送达。四是最好的口碑：社交裂变赢得海量的用户点评和信息！只要你的个人网站上有亚马逊的链接，用户通过你的链接最终购买了亚马逊的产品，你就能获得消费额的 3%～7% 的奖金。五是最多的货品：在拥有 1000 万用户之后，网上书店成功转型为世界最大网络购物平台。

亚马逊的“五个最”全部指向获取最多的消费者，是成为世界最大企业的必然联系。尽系为绝，多巧为妙，绝妙即服。

石油工业的上游是采油业，中游是炼油业，下游是运油业。采油业和炼油业都很难垄断，交易费用很高。那么洛克菲勒是如何应用“绝妙即服”形成石油帝国的呢？

一是与铁路大亨斯科特联合成立了“南方改良控股公司”，并选择石油公司加入“铁路大联盟”，联盟保证给这些公司提供最大优惠，而其他没有加入“铁路大联盟”的石油公司，则被排挤在外。

二是因为这种垄断和排他性，使石油的铁路运费飞涨，承担不起天价运费的石油企业纷纷陷入困境。洛克菲勒则乘机廉价吞并陷入危机的石油企业，奠定了他“石油大王”的地位。

三是洛克菲勒反向组建了“石油生产者大联盟”，向斯科特正式宣战，要求其给予石油公司更大的优惠。同时，洛克菲勒又专程拜访了斯科特的两个老对手范德比尔特和古尔德，结成了另一个三方联盟，用低价运费使斯科特宣告破产，以 340 万美元的超低价格将自己的铁路帝国卖给了洛克菲勒。

洛克菲勒的多次绝妙即服，没有一劳永逸，只有持续创意

四是后来联盟的三方又开始博弈，洛克菲勒在铁路巨头的围追堵截下采用了管道运输的方式打破了运输垄断。并且用了一招杀敌一万自损八千的方法——关闭炼油厂。再也没有一滴洛克菲勒的石油流入铁路大亨的地盘。洛克菲勒终于加冕为王，他不仅成为世界首富，更以一己之力垄断了整个石油行业。

绝妙联系（要素×联系×巧合）——四个要素：采油、炼油、运油、垄断。四重联系、四个巧合：一是控制运油，将自己企业的运费降低，其他采油和炼油企业运费增加，面临危机。二是趁机低价收购采油和炼油企业。三是用收购来的采油和炼油企业倒逼运油企业，使运油企业面临危机。四是首创管道运油，重创运油企业，进而低价收购运油企业。

管道运油的绝妙联系：管道 = 超越火车？一是管道成本低、运量大、安全性高、无污染、占地少、建设快；二是管道免除了人工、油桶、装卸、火车和汽车的烦琐流程；三是输油泵、压缩机提供动力，推动油的流动。洛克菲勒的绝妙创意使管道从炼油厂的短距离运输，变为长距离运输。

绝妙联系（要素 × 联系 × 巧合）——四个要素：成本、运量、安全、速度。四重联系、四个巧合：管道运油。

起初，洛克菲勒的石油产品主要是煤油，用于照明。后来，J. P. 摩根开启了电力时代，煤油受到严重威胁。洛克菲勒又开始新的绝妙创意：把原来作为废弃物的汽油与当时刚发明的内燃机进行了联系和巧合。内燃机与蒸汽机不同，蒸汽机是外部燃烧煤炭产生蒸汽动力，内燃机是在气缸内部燃烧气状混合物产生动力。因此，内燃机燃料要求：一是容易气化，二是防爆，三是不腐蚀。汽油的蒸发性、抗爆性和无腐蚀性三大特性，恰好与内燃机形成多重联系、多个巧合。再次让石油产品站在世界舞台的中央。

汽油 = 内燃机燃料？绝妙联系（要素 × 联系 × 巧合）：蒸发性、抗爆性、无腐蚀性。

大佬哪里是用手指指方向当战略就完事的人，他们是时时有创意、随时出奇招、时时做绝妙的人。正是这些一个又一个永不停歇的创意和点子，创造革命性产品，革新了时代，造就了商业帝国，并保持基业长青。

地产大亨特朗普评价洛克菲勒时说：“不是非得心狠手辣才能成功，但是一定得聪明，聪明才是关键。”

第一性原理又称“第一原理”，它是古希腊哲学家亚里士多德提出的一个哲学概念：“每个系统中存在一个最基本的命题，它不能被违背或删除。”

这个名词被炒得很火，主要得益于“钢铁侠”埃隆 · 马斯克（特斯拉汽车CEO）。他曾在采访中提到自己特别推崇“第一原理”思考法：“通过第一性原理，我把事情升华到最根本的真理，然后从最核心处开始推理……我们运用第一性原理，而不是用比较思维去思考问题是非常重要的。我们在生活中总是倾向于比较，对别人已经做过或者正在做的事情我们也都去做，这样发展的结果只能产生细小的迭代发展。第一性原理的思想方式是用物理学的角度看待世界，也就是说一层层拨开事物表象，看到本质，再从本质一层层往上走。”

这是他眼中的“第一性原理思维模型”——回溯事物的本质，重新思考怎么做。这是一种反直觉的思考方式。简单地说，就是一切事物先看它的本质是什么，抓着这个本质不要动，其他的随机应变。第一性原理就是不被问题的表象局限，直击问题本质的思维方式。

第一性原理有三个要素：一是用物理原则，物理原则即物质、能量、时空之间的相互关系，就是三者的联系；二是一层层往上走，透过联系层层上推；三是回到问题的本质，问题的本质就是“事情”和“目的”这两个事物间的联系。车=更快？电池=省钱？

**绝妙直击每一个问题的本质：搜索信息=大生意？共享汽车=大生意？天天低价=大生意？绝妙方法的每个问题都是“大生意”——这是本质问题和终极问题**。这也是“大佬思考绝妙，中下层思考其他”的原因，大佬和顶层最关心怎么做成大生意。

**第一性原理其实就是绝妙联系**。

“绝妙联系”更能准确描述马斯克的所思所为。第一性原理只讲了从本质开始推理，怎么推导没说，话只讲了一半。**“绝妙原理”告诉你找到事物和目的之间的联系，并且穷尽可能联系，找到不可能联系，这些联系还要达成巧合，无法超越，系统而完整。**

其实，我们用绝妙方法讲解马斯克的创意，保准比用第一性原理更清楚，因为他的方法准确地讲是绝妙方法。但是本书出版之前，没人知道这种方法和原理。

2002年，马斯克造火箭，他发现购买火箭的成本是个天文数字，每枚火箭造价高达6500万美元。由于价格昂贵，他思考火箭与超低成本的绝妙联系。先研究“起端事物”（事物）——火箭：火箭实际上用航空级铝合金，加上一些钛、铜和碳纤维再加部分技术就能做成。然后研究“终端事物”（目的）——超低成本：火箭的材料成本是火箭价格的2%左右，98%是组装火箭的知识成本。与其花费数千万美元购买火箭，不如成立自己的公司，以低廉的价格购买原材料，自己组装火箭。组装火箭的信息怎么知道？他只需要找到像汤姆·米勒这样会造火箭的工程师就行了，他从工程师那里购买信息，雇用汤姆·米勒。就这样SpaceX诞生了。另外，火箭飞上天后很多材料都直接废弃了，不能回收，他想如果用新技术将这些材料回收，成本就能降下来，前后实验了三次，最终又是花了1/10不到的钱把这事干成了。几年之内SpaceX已经将发射火箭的价格降低了很多，同时还能保持盈利。马斯克在事物和目的之间找到绝妙联系，绕过航空航天业的高价格，一个颠覆性的产品出现了。

马斯克火箭的绝妙原理——火箭＝超低成本（目标）？绝妙联系（要素×联系×巧合）：一是98%信息成本＋2%零件成本；二是自己做＋零件成本；三是可以回收利用，降低成本。

特斯拉电动车的瓶颈就是电池，市面上能提供这种电池的厂商通常是日本的松下，但其价格昂贵，马斯克就思考电池和超低成本的联系。先研究“起端事物”——汽车电池：汽车电池最基本的单位是什么？锂电池。手电筒上用到的18650电池。然后研究“终端事物”——超低成本：比起研发新的专用电池，锂电池最便宜，组装起来最省价、最省力。特斯拉底座电池最后采用上千个小的18650电池串联而成，价格是原来的1/10不到。

特斯拉电池的绝妙原理——汽车电池＝超低成本（目标）？绝妙联系（要素×联系×巧合）：一是锂电池最便宜；二是很多锂电池集成；三是节约成本，节省研发费用和时间。

马斯克真空胶囊高铁如何更快速？他运用绝妙联系回溯到人类造火车的本质目的——怎么尽快将人或货物从A点运送到B点？首先研究“起端事物”（事物）——火车：没有人规定火车就应该长成那个样子，火车能不能长得像子弹和炮弹一样，这种形状最快。然后研究“终端事物”（目的）——超级快速：没有人规定必须用牵引方式作为火车的动力，能不能开辟一个新的方式？就是做一个真空管道，里面没有摩擦力，马斯克将其定义为“就像开枪，让子弹穿过管道的效果”。这需要把乘客放进一个胶囊客舱里，这个胶囊被放置在磁悬浮的管道中，像炮弹一样发射至目的地。由于管道中没有摩擦力，因此时速可以高达1200公里，远高于波音777的时速，两小时就可以从北京到达纽约。这就是颠覆性创新。出奇招重新换一种思考方向和路径，重新换了一条赛道，找到绝妙，用出乎意料的方式颠覆传统。

特斯拉真空胶囊高铁的绝妙原理——火车＝超快（目标）？绝妙联系（要素×联系×巧合）：一是子弹式胶囊形状；二是炮弹式发射；三是真空管道零摩擦力。

我们使用键盘、鼠标的本质目的是什么？向电脑输入指令和信息。为什么要用键盘、鼠标？因为技术限制，我们只能通过这样的方式向电脑输入指令和信息。但是，如果我们的大脑能够直接与电脑交互，那我们就不需要键盘、鼠标了。可是我们长时间来习惯了用键盘和鼠标，所以在大多数人的认知中，电脑就应该长成那样，有屏幕，有键盘，有鼠标，或者触摸屏。大部分人固化了这个认知，但马斯克却用批判性思维和怀疑的精神拷问这个认知，于是有了他的另一个

项目——Neuralink（脑机融合）

脑机连体绝妙联系：输入指令 = 更快？一是脑指挥手，脑比手快；二是不用键盘；三是脑机相连。

马斯克的思维和事业只能用一句话来概括：我出奇招，你出奇迹！

（1）火箭奇招：火箭自己组装。奇迹：火箭成本省 10 倍！

（2）特斯拉奇招：汽车锂电池集成。奇迹：成本降 10 倍！

（3）高铁奇招：发射而不是推动。奇迹：速度增长 10 倍！

（4）电脑奇招：脑机相连而不是键盘。奇迹：速度快 10 倍！

奇招就是超凡联系，想他人之所未想。奇迹就是至少 10 倍增长！

马斯克 2020 年财富达 367 亿美元，排名世界第 25 位，跟中国首富相当。从面临破产到千亿大佬不过两年时间！出奇招才能出奇迹。（书稿准备付印时，马斯克已登顶世界首富）谷歌搜索商业模式的绝妙原理：内容便利 = 大生意？绝妙联系（要素 × 联系 × 巧合）：一是免费的海量人类知识库；二是关键词搜索结果，便利获取信息；三是关键词搜索排名广告。

20 世纪 90 年代互联网诞生早期，多数互联网企业都倾力于为网民提供各种网站内容。我们一上网就登录搜狐、新浪之类的门户网站。在比门户时代更早的 10 多年前，就有两个年轻人认为：比起内容本身，如何让用户“便利地获取内容”更重要，这将产生万亿美元级的市场潜力。那个年代，网民总量少，互联网上内容稀少，许多服务还是付费的，如果这两个年轻人对外宣扬这种想法，公众只会嗤之以鼻，没人会认为他们高瞻远瞩。

但历史证明，**创意做到绝妙一定会有大市场**。这两个年轻人就是布林和佩奇，Google（谷歌）创始人。他们对互联网产业的核心洞察——“便利、免费、竞价”三个结构要素的联系与巧合，贯穿了 Google 从创立到强盛的整个历程。

古罗马时代就出现了各种战车、马车，但是几千年来，从来没有人想过，包和车轮可以结合在一起。所以虽然千百年来无数人对包做了无数改进，但包再大，装的东西再多，始终要提着或背着。箱包的创新出现在 1970 年，当时 Bernard Sadow 正在机场吃力地搬运自己的行李，忽然看到有工人用平板车挪动重物，他灵机一动：直接把轮子装在包上，移动起来不就方便了吗？于是，底部装有轮子的箱包就此诞生，这给无数人的出行提供了便利。

箱包的绝妙联系：皮箱 = 省力多装？一是车轮——微力移动；二是拉杆——操纵杆；三是大包——装得更多。在产品与目的之间的三个结构要素联系，三个巧合。

这就是绝妙思考的典型应用，聚焦在：“**要解决的本质问题是什么？你的根本目的是什么？怎么实现产品和目的的联系？**”忽略前人做了什么，也不考虑现状是什么。所以一定要聚焦在本质问题上，要出奇招，不走寻常路，找到事物的隐秘联系和不可能联系。如果在设计箱包时不考虑“现在的箱包长什么样子”，而是直指问题的核心——“箱包既要能装东西，又要移动方便”，带轮子的箱包或许早就问世了。

创新来源于解决本质问题。解决本质问题来源于找到事情与目的的联系。A = B？

**问题 = 事物和目的；**

**答案 = 事物和目的绝妙联系。**

## 汽车的五个绝妙联系，造就五个巨头

### 一、奔驰的绝妙联系

**车 = 自己走？一是自动点火（启动）；二是汽油发动机（行驶）；三是制动系统（停车）。**

奔驰三轮车

1879 年，德国工程师卡尔·奔驰首次实验成功了一台二冲程试验性发动机。1886 年，奔驰以这台 0.9 马力的发动机为核心，设计研制了第一台“汽车”。这是一辆没有方向盘、只有操舵的三轮车，但是它却具备了现代汽车的一些特点，如火花点火、水冷循环、后轮驱动、前轮转向和制动把手等。虽然这辆车每开 15 分钟就得停下休息，但是它的巨大贡献不在于其本身所达到的性能，而是观念的变化。奔驰通过对自动化的实现和内燃机的深入研究，结合创新思维，让车实现了自己走。

### 二、福特的绝妙联系

**汽车 = 人人拥有？一是标准部件；二是流水线；三是分期付款。**

1908 年，美国福特汽车的 T 型车面世，它的问世是工业史上具有里程碑意义的事件。亨利·福特把 T 型车的售价压缩到了普通百姓都买得起的价格，而实现这一价格的重要手段是全部采用标准部件和 T 型车的流水装配线。从第一辆 T 型车面世到它停产，共卖出 1500 多万辆车。福特 T 型车是当时先进工业生产技术与管理的典范，为汽车产业及制造业做出了巨大贡献。为了保证更多的人有能力购买汽车，亨利·福特还推出了分期付款的方式。

福特 T 型车

产量 = 提升一万倍？生产率 = 提升十倍？三个要素：车、人、零件装配。绝妙即服：一是人的速度，把一个装车的过程分为若干个环节，通过传送带将每个环节联系起来，每个环节安排工人站定不动。每个人只用几个动作就能完成作业，复杂性降到最低。二是车的速度，汽车底盘在传送带上以一定速度从一端向另一端前行。前行中，逐步装上发动机、操控系统、车厢、方向盘、仪表、车灯、车窗玻璃、车轮，一辆完整的车组装完成了。三是零件的速度，装配汽车的零件装在敞口箱里，放在传送带上，送到技工面前，工人只需站在输送带两边，节省了来往取零件的时间。

福特传送带、流水线的绝妙创意，实现了车、人、零件装配的多重联系、多个巧合。第一条流水线使每辆 T 型汽车的组装时间由原来的 12 小时 28 分钟缩短至 90 分钟，生产效率提高到原来的 8 倍！年产 12 辆变为年产几十万辆！

1913 年 4 月，福特公司试验了第一条流水线，用来装配飞轮磁电机。一台电机的装配时间需要 20 分钟，流水线把装配工作分解成 29 道工序，时间减少到 13 分 10 秒。接下来，流水线的高度提高了 18 厘米，工人不需要弯腰干活，时间因此减少到7分钟。后来，他们又提高了流水线的速度，保证每个人能够在不慌不忙地完成工作的情况下，把时间减少到5分钟！整个流水线节约了整整15分钟的装配时间。流水线的成功让福特信心大增，他把流水应用到了每一个汽车零部件的生产上。后来，其他制造业也开采用流水线作业，因此推动了工业的大繁荣。

## 三、丰田的绝妙联系

**汽车 = 生态环保？一是减少用油；二是加入电动马达；三是油电混合增加动力，降低油耗。**

丰田1997年推出的普锐斯是世界上最早实现批量生产的混合动力汽车，动力源主要是发动机，然后配备了第二个动力源——电池，这二者结合起来能节能，辅助发动机的电动马达可以在正常行驶中产生强大而平稳的动力。在起步、加速时，由于有电动马达的辅助，因此可以降低油耗，降低燃耗的同时也能降低尾气排放。普锐斯的这一革新具有划时代意义。

## 四、特斯拉的绝妙联系

**汽车 = 无人无油？一是纯电动动力；二是无人驾驶技术；三是人车交互。**

与苹果重新定义了手机一样，特斯拉也在做这样一件重新定义的事。当马斯克用IT理念开始造车的时候，这种定义就已经开始。不使用汽油、强大的人车交互、无人驾驶技术……特斯拉的每一次创新都在颠覆传统企业的认知，这也让特斯拉成为新时代汽车的标杆。

重新定义就是出奇招，发现不可能联系，产生新物种。我们发现并应用绝妙联系的方法，并且把它作为创意、策划、规划和广告业的新标准。这个标准具有前所未有的高度，这也是重新定义创意行业。

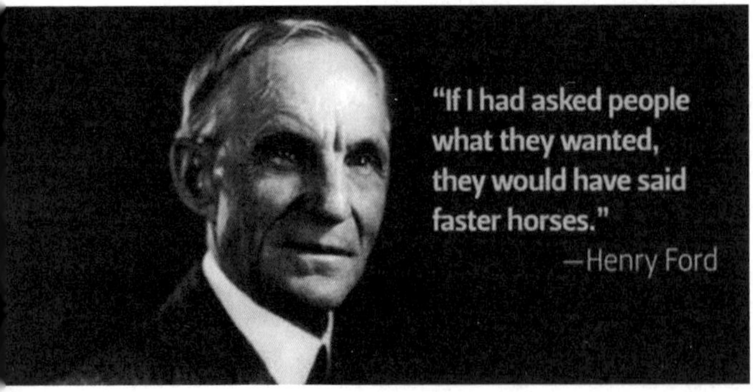

汽车大亨亨利·福特

汽车大亨亨利·福特曾经说过："如果我当初问用户需要什么，他们会说一匹更快的马。"

会问问题等于解决问题。很多人不会问问题，他们是类比思维而不是迭代思维，走不出固有的思维框架。最好的问题就是：事情 = 目的？事情怎么等于目的？然后找到二者之间的联系。奔驰和福特的问题是：马车 = 无马车？

乔布斯的核心价值观是非同凡“想”（出奇招）。他说：“我们要赞美能‘think different’的人，他们是推进这个世界前行的人，这才是苹果关心的事，它触及了苹果公司的灵魂。”**商业就是思想，不同成就非凡**。怎么做到非同凡“想”？一是要出奇招，发现不可能的联系和绝妙，然后出奇迹；二是要学会用绝妙联系来提问题，来找联系和答案。

商业世界的每一刻都不会重演，下一个比尔·盖茨不会再开发操作系统，下一个拉里·佩奇或谢尔盖·布林不会再研发搜索引擎，下一个扎克伯格也不会去创建社交网络。如果你照搬这些人的做法，你不是在向他们学习。

**绝妙思维才是每一个商业大佬的共性**。**你要学的是下一个绝妙联系在哪里**。

绝妙听着很玄妙，其实很简单，就是事物之间的联系，就是把事物联系起来，但是做到比较难。做到则万事可成。绝妙即道。**“尽其所系”**——找到事物之间所有联系就能绝妙即服。不可能联系能创造万物。**“尽其所系，不可思议”——绝妙**。

对此，老子这样讲：“道冲，而用之或不盈。渊兮，似万物之宗。挫其锐，解其纷，和其光，同其尘。湛兮，似或存，吾不知其谁之子，象帝之先。”大道像是一个空罐子，但万物装进去都不会填满它，它的作用无穷无尽。深远啊！它好像万物的祖宗。消磨它的锋锐，消除它的纷扰，调和它的光辉，混同于尘垢。隐没不见啊，又好像实际存在。我不知道它是谁的后代，似乎是天帝的祖先。

绝妙即服，不管你用什么来掩盖它，它一直都在主导一切，是方法中的方法。神龙难见，时隐时现，一旦显现，就是拜服。

## 王卫、霍英东和陶华碧的绝妙方法

顺丰快递的商业模式是“隔日送达”。它的商业模式分为两个阶段：第一阶段，王卫的绝妙思考：邮递与高效的绝妙联系是什么？邮递 = 高效？一是上门取件；二是快速分拣；三是上门送货。也就是前段、中段、后段，全程都快。就这么简单。

顺丰商业模式的第二阶段升级，王卫的绝妙思考：快递 = 超快递？一是飞机送货。二是 IT 运行（顺丰“收一派二”的作业要求，接单后，一小时取件，分单后，两小时派送完毕。即时扫描、无线传输、接收指令、GPS 定位，两端的取、送效率非常之高)，前后两段用当今最快的交通工具，中段用当今最先进的 IT 系统运行。三是中高端客户更快送件的需求。顺丰定位变成为中高端客户更快送件。

霍英东发明“卖楼花”之前，开发商把房卖给购房者，开发商把资产和在建项目抵押给银行，拿钱建楼；购房者一次性付款给开发商，开发商再拿钱还贷。这个旧的房地产商业模式造成的问题是：客人一次性拿不出这么多钱买房；开发商房子不好卖，资金压力大；银行小型放贷无门或回收开发贷款困难。

开发商想收钱，银行想放钱，市民想买房，如果找到这三件事的共同联系是不是就好办了？霍英东的绝妙思考：卖楼给客人和卖楼给银行的共同联系是什么？

卖楼给人 = 卖楼给银行（目标）？绝妙联系（要素 × 联系 × 巧合）：一是“卖楼花”，预售期房，分期付款；二是购房者以期房抵押，银行放款；三是开发商收银行的钱。购房者用银行的钱提前购房，开发商很快卖完房，银行有优质抵押，实现大量放贷。一箭联系三雕，皆大欢喜。三重联系，三个巧合，找到了就绝妙了。这个绝妙创意的结果怎样？霍英东自己说：“收钱收到自己都害怕。”后来这个绝妙即服主宰了中国楼市，征服了 13 亿人。

霍英东（左二）、李嘉诚（左三）的绝妙即服

说到这里，有人会说你分析的都是高深的商业模式，也有普通产品和常规商业模式做大的，我看也不绝妙啊。其实，不管高深还是普通，简单来看，都是事物间的共同联系，高深的产品和商业模式联系多一点，普通产品和商业模式联系

少一点，仅此而已。成功的普通产品也是应用了绝妙联系的结果，只不过它们都是找到了唯一、不可替代的联系——极致产品。

老干妈是我很推崇的企业，一罐辣椒酱，一年十几亿元净利润。看似普通，实属绝妙。

老干妈的商业模式：一是最好吃（极致产品），产品优秀到成为各种菜的标准调味品。二是价格封锁，调味品市场最大的消费市场单价在 7 ~ 10 元之间。如果低于这个价格区间意味着很难获得利润。如果高于这个价格区间，那意味着在销售上会面临巨大的压力，很难扩大规模。正是通过对这个市场的牢牢把控，老干妈压制住了所有竞争对手。三是最广渠道。因为强大的产品力和品牌效应，具有强大的原料供应、渠道和回款优势。

对老干妈的这三条总结其实不准确，后两条不过是第一条极致产品导致的结果。

辣椒酱跟大生意的绝妙联系是什么？辣椒酱 = 大生意？一是最好吃——极致产品；二是最大销量——绝妙创意广告。目前老干妈只做到了第一重联系，第二重联系如果完成，销量就会增长数倍。

快销品、餐饮产品 = 大生意？答案都是一样——极致产品，就是把产品做到极致。最好吃、最好看、最好听、最好用、最好玩、最安全、最耐用……产品有四个品牌要素（4P）：产品、价格、渠道、促销。价格和渠道基本是固定的，可以做文章的就是产品和促销（广告）。

老干妈辣椒酱做到全国最好吃，海底捞做到最好吃，陈克明面条做到最好吃，所以都很成功。为什么餐饮企业只做到第一重联系——极致产品就成功了？原因有二：一是餐饮有特殊性，一天消费三次，是频率最高的消费品。一天让人想三次，再加个宵夜就是四次。所以，它们只要做到“最好美食”，无法超越，就能成功。二是大众最喜欢分享的就是美食，朋友圈里最多的分享就是美食，所以餐饮的口碑传播是最容易、最迅速、最广泛的。

餐饮 = 大生意？极致产品！看似这一重绝妙联系就够了。其实，第二重联系——绝妙创意广告仍有巨大作用，这也恰恰是老干妈和陈克明的缺陷——绝妙广告缺乏，远远没有达到最大销量，而海底捞没有这个问题。海底捞全国有 500 家店，每家店都在闹市区，每家店相当于一个广告牌，并且海底捞是话题营销，搞好多噱头出来引人关注。

康师傅方便面，产品是绝妙创意。面条 = 方便？绝妙联系：一是自带碗筷及作料；二是不用锅煮，开水速泡；三是广告常年轰炸，渠道覆盖到农村。吃方便，买方便。广告创意也属绝妙。广告的核心作用就是找到产品和用途间的绝妙联系，产品 = 用途？绝妙联系：一是画面，将产品使用状态完全呈现；二是文字或画外音，将产品与用途的共同联系精准提出。这里有两个要求“精”和“准”，广告一闪而过，标题文字必须精练简短，诉求必须极其准确，把绝妙体现出来。用绝妙原理来思考广告，就可以获得绝妙广告创意。

康师傅的广告比较成功，原因是所有广告画面都是热气腾腾的一碗面上放大了几十倍的肉块，符合广告画面的要求，无法超越，看了就流口水，卖面只能到这个程度了。至于文案，还没有做到绝妙，没有做到无法超越。如果广告词和文案做到绝妙，业绩还要增长两倍。统一方便面同样存在这个问题，各方面都做得很好，就广告词和文案是短板。这个行业，谁先做好绝妙即服，弥补这个缺陷，谁就是霸主。当然，谁能应用“出奇招—不可能联系—出奇迹”的高维方法创造迭代产品，对对手更是降维打击。

康师傅方便面 2018 年收入 600 亿元，陈克明面条只有 20 亿元。如果陈克明有绝妙创意广告呢？很可能是 200 亿元。老干妈补上绝妙创意广告呢？很可能净利润达 100 亿元。

所以，普通产品 = 大生意？绝妙联系：一是极致产品；二是绝妙创意广告——最大销量。极致产品本身具备话题性和畅销属性，再加上绝妙创意广告的催化，能更快做大做强。

## 什么是绝妙的广告？<br>就是广告与产品用途的隐秘联系

**为什么说品牌定位和广告的绝妙是产品和用途的共同联系，而不是其他？因为消费者买的不是电钻，而是墙上的洞。消费者的购买目的是使用产品的结果，而不是产品本身。这是核心和本质。所以，绝妙的广告一定是找到“产品 = 用途”的共同联系。**

戴比尔斯钻石营销策略绝妙，但广告词不绝妙。

为什么？第一，上下两句是一个意思——钻石久远流传。重复就是浪费。第二，没明确给消费者什么好处。“一颗永流传”跟爱情不沾边，脱离了“钻石 =

爱情”这一绝妙的营销策略。第三，不押韵。且不说妙不妙，先说字字精华、给人好处、广告押韵，这三个广告基本功都没做到，这句广告词可能在外国的语境里有用，在中国就不行了。关键还有一点，这句广告词跟产品用途不是主要联系。天长地久才是主要联系，一颗永流传是次要联系。一对情侣买钻戒主要是为了爱情，其次才是留给后代以永流传。基本不属于结构性要素，并且可以超越，不符合绝妙创意广告标准。

用绝妙原理来检验上面这句广告词，问题就出来了：钻石 = 爱情？一是天长地久，二是情比金坚，三是纯洁无瑕。但是“钻石恒久远，一颗永流传”，没有讲明使用钻石的用途和结构性要素的联系：爱情天长地久，而是去讲一颗永流传——非要素联系（天长地久——年轻人考虑的事；永流传——老年人考虑的事）。

相反，“一钻拥有，天长地久”，只用了几秒思考，但是接近绝妙了：一是文字精准；二是模拟爱情誓言和承诺，一旦拥有，天长地久；三是押韵，好传播。四是这几个字几乎无法替代和超越。用“一石拥有”也不错，但是未被联想为玉石，也没有“钻”字更明确所指，更发音响亮。画面那就简单了，一定是反映产品使用的完美状态：俊男美女，钻戒夺目，美满爱情。这就是绝妙。

这个广告词可以超越吗？可能，但是难。一是形容爱情，天长地久是极限了，比白头到老级别还高，白头到老也就几十年，天长地久是几十亿年！后半句无法超越。前半句呢？“钻”字直接说出产品，“一钻拥有”高度模仿爱情誓言和承诺，“一……拥有就……”这是人类思维惯性，具有强大的销售承诺和促销语气，真的很难超越。

“一钻拥有，天长地久”三个基本功都有了。押了两个韵：一是上下句押；二是“一钻拥有”谐音“一旦拥有”。而且上下句形成因果关系，购买和好处都有交代。所以，不要迷信经典。没有做到绝妙，没做到无法超越，就不是好创意。

**最简单的衡量创意是否绝妙的方法：看看可不可以超越，可以超越就不绝妙，无法超越就是绝妙**。当然，不是你一个人、一个团队说了算，要全球 70 多亿人都说无法超越才算。绝妙的东西是 70 多亿人在很长时间都无法超越，除非技术迭代、环境变化。如果一种创意是一个高手思考到极限的极限，到不能再思考的创意，然后拿出来给很多人看，如果他们能够一秒听懂、心服口服，并且招来同行的“羡慕嫉妒恨”，就是绝妙。

企业产品广告比城市形象和旅游广告数量要多很多，广告投入费用也多很多。但是，我们发现绝妙的城市形象广告比绝妙的产品广告要多得多，企业产品广告创意需要大大提升。

产品广告熟悉度比城市形象和旅游广告要高，原因不在创意的水平上，而是在投入的费用上。著名品牌产品每年的广告投入高达几亿元甚至十几亿元。这对于城市形象广告和旅游广告来讲是不可想象的。城市形象和旅游广告一年最多投入几千万元，并且坚持不了两年（很多产品广告可以坚持十几年狂轰滥炸），大部分只能投入几十万元甚至几百万元。广告投放资金相差百倍千倍，但是目前城市形象创意的绝妙程度比产品创意高十倍百倍。

国内企业产品广告能使人耳熟能详，完全是靠钱堆出来的。创意很少做到绝妙的，几乎就没有。企业品牌和产品广告有巨大的提升空间，离绝妙还有很长的距离。

“桂林山水甲天下”“风花雪月，自在大理”“香格里拉”“烟花三月下扬州”“上有天堂，下有苏杭”“5·19，我要走”，这些城市的广告费不到产品广告的百分之一，但是知名度却远远超过产品品牌。你要说有历史的积累这没错，但是“风花雪月，自在大理”不过16年，“香格里拉”不过18年。“5·19，我要走”不过10年，也已成为风靡全国的口号。**绝妙创意的威力，是普通创意的十倍百倍，可以帮客户节省十倍百倍的传播费用，可以产生十倍百倍的传播效果。**

即使被广告界奉为超级经典、流行了几十年的钻石广告，也远远谈不上绝妙。任何一句话，哪怕跟产品和用途无关，只要你一年花几亿元广告费，天天讲，年年讲，最后也能混个耳熟。但是，这是钱的作用，不是创意的作用。**好多广告人和策划人拿出来的大作确实很有名，但是都是让客户拼命花钱砸广告的结果，是客户的钱起了作用而不是创意。把这些高额广告费撤掉试试看，这些创意形同路人。**

我们始终羡慕能遇到舍得花钱砸广告的企业老板的广告人和策划人，对你们的运气表示由衷地佩服。

“一钻拥有，天长地久”，可能接近绝妙。有人会说，你把一个行业的绝妙都说了，一上来就把一个行业的大卖点都说完了，成为垄断者，不会再有超过大卖点的卖点了。这个不用担心，我们在这个点上绝妙了，你可以在别的点上绝妙。机会永远存在。看看汽车的迭代，看看中国绿酒和茅台镇镇酒的创意。广告比不过，在营销上比啊；营销比不过，在产品上比啊。二维上绝妙了，三维上还可以绝妙，无穷层次，无穷空间，关键要出奇招，找到不可能联系，重新来一个钻石品牌，保证又有新的绝妙出来。

还有人会说，别人也可以用啊。这个别担心，谁先说就是谁的专利，先入为主。所有茶水都防上火，王老吉先说就是王老吉的专利。别的茶都不敢学，有法律风险。抄袭别人也丢人现眼。不要无谓担心，戴比尔斯广告不绝妙，策略绝妙，先入为主，卖钻石没有超过它的。绝妙造就千亿级家族！

熊大寻也主张一定要舍得花钱打广告，即使创意绝妙，也要打广告，广告是一项投资而不是支出。绝妙的广告比普通的广告至少增加十倍的效果，也能省十倍的钱。广告是对不是错，但借广告量大说自己创意好就不对了。绝妙的广告（创意）让人心服口服，无法超越。只要广告有不少争议，只要还能够超越，那就只是平庸的广告。

不要表现出你专业性的不屑和众人皆醉你独醒，不要拿你的理论和逻辑来试图解释和说服人。这些都没用，就是创意没做到绝妙，就是你的道行还不够。做到绝妙，一秒服人——好创意自己会说话。妙不可言，需要解释的创意一定不绝妙。

熊大寻做创意有一个标准：群众的眼睛是雪亮的。每个创意都要通过大家认可投票，认同度低的，立即否决，一直做到绝大多数人赞同为止。绝妙是压倒性的征服。**任何一个项目都有一个绝妙在等着你，用尽全力去找到它，然后就是万众追捧、后人仰望**。

熊大寻倡导绝妙广告，**绝妙的创作过程需要高智商，但是看懂绝妙一定不需要高智商（过程高智商，结果大众化）**。一秒听懂，心服口服（只是大家领会了绝妙，会觉得自己智商高）。所以，对于广告受众来说，绝妙广告和绝妙创意并不烧脑。相反，它跟传统认为的好广告一样通俗易懂。但是，绝妙还让人心悦诚服，这是传统经典广告和创意达不到的。

绝妙方法坚决反对创意结果烧脑，让人费神；坚决反对戛纳获奖广告和欧美烧脑广告。记得有一届戛纳金奖平面广告：一辆豪华奔驰汽车停在路边，它的旁边有很多刹车的痕迹。广告很酷，没有一个文字。意思是这车太吸引人了，很多经过的车都要刹车关注它。这就是戛纳获奖广告和欧美广告“好创意”的取向和标准——深奥难懂，烧脑酷炫。西方人认为这种广告创意很绝妙、高智商。这个广告确实高智商，可惜结果也高智商——让人看着费劲！另外，不符合绝妙的标准：产品和用途的联系，产品 = 用途？完全没有找到二者间的联系，不符合一秒听懂、心服口服、无法超越、流传千古的四步流程。很多人看半天也看不懂，更不要说心服口服了。

欧美“好创意”的标准是艺术性高、智商高，这用在电影和艺术上，我非常赞成和欣赏。这是西方的电影和艺术远远超过我们的原因，不像国内的电影——艺术、智商严重欠缺。但是，广告是说服性传播，跟艺术完全是两回事。这种标准用在其他领域都OK，但用在商业广告上就出现了大问题——看不懂，说不服。这就是浪费掉一半广告费的原因。这个奔驰汽车广告根本不卖货，后来厂家炒掉了策划这个创意的广告公司。

传统广告理论来自西方，中国的广告创意一开始也是沿袭西方。后来，随着本土化，跑到了另一个方向——凡俗，越土越好。进化到了“通俗易懂”就停止了（绝妙即服让广告创意进一步提升到“心服口服”，甚至“无法超越，流传千古”），而且崇尚越俗越好。把土和俗当成了最高法则，殊不知完全跑偏了。

**广告的关键是说服，说服跟雅和俗没有逻辑关系，只跟妙有关系，妙即服。这个妙是事物之间的联系与巧合，是产品和用途的联系与巧合。联系就是逻辑，巧合就是奇迹。妙就是说服、征服、悦服。雅和俗跟审美有逻辑关系，说服跟道理有逻辑关系——讲理。什么是道理？第一章讲过，就是事物间的联系。怎么服人？以理服人！**

**广告的关键是说服。通俗易懂和给人好处，只是让人看懂和理解，离说服还远，这是初级。只有做到绝妙，让人心悦诚服、心服口服才是真的说服。以前的广告营销理论做到了“说”，却没有做到“服”。少数做到“服”也是高额广告费导致的高频说服。应该在创意策划阶段就要完成“服”。**

**广告即广而告之，望文生义，它的关键还是在高额广告费产生的高频广播。广告的重心在“告”，也就是“说”。以往的理论和方法止步于“说”；“绝妙即服”即绝妙立即说服、征服、舒服，绝妙即心服口服，它的关键在奇妙无比、奥妙无穷产生的超级传播力。“绝妙即服”的重心在“服”，理论和方法都是为了让人“服”。**

**绝妙即服——找到了广告营销百年来缺失的另一半方法，解决了广告营销的核心问题。**

正是这种百年来“有说无服”方法上的欠缺，导致本土化广告创意虽然通俗化做得很好，但还是缺乏说服力。只能靠有钱的客户投巨额广告费，撑起广告的效果。所以，评估广告作品好不好，千万不要只看知名度，那可能只是企业的广告费多。绝妙创意再加上同样的广告费，一定产生十倍百倍的效果！

热衷投广告的企业老板不要过于高兴，你的广告创意并不好，离绝妙差得还远，只是有钱的广告。你至少浪费了90%的广告费！做到创意绝妙，至少节省90%的广告费！不信?！停止对你的广告投钱，试试让它自动流传，能做到吗?让它在民间口碑自动传播，能做到吗？不可能。只有绝妙才能自动流传。

看一看熊大寻如何用绝妙创意，帮助AAAAA景区龙宫产生突破性发展，没有广告也能流传。

**1. 与传统的溶洞旅游相比**

龙宫现有广告词赢不过云南九乡溶洞——“不来九乡，枉来云南”，九乡溶洞广告角度独特，不走寻常路，不是有洞卖洞，而是提醒游客：云南美景无数，不来九乡等于白来云南，最精华、最珍贵的云南旅游王冠上的明珠景点你没来，实属遗憾，吸引游客必须去看一看。

而龙宫现有定位“梦幻龙宫，自在田园”，放之四海而皆准，中国田园风光无数，不是龙宫独有，龙宫的核心卖点完全没说。并且这个广告用两个不同的词语卖了两个东西，一个是龙宫，一个是田园风光，这是定位的大忌！其实龙宫不只有龙宫核心景区、田园风光，还有峡谷风光、瀑布、暗河、漩塘、特色民俗……但旅游广告只能卖一个东西，这样才能被游客记住。

“风花雪月”是卖四个东西，但把它们巧妙地组成了一个成语，相当于一个词。“清泉石上流”卖五个东西，但是巧妙地对应上一句诗，相当于一个长的词。“阁花会水梅柳茶”卖七样东西，但是巧妙地组成了一句唯美的诗，是一个完整的意思。“古镇大院山水画”卖五样东西，巧妙地组成了一句简白的诗。“高山流水，白云黄鹤”卖四个东西，但是相当于两个成语组成一句诗——高山流水白云鹤，或是组成一副短的对联。一个词是一个完整的意思，一句诗或一个成语也是一个完整的意思，本质上是一回事。

**熊大寻用绝妙即服做定位，为什么要把几个核心资源变成诗句或成语？原因在于，中国人从小开始，记一句诗或一个成语，跟记一个单词一样。**诗歌是用来说服人的！原因之一，记一句诗的便捷性，跟记一个单词一样，因为诗句本身的优美意境和独特逻辑，一旦看过，马上记得；一旦记得，终生不忘！

龙宫溶洞赢不过织金洞；龙宫绿赢不过荔波绿；龙门飞瀑赢不过黄果树瀑布。

喀斯特地貌，贵州境内比比皆是，整个云贵川地区有太多喀斯特地貌，所以龙宫的喀斯特地貌不够奇。打水溶洞的牌呢？第一，溶洞人们去过一个，就不想去第二个，并且溶洞旅游相对过时。第二，水溶洞之于溶洞，相当于冬奥会之于奥运会。天下第一水溶洞赢不过天下第一洞，好比冬奥会赢不过奥运会。第三，龙宫景区需要升级换代，必须从洞的竞争中跳出来，水溶洞还是在说洞，如若把水包装神了，让人们来拜水，以水来带洞，就是一个绝佳突破口！

**2. 与我国知名的山水相比**

桂林山水——贩卖青山秀水，突出一个“秀”字；

长江黄河——贩卖历史文化，突出一个“久”字；

云南山水——贩卖大理丽江，突出一个“彩”字；

三亚海水——贩卖海滨风情，突出一个“蓝”字。

水有很多属性，这些知名的城市、景区都做了水的文章，但都停留在色彩、身姿和基础文化上，停留在有什么卖什么的形而下阶段，没有一个卖水的神性、灵性，没有一个把水的属性拔高、升华为能够让人为之震撼、敬畏、朝拜的形而上阶段。这就为龙宫打造神性的水、灵性的水留下了充足的空间，是一个大机遇，必须牢牢抓住这个机遇。

**3. 从市场战略角度出发——天下有神山无数，但神水尚属空白**

世界上有无数座神山，比如西藏阿里的冈仁波齐峰、云南迪庆的梅里雪山、青海果洛的阿玛尼卿和玉树的尕朵觉沃，并称为“藏传佛教四大神山”。但被称为神水的却没有。神水哪里有？这是一个天问。神山每年都有数百万游客来拜，因为它抓住的是人的心灵，卖的不只是风光秀美，而是山的灵性、神性。人们对它敬畏、敬仰，牢牢抓住人心，做的是形而上的文章，所以游客不请自来。

上天入地：龙门飞瀑

龙宫山不是最高的，洞不是最优的，历史文化不是顶级的，突破口就只在“水”了。而水的文章不是一般的做法，而是要做“神”。龙宫刚好可以填补“神水”这个空白，占山为王，占水为龙。龙宫不占水，白白叫龙宫。

龙宫不卖水而去卖洞，本身就是个错误。神山无数人向往，游客达数百万人。如果我们打造神水，就可牢牢占据这个市场空白点。龙宫的水有龙坐镇，水不在深，有龙则灵。龙宫“神水”一定会带来几百万游客。AAAAA 景区龙宫的游客量突破百万人，指日可待！

最神的水在龙宫！

龙宫的水“神”在哪里？九神：

（1）神在天上——天池。

（2）神在半空——龙门飞瀑。

（3）神在湖里——漩塘（自动旋转的神奇之湖：山不转水转）。

（4）神在洞里——中国最长最美的水溶洞。

（5）神在地下——暗河。

（6）神在石上——水分石。

（7）神在长度——短河（世界上最短的河：仅有数百米）。

（8）神在系统——神水：飞黄腾达跃龙门，上天入地转乾坤。奇树和奇藤（黄连树上挂藤条——飞黄腾达）、上天（天池、龙门飞瀑——跃龙门）、入地（世界上最短的河，转入地下河——入地）、转乾坤（八卦形漩塘，自动旋转）。

（9）神在威力——龙宫的水流到洞里形成亚洲洞中第一瀑（龙门飞瀑），流到悬崖形成亚洲第一瀑（黄果树瀑布）。能量之大、威力之大，可谓神水。

原来我们不是洞第一，而是水第一。旅游形象口号：

**天下第一神水——龙宫。**

**天下神山无数，神水唯有龙宫——神水龙宫！**

**总体旅游定位（备选）——天地奇踪，神水龙宫！**

龙宫＝突破？绝妙联系：一是龙宫水之奇特，天下无双。二是洞卖不过织金洞，水却没人卖。三是神山众多，神水没有。神山必热，神水必火。四是龙宫所在，水肯定神。天下神山无数，神水唯有龙宫——神水龙宫。为什么叫龙宫？就是因为水很神！神山你见过，神水你没见过，你来不来？非来不可！

转乾坤：漩塘——会自动旋转的水

龙宫＝神水？绝妙联系：一是龙宫的水很神，上天入地转乾坤。二是龙宫是最大的水溶洞。三是龙宫的名字，神龙居神水。四是神水跟神山一样，很卖座。龙宫堪称天下第一神水。

## 广告业不能说的秘密

我有多年的广告业从业经验，做过中国最大广告公司的总监，也做过最大策划公司的总监。知道广告界不能说的秘密是，广告策划创意就是三板斧——改名字、换包装、拍电视，所有做大的广告公司的中心思想就是干这三件事。因为这最容易做，也最容易赚钱。它们的方法和理论都围绕这几件事。

好名字和好包装有没有用？有，但是作用小，只是入门级的技术，不是策划和创意的重点。阿里巴巴名字响亮，而腾讯名字普通，应该难做大，但丝毫不影响马化腾成为首富。微信应该改名叫“圈子”或者叫“呼朋唤友”，但人家腾讯这群理工男就喜欢“讯”和“信”，微信也成了逆天的应用。这跟把成功归结为符号、标志和词语一样，都是只见皮毛、不见筋骨的片面做法。

阿迪达斯和耐克都不符合运动品牌的命名，听不懂啊！按广告界的逻辑应该叫公牛、猎豹、雄鹰之类的才对啊。也还真有一个叫彪马的运动品牌，但怎么努力都差耐克和阿迪达斯一大截。按广告界“名字即战略”的理论，应该彪马才是老大啊。怎么回事？因为这个是小道理，不是大道，不是真理。好名字有作用，但是用处小，不是决定性的作用。中国绿酒的重点不是名字创意，而是营销和产品创意，直接创了一个新品类，把白酒历史性地分成了白酒和绿酒两类。生意的大道是绝妙，找到绝妙才能在行业中成为第一。

因为**“绝妙联系”是超越竞争，最强说服，亿众佩服，天下归心**。

找到绝妙，就是行业第一，就是市场垄断。由绝妙即服引申的极点策略、核弹震撼、必需品这些方法和相似的方法是王道和大道——可用于任何领域，可解释所有行业。其他改名字、换包装等方法不过是辅助性的小道——打仗没用，科技研究没用，发明创造没用……除了广告领域，其他领域基本没用。

**大道之行，天下为公——能通行天下、解释一切的才是大道，用大道才能成大事！**

拍电视是怎么回事？创意策划好了，一定要打广告，电视广告出名最快，要上就要上中央电视台。所以，广告公司会拼命让企业花巨资上中央电视台打广告。广告一出名，产品就好卖了，广告公司的作品也就出名了。广告公司既多了一笔电视广告代理费收入，作品也被企业花大钱轰出名了。企业也赚钱了，来年还找广告公司一起玩。名利双收！其实，随便想一句话，一年花几亿元在中央电视台天天喊这句话，也会卖货，也会很出名，人人都知道。白岩松说过：让一只狗天天上央视，就能变成名狗。16 年前我在第一本书《拳打策划，脚踢广告》里就说过：有钱的广告就是好广告！

**企业一定要认清一个事实：靠海量广告打响的创意，不要相信真的是好创意。可以肯定的是，好的一定是你的广告费而不一定是创意。不靠海量广告也能打响品牌的创意，这才是真的好创意！**创意达到绝妙，可以自动传播，但这是苦力活，真的很难。没几个人愿意干，也很难做到。

“而世之奇伟、瑰怪，非常之观，常在于险远，而人之所罕至焉，故非有志者不能至也。有志矣，不随以止也，然力不足者，亦不能至也。有志与力，而又不随以怠，至于幽暗昏惑而无物以相之，亦不能至也。”**王安石是实干大师，他的这段话既讲了价值观，也讲了方法论。出奇招才能做到绝妙，才能出奇迹。除了出奇招，还要“志力勤智”，非艰苦卓绝不能至绝妙。**

当然你也会说，人家的电视广告也是有策略有创意的，比如品牌名字重复三遍以上，比如产品名字和包装放大，比如黄金时段人在厨房里，听觉表达也十分重要。这有多少技术含量？一个有市场经验的老板和善于思考的策划人都会要求做到这几点，这只是一种基本功和做市场的本能而已，没受过广告训练的人觉得牛，做过三年广告策划的人就知道这是常识。喝水用杯子啊——常识。怎么说呢？在文盲面前，识字是一种本事，在文学家面前却什么都不是，在哲学家面前这是什么啊。

将近 20 年前我在广告界就是这样，现在怎么还是这样？广告界应该精进。当然，广告界里的聪明人已经认识到广告创意的不足，开始研究产品的创新改进，只不过都是微创新，还是站在广告业的小格局，小雕小琢小改进，离产品颠覆式创新、绝妙的营销及商业模式还很远。广告公司要站在生意的大格局上，思维才能上台阶。

几十年来，中央电视台的天价广告 100% 是企业产品，城市和旅游景区一个都没有。没有一个地方政府和景区一年花得起几亿元砸广告，能有一两千万元就不错了，而且没有一个能坚持三年的。这个现状没法改变。所以，城市和旅游策划、规划和创意，必须要付出比企业策划多十倍百倍的努力，尽力做到绝妙，产生自动传播。反之，企业产品仅广告创意做到绝妙，销售量就能产生十倍的增长，更不要说营销、产品做到绝妙了。

**广告界的总结都是围绕超级有钱的广告，总结的原因都是创意好，没有一个人总结到“钱”字上，其实这才是本质。**

改名字、换包装、拍电视广告都是简单容易之事，对产品来讲有一点用（广告投放很有用，拍摄制作有点用），但是这不是根本。根本的是企业的商业模式和产品本身。前面讲过，商业模式和产品创意策划做得好，广告营销创意就不用了，直接把商业模式创意、产品创意、营销创意放在广告上就行。戴比尔斯的营销绝妙，其实只要广告把营销创意——三重联系中最重要的“天长地久”，放到广告词里就很好了。结果广告公司耍小聪明，变成“一颗永流传”，跑偏了。

所以说，顶层关注绝妙，中下层关注其他。老板是本质思考，关注解决根本问题的大道。专家有很多专业理论工具，但是缺乏大道思维和本质思考，往往局限在专业的条条框框里。绝妙解决本质、结构和系统问题。当然，用在枝节问题上更是游刃有余。

按传统广告创意的套路，滴滴应该设计个招手打车的小卡通人作 logo，微信应该设计个手机形状的卡通朋友作 logo，但是它们根本没这样做，而且一点也不影响品牌的传播和认知。因为它们的商业模式和产品做到了绝妙，其他的也就不重要了。

微信 = 大生意？绝妙联系：一是购物可以在手机上，社交也可以搬到手机上；二是人性炫耀和刷存在感的应用；三是必需品和高频次，几亿人的流量。

消费者买的是产品和应用，不是名字、包装和 logo，产品与用途之间没有这重联系，这些都不是结构性要素。有没有找到商业模式或产品与大生意之间的绝妙联系，这才是一切生意的根本。接下来研究营销和广告定位怎么做到绝妙，除此之外都是小技巧。

世界五百强企业、每个国家百强企业，例如微软、谷歌、脸谱、沃尔玛、华为、恒大等，绝大多数企业都是“腾讯”这类不起眼的名字，大多数产品都是“微信”这样普通的名字（微信的“微”是什么意思，我至今不懂），但是，这并不影响它们的成功。相反，它们的相同之处都是“绝妙即服”的商业模式和产品应用，无一例外！大家可以自行验证。

一部电影最重要的，一是故事，二是演员，三是导演。这就是产品与用途之间的三个绝妙联系，也是电影业永恒的商业模式。

电影 = 卖座？绝妙联系：一是看电影就是看好故事；二是看电影就是看明星；三是看电影就是看讲故事的人（导演）。好电影的故事一定绝妙。好故事是电影的灵魂和核心。

编剧 = 绝妙？绝妙联系：一是意料之外，即故事新颖，情节曲折；二是情理之中，即逻辑严密，丝丝入扣；三是智慧之上，即悬念反转，哲理启迪。

任何行业都可以用“绝妙即服”的方法获得成功。

一幅画最重要的，一是构思，二是笔法，三是画家。这是艺术作品与用途之间的三个绝妙联系。

画作 = 妙品？绝妙联系：一是独创一派，即思想与构思；二是技术出神入化，即笔法和意境；三是名人大家。好的画作一定绝妙。

**绝妙应用于所有领域。电影和画作也属于产品，它们都不需要改名字、换包装，甚至不需要 USP、定位、4P、品牌形象。这些都不是结构性要素，都不属于这个系统，只是附加物。但绝妙联系是系统的灵魂。它们都必须绝妙，否则就是烂片和庸作。**

一个导演、一个艺术家的精力只能放在思考作品绝妙不绝妙上，这是本质方法，而一定不会放在附属方法上。相反，如果一个导演和艺术家热衷定位、USP或者改名字、换包装，他的作品一定没有生命力，没有市场。而绝妙的作品和产品，永远畅销。

**可以普遍应用的才是真理。**

商业模式—产品—营销—广告，由高到低，层层绝妙。这才是企业做大做强的真理和根本之道，这才是策划创意的天道。

## “一分钟能决定战斗的胜负，一天能决定帝国的命运”

熊大寻提出“我出奇招，你出奇迹”，有的规划公司、咨询公司和广告公司很有意见，它们认为不可能有奇招，更不可能通过奇招来出奇迹。为什么？因为规划一轴几带、功能分区和广告改名字、换包装、拍电视这些都是很浅的活儿，根本不可能靠这点东西产生奇迹。它们有时候也会帮客户的产品做点小创新和品类区隔，然后就称为战略和顶层设计了。这些创意跟绝妙无关，也不可能是奇招，更没帮助客户出过奇迹（销量大增很多是广告投放的结果，而不是创意）。它们缺乏真理性的方法和实践，不理解是正常的。

如果让大家来看看香格里拉、大理等的策划奇迹，再看看上面讲的大企业的绝妙创意，应该就明白了。策划和创意做到绝妙，真的能创造奇迹！改变一个企业不过是拯救几千名员工，改变一个城市却是为几十万、上百万人创造了就业机会。企业可能三五年就不行了，城市一旦引爆，则永远受益，游客和外来客商每年两位数增长，很难下滑。

每个大品牌、每个大生意都要经历三部曲：奇招—奇迹—传奇。

大企业和大品牌都是出了奇招才有奇迹，最后成为一代传奇。商场如战场，出奇才能制胜。思路定出路，常规的思路只有常规的出路，超常规思路才有超常规出路。唯有奇招，才有奇迹。每个绝妙都是奇招产生的结果，每个奇迹都是绝妙联系应用的结果！

奇迹是最大的成功！奇迹是超出想象的成功！奇迹就是大生意，奇迹就是商业的本质问题和第一性问题。马斯克的每个项目都是一个奇迹，都是绝妙联系的结果。他的每个项目都至少包含了一个奇招。

奇招=奇迹？绝妙联系：一是思路定出路。常规思路=常规出路，超常规思路=超常规出路。超常规思路=奇招。超常规出路=奇迹。奇招决定奇迹。二是绝妙即服。绝妙或绝妙联系是极限智慧和能量，是造物、造局、造势的法宝，出奇招才能找到不可能联系，才能产生绝妙和奇迹。三是出奇制胜。中国文化里与胜利有最高关联度的词是“出奇”——出奇制胜，正合奇胜；与扭转乾坤的奇迹有最高关联度的词是“神奇”——化腐朽为神奇。杜甫的“飘然思不群”、王安石的“非常之观，常在于险远”和乔布斯的“非同凡‘想’”，都是要出奇。出奇和绝妙是最高的方法。

我们来看看，军事战略战术达到绝妙会不会出奇迹？

战术=必胜？绝妙联系：一是关键，人是决定因素，包括军事素质、战斗意志。二是方法，集中优势兵力，攻敌要害，进攻要坚决。三是原则，侦察透彻，计划周详；出其不意，攻其不备；快速迅猛，穷追猛打。四是目的，消灭敌人而不是打败。五是战术，机动灵活，创造发挥。

**自古以来，无论什么样的军事家，制胜的战术也不过是这几点。这是由战术与胜利的绝妙联系决定的，这是结构性要素联系，万变不离其宗。**

俄罗斯帝国杰出的军事家苏沃洛夫在《制胜的科学》中阐述了他的思想体系：“人是制胜的决定因素，因此应当把人置于优先位置来考虑。”在苏沃洛夫战术中火力与白刃突击有了正确结合。他认为火力对于夺取胜利具有重大意义，他把以死相搏的白刃突击技艺提到空前的高度。苏沃洛夫创立了一整套教育和训练军队的先进方法。“人是制胜的决定因素”这一信念是这套方法的基础。苏沃洛夫反对盲目练兵，极力主张激发士兵的民族自尊心和爱国热情（政治觉悟），努力使士兵在最复杂的战斗条件下大胆主动和巧妙地行动，强调“每个战士都应了解自己采用的手段”。

他注重战前对士兵进行严格的操练和实行铁一般的纪律，让部队通过演练来熟悉战争中的各种现象，这些演练又必须非常接近于实战，这样，士兵就会把真正的战争看成不过是演习而已。每个战士要明晰任务，在战争中充分发挥创造性。“军事学术之真谛，是从敌人最要害的部位直接进攻敌人，而不是采取间接的迂回的方式接敌……只有直接的勇敢的进攻才能制胜。”

他认为，集中兵力于最重要的方面具有重大意义。战术的基本原则：“观察”“快速”“猛攻”。观察的实质是要善于判断敌情和地形，及时制定正确的作战计划；快速是要求部队具有高度的机动性；猛攻就是在交战的决定性时刻最大限度地发挥力量，全力以赴对敌人穷追猛打，这是消灭敌人，取得作战胜利的关键。战争的主要目的是消灭敌人的有生力量，打退敌人是失败，而消灭敌人才是胜利。战争中没有一成不变和一劳永逸的固定原则，一切都要根据敌方特点及难以预料和变化多端的条件而定。

苏沃洛夫总结的这几点的意义甚至超过了名气比他大的兵法家，这几点不是纸上谈兵，而是实战经验。苏沃洛夫的军事思想达到了战略战术上的绝妙，做到了五个绝妙联系。因此，1918 年列宁批准的《红军战士手册》，从《制胜的科学》中摘录了十条作为守则，并且苏联把苏沃洛夫的名字作为军功章和军事院校的名称，其战术也深刻影响了我军。可见苏沃洛夫在军事方法上达到了高妙的境界。

其实打仗和打架是一回事。打架讲两条，一是“会打的怕力大的，力大的怕拼命的”，二是“天下武功，唯快不破”。抛开武器技术不说，打仗的决定因素是士兵会打、不怕死和速度快。不是说拼命就打得过会打的，但是会形成压倒性气势，然后逆转战局。孙子说：“三军可夺气，将军可夺心。”意志气势和快速攻击，没有这两条的不能算兵法。

正因为苏沃洛夫在军事上达到了绝妙，所以他成为常胜将军，达成了 60 场战争全胜的奇迹，主导了第二次反法同盟战争的胜利。以严谨著称的他讲过一句很有名的话：“**一分钟能决定战斗的胜负、一小时能决定会战的胜负、一天能决定帝国的命运**。”这么严谨的一个人，讲了这么“不严谨”的话，只有一个可能：穷尽事物的联系达到绝妙，真的有不可思议的奇迹，这种奇迹大到超越常人想象！

达到绝妙就能做到一分钟决定战争的胜负，一天决定帝国的命运！达到绝妙，就出奇迹！达不到绝妙，不可能想到，更不可能做到！不是别人做不到“我出奇招，你出奇迹”，而是你做不到绝妙。

不要再停留在三板斧的层面思考问题，不要再神化广告理论，空喊顶层设计，要实实在在地研究事物之间的联系。

很多策划界的同行跟我讲：熊大寻的东西很深，有的业务很大的公司有理论方法，但是很浅，主要是靠常年打广告引来客户。我说，绝妙即服、极点策略和核弹震撼并不高深，很简单，难是难在要尽全力去做到。每个创意离绝妙都有一百里，你一定要咬牙坚持走到站，不要停在七八十里就喊你找到了。不到绝妙不能停。人家靠打广告做起来，这也是悟道之人，好处高频这一点做得好。知道广告有用就敢于砸钱去做并坚持，这已经是企业家级别了。

出版这本书，公开自己的秘诀，出版社的老师问我：“你不怕教会同行饿死师傅吗?”我说：“第一，做到绝妙需要天赋，也需要机缘。第二，做到绝妙太难了，呕心沥血，有几个能坚持。第三，让创意业和智业有一个最高方法和标准，加强自律出妙品，让客户出奇迹。这算是我的一点功德。第四，传法布道比闭关参禅对公司好。

粟裕说，有同志问我：“作为战役指挥员，最特出之处是什么?”我回答道：“是慎重。”从下定战役决心到组织战役实施的全过程，甚至在某些指挥细节上，都必须贯彻慎重的原则，以确保关键性战役的胜利。

“战神”粟裕的“慎重”和“确保”就是思考所有可能，穷尽所有联系，一定要做到最好。战争是生死之地，做不到最好可能就是阵亡。创意策划是客户的生死之地。一定要“慎重”和“确保”做到绝妙，做不到不能停，做不到不交稿。方法不难，难就难在“慎重”和“确保”这种做到极致的态度。

我们做到绝妙策划的案例，从来没有同行质疑创意不行。凡疑不绝，凡绝不疑——有质疑一定不绝妙，做到绝妙就不会有质疑。少数做不到绝妙，被人质疑，都只会怪自己，从不怪别人。所以，你的创意被客户或同行质疑，一定是自己错了，没做到“慎重”和“确保”。做到了就绝妙了，一定不会有人质疑。绝妙即服，不绝妙谁服你!

当然，你也许会说，各有各的道，商业模式和产品是最重要的，要绝妙。广告也是一个行业，也有自己的道，只能改名字、换包装、拍电视。广告创意的作用确实没有商业模式和产品创意大，但也是一个必要环节。甚至在有的产业是决定性的，比如钻石，产品创意难突破了，只能靠营销创意和广告创意。但是广告创意绝不只是三板斧那么简单，不然就把广告业看得太表面、太简单了。

广告创意做得好，其实是在二次创造产品。滴滴和微信是绝妙的产品创意，所以不需要好广告也能风行。但很多产品不是绝妙级的，怎么办？那就要靠营销和广告创意进行二次创造，实现革新。在这种情况下，广告创意就不能只是锦上添花了，而是要雪中送炭、扭转乾坤。这时候广告要解决的是产品的根本问题，而不是要改名字、换包装、拍电视这种小把戏了。这就要求广告创意要升级到产品的层面来策划。

产品这一环不绝妙，掉链子了，营销和广告就要升级以帮助产品变绝妙。比如戴比尔斯钻石，产品还是那个产品，但是在营销和广告层面用途发生了变化。原来是一个笨产品，现在把它变成妙品了，营销和广告都绝妙！遗憾的是广告词即广告创意不完善，这个毛病被几十年来几十亿元广告费掩盖了。**有钱的广告就是好广告，但绝妙的广告才是顶级广告。**

城市定位和旅游定位广告，一是没有企业的天价广告费去变成有钱的广告，随便一个广告词就能通过烧钱变得有名。二是企业和产品的平均寿命为三到五年，而城市和景区的寿命按千年计算。所以，城市形象和旅游定位必须一次做到绝妙，花小钱、不花钱也能通过自动传播而成功。更重要的是在你的位置上，就一步做到绝妙，让人心服口服，无妙不臻，流传千古。对得起百姓和城市，这是一种使命。

让一个城市或景区的形象流传千古，这是一种了不得的成功！胜过建造一百座高楼大厦，楼会塌、会拆，思想文化和城市灵魂会永远流传、永载史册。

有的广告创意喊出一个好处，便觉得找到了产品和用途的联系，其实还差得远。“风花雪月”有四重联系，但又只是一个绝美的成语、一个完整的意思。你的产品很可能也存在这种情况，你不能只喊出了个“风”或者“花”就停止了。对客户要做到呕心沥血，不到绝妙不罢休。改掉忽悠和假大神的做派，不到吐血、不见绝妙不停工。你准备好了吗？

熊大寻方法重新定义创意、广告和策划，重新创造广告和策划的标准。绝妙这个标准太高了，但是你不能自欺欺人总是在市运会、省运会上耍宝吧，奥运会你总得参加啊，不跟世界级高手过招，怎么知道山外有山呢？你叫得响的作品全靠客户花钱撑场，那不是花瓶演员吗？踏踏实实折磨自己一把，尽全力做到绝妙，当一回实力派。别再干拿别人钱撑自己脸的事。

企业产品广告跟城市形象广告不一样，企业产品绝大多数关乎吃穿住行的事，通俗易懂就够了。城市形象广告不只要吸引游客，更要体现城市文化内涵和灵魂。企业产品定位和广告是单点思考，突出卖点即可。城市形象广告则是立体思考、综合思考，既要突出卖点，又要串珠成链，难度比企业产品广告大得多。

企业产品崇尚通俗，但通俗不等于“粗直俗”，通俗直白也要追求绝妙。绝妙一定不是深奥难懂，绝妙可以很文气，但文气不是隐晦，而是简白。文到简白显高深。广告词可以很通俗，但是一定要妙，方能具有超强说服力。

我们来看看城市形象定位和广告的绝妙思维：城市形象（品牌）与城市的共同联系是什么？城市 = 形象定位？城市 = 品牌定位？绝妙联系：一是城市资源，二是城市文化内涵，三是城市核心卖点和旅游吸引力，四是场景优美。城市形象广告一定要兼顾这四个要素，才算绝妙。（旅游形象定位方法同上）

押韵是广告词的基本功，押韵和比喻一样，也是一种绝妙。2009 年 8 月，我们帮助浙江省宁海县进行城市策划和旅游规划，核心是策划了一套浙江宁海申报“中国旅游日”宣传策划方案，根据《徐霞客游记》开篇，5 月 19 日，“癸丑之三月晦，自宁海出西门。云散日朗，人意山光，俱有喜态。三十里，至梁皇山……”徐霞客出游的第一个出发地在宁海，时间是 5 月 19 日，这个日子非常适合作为“中国旅游日”。光这样还不行，熊大寻策划“5・19 我要走”，“5・19”的谐音是“我要走”。不仅内容上适合旅游日，形式上（读音）也合适，获得了专家和大众的认可。宁海开游日“5・19”被国务院定为“中国旅游日”。

5・19 = 旅游日？绝妙联系：一是徐霞客于 5 月 19 日这一天开始出游。二是《徐霞客游记》开篇日。三是“5・19”读音最适合徒步，在徐霞客那个年代，旅游就等于徒步，尤其他主要是为了考察，基本靠走。这就绝妙了，尤其后者让人感觉像是天意！一个旅游资源平平的城市，因为这件事，口号一下子打响了：“天下旅游出宁海”“天下旅游，宁海开游”。

故事还没完，因为“5・19 我要走”这个口号太有说服力，全国很多城市每年都自发开展市民徒步活动，看到这个口号，一下子就爱上了，这个日子天意就是给我们徒步用的，对徒步爱好者有巨大的号召力，干脆就统一在这一天徒步吧。于是宁海就像肯德基一样做起了加盟连锁。

“2018 徒步中国・全国徒步大会 5・19 联动日活动”在全国十个地方同时开展，这是全国徒步大会规模最大的一次活动，这一天正式成为“全国徒步日”。活动由中国登山协会主办，浙江省宁波市宁海县等 10 个市区县的相关机构承办。到 2019 年 5 月 19 日，全国徒步联动日已发展成为全国性活动，亿万群众“5・19 我要走”。

正因为这个口号的强大号召力，“5・19 我要走”成为风靡全国的口号，不仅撑起了中国旅游日，还发展成为全国徒步日。一个策划掀起全民运动的风暴！一个口号，全民徒步！一个口号，两个节日！这就是绝妙创意的威力。

在中国，口号押韵和谐音巧妙很重要，这种形式和内涵的结合能代表一种天意和绝妙，有强大的说服力。“5・19 我要走”朗朗上口，谁听谁服气，叫谁谁都走。

“二战”时期德国特别重视宣传，把协约国（Allies）谐音为“全是谎言”（All lies），巧妙丑化对方。为什么谐音有强大的说服力？因为谐音是一种读音的巧合。

当时评选中国旅游日，徐霞客家乡江阴、邓小平家乡广安、孔子家乡曲阜、毛泽东家乡韶山都参与了评选，为什么都输给了宁海？就是因为缺乏绝妙思维，这些地方的依据不绝妙，所以说服力不强。宁海则有两个绝妙：一是《徐霞客游记》开篇之日的这个依据，二是“5·19我要走”。徐霞客出游第一步应该是江阴才对，如果用上绝妙策划、找到绝妙依据应该会赢。孔子周游日、主席远行日都是适合的日子，专家眼中，各有千秋。但它们没有“5·19我要走”，大众眼中，这才是最适合的日子。这句口号的绝妙才是关键，比第一个绝妙更重要。

很多人没看过《徐霞客游记》，但是“5·19我要走”一秒就懂，徐霞客又是从这一天开始出游，为什么读音那么巧？会不会是天意？天意不可违啊！心服口服，不选它选谁?！不选它对不起良心！

**绝妙是最大的借势，借的是天意和天力。因此，绝妙又是极限说服——天意不可违。**

根据中国旅游日落地宁海这件事，我们为宁海策划了城市形象口号：天下旅游出宁海！这个“出”字就来自《徐霞客游记》开篇“癸丑之三月晦，自宁海出西门”。

记住：不是把广告口号做到押韵了，就代表绝妙了。押韵不一定代表绝妙，只有和内容结合，形式、内容一致才是绝妙，也就是要有多个巧合。“5·19我要走”和《徐霞客游记》开篇日结合在一起，两个巧合这才是绝妙。光有一句“5·19我要走”不会有那么多人响应，光有开篇日也不会有众人拥戴，二者单独都不妙，二者结合就是绝妙——尽系为绝，多巧为妙。

浙江省宁海县广告牌

当时徐霞客家乡江阴呼声其实是最高的，当地也花了远超宁海数倍的资金宣传造势。**单独一个开游日不绝妙，缺乏说服力，加上“5·19我要走”，立即就定了胜负。从中国旅游日发展出全国徒步日，且全国徒步日发展更迅猛来看，“5·19我要走”的影响力确实超过了开篇日。**

## 熊大寻方法与绝妙思维的关系

绝妙和联系是万物的尺度和本质。策划和创意的本质是什么？策划创意＝成功？绝妙联系（要素×联系×巧合）：一是定位绝妙，二是策略极致，三是应用震撼，四是产品必需，五是广告高频。

定位绝妙就是产品或项目的定位要绝妙即服，做到极致，产生四步流程：一秒听懂、心服口服、无法超越、流传千古。

策略极致就是商业模式和市场策略要用最强、最有效的。

应用震撼就是产品的功能应用超乎想象、震撼人心，也就是要颠覆式创新、革命性应用。

产品必需就是要让产品或项目成为必需品，而不是替代品，让人非买不可，不买后悔。这样才能成为领导级品牌。

广告高频就是广告营销一定要保持高频率，重复和持续产生传播。这是个笨办法，也比较费钱，但很有用，是对绝妙即服的加强。

以上五点是产品或项目成功的五大关键，是产品项目与策划之间的五个要素联系，跟军事的五大核心联系相似。这五重联系是产品和策划之间的$C^2$，做到了就是巨大的$E$。因此，熊大寻方法围绕这五重联系展开，分别是**绝妙即服**、**极点策略**、**核弹震撼**、**必需思维**、**好处高频**。五大方法核心是绝妙即服，都由绝妙即服衍生而来。

熊大寻五大方法

绝妙联系是道，天道即服——绝妙即服；绝妙联系是最佳策略——极点策略；绝妙联系让人产生震撼——核弹震撼；绝妙联系是事物间的必然联系——必需思维；绝妙联系的能量形式是频率，高频高能——好处高频。

# 第三章

## 极点策略——穷举妙出

扫码立领

★本书知识课堂

★作者方法论讲堂

★作者策划案例

宇宙之道不仅是绝妙，不仅是联系，还是精一，精准唯一。原子、电子、细胞、人体、天体，它们的组织、结构、发展都由精准的参数决定，即使精确到小数点后一百位数值的变动都会使宇宙消亡。这个数值是独一无二的，没有第二种可能——实际零概率和无限非概率。事物之间的多重联系也是唯一的，没有第二种方式。如果有第二种方式，那么就不是这个宇宙了——绝无仅有的联系，不可思议的巧合。

绝妙就是发现事物间的极致联系，策略就是找到事物之间的最佳路线。条条大路通罗马，你要找的是最近的那条。任何事物之间都有精一的轨迹线，任何项目都有最佳策略和思维路线。为了让这个精一变得直观，我用极点来形容，所以叫作极点策略。

**如同创意就等于绝妙，不绝妙怎么能叫创意呢？策略就等于极致，不极致怎么叫策略呢？**

## 没有神机妙算，只有穷举妙算

军事上有个词叫“算无遗策”，就是把可能的策略都计算过了，找到最佳策略即极点策略。

归纳推理中有个词叫“穷举”，即在进行归纳推理时，如果逐个考察了某类事件的所有可能情况，因而得出一般结论，那么这个结论是可靠的，这种归纳方法叫作穷举法。对要解决问题的所有可能情况，一个不漏地进行检验，从中找出符合要求的答案。**穷举在佛教上称为“无漏”**。

围棋上有个词叫“算路”，即每步棋都要计算后面的变化路数，以此找到最佳着点。所以围棋比的是算路。人类棋手为什么远远不是 AI 的对手，就是因为 AI 可以用穷举法和蒙特卡罗树搜索法穷尽有效着点，找出最佳着点，从而战胜人类对手。

围棋计算是个极其复杂的问题，比国际象棋要困难得多。围棋最多有 $3^{361}$ 种局面，大致的体量是 $10^{170}$，而已经观测到的宇宙中，原子的数量不过是 $10^{80}$。面对任何棋类，一种直观又偷懒的思路是暴力列举所有能赢的方案，这些方案会形成一个树形地图。AI 只要根据这个地图下棋就能胜出。然而，围棋一盘大约要下 150 步，每一步有 250 种可选的下法，所以粗略来说，要是 AI 用暴力列举所有情况的方法，它需要计算 $250^{150}$ 种情况。无论如何，枚举所有情况的方法不可行，

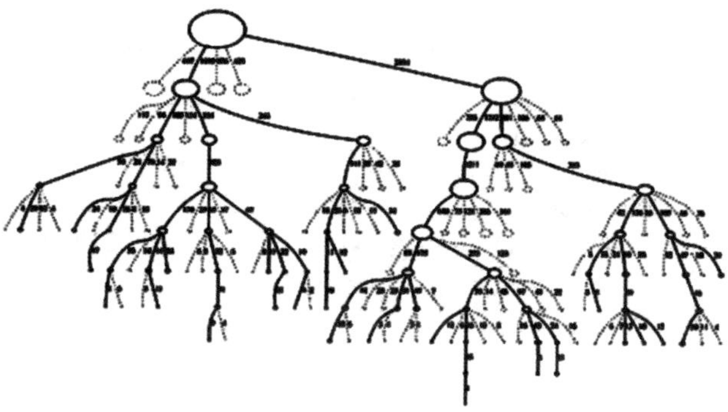

极点策略的树状思考图（搜索树）

所以研究者们需要用巧妙的方法来解决问题，他们选择了模仿人类大师的下棋方式。

研究者们亮出了终极杀器——“深度学习”（deep learning）。深度学习是目前人工智能领域中最热门的科目，即通过组合低层特征，形成更加抽象的高层表示属性、类别或特征，以发现数据的分布式特征，也就是人工智能的推理、归纳和分析的方法运用能力。

第一个打遍人类无敌手的阿尔法狗的核心，是两种不同的深度神经网络：策略网络和价值网络。它们的任务在于合作“挑选”出那些比较有前途的棋步，抛弃明显的差棋，从而将计算量控制在计算机可以完成的范围里，本质上和人类棋手所做的一样。

策略网络负责减小搜索的宽度，选择与赢棋高关联的棋所在区域——多重联系分析、综合——找重点和要素——主要枝干（搜索树）。价值网络负责减小搜索的深度，在选择好区域的情况下，抛弃效率低下的算路，选择与赢棋高关联的算路——多个巧合分析、综合——找最优路线（妙手）——多个节点巧合的分枝（搜索树）。

阿尔法狗利用这两个工具来分析局面，判断每步棋策略的优劣。这样阿尔法狗在分析了比如未来 20 步棋的情况下，就能判断在哪里下子赢的概率会高，最终达到策略上的登峰造极：选出金字塔极点的一手。

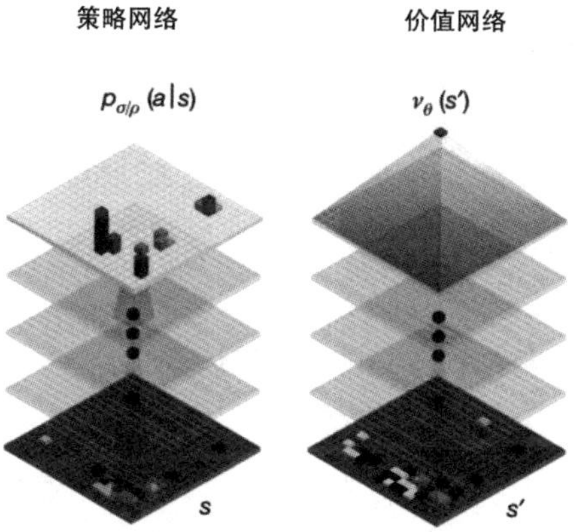


阿尔法狗的策略网络和价值网络——登峰造极：选出金字塔极点的一手

**阿尔法狗的每一手都是极点策略，所以无法超越，没有对手，而且能力水平是几个月就迭代一个层级，从战胜李世石到现在，它的能力已经是天神级别了。所以阿尔法狗已经退出所有围棋比赛，围棋界只留下它的传说。**

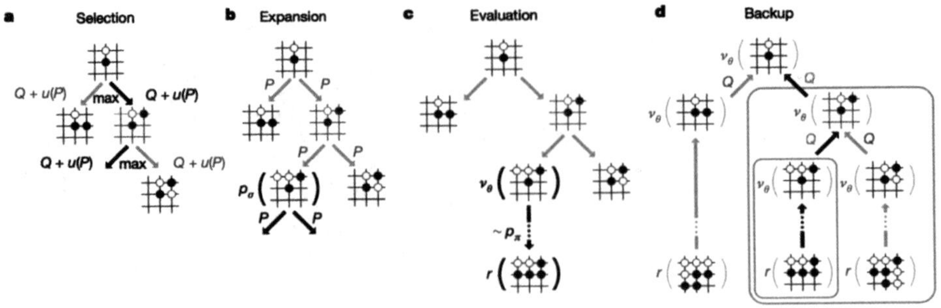


阿尔法狗的蒙特卡罗树状搜索图

极点策略的形成，一是通过穷举法和排除法，实现最优；二是通过深度学习（我更愿意叫深度训练），通过十几年如一日的深度策略思考训练，形成自己的价值网络（深度思考能力）和策略网络（宽度思考能力），也就是自动化策略优选能力，实现高效穷举，快速登峰造极。

你每步棋算 20 步，高手能算 40 步，你永远胜不过他。同样，人类顶级棋手永远算不过 AI，你认为最厉害的棋，AI 都已经“思考”过，并且淘汰了，你想想，你怎么可能下得过它呢？人类棋手穷举思考的深度和广度远远不如 AI。

因此，策划创意一定要深度学习，做到穷尽思考。策略和创意也讲算路。**妙算者胜。我把这个方法叫作“穷举妙出”或“穷举妙算”。穷尽可能，才能找到绝妙和最佳；做到穷举，就能妙算。穷举是因，妙出是果。没有神机妙算，只有穷举妙算。**

**我有一句话叫“穷尽路径，登峰造极”。思考如登山，目标就是登顶。只有穷尽可能的路径，你才能用排除法淘汰次优，找到极点路径（策略）、最优路径（策略），你才能登顶。登峰造极须打造极点策略和路径。**

奥斯卡最佳纪录片《徒手攀岩》，记录了全世界最著名的徒手攀岩大师亚历克斯，历时 4 小时，无保护徒手攀登被称为“攀岩宇宙的中心”、高达 900 多米的垂直悬崖酋长岩的事迹。这部纪录片全程让人手心冒汗。为了这短短几小时的攀登拍摄，亚历克斯在两年时间里无数次攀登这座山，找了上百条攀登路径，不断修正，穷举可能，直至找到最佳路径，才开始正式徒手攀登，最后获得成功。

没有“穷举造极”，不仅不能登顶，甚至可能性命不保。

“穷尽路径，登峰造极”不是你想就能做到，需要长时间大量的专业训练和实战。亚历克斯从小便喜爱攀岩运动，从 11 岁开始，他连续 7 年，每周都要花费 6 天的时间在攀岩馆训练技巧。成年后，他把攀岩当成像吃饭一样重要而日常的事情。没有这些积累，想穷尽路径是不可能的。

穷举造极。上山的路有无数条，但登峰造极的只有一条。只有穷举才能造极，只有造极才能登峰。2019 年 5 月珠穆朗玛峰大拥堵，300 多人拥堵在希拉里台阶数小时，造成重大伤亡。为什么？因为登顶只有这一条道，没有第二条路。

极点策略就是穷尽可能的策略和思路，同样要找到多重联系、多个巧合。**多重联系是多种方法的整合，多个巧合是多个解决方案的整合，然后得到整体最优策略**。亚历克斯的多重联系是多条路线的整合，多个巧合是多个岩点的整合，最后得到最优路线。

登珠峰的极点策略——希拉里台阶。命名源自艾德蒙·希拉里，依靠找到的这条路线，1953 年，他与丹增·诺盖成为第一个登上珠穆朗玛峰顶的人类

如同登山一样，思考要到达极限，找出最厉害、最优的策略。跟亚历克斯攀岩一样，一是要把创意策划当成生死问题，做得好项目则生，做不好项目则死。站在生死高度，把项目当成你的投资来思考，才能做到极限思考和极点策略。二是要把极点策略和“穷尽路径，登峰造极”当成吃饭一样重要而日常的事，大量实践，天天思考，才有机会做到这一点。

拿破仑是“穷举妙出”的高手。他说：“如果说，看起来我经常对一切都胸有成竹，那是因为**我在做一件事情之前，早就考虑很久了**。**我对所有可能发生的事情，几乎都是预先做过考虑的**。我能够在别人猝不及防的情况下知道自己说什么话和采取什么行动。这完全不是什么天才的启示。我总是在工作，吃饭时在工作，看戏时在工作，夜里醒来也在工作。”

**侯方域说：“圣人所极智穷思而以为无奇者。”大智慧的人极智穷思到极限，才能找到奇招。穷举奇出，穷举妙出。**

我 10 多年前就讲过一句话：策划做得好是救人。小到盘活一个企业，拯救几千名员工的饭碗，大到一年带几百万游客到一个景区和城市，保证几万人的就业和发展。策划做得不好是杀人，老板几亿元、政府几十亿元打水漂了，几万人的生活都受影响。只有把项目当成徒手攀岩、站在生死的角度思考，把客户的项目当成是你的项目，并且穷思苦想，你才能找到极点策略，保证项目成功。

## 极点策略如何创造世界旅游第一奇迹

香格里拉的创意策划，有一百种策略可以选择，最后证明香格里拉在迪庆才是极点策略。现在大家知道2001年中甸县更名为香格里拉，香格里拉在中甸。其实，香格里拉的核心区域在德钦和中甸两个县。尤其是香格里拉的标志卡瓦格博峰、日月圣照、日月法帽、日月建筑都是在德钦发现。只不过中甸有几个优势：一是州府所在地，二是有中国第二大藏寺松赞林寺，加上后来建成的独克宗古城和普达措国家公园，资源集中度和交通比较好，所以，香格里拉的帽子戴到了中甸头上。

其实德钦才是香格里拉的灵魂所在。尤其卡瓦格博峰和缅茨姆峰，一个仿佛“山之王”，一个仿佛“山之后”，极其震撼。当年策划考察时，在卡瓦格博峰下遇到一群《走遍世界》的记者，他们也认为卡瓦格博峰是世界最美的雪山。不到梅里雪山，枉来香格里拉。建议读者朋友一定要去看看。

迪庆藏族自治州有3个县：中甸、德钦、维西。20年前这3个县财政收入一共3000万元，中甸一年游客才1200人！现在香格里拉一年游客2000多万人，10多年增长了1万倍，创造了旅游界的世界纪录。

迪庆当年有几个主要策略可选：一是宣传藏族风情。雪山、草地、喇嘛庙，同质化严重，川滇藏都有，没有突出优势。二是宣传秘境之旅。秘境也太多了，昆仑山、喜马拉雅山等都是秘境。湘西也在打秘境牌。三是宣传国家公园。中国第一个国家公园普达措，听起来很棒，其实用处不大。故事性、神秘感、影响力都不够，最多拉动一个景区，不能带动整个地州。四是宣传朝圣之旅，梅里雪山主峰卡瓦格博峰是藏传佛教八大神山之首。藏地神山太多，这个也没有唯一性。

这些策略都没有错，但不是极点策略，不是最厉害的。当年随便选其中一个，绝不会有今天的轰动效应和成就。

1933年，英国作家詹姆斯·希尔顿出版了名为《消失的地平线》的小说，书中创造了一个名叫“蓝月”的狭长山谷，一个位于山谷高崖的名叫“香格里拉”（Shangri－La）的汉藏合璧且兼有天主教印记的喇嘛寺，以及山谷尽头一座叫作“卡拉卡尔”（Karakal）的楔形雪山（金字塔式的雪山）。这个小世界被人们称为“香格里拉”。

小说梗概如下：20世纪30年代中期，靠近英属印度的一个重要城市发生暴乱。英国领事馆领事康威、马林森等四人乘坐一架小型飞机撤离该地，他们被假冒的飞行员劫持到荒凉的高原。在一个张姓中国老人的带领下，他们来到位于峭壁上的一座名叫“香格里拉”的喇嘛寺。喇嘛寺治理着有数千居民的“蓝月山谷”，这里种族多元、宗教多元，人们和谐相处。

香格里拉的居民普遍长寿，不过他们一旦离开此地，就不再长寿甚至立刻死去。香格里拉喇嘛寺积聚了东西方文明的众多珍宝、书卷、器物，寺中人个个都有高深的文化修养。在与康威多次交谈之后，最高喇嘛在去世前将香格里拉的领导权交给康威。美国人巴纳德和女传教士出于各自的想法也决定留下来。唯有坚决不认同香格里拉的马林森，诱迫康威同他一起出逃。康威在纷乱的世界上辗转流离一段时间后，决心重返香格里拉。但是，香格里拉在任何地图上都没有标记，也不为人所知，康威如何才能在茫茫藏区找到前往香格里拉的秘密通道？小说在悬念中结束。

“二战”后的几十年内，一些地方陆续宣称在本地找到了“香格里拉”，或者被外界游客认为是“香格里拉”或“最后的香格里拉”，这些地方包括尼泊尔、不丹、滇西北、川西、西藏东南部、巴基斯坦的Hunza山谷，乃至中亚的某些偏僻地方。

大家都知道抢占香格里拉这个品牌有巨大的好处。但是，证据在哪里？谁才是正宗的？寻找关键性、唯一性证据成为极点策略。

我的研究结果如下：

小说中有两个突出的**宏观地理标志**：一是横断山脉。香格里拉所在地有横断山脉，这个地理特征只有川滇藏接合部有，滇西最为明显。二是1100英里。四人出逃时遇到的前往稻城府的客商交代了一句，稻城府在香格里拉东北1100英里的地方。换算成公里，香格里拉应该位于四川稻城西南1700公里的地方。按这个依据找，香格里拉就在珠穆朗玛峰附近。要么是尼泊尔，要么是西藏。但是，这些地方没有横断山脉。所以，我的结论是，小说的地理描述是矛盾的，是综合了藏族文化和不同地方自然地理特征的结果。

小说中也有两个**微观地理标志**：一是楔形雪山卡拉卡尔，二是蓝月山谷。楔形雪山又翻译为金字塔型雪山，这在藏区比比皆是，不足为凭。蓝月山谷，没有明显的特征。

小说有两个**中观地理标志**：一是汉藏融合，多教杂处。二是雪山、草地、喇嘛庙。这两点在藏区也是普遍存在。

所以，几十年来关于香格里拉在哪里，人们一直争议不断，难有定论，原因就在于没有唯一性的证据。

怎么办？极点策略是什么？找到唯一性的证据：香格里拉的标志。

香格里拉的标志在哪里，哪里就是香格里拉。看到一道勾就知道是耐克，看到三道杠就知道是阿迪达斯，看到天坛就知道是北京，看到外滩就知道是上海。找到香格里拉的标志就找到了香格里拉的灵魂和图腾，就找到了无法辩驳的证据。

以上所说的两个宏观、两个微观、两个中观都不具备唯一性，香格里拉的标志就是两个字“形名”，分别代表香格里拉的外形和灵魂。

首先，我们来看“形”。我们根据当地藏语“卡拉卡尔”读音近似卡瓦格博、迪庆州的宣传画册主要的地标和背景都是卡瓦格博峰这一事实，把卡瓦格博峰定位为“香格里拉的标志”。这一定位抢占了香格里拉争夺战的制高点。有了标志就有了唯一性。“香格里拉的标志”写进了给国务院的更名报告。

其次，我们来看“名”。我们在香格里拉的名字上做文章。“香格里拉”源自藏语。其中的“香”，藏语意指“心”；“格”相等于汉语助词“的”；“里拉”则是“日月”的意思。合起来，“香格里拉”的意思就是“心中的日月”，而 Shangri－La也就应当读成 Shan－g－rila。一般叫心中的圣地、心中的净土、心中的向往等这类称谓比较多，“心中的日月”这样的称谓很奇怪。为什么这样叫？“日月”会不会是香格里拉的唯一性特征？

接下来我们跑遍了迪庆州三个县，在德钦县我们发现了卡瓦格博峰顶出现“日月同辉”的圣照，一张黑白照作为神迹供奉在寺庙的桌子上。我突然受到了启发，会不会是因为香格里拉地区经常能看到“日月同辉”的奇观，所以当地人把这里命名为“心中的日月”？带着这个问题，我接下来又发现了当地法师戴的帽子顶部也是“日月同辉”的造型，还有佛塔和建筑顶部也有“日月同辉”造型。这一下，心中的疑问有了解答：这个地方以前应该出现过或者多次出现过日月同辉的景象，人们将此奉为神迹，长久以来，把它作为一个神圣的符号，固定在了服饰、建筑上。《消失的地平线》的作者听说或者见过这种独特的符号，印象深刻，因此把这里命名为“心中的日月”——香格里拉。

“心中的日月”三大证据具备唯一性、排他性和权威性，符合唯一、第一和专一的“三个一”法则。这三个证据加上“香格里拉的标志”，构成了香格里拉的唯一性证据，只有迪庆有，其他地方都不具备。其他证据都不具备唯一性，所以有争议，具备唯一性就具有强大的说服力。后来，我听说藏族聚居地称“日月同辉”这种符号为“日月慧尖”，我觉得这个命名非常好。智慧的尖端，是香格里拉灵魂的标志，吻合我们的极点策略。用慧尖思考发现日月慧尖，也是一种机缘。后来好莱坞大片《木乃伊2：木乃伊归来》也把日月慧尖作为识别香格里拉的标志。

梅里雪山圣照“日月同辉”（何金武1992年摄）

卡瓦格博——标（形式地标）；

日月慧尖——志（心之印记）。

一个是外形的标志，一个是精神的标志。一内一外，一形一名，完美地佐证了香格里拉之所在。

另外，受迪庆州原州长齐扎拉所托，我撰写的《中共迪庆州政府关于“滇川藏——大香格里拉旅游经济圈”列入国家旅游开发重点地带申请报告》获得国务院批准通过，到2003年，年财政仅5000多万元的迪庆获得各种财政拨款及贷款4.2亿元，2003年、2004年为香格里拉县城开发年，机场两次扩建，城市功能完善，大香格里拉门户、中心和客厅形成。

迪庆州领导评价：“‘香格里拉的标志’这一定位抓住了梅里雪山的精髓，抢占了‘香格里拉’品牌争夺战的制高点，为证明香格里拉在迪庆写下了至关重要的一笔！”

策略思维讲究的是战略上要抢占制高点，战术上要寻找突破点，香格里拉的策划完美地实现了这两点。没有三大关键证据这个突破点，“香格里拉”品牌这个制高点就没有着落，就会陷入无休无止的争论之中。有了关键证据（极点策略），制高点的抢夺一举定乾坤。四川和西藏输在关键证据迟迟拿不出来，这是缺乏极点策略思维所致。

策划香格里拉在迪庆这是极点策略，一个标志、三大关键证据形名皆证是极点策略，最后实现品牌登顶。

## 极限思考、穷举妙出——极点策略
## 就是消费者最喜欢干什么

穷举造极，穷径造极！穷尽所有可能，找到登峰的唯一路径。到达极点就是无法超越，就是威力巨大。

产品的本质是发现需求、满足需求，填补市场空白，成为行业第一。现在互联网行业和其他实体行业都在追求“极致产品”，极致产品就是完美应用，就是完美地满足消费者需求。极致产品就是极点策略的产品化，就是极点策略的结果。

在树状图和登峰造极思考图中，在找到极点策略之前，会有很多个节点，每个节点有很多条岔道，每一个节点都踩准，每一条岔道都要走对才能到达极点。极点就是最佳着点，就是超强的算路，企业和产品找到极点策略，意味着可以成功实现“三个一工程”：唯一、第一和专一。

唯一：找到蓝海，找到独一无二的市场空间和空白。

第一：因为是最佳策略，能迅速在这片蓝海成为第一，在初期形成领导品牌。

专一：因为穷举思考，算无遗策，封锁近道。后来者难以超越，形成护城河，垄断市场。

熊大寻定位方法论的“三个一工程”——唯一、第一、专一，更多的是强调极点策略。打个形象的比喻，定位就像草莽英雄占山为王。

第一，要找到一个没有人占据的山头，并且这个山头要林深树茂、物产丰富，足以维持山寨的生存发展。或者这个山头被人占据了，没关系，只要对手实力不强，你有足够的实力，那就来个“火并王伦”，反客为主，把对方的人马收编过来或者是赶下山去。这就是“唯一”。

第二，驻扎这个山头，就要占领它的最高峰，在上面建立聚义厅和大本营，居高临下，做到易守难攻，红旗招展在高高的山冈。这就是“第一”。

第三，想要把这个山头变成长年的根据地，就得在山上的险要地段和必经之地设立关隘，并且派人严防死守，不让他人随便进入，方能保证长治久安。这是“专一”。

运动品牌的极点策略是什么？

运动品牌不是卖给运动员，而是卖给以年轻人为主的大众。年轻人怎么选择一个运动品牌？一是明星偶像吸引力，二是流行潮流引领力。这是运动品牌的极点策略。

耐克与阿迪达斯这两大体育用品巨头的品牌战略都非常出色。与阿迪达斯相比，耐克的竞争策略更高。耐克更善于打造大众流行款，侧重于设计创新与营销。耐克几十年来坚定地请著名运动员做形象代言人，最成功的一个案例就是与迈克尔·乔丹签订了独家合同。此后，其篮球鞋和服装销售量猛增。而阿迪达斯则更深耕于职业体育的土壤中。阿迪达斯一直致力于成为职业体育赛事中装备供应商的领导者，侧重于减少生产成本、扩大市场、提高运营效率。

简单来说，耐克 = 流行，阿迪达斯 = 专业。这是两条不同的策略路径。

从盈利指标看，耐克的表现优于阿迪达斯，耐克的净利润率和股本回报率均高于阿迪达斯。耐克的现金流比阿迪达斯更强。

这就是极点策略的能量。产品竞争不一定是在产品性能上，也可能是在品牌策略和营销策略上。最终是极点策略定胜负。耐克几十年来紧紧抓住了运动品牌竞争的极点策略——明星（球星）与流行，从未发生过偏离。虽然我个人更喜欢阿迪达斯，其品质感和精致度胜过耐克，但是，没办法，阿迪达斯选择了次优策略，而不是最优策略。

这就是一个岔路口，运动品牌肯定应该突出专业，又不是服装品牌，又不需要模特走秀，干吗要走明星与流行这条路呢？阿迪达斯没有考虑主要消费群是非职业运动员的年轻人，他们穿运动服做运动，不是为了当运动员，仅是因为流行。

阿迪达斯品牌的历史要比耐克早很多年，但是在这个岔路口，阿迪达斯穷举思考不够，没有穷尽可能的变化，没有深度计算，留下了近道（最优策略）给后来者。所以，后来者耐克没有客气，直接抄了这条近道，堵死了其他后来者的路，从超过阿迪达斯的那一天开始，就没让对手反超过，称霸行业几十年。

这个格局是不是就这样定了？未必！随着行业精深化，极点也在加高。比潮流更能抓住年轻人的是酷炫。红牛这一个饮料品牌成就了泰国许书标、中国严彬、奥地利马特施茨三个千亿富豪，它的策略带给想要颠覆格局的运动品牌很好的启示。

近年来李宁就有点悟道了。原来一味模仿耐克，耐克的口号是“Just Do It，想做就做”，李宁模仿了个“一切皆有可能”。不同的配方，相同的味道。在跟随的岔路上越走越远，直到迷路，走向悬崖。但现在李宁正往潮酷策略上靠近，势头喜人，大有前途。贵在坚持。现在的问题是方向对了，做法还不到位，没做到绝妙。

功能饮料的目标消费群是年轻人，红牛饮料的策略一上来就达到了极点，赞助极限运动，成为极限运动和酷炫的代名词，横扫世界几十年。

智能手机的目标消费群，不是一部手机用几年的中老年人，而是一年换一部手机的年轻人。所以，苹果手机找到了行业的极点策略：引领时尚。从酷科技到酷卖场，把手机变成时尚用品。

Costco（开市客）的目标消费群是以家庭主妇为主的大众。所以，开市客把这群人最想做的事做到极致：最便宜的好货、无限期退货。雷军有一句话说中了：“进了Costco，不用挑，不用看价钱，只要闭上眼睛买，这是一种信仰！”

**极点策略就是消费者最想做的事。做到极点策略就成为消费者的信仰。**

开市客每天都在穷举思考：怎么少赚顾客的钱？怎么让顾客占便宜？把这两点穷举到极限——穷举造极。

沃尔玛和亚马逊也是“低价竞争，让利客户”的布道者，“占便宜”实在是人性最大的需求点，所以，它们曾经是世界第一大和第二大的公司。不管是实体还是网络，这都是极点策略。

**极点需求造就极点策略。把你的目标消费者最想干的事做到极致，这就是极点策略！**

游客最想去听说过、没见过的地方，最想去神秘的、新奇特的地方，于是，香格里拉应运而生。

每个产业、每个产品都有机会找到极点策略，开创王霸之业。极限思考、穷举妙出，登峰造极。

**极点策略定生死。站在最高处，万类如蚁行。**

运动品牌的极点策略是明星与流行，城市品牌和旅游品牌的目标消费群是男女老少，是大众。这分两种方法：一是直接针对大众的极点策略。什么最吸引大众？神秘感，新奇特！震撼性景观，颠覆式体验！这是极点策略。二是针对大众消费的意见领袖——年轻人，尤其是女孩子。什么最吸引年轻女孩子？浪漫梦幻，网红打卡地（流行爆点）。这是针对年轻人的极点策略。

桂平十八奇，新奇特，极点策略！香格里拉是神秘感的代名词，极点策略！

"风花雪月，自在大理"，浪漫梦幻，极点策略！

王安石的旅游发展观："世之奇伟、瑰怪，非常之观，常在于险远。"其中三个关键词——奇伟、瑰怪、非常，指的就是旅游的最高境界——新奇特、震撼性景观和世界奇观，这跟我们对城市建筑和旅游景观的要求一致。我们也有一个理念：熊大寻经手策划的城市和景区，一定要发现世界奇观，如果没有，就去创造！不如此，不得行。

宾夕法尼亚大学沃顿商学院营销学教授乔纳·伯杰提出："口碑疯传的核心是非凡吸引力。开发非凡吸引力的关键是，要让事情看起来更加有趣、新奇和生动。怎样做才能实现这种新奇与趣味呢？一是打破常规，提出有悖于人们思维定式的产品、思想或服务。二是神秘和争议也是产生非凡吸引力的两大要素。"总结起来就是新奇特、震撼性。

城市的发展策略不能千篇一律，动不动就喊什么之乡、什么之城、什么故里……这都是不懂市场、不懂策略、不懂营销的做法，是一种城市管理者和景区经营者的自以为是和盲目自信。完全不考虑自身资源优势与市场需求的对接，是对品牌经营十分外行的做法。

**记住：要做你的目标消费群喜欢做的事，不要做自己喜欢做的事**。你自己喜欢做的事在家里做、下班时间做，别拿一个城市、景区或企业的未来开玩笑。

你是什么文献名邦、生态之乡、天然氧吧、特产之城、产业之都……跟消费者一点关系都没有，吸引不了大量消费者，你自己花钱喊口号给自己听，那就是典型的"老白干"（干事的干）。

城市和旅游景区的目标和企业产品一样，抓住目标消费群！有人气才有财气，有人气才有名气。城市和景区管理者要向顶级企业学习，怎么抓住年轻人和大众？怎么找到极点策略？

**极点策略就是最大限度调动资源、最大限度吸引人流、最大限度提升品牌的方法。**

**第一等于一切，第二等于零。不用极点策略就是失策，没有极点就是误点。次优策略的运作，意味着最优策略和最好机会的错过和丧失，就是失败。**

## 独一无二、数一数二、说一不二

2015 年，熊大寻应邀对陕西省宝鸡市金台区进行整体旅游策划和规划，这个地方要打黄帝牌、周秦牌还是汉唐牌，一直以来都找不到聚焦点。我们根据宝地神鸡“得雄者王，得雌者霸”的传说和黄帝建都、周秦发祥地、汉唐中兴处等历史文化特征，以及二十四节气的诞生地、天地能量交换的宝地、祥瑞文化十分丰富等特征，很快为金台区找到了极点策略。经过考察研究，发现宝鸡是一个天下祥瑞的圣地，其祥瑞的级别之高、规模之大、时间之长在中华大地绝无仅有！因此，我将金台区旅游定位为**天下祥瑞金台冠！**刚好当地最有名的景区就是张三丰练成太极拳的金台观（“冠”与“观”同音）。

如何定位金台？

周秦发祥地？——这是历史特征的描述，与游客关系不大，不是游客非来不可的理由。人们去旅游不再是为了接受历史文化教育，而是为了放松愉悦，历史特征的描述不能成为吸引游客前来的理由。

炎帝故里？——有几个地方都说自己是炎帝故里，争议较大，且不具备唯一性，不是宝鸡金台独一无二的“指纹”。

炎帝，生于姜水之岸（今宝鸡市境内），但后又迁徙到湖北、湖南、山西等地，故全国有很多炎帝故里：陕西宝鸡、湖北随州、湖南炎陵以及会同、山西高平等。

道教文化？——武当山、青城山打道教文化牌在先，影响力比金台大，如果要借助道教文化突围，难以成为第一。

纵观宝鸡、金台历史文化特征，我们发现除了周秦发祥地、炎帝故里、道教文化外，还有更为厉害的卖点：

**1. 地名由来显祥瑞**

金台区是宝鸡市中心城区之一，宝鸡市名称的由来就是最大的祥瑞——宝鸡。秦时因其境内有陈仓山，故而设置陈仓县。唐至德二年（757 年），以“昔有陈仓宝鸡鸣之瑞”而改陈仓为宝鸡，即公元 757 年因“石鸡啼鸣”之祥瑞改称宝鸡，用祥瑞之物命名城市有上千年的历史，且宝鸡市的城雕为“金鸡鸣瑞”。

**2. 黄帝置都于此显祥瑞**

《路史》一书记载：“黄帝身五十二战而天下大服，乃达四面，广能贤，稽功务法，秉教乘刚，而都于陈。”黄帝曾置都于宝鸡市陈仓区，也就是现金台区辖域。

**3. 战时宠儿、兴唐基地、周秦发祥地显祥瑞**

（1）茅盾曾有作品描述宝鸡为“战时景气”的宠儿，开篇就写道：“宝鸡，陕西省的一个不甚重要的小县，战争使它崭露头角。”人们称之为“战时景气”的宠儿。

（2）唐天宝十四年（755 年），范阳节度使安禄山起兵反叛，玄宗携贵妃杨玉环仓皇逃到陈仓。时叛军追杀，玄宗慌不择路，只带几个亲兵钻入山中，无路可行。玄宗扑地失声痛哭道：“命休此矣。”忽然飞来两只山鸡将众人领至陈仓山顶。一时冰雹倾泻，叛军溃退。玄宗感激：“陈仓，宝地也；山鸟，神鸡也。”“宝地神鸡”因而得名。

唐至德二年（757 年），陈仓山复闻神鸡啼鸣，声传十余里。时肃宗挂帅平叛，闻神鸡鸣叫，唐军节节胜利。肃宗认为神鸡为国之宝，鸡鸣乃是吉祥之兆，遂改陈仓为宝鸡，沿用至今。唐广德元年（763 年），唐朝廷以宝鸡为根据地，平定了安史之乱。

（3）宝鸡是周秦王朝发祥地。公元前 11 世纪，周先祖古公亶父率族人迁徙到岐山下的周原（今宝鸡市岐山县），建立了周王朝早期的国家组织。这就是西周最早的都城岐邑，距今已 3200 多年。

**4. 始皇加冕，雍城显祥瑞**

被明代思想家李贽称为“千古一帝”的秦始皇，于公元前 238 年在故都雍城（今宝鸡境内）举行成人加冕礼，这是秦历史上重大的政治事件，秦始皇由此开始亲理朝政，雄姿勃发，迈出横扫六合、气吞天下的第一步。

**5. 出“王霸”之人，是谓祥瑞宝地**

秦穆公得祥瑞成五霸之一。秦始皇得雌鸡统一六国。光武帝刘秀得雄鸡成就王业。

《东周列国志》记载了关于“宝鸡”的来历：周平王十五年（公元前 756 年），秦地陈仓人猎一兽，似猪而多刺，击之不死，不知其名，欲牵以献秦文公。路遇二童子，指兽曰：“此兽名曰‘猬’，常伏地中，啖死人脑，若捶其首即死。”猬亦作人言曰：“二童子乃雉精，得雄者王，得雌者霸。”二童子被说破，即化为野鸡飞去。其雌者，止于陈仓山北陂，化为石鸡。秦文公于陈仓山立“陈宝祠”；文公之后秦穆公复立“宝夫人祠”，并改陈仓山为“宝鸡山”。后来传到秦王嬴政处，嬴政便得了这只雌鸡，果真成就了一番霸业，是为秦始皇。雄者飞到了河南南阳，几百年后被人捉住献给了刘秀，刘秀果真成就了王业，光武中兴。

**6. 圣人并出**

中国人最尊重的“圣人”共 11 位，他们是尧、舜、禹、汤、文、武、周公、孔、孟、程、朱。其中出生于宝鸡、活动于宝鸡的人物就占了3位，也就是说将近三分之一的圣人都在宝鸡，是宝鸡人。

**7. 秦汉时“陈宝”被列为国家祀典，史上绝无仅有，显祥瑞**

《汉书·郊祀志》记载：西汉成帝认为年年岁岁朝拜陈宝，是件苦事，就召丞相匡衡商议。凿壁偷光自学成才的匡衡，建议废止陈宝祠，成帝纳之。第二年，陈仓县大风狂起，甘泉竹宫被刮坍塌，畤中十围粗大树，被拔起一百多株。后来成帝娶妻多位仍不得子嗣。成帝问刘向，刘向答道：“陈宝祠，是自秦文公至今七百多年的古祠庙，汉朝兴盛以来，野鸡常来陈宝祠栖息，国运亨通，当视为福祥之兆应。”成帝下诏书，命令恢复陈宝祠于陈仓县城。

**8. 五畤占全，祥瑞笼罩，经久不衰**

中国其他地方的祭坛不少，或者单一，或者后起，唯有宝鸡却是“五畤占全”，皇朝国祭，万民敬仰，从秦至汉，历久不衰。

金台区境内六川河生态旅游风景区风水俱佳（天然大佛、龟蛇相交等），呈祥瑞地貌。且境内拥有西普陀佛教圣地，可谓祥瑞之地。历任地方官也以祥瑞福地描述宝鸡金台。

金台总体形象定位为：

**天下祥瑞金台冠！**

**天下祥瑞数金台！**

一个城市的极点策略就是要找到独一无二、数一数二、说一不二的卖点，其实就是要做到**“三个一”：独一无二是唯一，数一数二是第一，说一不二是专一**。另外，这个卖点和定位既独一无二，又能概括整个城市的历史文化，还能吸引大众。这才算是极点策略。

## 城市经营是经营什么？——有人才有市，有市才有城

以前提出过一个口号叫“城市经营”，虽然后来不提了，但这口号是对的。一个城市就像一个产品，城市同样需要满足人的需求，同样面临竞争，同样需要品牌，同样需要营销。除了要满足本地人群的生活、工作需求，也要满足全国及世界人群的旅游需求，城市满足需求的能力决定城市的外向度、全国性和世

界性。

因此，城市经营不是平庸的城市建设和管理（基础和民生等是城市基本功能，不在本书讨论范围内），而是城市创意产品建设、城市品牌打造和城市营销。**一个城市如同一个企业，只把厂区建设好、让员工住好吃好，这是计划经济时代的做法，管理为重。市场经济时代，最重要的是一定要有绝妙的创意产品和革命性产品，一定要有强大的品牌，经营为重**，否则就会破产。这就是城市经营产生的背景和原理。

20 年前是“管理时代”，擅长管理的海尔老总张瑞敏是绝对偶像，现在早已被人遗忘。高度市场化的今天是“经营时代”，偶像早就变成了史玉柱、段永平、马化腾、马云这些经营高手。他们统一的逻辑是，开发一款爆品（震撼性产品），品牌化营销获取巨大流量，实现利润最大化。管理水平只是不需提的基本功，经营能力才是决胜的功夫。城市是最大的企业和产品，焉能不与时俱进?!

**城市虽然是一个复杂的综合体，但是本质不过两个字，一个是“城”，一个是“市”。**

**“城”解决老百姓吃穿住行的问题，“市”解决经济发展、聚集产业和人气问题。“城”的事好办，“城”字即“有土而成”，楼房道路一修，这个城就建好了。“市”的事难办，没有市场和人气就办不好“市”。城是躯壳，市是灵魂。城无市不活，市无城不立，两者相辅相成。**

现在的城市领导者，经营城市喜欢两种套路：一是建城，开发新城，大建楼房；二是成市，招商引资，产业聚集。第一个好办，有钱就行。第二个难办，产业是市场行为，是无形的手起决定作用，不是有形的手决定得了的，除非到中央级的力量，非地方政府力所能及。这就是为什么中西部大量产业园变成了“鬼城”。不具备人才、市场、资源、交通的条件（这几个条件非寻常所能改变），产业不可能聚集，甚至企业也不可能扎根此地。

这条路浸染了多少官员的血泪。费了 80% 的精力，得到 1% 的结果！再加上其中一些上当受骗的，苦不堪言！其实，做好城市经营有一条很少人知道的终南捷径和不二法门。

**有人就有市，有市何愁产。看透问题的本质，才能找到解决问题的方法。**

产业的打造很简单，有人气就有财气，有人流就有钱流！怎么能最快聚集人群就怎么来。不能聚集人气就不是好的产业。有人就有产，有客才有业！这才是城市经营的极点策略。

东西方城市最早产生在水陆码头和集市周围，因为古代没有汽车，水路是最便捷、最快速的交通要道。所以，不管东西方都是在像重庆朝天门码头这样的地方形成中心城市，然后聚集四面八方的人、南来北往的客。水陆码头有什么用？运货物和商品！运送到哪里去？集市交易！水陆码头和集市最大的特点和景象是什么？人山人海！可见聚集人才是成市的关键！

**有市才有城，无市不城。市兴城起，市衰城落。**

众所周知，机场与港口被认为是中心城市基础设施的两张王牌，谁掌握了这两大王牌，谁就能在全球贸易体系中占据“沿街旺铺”的黄金地段。过去30年，是工业化的30年，中国经济的主要战场在港口。未来30年，是后工业化和服务业的30年，港口的战略地位下降，机场地位攀升——这也是为什么纽约、伦敦、香港等城市的港口逐渐衰落但机场仍然兴旺。

为什么？**机场主要是拉人，港口主要是拉货。**

工业时代，物流是经济运行的血液，大城市必须要有港口作为配套，否则它无法成为国际贸易的重要节点，也就无法聚集足够的产业和人口。服务业时代，大城市的工业普遍转移到小城市了，对港口的依赖度降低，反而对机场的依赖度与日俱增。因为服务业越繁荣，人类活动的密度就越高，**人流取代物流成为经济运行的血液。**

根据人流代替物流、人流决定论的趋势，除了机场，旅游和城市魅力也将会成为新的城市引力场。因为机场、景区和城市网红打卡地都是城市高质量客流的最大来源，被认为是“基础设施中的基础设施”。一般只要机场和景区修好了，高铁、城轨、高速公路都会跟着修，再就是产业和人才跟着过来。

中国的高铁线就是明证，高铁线的开线建站原则是旅游景区第一、城区第二，高铁线就是风景线、旅游线，因为**高铁不是拉货的，而是拉人的。旅游景区能带来最大的人流。非中心城市的高铁站都是建在旅游景区。**

**机场是被动拉人，景区是主动拉人。**

旅游景区和城市魅力点（网红打卡地）拉人的能力甚至远远超过机场。机场只是工具和中介，景区则是目的。机场不宜居不宜留，景区宜居宜留。

从效率、成本和停留时间看，景区和城市魅力点在拉人能力上都远远超过机场。**旅游经济和城市魅力经济将会成为未来的战略产业和主导产业。**旅游经济区的战略地位也将会成为城市发展的重中之重。

城市人流经济发展三阶段：**港口经济区—机场经济区—旅游经济区。**

**古往今来，城市的决战领域都在于——拉客能力！**

人气旺的城市没有不发达的，人气淡的城市没有不落后的，很多能源基地产业很强大，但人气寥寥，也难以形成城市。即使勉强形成，随着资源枯竭、人员外流，城市立即衰败。人气旺的集市不是城市的中心，就是乡镇的中心。人气的聚集才是经营城市的关键。

怎么聚集人气？靠产业？一是招不来商，二是招来也聚不了几个人。产业是很难招来的，靠不住的。

**最好、最快、最靠得住的方法就是靠旅游、靠城市魅力和品牌！**

原来的大理和丽江，边陲小城，人烟稀少、经济落后。旅游做起来后，每年两千万游客涌入，居民收入飞速增长，一个古村卖烧烤的一年可以赚一百万元！大理双廊，一个乡镇的土地炒到了一千多万元一亩！旅游这一个产业拉动了二十个产业，是最大的富民产业！

我经常给城市领导算一笔旅游账：

**一是旅游出名**。旅游能以最快速度提升城市知名度和人气，有知名度和人气，什么都好办。多年前我们受江西省萍乡市邀请策划安源形象时，听市长讲过一件事：他们到广东去招商，当地企业家没听说过萍乡这个城市，心里嘀咕——“萍乡”？一个听都没听说过的乡镇跑来找我们去投资，太搞笑了。许多省会城市请我们都没去，一个小乡镇，我们怎么可能会去投资呢？后来，市长赶紧解释，萍乡是一个地级市。安源你们听说过吧？毛主席去安源。大家一听这个很有名啊，气氛马上活跃了。市长接着讲，安源是毛主席创业的地方，风水宝地，你们想不想去创大业啊？一群老板就这样跟着去考察投资了。

**二是旅游富民和旅游扶贫**。一个地方一年游客来几百万人，吃住行游购娱，可以带动几万人就业，这个效果一个景区就能做到。而如果是大企业的话，要几十个才能做到。旅游是永不落幕的朝阳产业，能实现每年两位数自然增长。企业生命周期是三五年，城头变幻大王旗，变数太大。

扶贫送产业很难，前面讲过，产业要成气候主要由市场因素决定，很难靠人力长期维持。扶贫送资金能解燃眉之急，但非长远之计。吃光用光了怎么办？授人以鱼，不如授人以渔。

最好的办法是真正做大做强旅游：景区都在偏远之地，每年几百万人流入穷乡僻壤，他们带来的是人流、物流、钱流、信息流、观念流、方法流，对当地人就是史无前例的市场经济大洗礼，也是前所未有的大商机，产业、市场、消费者、老师全部送到家门口。24 小时、365 天耳濡目染、现场学习并运用致富之道，这是最有效、最持久的扶贫。

一百个理论不如一个简单的事实：著名景区周边，一定是富裕的乡民。人气旺的地方，有几个贫困户？很多时候，我们要做的就是把人流引过去，剩下的不用操心，无形的手和市场自然代为操劳。有人流一定有钱流！旅游应该成为中国的战略产业和支柱产业。

**三是旅游招商**。十个游客一个商，大量游客来了，看到这个地方人气那么旺，开个宾馆、摆个摊都能赚钱，开发商建别墅都能卖个精光。各种商家都会不请自来，有人气就有财气。把人气聚起来，商家自然扑进来。目前大理和丽江是在选商，根本不用招商，不是大企业，不是大品牌，不是好项目，抱着钱都进不去。

很多城市的领导编了很多招商资料，包装了很多项目。我告诉你，这根本没用。一个大老板告诉我，他有一个灯光决定论。他要去哪里投资，他只看晚上 10 点这个城市酒店的亮灯率，亮灯率高说明人气旺，可以投。反之，就算你说得天花乱坠他也不来。经营城市，核心是经营人气——把你的灯点亮。

**四是旅游炒地**。现在开发新城，要靠政府大量投资，做到三通七通，还要靠政府部门搬迁来炒热地块，不然卖不出好价钱。旅游做好了，人气暴增，政府不用投一分钱，坐地卖高价。看看大理、丽江和三亚，人气旺的城市是全世界人来买单。

**五是旅游出政绩**。上面四个都有了，城市的领导自然就能出政绩。

为什么要把城市品牌和旅游品牌放在一起谈？

第一，因为文化旅游是城市品牌的灵魂和核心。著名的文旅景点与著名的企业一样，都是城市的名片。但前者是千年名片，后者可能只是三五年的名片。

第二，文化旅游是坐商，全国各地的人跨越千山万水来这个城市旅游休闲。而企业是行商，把产品千山万水地送到别的城市去卖。所以，著名文旅景点在哪个城市，大家都知道。而著名企业在哪个城市，大家都不知道。三塔在大理，梅里雪山在香格里拉，龙门石窟在洛阳，兵马俑在西安。吉利汽车在哪里？美汁源果粒橙在哪里？雅戈尔服装在哪里？脑白金企业在哪里？对城市知名度和品牌的贡献率，坐商远远大于行商！

第三，文化旅游不是简单的文物点、风景区，现代旅游内涵和外延很广。迪拜整个城市都是旅游区。大理、丽江、香格里拉半个城市都是景区。重庆的一幢楼、一座桥、一条索道、一部电梯都能成为网红景点。反而重庆原来的著名的传统景点，还没有这些“不是景点的景点”热闹，为什么？现代旅游，人们不愿再看常规的风景了，要看超常规、新奇特、震撼性的景点。这是天下大势。只要有震撼性的创意和设计，楼房就是景点，城市就是景区。传统的景区以前再牛，现在给我一块空地加上震撼性的创意，我就可以超过它！

**旅游不是研究风景，而是研究人心。最好的风景在心里！得人心者得天下！**

我们去招商，一是很难引来；二是来的也是行商，对城市品牌贡献率低；三是企业衰败很快，靠不住。

品牌对企业和城市是什么概念？对企业是命根子，对城市大家好像不觉得如此。其实看完上文，你应该知道，品牌对城市是压倒一切的战略性制高点。品牌就是城市魅力，有品牌才能吸引人才、商家、游客、投资甚至政策。没有品牌或者品牌弱，对城市是致命伤。

看一下中国的房价增速排行榜和投资排行榜，品牌知名度高的城市一定是在前面。一个反面的例子，鹤岗原来默默无闻，最近成了网红城市，就是因为几万元一套房，全世界最低价，大理房价涨幅全国第一，全球第三。因为，大理的品牌叫“风花雪月，自在大理”，鹤岗的品牌是什么？不知道。

别找产业衰退的借口，鹤岗多少曾经有过产业。大理有什么产业？从第一产业直接到第三产业，从农村直接到国际化休闲城市。通过文化旅游打造城市品牌，提升城市魅力，实现时空折叠，实现质的飞跃。

什么是产业？有人才有产，有客才有业。

政府搬迁，开发新城，这都太费精力、太费时间、太费钱了！招商引资，招了不来，来了不行，行了不久，久了不力。即使是著名大企业，对城市知名度和就业率的贡献都远远小于文旅项目，总税收额也不如文旅（指文旅带动相关行业的总税收额）。这两个流行的套路不过是城市经营的岔路，通过震撼性的文旅项目快速提升城市人气、知名度、魅力，这才是城市经营正路，这才是城市经营的造极之路和极点策略。

## 桂平十八奇：城市和景区的极点策略——震撼性概念、建筑和景观

**城市经营的绝妙联系：城市经营＝极点策略？一是城是壳，市是魂，无市不**

**城。二是以前的“市”是货，现在的“市”是人。人气决定财气，人流决定财流。人流是最大的产业！三是文旅项目和城市魅力能最快、最大量吸引人流！四是现有的文旅项目和城市景观不行怎么办？用震撼性创意设计，建造震撼性景观和震撼性建筑！**（详见第四章“核弹震撼”）这才是极点策略和出奇招。

文旅对城市品牌和运营的拉动有目共睹，但很多领导却不将其作为工作的重点，原因何在？人们对文旅项目传统的认知是投资大、见效慢、回报不直接。所以，城市管理者把重心放在了以为是捷径的城建和招商上。当然政绩考核指标也是关键，但是，那是常规思路策划操盘的结果，与绝妙策划的文旅项目完全不一样。思路决定出路，常规的思路一定是常规出路，超常规思路才有超常规出路。

文旅“大而慢”的问题根源在于：一是投资大。平庸的景观和项目投资再大也没用。而如果找到绝妙即服和极点策略，超级概念就能吸引大量游客，节省大量投资。创意核弹震撼景观，较小的投资就能引爆市场。二是回报慢。因为定位不绝妙，策略非极点，景观不震撼，产品非必需。几个主要环节失策，导致虽然投资大，但是回报慢。如果做到绝妙即服、极点策略、核弹震撼、必需思维，就能形成轰动效应，成为网红打卡地，快速见回报。我们策划的不少城市和景区通过这四个方法，都不需要广告高频（好处高频），就已经通过自动传播产生轰动。（资金充裕的项目，我们还是主张广告高频。）

旅游是最大的创意产业。电影和动漫的产值不过是旅游业的零头，所以文旅是最有操作空间的产业。只有充分理解并运用好这点，才能做好旅游业。绝妙联系，超强说服。香格里拉可以在很多地方，为什么就落地在了云南？因为它做到了绝妙即服，它找到了极点策略。

文旅项目回报慢的问题和解决方案有五个方面，我用广西壮族自治区桂平市的案例来做说明。

## 一、定位普通

定位就是独特卖点，跟天下景区不同之处，给广大游客什么独特好处。绝大多数文旅项目的定位十分普通，同质化严重，缺乏唯一、第一和专一，所以缺乏足够的旅游吸引力。定位就是定方向，方向错了，路就走歪了。桂平市原来的形象定位是“华南佛都”“广西佛都”，因为桂平西山在广西、广东佛教界比较有名。但是，我跟书记和市长讲，这个定位是省级冠军，相当于广西运动会一百米冠军，你把体育局局长叫来问一下：广西壮族自治区运动会一百米冠军是谁？他知道吗？他肯定不知道，全国老百姓都不知道。奥运会男子一百米冠军博尔特，全世界都知道。广西第一高峰在哪里？没人知道。世界第一高峰在哪里？妇孺皆知！

**在营销传播上，天下第一等于一切！省级第一、区域第一等于零！**

这个“佛都”比得过五台山、普陀山、九华山吗？比不过。不仅现在比不过，以后也比不过。比不过为什么还要这样定位？要记住，同样的定位，第一名有先入为主的强大优势，第二名要超越它，要付出十倍的代价。所以，建立唯一、第一和专一的定位就是品牌的核心战略。不争之争，方为大争。

穷举妙出，穷径造极。我把桂平重新定位为“桂平十八奇”，没有哪个城市这样定位过。这是“唯一”。谁第一个宣传十八奇，谁做足奇文化，在这方面谁就是“第一”，坚持一百年不动摇就是“专一”。这个定位所有人一听就感兴趣，听了看了就想来。

熊大寻提出了“桂平天下奇！桂平十八奇”的形象定位，提炼出二十四奇作为定位依据。

**桂平第一奇：太平天国起桂平**。举世闻名的太平天国金田起义就发源于桂平金田乡。

**桂平第二奇：师太舍利数第一**。中国佛教协会原副会长释宽能法师，生前住持西山洗石庵数十年。1989 年圆寂后，产生了世界第一个比丘尼的三颗灵骨舍利子，堪称佛教史上的奇观。

**桂平第三奇：南渌江水两头溢**。南渌江与其他江流不同之处是随着季节的变化，它会出现“南渌江水两头溢”的奇特现象，春夏向东，秋冬向西。

**桂平第四奇：阳元阴元大无敌**。丹霞地貌的白石山蕴藏着异彩纷呈的性文化天然景观，发现中国最大的男根和女阴奇观。

**桂平第五奇：北回归线传音密**。“洪音”奇观——人站在北回归线纪念塔旁边，声音是单线传播的，一个人说话，只有站在与他一条直线上的 20 米以外的同伴能听到，如同打电话，其他人却听不到。这种现象就像武侠小说中的传音入密神功，能够把声音集成一束，只让传音对象听到。

**桂平第六奇：古泉冒乳味甘洌**。据《浔州府志》记载：桂平西山乳泉“清冽如杭州龙井，而甘美过之，时有汁喷出，白如乳，故名乳泉”。

**桂平第七奇：早出晚归风有习**。紫荆山的风极其有特色，早上风往外刮，晚上却向里刮，这风就像人一样有早出晚归的习性。

**桂平第八奇：千万蝙蝠护荔蜜**。桂平市素有“中国荔枝之乡”的美誉，在白石山岩洞中栖息着两千多万只蝙蝠，专吃为害荔枝的害虫和飞蛾，异常壮观。

**桂平第九奇：炸弹火烧庙不夷**。三界庙是太平军的作战指挥所。在抗日战争期间，日本飞机曾丢下三颗炸弹落在庙内，但都没有爆炸；此后当地出现过三次大火灾，把周边的房子全部烧毁了，独三界庙毫发无损。故我们做如下解读：三界庙就是跳出三界外，不在五行中，因此五行不伤，也就是金木水火土都无法伤害它。炸弹是金，火灾是火，都包含其中。

**桂平第十奇：心中有佛奇中奇**。我们发现了世界最逼真的天然大佛——白石山大佛。其心脏位置还站着一个小佛，佛在心中，心中有佛，堪称天下奇观。

世界上最逼真的天然睡佛——桂平白石山大佛

**桂平十一奇：禅茶三送毛主席**。西山茶曾于20世纪60年代三次敬送毛主席，1986年10月再次被评为全国名茶。

**桂平十二奇：米粉当作秋千骑**。将晒好的罗秀米粉150根（重约200克）挂在横木上，能将70千克重的小伙子吊起并可在上面荡秋千。1985年，中央电视台以“奇特的米粉”为题，将罗秀米粉摄入大型电视系列片《中国一绝》，成为中国“百绝”中之首绝。

**桂平十三奇：罗丛观月妙无极**。罗丛岩岩洞尽头有一圆形小洞，口通出洞外，光线从外面射入，有如一轮明月正照游人。

**桂平十四奇：半边山上半边秘**。古有“桂林山水甲天下，更有浔城半边山”的诗句，指西山寺在南半边，庵占北半边；下雨，山上之树只湿半边；北回归线经过的阴阳石，植被有半边，无半边；西山景观在半边。神奇的半边之秘。

**桂平十五奇：瑶家草标不拾遗**。紫荆山瑶民出门赶集或耕作，往往是一走就是一二十里甚至四五十里，有时为了减轻负重，便将身上物品随手放置路边，回程时再取回。为了让别人知道这是有主之物，在路边拔几根茅草做成“草标”（又称“茅标”）放在附近。路人见有草标，即使十分贵重的物品也不会碰一下它。

**桂平十六奇：二十个王一乡育——金田乡一个乡出了太平天国二十个王。**①东王：杨秀清；②西王：萧朝贵；③北王：韦昌辉；④英王：陈玉成；⑤燕王：秦日纲；⑥遵王：赖文光；⑦求王：林凤翔；⑧慕王：谭绍光；⑨章王：林绍章；⑩烈王：曾天养；⑪辅王：杨辅清；⑫吴王：梁立泰；⑬祝王：吉文元；⑭曾王：黄益芸；⑮椒王：卢六；⑯列王：陈承琦；⑰乐王：谭应芝；⑱元王：曾天秀；⑲贺王：秦日采；⑳庆王：秦日庆。

**桂平十七奇：大藤过江打游击**。大藤峡当时有一根极粗的大藤横跨江两岸，农民起义军就以此作为桥梁打游击。农民起义领袖侯大苟曾写下了游击战的开山之作：“官有万兵，我有万山。兵进我退，兵退我还。”据说毛泽东就是从这里悟到了游击战的十六字诀。

**桂平十八奇：天造城墙龙潭秘**。龙潭又称为天城，一眼望去山石齐整，像是一块块砖石，山体就像巨大的城墙，整个景区就是一座天造的城墙，最后在龙潭瀑布形成一个合围的城池。

**桂平十九奇：主席题词是唯一**。1974 年春，毛泽东十分关注并向有关人员细询大藤峡情况，曾亲笔写下“大藤峡”三字，大藤峡也成为毛泽东唯一题过词的景区。

**桂平二十奇：菩提不化显佛灵**。洗石庵门下的一株约 5 米高的菩提树，是广东南华寺法师于 1987 年专程送来，释宽能法师亲手种植的佛教又一圣树。此树菩提子火烧不化，灵应无比。

**桂平二十一奇：无肉煮酒不成席**。肉酒，是一种在当地非常盛行的独特饮食，锅汤全用白酒（35 度米酒），锅料是猪的各个部位各取 50 克，如猪舌、猪肝、猪心、猪尾、猪腿、猪蹄、猪小肠、猪肠头、猪唇、猪鞭、猪肺等，食之脆口味香，无酒味，不醉人，营养极佳，口味奇特。

**桂平二十二奇：松树身上披龙鳞**。龙鳞松是西山特有的树种，它的树皮圆若铜钱，酷似龙鳞。相传清朝乾隆帝下江南时，曾到桂平游览西山，把身上的龙袍脱了下来挂到松树的树枝上。过了一会，这棵松树全身都长满了龙鳞。

**桂平二十三奇：瑶民发明打游击**。瑶民起义领袖侯大苟发明了中国历史上最早的游击战法。此事在《毛泽东选集》中有记载。

**桂平二十四奇：修成正果神猴灵**。西山寺前有棵大杧果树，直径1米多，高30余米，树瘤极似孙悟空，枝繁叶茂，每年结果1000多千克，被称为“佛门正果”。

熊大寻为桂平策划了“桂平二十四奇”，并且发现了白石山天然大佛等世界奇观，最后又和当地政府一同商讨，从中提炼了最具代表性的“桂平十八奇”：

桂平一奇：太平天国起桂平；

桂平二奇：炸弹火烧庙不夷；

桂平三奇：二十个王一乡育；

桂平四奇：师太舍利数第一；

桂平五奇：古泉冒乳味甘洌；

桂平六奇：松树身上披龙鳞；

桂平七奇：禅茶三送毛主席；

桂平八奇：修成正果神猴灵；

桂平九奇：卧佛藏龙白石谜；

桂平十奇：心中有佛奇中奇；

桂平十一奇：阳元阴元大无敌；

桂平十二奇：千万蝙蝠护荔蜜；

桂平十三奇：北回归线传音密；

桂平十四奇：天造城墙龙潭秘；

桂平十五奇：大藤过江打游击；

桂平十六奇：主席题词是唯一；

桂平十七奇：罗丛观月妙无极；

桂平十八奇：米粉当作秋千骑。

桂平十八奇平面广告

桂平天下奇！神奇桂平，桂平十八奇！上至天文、下至地理，历史宗教、乡风民情，在桂平皆体现为奇！桂平可谓是无奇不有！旅游主要就是为了探奇、猎奇，桂平打“奇”牌才能奇货可居，桂平打“奇”牌才能出奇制胜。

## 二、策略缺乏

每个文旅项目都有一个最佳策略——极点策略。但是很多项目不仅找不到极点策略，甚至连次优的策略也没有。一味模仿抄袭，策略缺失，投多少钱都白搭。桂平之前的策略是通过佛会和法事活动来吸引游客，自己觉得挺热闹，其实外地人根本不知道，知道也不会来，因为桂平在佛文化上前十名不一定排得上。第二名都没戏，不要说后面的了。天下第二高峰谁知道？中国第二大瀑布谁知道？第一就是一切，第二等于零。

熊大寻为桂平策划了一个“桂平十八奇 PK 云南十八怪”的营销活动，通过这一事件和新闻营销，迅速打响桂平十八奇的品牌。“云南十八怪”全国人民都知道，打响了云南旅游品牌。“桂平十八奇”一出，跟“云南十八怪”一起构成了“奇怪文化”。到底有多奇，到桂平来探奇。极点策略运用的结果：桂平游客一年增长 4 倍，酒店入住率从 20% 增长到 90% 。极点策略就是第一策略，找到就有了一切，第二策略等于零。

## 三、景观常规

中国城市和景区建设是千城一面、千景一面。城市就是大高楼、大广场、大公园、大绿化。再加上晚上来一组费电、伤眼睛、暴露审美缺陷的灯光工程。这组“四大一灯”的套餐全国风行，缺乏文化特征，缺乏独特吸引力。花了大量资金，只是为了面子好看。这是缺乏策略思维的结果。

中国的城市都应向重庆学习。一个火锅店老板在长江边建了个立体商业街——洪崖洞，成了天空之城。朝天门的老帆船没了，老地标拆了，来福士的新帆船、新地标来了，连轻轨穿楼、超长电梯都成了网红打卡地。山城成为中国网红打卡地最多的城市。这首先要感谢重庆有一个包容开放的领导班子和城市规划委员会，让这些震撼性建筑和景观能通过评审并实施。其次要感谢重庆人敢为天下先的创新意识。重庆的网红建筑景观接近熊大寻所说的“震撼性景观，颠覆式体验”的城市和景观建设要求（离真正的震撼性景观还有差距）。同样满足市民需求，更考虑了制造爆点，成为景点，吸引外地游客，打造城市名片。这就是用极点思维来建设城市。**同样的钱盖一幢楼，别人只干了一件事，重庆干了三件事：建筑、网红景点、城市名片。人气、名气、财气都带来了。**

城市的建筑和景观要按“震撼性建筑”“震撼性景观”的理念来创意设计和建设，除了居住办公，还是著名景点，更是城市名片，一举三得！这才是最大的建筑经济学和城市经济学。**每年全国各地要花费几万亿元来建造城市建筑和城市景观，如果都按震撼性建筑和景观的创意来设计和建设，每年全国将会增加几千个震撼性景点，将会增加几千万个就业岗位，同样的资金增加十倍的经济效益，**

**这才是真正的创意经济和旅游经济的精髓！**

用旅游的观念来做城市建设！用旅游的观念来做地产开发！建筑就是景点，楼盘就是景区。不仅能让市民跳广场舞，更能让游客来跳草裙舞，这才是改变千城一面的实用方法，这才是对大量建设资金的最大化利用。

一个城市的文化不是建几个博物馆、展览馆就能体现的，这是死文化，而是要用“意料之外、情理之中、预算之内、市场之需”的理念，建造人们听说过、没见过以及没听过、没见过的景观和建筑。创意造城、创意造景，**一个城市的核心文化是创意和创造力，这才是灵魂**。每个城市都有不同风格、不同文化的创造力。

文化是鲜活的，**文化不是僵化，不是食古不化，文化就是变化！没有创造力，哪有真文化！创造力是最大的文化！**创意建筑、创意景观、创意城市，这才是最大的文化。山朝水朝人来朝，这才是最大的经营。

中国的城市和景区严重缺乏震撼性创意，城市是千城一面，景区是千景一面：山岳景区就搞碑刻、庙宇；湖泊景区就搞游艇、亭阁；森林景区就搞栈道、真人 CS；平原地区就搞千亩花海；河谷地区就搞漂流；历史名城就搞仿古步行街……熟悉的配方，熟悉的味道，让人难以下咽，咽了想吐。

中国的旅游规划、建筑和景观设计，高度同质化，完全不动脑筋！城市的资源特点如何与市场需求对接，完全不考虑！建筑如何变成著名景点，一举两得，完全不考虑！景区如何成为必需品，让 13 亿人非来不可，完全不考虑！

城市一定要有震撼性建筑，景区一定要有震撼性景观！没有，就要去创造。其他景观和建筑是步枪，震撼性景观和建筑则是核弹。一弹平天下，一发定乾坤！

“二战”时期亚太地区对日战争打了 10 多年，而两颗核弹八天结束战斗！城市和景区开发几十年，找到核弹级震撼性景观和建筑，就可以一举成名天下知！所以说所有的竞争本质都是时间的竞争，要学会用空间换时间，用震撼性创意的核爆能量空间换取十几年几十年的发展时间！

只为一个超长无边泳池的金沙酒店，你一定要去新加坡！只为一个哈利法塔，你一定要去迪拜！只为一个洪崖洞，你一定要去重庆！只为一个东海龙宫，你一定要去连云港！只为一个天眼，你一定要去天目湖！只为一个石来运转，你一定要去兴文石海！

熊大寻在桂平白石山发现了世界上最逼真的天然大佛，为连云港规划设计东海龙宫，为天目湖设计中华天眼。熊大寻力求为每个景区发现或创造一个核弹级的震撼性景观或建筑，为每个城市创造一个震撼性建筑或景观。

## 四、产品非需

城市的“市”就是市场。很多城市有城无市，市场化经营不行，外来人口太少，人气不行。这个“市”不仅是满足市民的菜市场、商业市场和家居市场，更是聚集生产力要素的大市场。这个生产要素主要是人。

看一下中国的发达城市，一线、新一线和省会城市，哪一个不是人气满满?!人气下滑的城市往往就是走向没落的城市。即使现在引来了超大型企业，发现了新的能源，建设了新城区，十几年几十年后，市场变化，资源枯竭，这个城市也会走向没落。相反，把人气经营作为核心竞争力的城市，不需要什么大企业、新能源，人多就能聚集资源，千年不败！看一看城市发展历史，古往今来，概莫如是——产业城市（工业能源城市）必然衰竭，商业城市和文化旅游城市必然兴旺！

城市产业的未来是服务业，没有人或者人少，服务谁呢？服务业的对象就是人。人多才有服务业，人多服务业才能成为主导产业和支柱产业。为什么重庆、四川那么多娱乐场所？人多啊！为什么重庆、成都的球市最旺？为什么歌手演唱会在重庆、成都最火爆？人多啊！

为什么超大城市和大城市率先向服务业转型？因为人多，经济发达。上千万人口的城市有不发达的吗？人多市场就大，投资商和创业者就多，经济就发达。经济发达便会吸引更多的人，然后服务的市场越来越大，服务业成为主导产业。这就是城市发展的逻辑：人口多—经济发达—吸引更多人—服务业。

城市管理者不要高高在上，其实城市就是一个商业项目，就是一个生意。怎么吸引外来投资者和外来人口？必须遵循生意的法则。熊大寻认为：生意的诀窍在于成为必需品！人人非买不可，人人非来不可，不来后悔！千万不要做成替代品。人们可买可不买，可来可不来，那就失败了。

**城市建设围绕什么设计建设必需品？什么是城市的必需品？就是震撼性景观，做人们听说过没见过、没听过没见过的景观、建筑和项目**。向重庆学习！

**震撼性景观和震撼性建筑就是造梦**。城市建筑不要老往后看，搞假古董。要往前看，搞创意建筑、震撼性建筑，要为消费者造梦。现实中没有的，要来你这里看。想象不到的，要来你这里看。

震撼就是必需！现实太枯燥，你有一个震撼性景观和建筑，就拥有了众多的游客。

景区相对城市职能单一得多，就是吸引游客。你的极点策略找到了吗？你的景区有没有必需品，是人们必须要来看一看、玩一玩的吗？没有就关门吧，你真的没懂旅游是怎么回事，还把旅游当成公园来搞，当成景观工程来搞，当成仿古建筑来搞，这些做法都是没有悟道，离题万里。

另外，定位更要必需。“打土豪，分田地”六个字，喊出了几亿农民的必需！旅游也是一场群众运动，一年发动几百万、上千万人来你这儿，这需要革命家的鼓动力。定位口号成为必需，这就是秘诀。云南十八怪，人人都爱看。广西有了十八奇，游客不来才稀奇！

桂平原来喊“华南佛都”，广东还不高兴。华东、华中、华北、西北、西南的人都不来——华南人的事，关我什么事！这个定位是替代品。现在的定位是“桂平十八奇，请你来探奇”“桂平天下奇”，旅游就是玩新奇特，所以，一下就变成了必需品。颠覆式创新，产生历史性飞跃。

原来叫“佛都”，产品却只有一座山几个庙，司空见惯。现在不仅十八奇都是必需品，还发现了世界最大、最逼真的天然大佛，更是一个人人都想来看的必需品。

## 五、好处低频

世界上所有的大品牌、大公司的产品都给人巨大的好处，都是大的广告主，都遵循了“高频率地宣传给别人什么好处”这一规律。中国的每个大品牌每年花在广告上的费用高达几亿元、十几亿元，而城市和景区花在广告上的费用只有区区几百万元，只相当于大企业的百分之一。

因为县市领导和景区经营者很多不懂商业之道，不懂经营之道。我举个例子，如果把城市当成一个企业产品，那么市长县长最热衷、最擅长做的就是城市建设和招商（景区经营者也是只重建设、不重营销），这相当于厂区建设和招代理商。这对产品经营来讲是不重要的两件事。产品经营首要的是创造革命性、颠覆式的产品，开发极致应用。第二是策划绝妙的营销定位，实现对消费者的超级说服。第三是广告宣传。第四才是招代理商。若没有强大的产品卖点和品牌吸引力，则招不到代理商。必须把前三步完成，才能去招商，甚至很多品牌强大的企业就自己直营了。至于厂区建设，如花园式工厂，对于经营来讲是最后一步，赚到钱了才搞这套名堂。

比如苹果在破车库中开始创业，做成世界市值第一公司了，才建飞碟式工厂。贝索斯躲在小房子里卖书，做到世界首富了，才真的把办公楼建成了亚马逊雨林。花钱的事谁不会干？不需要什么水平。并且这种事在企业经营史上根本不值得一提，太不重要了，太没技术含量了。

与此相反，一上来就把重心放在豪华办公楼、花园式厂区的企业都倒了！赚大钱的企业，办公楼和厂区自然会豪华。因为这真的不是核心竞争力，而是水到渠成的结果。有见过经济发达、人多的城市，城市建设不行的吗？一个都没有！不是刻意为之，是自然而然。

正如城市建设（全都没有震撼性建筑和景观）不是城市经营和城市品牌打造的核心竞争力，这只是一个面子工程，要不要做？要做。但是更重要的是怎么打造绝妙城市形象、震撼性建筑和景观，把大量人流吸引进来，提升城市资产，促进就业，让城市赚到大钱。这才是经营，这才是城市发展之道。

我说过，开发城市千万不要学一流城市的建设，而要学人家怎么发展经济。这个学不是抄袭模仿，而是彻底原创，因为每个城市的资源禀赋、交通条件、政策支持等都不一样。你要比一流城市厉害十倍百倍，才有机会像它一样。你要下决心让自己的思路和做法比对方厉害十倍百倍，这才是真正的学习和学到精华。说白了就是要出奇招，才出奇迹！

不要去学习一流城市漂亮的城市建设，这相当于做企业的去学习其他企业的花园式工厂和豪华办公楼，学回来用，会要命的！而要学习一流城市的经营之道，学习怎么把消费者吸引过来。**每个发达城市都是一样的基因：创意、开拓、自成一套。你要学习这三样东西，然后坚决应用**。拿出绝妙定位、制定极点策略、创造震撼性景观、让城市成为必需品、好处高频营销，这是城市的内功。我们要先经营内涵，再来经营外观。有内涵的人外观不会差，有内涵的城市，景观不会差；没内涵的城市，虚有其表。

旅游项目千万不要学一流景区。长城故宫兵马俑，九寨石林张家界，这是天造奇观，加上千百年来的传播积累，它们一不用大力宣传，二不用建震撼性景观，老天已经建好了，千百年来被无数媒体宣传过。但是你手上的是三流的资源，没有千百年来被人写诗、写文章歌颂过，你不建震撼性景观，你不大力宣传，那不是等死吗？

很多城市管理者和景区经营者只知道找院校做规划，每年浪费巨额规划费，得到的都是平庸至极的建筑和景观。完全没有意识到同样的造价、同样的建设条件，通过绝妙创意可以打造震撼性建筑和景观，一举两得，引爆城市人气和品牌。他们的理由是城市不是产品，民生是第一位。民生确实是第一位，这是必须要完成的。但是城市除了维持，更需要发展啊！发展得好是更大的民生。

城市跟人一样，除了吃穿住行，还要发展事业，还要赢得竞争和机遇，还要创造自己的天地。人如此，何况城市乎？须知国家之间都还有激烈的竞争，你死我活的较量。资源、机会、人流、商人、产业永远是有限的，你抢不到就是别人的。怎么抢？市场竞争啊，熊大寻五大方法啊！

只管吃穿住行，只是一个城市管理者的基本功和规定动作，这只是满足了一个城市最基础的需求。你的绝招和自选动作是什么？城市的核心竞争力是什么？城市发展方向和策略步骤是什么？你为这个城市的品牌和形象创造了什么？你为城市创造了什么可以流传千古的？你每年吸引了多少外地人？这些才能真正体现你的水平和能力。这个城市的马斯洛需求层次，你若只完成了底层需求，说不过去啊。

城市和景区必须要有震撼性景观和建筑，以此吸引海量人流，打造城市和景区永恒的竞争力！这是适用于任何一个景区和城市的普遍真理。除此之外，还要广告高频。**绝妙即服、极点策略、核弹震撼、必需思维和好处高频是最有效的时间竞争方法**。绝妙的创意、震撼的景观加上高频率的宣传，能够在一两年内就形成别人花千百年积累的品牌知名度。

**熊大寻方法的本质是时间竞争，目的是时空折叠。**

## 竞争的本质是时间的竞争

人生的竞争是时间的竞争。你怎么利用好你的时间，决定你能成为什么样的人，决定你成就的大小。有的人把这笔“资金”用在了烂项目上：吃喝玩乐，都是在消耗，最后变成了零。有的用在了好项目上，不断在积累，最后变成了几亿元、几十亿元或等同的价值。

### 一、军事史就是一部时间竞争史

拿破仑打仗有一个重要原则：机动迅速。正如他所说，“行军就是战争”“战争的才能就是运动的才能”“善于运动的军队必能获得胜利”。士兵们骄傲地说：“他发现了一种新的作战方法，利用我们的腿来代替刺刀。”历史学家们则这么记述：“拿破仑战争中，迅速是一种必要的和基本的因素。”“运动是拿破仑战争的灵魂，拿破仑使他的部队以一种有计划的速度进行运动，用速度来加强自己，以急行军来弥补数量的不足。”

拿破仑说：“战略是利用时间和空间的艺术。我对于后者不如对前者那样珍惜。空间是可以重新得到的，而时间则永远失去了。”“在战争的艺术中，也像在力学中一样，时间是重量和力量之间的重要因素。在战争中，时间的损失是无可弥补的。”（引自富勒，《战争指导》，解放军出版社，2006 年）

**1. 刺刀的出现与骑兵的衰退**

滑膛枪的第一步改进，是在枪管上加装一把 1 英尺（1 英尺≈0.3 米）长的短刀。早在 17 世纪中叶，这种被称为刺刀的短刀，是一种没有任何护手盘的宽刃短剑，只是将其一端简单地加工成圆锥形，以便插入滑膛枪枪口固定。这样，滑膛枪就可以取代长矛以对付骑兵的攻击。在装上刺刀前，士兵们首先可发挥滑膛枪射击的优势。而装上刺刀后，滑膛枪手又都变成了长矛兵。但是，对付手持长枪的骑兵，带刺刀的滑膛枪就不那么有效了，因为他们往往还来不及装上刺刀，敌人的骑兵就已经到了。

直到 17 世纪 90 年代，卡座式刺刀替代了插入式短刀，长矛兵才彻底退出了战争舞台。卡座式刺刀是将刺刀的刀身插入固定在滑膛枪枪头一侧的金属套筒上，这样，滑膛枪就可以带刺刀射击了。到 1700 年，当步兵中已普遍装备了卡座式刺刀后，骑兵就不可能从正面再对步兵队形实施有效的攻击了。如果骑兵仍想从正面接近步兵，他们首先将遭到来自滑膛枪队形的排枪齐射，之后，还将遇到像长矛兵队形一样的有力抵抗。卡座式刺刀大大提升了时间效率，骑兵正面冲锋退出了历史舞台。

**2. 横队和线条战术的流行**

滑膛枪的火力也进行了重大改进，从而使步兵更依赖火力的杀伤力。经过半个多世纪的不断改进和完善，到 17 世纪 90 年代，部队开始大量装备燧发枪。一是这种枪是靠燧石撞击钢片发出火花而点着火药。燧发枪的机械原理比火绳枪要可靠得多。火绳枪的点火有效率仅为 50%，滑膛枪为 85%。二是枪管采用硬度更强的金属，使其能承受更多的火药装填量，从而大大提高弹丸的初速，新滑膛枪的射速是老式滑膛枪的 3 倍。三是一种内装火药和弹丸的弹筒的问世，极大地提高了燧发枪的射击速度。火绳枪每分钟只能射击一次，而使用纸壳弹筒的燧发枪每分钟可以射击 2～3 次，甚至更多。

由于燧发枪装弹速度快，步兵的战斗队形纵深从以前的 6 列横队变为 3 列横队，同时还能保持1/3的人装填好弹药准备射击。因此，指挥官就可以在正面宽度不变的情况下，将步兵组成一个更加密集的战斗队形。

18世纪，随着燧发枪和刺刀在欧洲军队中大量装备使用，火药武器终于彻底统治战场，常备军时代来临了。此后，手持燧发枪，排着整齐横队，在鼓点声中直面敌人炮火的线式步兵成为欧洲战场上的主力。欧洲人正是在线式战术时代，通过西班牙王位继承战争、四国联盟战争、七年战争以及拿破仑战争的不断打磨，终于确立了在全球的军事霸权。

### 3. 拿破仑的纵队战术和炮骑兵战术

横队战术能最大化集中火力，但是双方一字排开对轰容易打成僵持局面，即使获胜伤亡也比较大。为了提升效率，腓特烈大帝发明了一种被后人奉为经典的战术：接敌后首先是大炮狂轰，然后骑兵快速突击，就像“二战”时法国人不相信坦克能独立作战一样，当时的人也不相信大炮能左右战局。最后步兵巩固阵地。后来这种战术被拿破仑发扬光大。而拿破仑则十分重视大炮，他曾说：“炮火乃战争之神”。

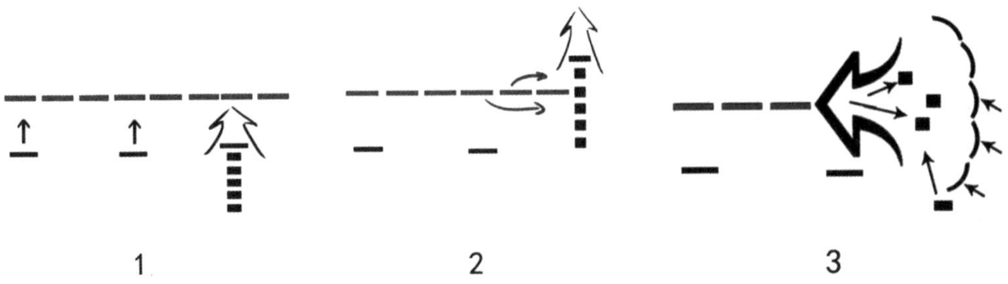


拿破仑纵队破横队战术

“二战”时隆美尔在北非曾说：“战争开始时，谁先用炮火压制住对方谁就将取得胜利。”拿破仑炮兵战术原则有三个：一是火炮越多越好，他总是喜欢集中比敌人多的火炮；二是火炮距离敌人越近、打得越快越好；三是“飞炮战术”，即先以火炮群在短时间快速炮击，然后骑马拉火炮移动地点。不固定的炮阵地，可防敌人火炮锁定反击，可做机动的火炮攻击。移动快速的骑马炮兵队特别适合“飞炮战术”。拿破仑初期火炮不多时，经常用这招，获得了很大的战果。

在拿破仑战争之前，各方为了尽可能提高己方部队的火力输出，将部队部署为尽可能长的横队。拿破仑的纵队战术则是以少数兵力牵制敌方一翼，然后以主要兵力构成纵队向敌另一翼突击，将其击溃，并使己方纵队楔入敌方的阵型，然后纵队左转，纵队就变成了横队，最后立刻向敌方右翼展开进攻，使得敌方部队不得不以纵队面对己方的横队，在火力劣势下遭受更大损失。

纵队战术和迂回包抄都属于空间折叠战术。

**4. 图哈切夫斯基的大纵深战术**

苏联的主要战术是大纵深战术，由苏联元帅图哈切夫斯基始创，规定在兵团和部队的战斗队形中应建立突击群、牵制群、预备队以及火力群。突击群用于主要突击方向上的进攻；牵制群用于辅助突击方向上的作战，其任务是转移敌人的注意力，保障突击群的顺利进攻；预备队用以完成战斗进程中突然出现的任务；火力群的主要任务就是保障突击群的快速突破。

大纵深战术即连续实施一系列在时间上互相联系并能致使全线胜利的战役，通过实施一系列连续的战役来消灭敌人。连续战役的理论实质就是，在实施第一个战役的过程中就考虑并准备下一个战役，以防止供应中断和运输堵塞，达成战斗行动的连续性。通过打开突破口、快速集群、追击和预备队投入等一连串不停歇动作，不给敌人以变更部署和组织战斗的时间，达到歼灭敌人的目的。

进攻 = 彻底歼敌？绝妙联系：一是败敌。佯攻牵制，集中火力打开突破口，集群扩口。二是分敌。快速穿插，扩大纵深，分割包围。三是追敌。突击群追击，实现战役歼敌。四是歼敌。预备队（第二个战役部队）接力攻击，接过胜势，攻击败势，开展第二个战役。如此接力，不给敌人组织时间，实现战略歼敌。

大纵深战术是时间折叠，将第二个战役折叠到第一个战役之中，第三个战役折叠到第二个战役之中，实现源源不断之力。

**5. 希特勒的闪电战**

闪电战是充分利用飞机、坦克和机械化部队的快捷优势，以突然袭击的方式制敌取胜，用机械化部队来快速切割敌军主力以达到预期效果。闪电战的核心元素：速度、奇袭、集中。以超出对手反应的速度对敌人实行闪电般的打击，但前提是要保有制空权。

第一个战役目标就是压制敌人空军的活动，夺取制空权。精锐航空兵利用夜幕掩护飞行，突破敌人空防，对敌人的机场进行突袭。之后空军主力部队全体出动，发动数波高强度高密度的攻击，破坏敌人的机场，将其飞机炸毁于地面。

第二个战役目标是压制敌人的组织和动员，俯冲轰炸机部队和强击机部队对敌人向前线开进和集结的部队进行攻击，战术轰炸机部队则对敌人的铁路、调车场、通信、指挥等部分进行猛烈轰炸，力求迟滞敌军，让敌军陷入瘫痪和混乱，此时装甲集团趁机突入，向纵深穿插。

第三个战役目标是支援己方作战。以俯冲轰炸机为主力，主要集中力量支援装甲部队，对坚固设防和形成侧翼威胁的敌军持续压制，一般以三机为一编队梯次对地进行攻击。

需要注意的是，这三个任务也是同时进行的，只不过按先后次序各有侧重。

这就是轰炸机部队和战斗机部队的任务，侦察机部队则不断地进行空中侦察，探明敌军调动，运输机部队不断地为前线装甲部队空投补给，伞兵对重要的交通要点和机场进行空降突击，配合装甲部队进行突破。

闪电战的绝妙即服思维——进攻 = 闪电战（最快攻击）？绝妙联系：一是飞机和坦克是最快的攻击武器，以此为主战武器。二是对飞机和坦克威胁最大的是对方的飞机和坦克，因此第一步就是要先把它们打掉。三是陆军乘上飞机可获得最快速度，机降和伞降到敌人后方。四是跳跃比走快，跳开前线直接打对方后方，折叠空间。

**飞机坦克主战，机降伞降主运，这是时间折叠；跳开前线打后方，这是空间折叠。**

大纵深战术是追求歼敌，不给敌人喘息的时间，不给溃散、撤退的敌军时间去重新组织，相当于用连续的进攻把一支军队硬生生地拖死。

闪电战是直攻对方重要城市和指挥枢纽从而瓦解敌军，逻辑是时间折叠和空间折叠——反常规攻击和运兵，快速占领后方，对方无论还剩多少军队、还有多少地盘，都会群龙无首，迅速溃败。

大纵深战术是组合拳，闪电战是快拳。组合拳防不胜防，快拳唯快不破。搏击格斗的进攻不过这两招，尤其快拳，是一切进攻的极点策略。李小龙功夫的核心就是快和一招制敌。美军的核弹战术更是奇快无比，一招制敌。

英国空军直到 1939 年仍认为空军对陆军进行战术支援是不可能的，更别说实践了，可见当年德国空军在理论上领先到什么程度。闪电战是一种超维思维，它的空间折叠相当于高维的空间卷曲，对于低维世界的人来讲难以理解。空间怎么能折叠（卷曲）呢？这太神奇了！

先进的战略战术本质上是奇招思维，对于传统打法，它具革命性、颠覆性，产生压倒性的结果。

闪电战实施的结果是，1 天征服丹麦，5 天征服荷兰，平均几天就可以征服一个国家，达到了时间竞争的顶点。在火枪时代灭国需要几年，在拿破仑时代灭国需要几个月，在闪电战时代只需要几天!

大理、香格里拉、丽江的发展就是时空折叠，在很短的时间内就获得了超格局、跨时空的发展。根本原因就是绝妙即服、极点策略和核弹震撼三种高维方法的综合运用。

跟闪电战一样，凡是能驾驭时空的方法都是高维方法。闪电战一天灭国是驾驭时间，跳过前线直达后方是驾驭空间。绝妙即服、一秒听懂和千古流传是驾驭时间。亿众佩服（广度和深度）和无法超越（高度）是驾驭空间。

粟裕说过，时间对于战斗是很重要的，战斗的胜败，每每决定于最先与最后的几分钟，哪个能占先机之利与坚持到最后关头，哪个就会胜利。

军事界有一句名言“时间就是军队”“时间就是胜利”。这句话是所有竞争的核心，对于城市竞争和发展同样有效。你的城市要多久才能胜利?

回想一下，军事武器和战略战术的发展史，每一次进步都给人震撼，每一次震撼都比上一次大得多。震撼力越大，决胜时间越短。震撼是一种高维能量，起时至终时，快速联结，实现时空卷曲。

**有韬略者只争朝夕，用时间折叠空间，用空间折叠时间，实现时空卷曲。**

## 二、城市时间竞争演进史

城市竞争力发展史分为三个阶段。

第一阶段是天时城市。把世界地图打开，你会发现：全球的大城市大部分处于通江达海的位置。最早的城市位于水陆交通要道，这个水主要是江河。后来随着航运的发展和全球贸易的兴起，沿海城市开始崛起。这类城市是跟着交通工具的迭代和贸易形势的天时而兴。城市竞争的武器是货物商品的中转和聚集。

第二阶段是地利城市。到了近现代，随着能源基地的建设和产业聚集，出现了能源城市和产业城市。这类城市的兴起取决于经济地理要素和资源禀赋的地利。城市竞争的武器是能源和工业的聚集。

第三阶段是人和城市。地利城市属于工业社会，以生产要素聚集为核心动力。现在进入了后工业社会，后工业社会以知识聚集为核心动力。工业社会是生产型经济，后工业社会是服务型经济。后工业社会的中心原则：理论知识日益成为创新的源泉和制定政策的依据。工业社会是生产商品、协调人与机器关系的社会。后工业社会则是围绕知识，为了创新和变革，是生产知识、协调人与人关系的社会。知识的载体是人，创新变革的主体是人，人成为核心生产要素。加上空运、高铁网络的全面形成，这一阶段，城市通过打造城市魅力、提升城市吸引力来聚集人，成为城市竞争的主要武器。

贸易造城——天时城市的发展通常需要数百年甚至上千年。

产业造城——地利城市的发展需要数十年到一百年左右。

知识造城（创意造城）——人和城市的发展则只需要几年到十几年。

城市发展方式迭代后城市发展的速度是十倍速，其威力犹如战争武器的进化，从冷兵器到火枪到大炮和核弹，每次迭代都增加十倍百倍的威力，知识就是力量！知识的力量是无穷的！

## 三、创意造城，三年就成！——拉斯维加斯和迪拜如何打造城市引擎

内华达州议会通过了赌博合法的议案，拉斯维加斯成为一座赌城，从此迅速崛起。美国各地的大亨纷纷到拉斯维加斯投资建赌场，甚至日本的富豪、阿拉伯的王子、著名演员均来此地投资。1946 年，拉斯维加斯出现了大型赌场，20 世纪 50 年代发展为以赌博和休闲娱乐为特色的著名旅游胜地，甚至中国城也在拉斯维加斯落户，很快成为亚裔美国人的聚集地。其每个酒店都是超越想象的震撼性建筑。拉斯维加斯成为美国发展最迅速的城市。19 世纪中叶，一名拜访过拉斯维加斯的陆军中尉曾经绝望地认为，从此往后，再不会有人涉足这片沙漠，谁曾想通过几十年的高速发展，它竟成为世界明星城市。

迪拜以前是一个名气不大的石油城市，20 世纪 90 年代以后，开始大力发展旅游业。迪拜拥有高素质的环境以及丰富多彩的文化（83% 的人口是外国人），到迪拜的旅游者以模特、艺术家、商人等高收入阶层居多。在迪拜当局的提议下，马克图姆家族投资兴建的帆船酒店，由英国设计师 Tom Wright 设计，建立在海滨的一个人工岛上。帆船酒店于 1999 年开业，以此为标志，迪拜成功转型，仅仅用了几年就成为世界休闲之都。其后，迪拜成为世界震撼性建筑的超级秀场。每个大型建筑都会轰动世界，震撼人心。

拉斯维加斯和迪拜用的是高维智慧——创意造城，实现时空折叠，一日千里，一步登天。

拉斯维加斯和迪拜成为世界顶级城市，都只需要十几年时间。对于一般城市来说，用创意造城，短短两三年就可以迅速崛起。

这个两三年就是城市引擎（旅游引擎）的打造、发动过程，创意造城或知识

造城，造的就是城市引擎。引擎由火花塞、活塞、汽缸组成。

城市引擎的“火花塞”——绝妙创意；

“活塞”——震撼性概念；

“汽缸”——震撼性建筑和景观（景区）。

通过绝妙创意点火，震撼性概念做功，震撼性建筑和景观（景区）爆燃，打造城市发展的动力源，高速启动。一个绝妙创意、一个震撼性概念、一个震撼性建筑和景观（景区），两三年时间城市将快速轰动并崛起。

**1. 拉斯维加斯的城市引擎（旅游引擎）**

城市引擎的“火花塞”——绝妙创意：以赌带游，一个赌客百个游客。

“活塞”——震撼性概念：世界赌城。

“汽缸”——震撼性建筑和景观（景区）：美高梅、永利、威尼斯人。

拉斯维加斯的绝妙即服——偏远沙漠 = 世界名城？绝妙联系：一是成为城市——通过赌博吸引人流。二是成为全国性城市——赌客是小众，把赌场酒店变成景点和游乐园，吸引大众。三是成为世界级城市——把普通建筑和景观变成震撼性建筑和震撼性景观，全世界独一无二。

**2. 迪拜的城市引擎（旅游引擎）**

城市引擎的“火花塞”——绝妙创意：一个建筑就是一个世界级景点。

“活塞”——震撼性概念：世界休闲之都。

“汽缸”——震撼性建筑和景观（景区）：世界第一个七星级帆船酒店、世界第一高楼哈利法塔、世界第八大奇迹棕榈岛、十星级水下酒店……

迪拜的绝妙即服——沙漠城市 = 世界休闲之都？绝妙联系：一是没有景点，建筑就是景点，城市就是景区。用旅游思维和创意思维做城市建设。二是每个建筑都要震撼世界，每个建筑就是世界奇观。三是让迪拜成为想象力的实验场，只做听说过、没见过及没听过、没见过的建筑和景观。迪拜不只是造城，更是造梦。

香格里拉、大理和丽江也经过绝妙创意，知识造城，短短一两年就轰动世界，成为全球旅游名城，收入增长上百倍。“香格里拉”“风花雪月，逍遥自在”和“大香格里拉之门——丽江”都是世界级的创意。独克宗古城、大理古城、丽江古城都是世界级旅游胜地，都是先有绝妙策划和规划设计，快速引爆形成海量人流，然后完成古城的升级建设。这三个古城都不是原始的老城，而是旅游业发展起来后新建的，这是知识造城的结果。

## 云南三大旅游王牌的历史性大转型

**熊大寻在策划大理和香格里拉的时候提出一个战略：云南旅游大转型——从民族转向世界！**

二十世纪八九十年代卖民族风情是趋势，那个时候要突出跟中原青铜文化、帝王文化的差异，所以一股清新的“最炫民族风”一下子征服了中国大众，并且那个时候的旅游消费群主要是公务员、事业单位和普通家庭，他们特别吃民族风情这一套。

21 世纪初中国进入中产社会，旅游是小资白领的天下，云南成为世界旅游胜地。喝个三道茶、唱个敬酒歌、跳个民族舞已经拿不住游客不羁的心了。他们渴望浪漫逍遥、心灵净土和罗曼蒂克，谁抓住这群人，谁就抓住了未来，谁就站在了旅游的制高点。所以一定要承接住这个大趋势和大潮流，实现大理、丽江、香格里拉的大转型，这也是新世纪三个城市的极点策略。

21 世纪刚开始，熊大寻就提出**云南旅游从“民族风情”转型为“世界天堂”的战略思路**。大理不再卖白族风情了，改卖浪漫逍遥——风花雪月。中甸不再卖藏族风情了，改卖世界情怀——香格里拉。丽江也借香格里拉的势进行了大转型，打出了“香格里拉的门户”的定位，从卖纳西风情改为卖小资天堂。云南旅游在 21 世纪初悄悄进行了历史性大转型，找到极点策略和绝妙创意，真的出了奇迹。

这些后工业城市的秘诀：通过震撼性概念和定位、震撼性创意建筑和景观，知识造城，创意造梦，迅速吸引全球眼光和海量游客，成为明星城市。

**震撼是一种信仰，产生盲目崇拜和追随。**

后工业城市是知识城市，**最高的知识是创意。最高的创意是绝妙创意和震撼创意！**创意造城，震撼造城。

城市的竞争就是方法的竞争，是时间效率的方法的竞争。城市的竞争也是认识论的竞争，是对于城市发展阶段和速度的认识的竞争。

**用震撼性创意来换取时间，用时间换取发展空间的折叠。**

现代城市竞争是知识造城和创意造城的竞争。除了用震撼性创意换取时间，高频广告也是换取时间的好方法。

**熊大寻方法中的每一个方法都是赢得时间的方法：**

绝妙即服——一秒听懂，病毒传播；
极点策略——最佳路径，极速登峰；
核弹震撼——终极武器，一发决胜；
必需思维——非买不可，立即打动；
好处高频——重复提醒，马上行动。

用熊大寻的五大方法——定位绝妙、策略极点、景观震撼、产品必需、好处高频，能够在一年之内实现以前几十年没有达到的成绩和效果！短时升空，时空折叠。大理、香格里拉、桂平、宁海、石屏等就是最好的证明。

定位绝妙就会产生自动传播和亿万人的口碑。策略极点就会占领竞争制高点，让城市走上最快成长路径。景观震撼就会吸引13亿游客，产生核弹级热岛效应。产品必需就会立于不败之地，让人非来不可，不来后悔！好处高频就会在品牌传播上占有天大的好处。**高频是一种天大的好处，是一种大家知道做不到、做到捱不到的天大的好处**。

五大方法运用于品牌，一年实现几十年未有之变局，在我们的策划运作实践中比比皆是。五大方法运用于城市运营，首先是城市管理者超越竞争、突破格局的极点策略，其次才是城建和招商。五大方法的运用是为了更好地城建和招商，极点策略能让城建变“城舰”——城市航空母舰，超级动力，巡航四海。极点策略能让招商变“召商”——城市有魔力，登高一呼，众商云集。

有人认为熊大寻只是做城市策划、旅游策划和规划，其实我们更能做企业和产品策划，10多年前我们就是从做企业产品策划起步，慢慢上升到最大的产品——城市和旅游项目，策划的最高峰，无限风光在高峰，后来就不想下来了。当然，与企业策划相比，城市策划的难度要大得多，但是，隔行不隔理，绝妙通吃。

## 从“财气—人气—名气”到“名气—人气—财气”

传统的城市经营有两种方法：一是城市建设，二是招商引资。这是常规思路和规定动作，这是被动做法。城建耗资大，见效慢。招商被动拉人，也很困难。我们做的是第三种方法——创意造城、知识造城，这是超常规思路和自选动作，是主动做法。

创意造城即通过整合城市的各种要素，进行绝妙创意，找到极点策略（最佳策略），引爆城市品牌，迅速聚集名气和人气，有人气就有财气，有了两气，提升城市资产和土地价值，拉动招商，把招商变为“召商”，登高一呼，众商云集。不仅快速出政绩，而且更好地拉动城建和招商。这是品牌化的发展模式，高价值、高效率、高收益。传统的是原材料发展模式，低价值、低效率、低收益。

**城市建设是水泥造城，招商引资是产业造城，极点策略是创意造城。**

极点策略、创意造城改变了城市发展的逻辑：无形驾驭有形，无形引导有形！

**“名气—人气—财气”，这条成长线是自我创意驱动，是策略引导，是无形引领有形，更符合商业逻辑，适合99%的城市，是高快线，是三年功成的方法。**

**“财气—人气—名气”，这条成长线是政策资源驱动，是资源引导，是有形引领无形，不符合商业逻辑，适合1%的城市（有政策又有资源的城市实在太少了），是慢行线，是百年功成的方法。**

举几个我们策划的例子：

（1）江苏宿迁。“宿迁”二字解读：一个人带一百万元到这个宝地，带一千万元走了。“百万带来，千万带走”成为宿迁招商引资口号。一张地图和一个名字的策划，引来大量浙商，一年之内湖滨新城40平方公里土地全部卖完。

（2）浙江宁海县。根据《徐霞客游记》开篇，“癸丑之三月晦，自宁海出西门”，开游地在宁海，开游日5月19日！宁海开游日“5·19”已被国务院定为“中国旅游日”。因为“5·19我要走”这个口号太响亮了，2018年又发展出“全国徒步日”，几十个城市加盟宁海“全国徒步大会5·19联动日活动”。“天下旅游出宁海”！宁海城市品牌和旅游获得历史性发展，一年超过以往几十年！

（3）云南香格里拉。香格里拉这个品牌及系列宣传，致使大量游客和商家涌入，独克宗古城招商开发建成，中国第一个国家公园普达措开发完毕，三江并流国家公园和世界自然遗产申报成功。牵绝妙创意一发，动城市发展全身。四两拨千斤。让当地游客从1200人变为2000万人。

（4）云南大理。“风花雪月，自在大理”、李昌镐苍山论剑、双廊古镇、亚洲青年艺术节，让大理从“五朵金花的故乡”的民族风转型为浪漫胜地，让大理旅游从观光旅游升级为休闲度假。双廊一个乡镇，土地从10万元一亩迅速变为1000万元一亩。2019年大理房价增长率全国第一、全球第三！（有新闻报道可查）大理10年前就不是招商而是选商了：光有大资金还不行，必须是全球全国著名企业，有相关成功案例。大理目前已无地可卖。

（5）内蒙古鄂尔多斯。其城市品牌是“羊煤土气”。绝妙联系：一是“羊煤土气”谐音“扬眉吐气”，二者巧合联系，正能量。二是“羊煤土气”（扬眉吐气）指代羊绒、煤炭、稀土、天然气，四重联系、四个巧合。三是“世界羊绒大王”，煤炭储量占全国的1/6，稀土储量占全球80%，天然气储量占全国的1/3，耀眼的资源禀赋确实让这个偏僻的城市扬眉吐气。四是成吉思汗最后一个“指挥中心”和成吉思汗陵都在鄂尔多斯，成吉思汗征服了欧亚大陆，建立了中国历史上版图最大的元朝，是中华民族十分“扬眉吐气”的一次。除了产业，顺便还提了一下骄傲的历史文化。绝妙！

（6）安徽含山县。邀请熊大寻策划机构为其策划“非常之观，奇伟含山”这一绝妙的城市形象定位。非常之观、奇伟 = 含山？绝妙联系：一是褒禅山在含山，王安石《游褒禅山记》：“而世之奇伟、瑰怪、非常之观，常在于险远”。山水奇伟——“群山列峙，势若吞含”。二、《游褒禅山记》是改革创新的千古奇文，表达王安石“天变不足畏，祖宗不足法，人言不足恤”宏伟理念。千年含山孕育了改革创新的伟大基因。三是含山是“伍子胥过昭关”（一人过关，几国兴亡）、“草船借箭”、“望梅止渴”等传奇故事发生地。四是凌家滩遗址是中国玉文化发祥地、远古石钻代表的制造业源头，将中国城市历史推前了一千年。

（7）江苏沛县。其光伏光电产业有一个品牌“阳光充沛”。绝妙联系：一是阳光与光伏。二是充沛与沛县。三是阳光与亲商。三重联系、三个巧合，也属绝妙。但是与鄂尔多斯相比还有差距，因为沛县有六大产业，这个口号只概括了一个产业，还不够。希望我们后期合作能创意一个像“羊煤土气”“风花雪月“一样，一网打尽的绝妙城市品牌口号。

（8）江西安源。熊大寻策划安源时，创意“安源一游，红运当头！——红色运动起源地，两任主席创业处！”的城市形象口号。绝妙联系：一是“红运”指红色运动。二是“当头”指领导安源红色运动的毛泽东和刘少奇，分别成为我国第一任、第二任国家主席。三是首创“支部建在连上”“农村包围城市”“游击战十六字诀”的秋收起义就是在安源张家湾策划的，大功大业创自安源——红运当头。

一个著名企业、一个开发区、一个新城都仅有几十年寿命，但是，一个绝妙的城市品牌口号可以流传千古、载入史册，并且节省投资。为官一任当为城市创造一个绝妙的品牌，绝妙即永恒和不朽。

有时候一句话就能风趣幽默地把城市介绍清楚，让人一秒听懂、心服口服、永生难忘。这句绝妙好词每个城市都需要，价值连城。

每个城市和景区都暗藏有一个绝妙创意和极点策略，找到就是引爆，就是最快发展之道。我们做的就是这个事：找到最佳撬点，巧妙撬动城市。打造城市引擎和旅游引擎，实现整体轰鸣，完成真正的跨越式发展。

这个极点策略和最佳撬点来自哪里？历史文化、旅游资源、城市名字、特色产业、名人掌故等，很多时候你意想不到的地方、你看不上的资源和不起眼的故事，都可能是我们创意策划的灵感源头。一切为我所用，一切皆有联系。尽其所系，多巧为妙。

**拿破仑的两条作战原则：“第一，只做力所能及的事情，只做最有胜利把握的事情。第二，主力只用于战争的主要目的——消灭敌人。”拿破仑自己也说过：“欧洲有很多优秀的将军，他们希望一下子就看到很多东西，而我只看一个东西：敌人的兵员，并且力图消灭他们。”**

城市是一个复杂的综合体，管理者要考虑方方面面的事情。但是，城市再复杂也没有战争复杂，战争可以是国家之争，城市无法与之相比。战争尚且要聚焦一件事，城市更要如此。

国之战争只能看到一个东西：敌人的兵力——人。解决了人，战争一定胜利。城市战略只能看到一个东西：怎么聚集最重要的生产力要素——人。解决了人，城市一定兴盛。

有人就有一切！有人气的城市一定发达，没人气的城市一定衰落。不管是行政中心、金融中心、产业中心、旅游中心还是贸易中心，无一不是人气鼎盛。古今中外尽皆如此。

怎么最快引来人流？怎么只看到一个东西？怎么只做最有胜利把握的事情？——打造城市引擎，实现品牌轰鸣。唯一路径，没有之一。（旅游景区同理）

**战争的核心目的只有一个：消灭敌人——毁灭城市。城市发展的核心目的只有一个：聚集人流——兴盛城市。**

**聚集产业，一是产业很难人为聚集，别说三五年，可能三五十年都没结果。二是未必能聚集人流。聚集人流，一是很快见效，二是聚集人流一定能迅速聚集产业！有人才有产，有客才有业。哪座人气旺盛的城市缺乏产业?!** 从“聚集产业”到“聚集人流”，我们的城市管理者需要思路大转换！

**城市的“闪电战”如何打？**

**城市战略＝闪电战（最快发展）？绝妙联系：一是绝妙创意、震撼性概念和震撼性建筑及景观——城市引擎是最强武器，用作主攻武器（绝妙、震撼产生快速征服和长期传奇）。二是我方的落后观念、保守思想和抄袭模仿思维，是绝妙创意、震撼性概念、震撼性建筑和景观的最大障碍，因此必须事先清除。三是平庸的项目和景区通过震撼性创意实现快速翻身。四是除了启动城市引擎，最好辅助高频广告空中轰炸，直取全国人心，完成空间折叠。**

熊大寻震撼性建筑——东海龙宫/水晶宫

创意造城是历史上最快的城市发展之路。

熊大寻为江苏省连云港市策划“东海龙宫”项目，其龙宫即震撼性建筑。连云港＝东海龙宫？绝妙联系：一是连云港位于东海海滨。二是连云港是《西游记》中孙悟空的故乡，花果山在此地。三是连云港是亚洲水晶之乡。

熊大寻震撼性建筑——天宫

东海龙宫＝震撼建筑？绝妙联系：一是就地取材，建设水晶宫。二是以《西游记》中的龙王、龙太子、夜明珠、定海神针作为内容。三是打水晶之恋牌，吸引女孩，引爆旅游。四是听说过，没见过。

旅游不要总是靠天吃饭，要学会靠创意吃饭。普通创意没用，必须是绝妙创意和震撼创意。连云港还有比这更好的震撼性建筑创意吗？没有了！

连云港只有一个花果山景区，缺乏震撼性奇观，一年游客几十万人，对当地经济的拉动力太小。根据连云港的文化和特产创意策划的东海龙宫，是一个核弹级的奇观，人们听说过、没见过，非来不可，不来后悔！一年至少几百万人的游客量。

**一个绝妙创意和震撼性景观远远胜过百年景区。这就是用绝妙创意的核能量**

熊大寻震撼性建筑——世界唯一的松果酒店

**空间，换取上百年的发展时间。**这就是质变型策划。震撼就是改变格局。核弹震撼就是量子跳跃和非线性发展。就是城市竞争和旅游竞争的原子弹。常规竞争武器消耗太大，旷日持久，一定要学会用核弹震撼，一举定乾坤。谁说一定要像迪拜一样花几十亿元建一幢创意大楼？有震撼性创意，花小钱也能产生百倍的效果！

城市管理者的日常工作要考虑得复杂，要看到很多东西。但战略策略一定要简单，只考虑极点策略，只看到一个东西，只做最有胜利把握的事情。聚焦一点，用极点策略和绝妙创意来造城，这就是“最有胜利把握的事情”。

## 一个口号，两个节日，全民徒步

熊大寻受宁海县邀请进行城市策划和旅游规划，我们为宁海制定了极点策略——“5·19中国旅游日申报宣传方案”。根据《徐霞客游记》开篇，“**癸丑之三月晦，自宁海出西门。云散日朗，人意山光，俱有喜态。三十里，至梁皇山**……”，第一个景点就是浙江宁海，据此用“5月19日”向国务院申报“中国旅游日”。我们推出了“5·19我要走”的口号。“5·19”谐音“我要走”，使其成为跟旅游关联度最高的日子，赢得评审组专家和大多数网民的支持。

宁海凭借中国旅游日“5·19我要走”成为全民旅游和全民徒步的起源地，一举成名天下知。旅游形象定位：“天下旅游出宁海”——“出”字源于“自宁海出西门”。

“5·19我要走” = 中国旅游日？绝妙联系：一是徐霞客出游日。二是《徐霞客游记》开篇日。三是“5·19”谐音“我要走”，跟旅游关联度很高。游圣、游记、游走之数，天选之日！

绝妙即服，心服口服！

“5·19我要走”中国旅游日诞生地——宁海！通过绝妙联系策划出来的极

在宁海县“5·19”广场，5190名志愿者聚集于此，组成“5·19”数字造型，以此来呼吁社会各界支持将《徐霞客游记》开篇日5月19日定为“中国旅游日”

点策略，核弹式引爆城市品牌，宁海的最佳策略，无法超越。

正因为这个创意口号的强大号召力，“5·19我要走”成为风靡全国的口号，不仅撑起了中国旅游日，还发展成了全国徒步日。一个策划掀起全民运动的风暴，一个口号，全民徒步。

每个项目都有一个绝妙即服和一个极点策略，而且每个绝妙即服和极点策略都不一样，无法复制。我们要做的就是穷尽可能的策略，穷举造极，找到城市登峰造极的最佳策略和创意。宁海旅游资源普通，但通过绝妙策划，迅速成为全国旅游的焦点，城市和旅游品牌的影响力一年就超过了以往几十年甚至几百年。

一个城市或文旅项目，不要总按老套路出牌，期待名人故居、文物古迹、山川名胜、造节办会来扩大知名度。只有开国皇帝和数一数二的名人才有较大拉动作用，文物古迹必须是世界级或中国一流，山岳也必须与四大名山一个级别，造节办会必须是国家级的盛会，否则徒劳无益。若只有三流的资源，怎么办？通过绝妙即服、极点策略和震撼思维，把自己变成独一无二、数一数二。

宁海除了有“中国旅游日”和“全民徒步日”两个大节，后面还需要产品体系来支撑。

紧紧围绕双节，我们规划了宁海旅游的产品体系。

1. **徐霞客为什么从宁海起步开游**

宁海原来是南龙入海之地。据原中国徐霞客研究会会长张宏仁介绍，徐霞客所处的时代，祖国的名胜可分为以下几类：中原地区的五岳，北方的燕代长城，西面的丝绸之路，南疆的两广。而从北到南的沿海胜迹和从西到东的“南龙巨脉”，是最令人向往的两条线，且南方仍留有较多神秘色彩。天台山既是沿海一线的突出点，又是“南龙巨脉”的东端，自台岳之东侧宁海开篇是最合理的选择。

**开好头，宁海游！——起运之地！**

徐霞客起步之地；

梁宣帝起家之地；

蒋介石起航之地；

戚家军起兵之地：宁海的越溪、亭头的两寨有虎狼关之称。明嘉靖四十年（1561 年），戚家军练成后的抗倭首战即从此开始。

东方马可·波罗崔溥的起运之地：《漂海录》有“摹写中原之巨笔”“东方的《马可·波罗游记》”之称，崔溥被宁海人所救，由宁海进入中国。

中国旅游日标志：甲骨文“旅”字暗含了“5·19”这组数字——“中国旅游日”的日期

李白诗作起飞之地：《梦游天姥吟留别》是唐代浪漫主义文学的高峰，其后 12 年，安史之乱，大唐盛极而衰，唐诗也由浪漫主义转入揭露社会苦难的现实主义。此后，杜甫“三吏”“三别”是现实主义诗作的代表。《梦游天姥吟留别》在唐诗的发展历程中起着承前启后的重要作用。天姥山在浙东大峡谷内。

开山祖师的起点：天竺高僧昙猷为传经布道，乘槎漂海东渡，从三门湾到宁海，弃槎登岸，先后创建寿宁、柯仙、广润、多宝诸寺，被推为佛教入浙开山大师、习禅之祖。

2. **徐霞客古道——驴友文化**

依托徐霞客文化，将宁海打造为“中国驴友之乡”。

3. **宁海温泉**

从古到今只有请人来泡温泉，还没有把温泉送上门的。但熊大寻在宁海创造了一个奇迹：2009 年 10 月我们策划了“我给世博送温泉”旅游营销事件，数十辆运水车运送宁海温泉到世博会，用“世博建设者你们辛苦了!”的口号慰问建筑工人，并现场赠送月饼。因为创意独特、影响较大，引发二十多家媒体全程跟踪报道，新闻上了《浙江日报》头版。我们借世博会广告语“城市让生活更美好”，在运水车上打出宁海温泉的口号“若要生活更美好，常到宁海泡泡澡”。

旅游景区营销重在创新、重在创意，创意创造生意，没有创意哪有生意?

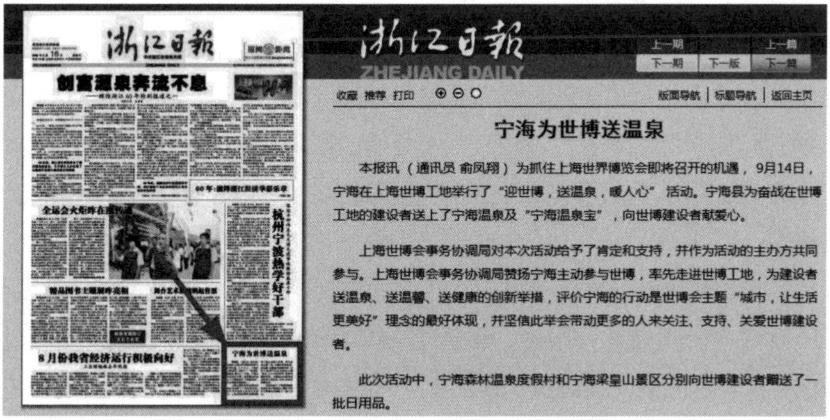
浙江日报

创富源泉奔流不息

8月份我省经济运行积极向好

浙江日报 ZHEJIANG DAILY

上一期 上一篇 下一期 下一版 下一篇

收藏 推荐 打印

版面导航 | 标题导航 | 返回主页

宁海为世博送温泉

本报讯（通讯员 俞凤翔）为抓住上海世界博览会即将召开的机遇，9月14日，宁海在上海世博工地举行了"迎世博，送温泉，暖人心"活动。宁海县为奋战在世博工地的建设者送上了宁海温泉及"宁海温泉宝"，向世博建设者献爱心。

上海世博会事务协调局对本次活动给予了肯定和支持，并作为活动的主办方共同参与。上海世博会事务协调局赞扬宁海主动参与世博，率先走进世博工地，为建设者送温泉、送温馨、送健康的创新举措，评价宁海的行动是世博会主题"城市，让生活更美好"理念的最好体现，并坚信此举会带动更多的人来关注、支持、关爱世博建设者。

此次活动中，宁海森林温泉度假村和宁海梁皇山景区分别向世博建设者赠送了一批日用品。

《浙江日报》头版报道“宁海为世博送温泉”

不仅宁海双节是全国人民参与的节日，而且三大产品体系形成长年旅游热潮。口号招之能来，产品来之能留。

宁海策划和规划完成十年，“5·19 我要走”从中国旅游日口号，扩展为全国徒步日口号，并且影响力和参与度更高。这句口号的价值已经远远超过当初宁海“天下旅游，宁海开游”的形象口号。但是“中国旅游日”和“全国徒步日”与宁海的关联度不够，火了日子，淡了城市。

我们建议宁海把形象口号改为：“旅游5·19，宁海我要走!”把这个双节的日子和这句风行天下的口号，嵌入宁海旅游中来，或者说把宁海嵌入这个口号中。这样让人一眼就知道双节起源于宁海，更响亮、更准确，让这个口号成为宁海的专利。最重要的是每个城市每年徒步日都会打出“5·19，我要走”的口号，相当于每年无数个城市将为宁海免费打广告。宁海县政府迅速采纳建议，立即发布广告。

跟熊大寻合作就是终身的事，我们追求的是绝妙策划，一定要把事做到绝妙，不妙就难受。一旦合作，终身是客。

## 14 亿人不知道的秘密：秦始皇陵可能悄悄迁到了龙山

龙山的极点策略和突变之道——2012 年熊大寻对湖南龙山县进行策划和规划，我们通过六个迹象发现龙山暗含一个天大的秘密：

第一，中国最神秘的城市：龙山里耶古城古名“迁陵”，真龙天子秦始皇是否迁陵于此？龙山地属秦，当时县域属于洞庭郡迁陵县。“迁陵”二字含义很深，为什么秦朝时龙山的名字是“迁陵”？是不是秦始皇当年到过此地，觉得龙山是一块风水宝地，暗示以后要把自己的陵墓迁移至此？“迁陵”这个古名成为龙山一大秘密。

第二，龙山最大的龙脉是乌龙山，著名的电视剧《乌龙山剿匪记》就发生在这里。众所周知，秦朝尚黑，服饰、建筑全为乌黑色。乌龙山半山有一条很长的黑带，极像一条黑色的巨龙盘踞在乌龙山上。乌龙山莫非是秦皇钦定的龙脉所在？

第三，龙山里耶古城一号井出土的秦简多达 37300 余枚之多，是全国其他地方出土秦简数量的 10 多倍！秦始皇陵至今从未得到证实，迁陵隐藏了怎样的惊世秘密？这里出土了那么多秦朝的竹简，难道真的只是个巧合？秦朝时期那么多地方可以保存，为什么偏偏存放在偏远的小镇？里耶能出土那么多秦简，只有皇家工程才能保存得这么完好、这么多。

里耶——这里呀！“里耶”译成白话文就是“这里呀”，秦始皇陵就在这里呀！里耶和迁陵是不是一种暗示？

第四，龙山有龙，迁陵有陵——龙山这个名称是怎么来的？龙山龙山，有龙的山，龙乃天子，是不是龙山就是天子所在之地？秦始皇在骊山脚下大张旗鼓建造自己的陵墓，难道他想不到以后会有人来盗墓？或许骊山的秦陵只是障眼法，而秦始皇的真身埋葬在龙山？

第五，龙山的地图是一个人像，王者还是巫师呢？

第六，八面山整个地区有很多“天堂”“登天堡”等这样的地名，是不是秦始皇预示后人，这是他通往天堂的地方，迁陵到此？而八面山上极像骷髅的死神洞，是不是埋藏秦始皇大量宝藏的地方？八面山远观像一个睡卧的秦始皇，这又预示着什么？

以上六大秘密加上湘西秘境、龙山赶尸、民间放蛊、冲天楼无楼梯等神秘文化，我们为龙山定位：

龙山十八秘！

天下秘境，湘西龙山——龙山十八秘！

龙隐大山十八秘！

秘境之首，湘西龙山——龙山十八秘！

**龙山十八秘解读：**

龙山第一秘：里耶秦皇“迁陵”秘。

龙山第二秘：秦简十倍天下秘。

龙山第三秘：秦皇草鞋千古秘。

在里耶古城出土的文物中，有一只保存得特别完好的草鞋，而且草鞋很大。《河图》曰：“秦始皇帝，名政，虎口，日角，大目，隆鼻，长八尺六寸，大七围，手握兵执矢，名祖龙。”八尺六寸，相当于现在的 1.98 米，秦始皇这么高，想必鞋子也会很大，这只出土的大草鞋，可能是秦始皇当时微服私访、体察民风的时候穿的，后来跟秦简一起出土。

龙山第四秘：水德尚黑乌龙秘。

龙山第五秘：龙山竹竿赶尸秘。

龙山第六秘：湘西龙山放蛊秘。

龙山第七秘：冲天楼无梯之秘。

龙山第八秘：凿石取水太平秘。

龙山第九秘：飞檐走壁题诗秘。

大家都知道太平天国翼王石达开的诗：“悬崖勒战马，弯弓射胡月。头颅作酒杯，饮尽仇人血。”在民间传说中，石达开这首诗题于龙山龙潭岩人不能至的绝壁的自生碑上，让人们敬仰。既然这块石碑人不能至，那石达开是怎么在上面题诗的呢？

龙山第十秘：飞虎洞无底之秘。

1997 年曾有法国探洞专家探查一月走不到底，其洞有“一洞连接湘鄂渝三省”之称。为什么飞虎洞这么神秘呢？

龙山第十一秘：八面山上天堂秘。

龙山第十二秘：龙男凤女龙凤秘。

龙山第十三秘：落花洞女哭叶秘。

龙山第十四秘：陡滩“神鱼”无腥秘。

龙山第十五秘：中国最多溶洞秘。

龙山第十六秘：过风成冰岩洞秘。

龙山第十七秘：举步维艰风洞秘。

龙山第十八秘：取之不尽神碗秘。

黄永玉为龙山题字“龙山二千二百洞，洞洞奇瑰不可知”，“龙山十八秘”极点策略远胜名人大家的文字。

营销活动：

**1. 秦问**

在网络和媒体发起“秦问”的话题，提出疑问：龙山是不是秦始皇的陵墓所在地？让网络大 V 在百度、新浪、网易等网站上发起“秦问”话题，引起人们的好奇心，让人们猜想、提问、讨论，形成热议的话题，引起媒体和大众的关注。

**2. 探秘节**

龙山的地图轮廓像湘西巫师，宣传龙山地图即宣传秘境龙山是秘境之首、秘巫之首，用龙山的地图作为宣传画大力宣传，把龙山十八秘标注在地图上，做成十八秘分布图，举办世界第一个探秘节。

（1）各种媒体发布新闻，标题可为“世界第一个探秘节”“龙山秘境之首”“秘境龙山巫师图”等，推出具有吸引力的话题。

（2）中国打造秘境的地方很多，如贵州、云南临沧等，龙山的地图为“秘境之首”，暗示龙山是第一秘境。最神秘的名字、最神秘的地方，秘境的领头人，湘西秘境的首领。

（3）探秘节在五一或者十一期间举行，探秘节期间，全力打造龙山神秘概念，并安排组织游客举行寻宝活动，寻找秦始皇千年宝藏。

**3. 探洞节**

邀请最知名的探险队前来探明龙山二百多个洞穴，媒体跟踪报道，挖掘龙山神秘文化，把探险队探寻的秘密公布给媒体，大力炒作洞穴的神秘，吸引大量的探险队前来探险考察，让龙山成为最多探险队来的城市。吃喝玩乐每一个元素都是神秘的文化，全面打造龙山十八秘，使其成为“秘境湘西”的代名词。

# 第四章

# 核 弹 震 撼

扫码立领
★本书知识课堂
★作者方法论讲堂
★作者策划案例

# 震撼改变历史

## 一、火枪改朝换代

人类第一次大规模使用火枪作战是长篠之战，这是日本历史上火枪第一次在战役中起决定性作用，同时也是世界历史上第一次大规模使用枪支。

长篠之战参战双方是织田信长和武田信玄家族。织田信长的三千铁炮队采用大规模火枪作战的“三段射击”战术。现在主要有两种说法：一是排枪说。将三千人分为三组，每组一千人，战役开始时先用第一队射击，然后回到后方，轮到第二组攻击，以此类推。这种战术类似于西方黑骑士的半回旋战术。二是装弹说。三人一组，一个人是专门的射击手，另外两人负责装填弹药。

震撼性武器和战术的运用，即使被称为“战国第一兵法家”的武田信玄也抵挡不了技术迭代的力量，这场战争的结果就是改朝换代，造成了武田家族的衰落，日本的统治者从武田信玄变为了织田信长。“风林火山”让位于“枪林弹雨”。

## 二、坦克结束“一战”

第一次世界大战中，交战双方陷入了惨烈的堑壕战，战争变成伤亡巨大的消耗战。要想突破由铁丝网、马克沁机枪组成的壕沟，十分困难。在这种情况下，一种可以抵挡机枪扫射、越过壕沟及铁丝网的武器诞生成为必然。在斯文顿上校的倡议下，丘吉尔组织成立了陆地战舰委员会，进行新式武器的秘密研制工作。1915 年，一种奇特的钢铁战车在英国福斯特工厂制造出来，它的代号称作“小游民”。英国军方针对其可笑的外形开玩笑叫它“水柜”，按照英文发音就是“tank”。世界第一辆坦克就这样诞生了。

1916 年 9 月 15 日，32 辆秘密运抵战场的 MK Ⅰ坦克在索姆河战役激战期间投入战斗。德军在这种陌生的“钢铁怪物”面前手足无措，在这种震撼性武器面前，任何枪弹攻击都失去了作用，坦克首次作战达成了震撼性的效果，同时也意味着机械化战争时代的到来。

1917 年 11 月 20 日，英军在康布雷战役中将多达 476 辆坦克集中部署在 12 公里宽的正面，发起了空前规模的进攻作战，一举突破了德军三道防线，获得了巨大胜利。坦克的使用迅速导致了“一战”的结束。

坦克这个“奇招”和震撼性武器产生了什么效果？“一战”中的第三次伊普尔会战，英军花了三个月才取得胜利。而在同等类型的康布雷会战中，英军只用10小时，不用任何炮火轰炸，快速突破敌军的四道堑壕防线——西线上最坚固的兴登堡防线，节省了几万吨炮弹，俘虏敌军八千多人。

奇招和震撼产生的是**代差级、阶跃级的力量**，在竞争中就是降维打击。奇招和震撼是革命性的思路，在市场竞争中完全符合信息时代战争中高阶军队对低阶军队“开战即停战”“首战即决战”“发现即摧毁”的规律。

武器的代差和阶差，导致首战往往就是决战。这种首战的极端重要性，就是“核弹震撼”方法的核心：奇招和震撼性思路就是革命性的思路和压倒性的成功，奇招产生奇迹，**有奇招和震撼，首战即决战**，一战平天下。

## 三、核弹结束“二战”

日本人在“二战”末期，为了防卫本土，提出“一亿人玉碎”口号，意思是要全民皆兵，焦土抗敌。美国人担心伤亡太大，之前的硫黄岛战役、冲绳岛战役都是旷日持久，导致美军伤亡惨重。经过计算，如果按常规作战法进攻日本本土，将会有上百万美军伤亡。为此，美国决定采用核弹。

为什么不在东京投放核弹？美军已经对东京等城市进行了震撼性大轰炸——李梅火攻。1945年3月10日晚，美军334架B－29轰炸机在东京投下了近2000吨的燃烧弹，地面超过50%的建筑已经被摧毁，平民死亡10万人，故就没有必要再轰炸东京了。反观广岛，是当时日军最大的指挥中枢之一，当年甲午中日战争时期，那里就是日军的大本营，有大量的军需品、军火仓库等，摧毁广岛就能给日本很大的震慑。

另外，最重要的是当时日本人对天皇的崇拜，原子弹在东京爆炸，天皇有可能被炸死，那么日军将会彻底执行“玉碎作战”，到时美军实行登陆作战，必将损失惨重。

同时，如果美军在东边与日本本土军队作战时发生僵持，那么苏联很可能就会捷足先登，这是美国无论如何都不能容忍的。因此权衡之后，决定原子弹还是要投，但不能是东京，这样既能促使日本投降，又能让美国在日本的利益最大化。

美军为什么不用核弹炸军营而是要炸平民？因为“二战”后期，日本军国主义裹挟着日本平民，全民皆兵，顽抗到底。当时日本军国主义盛行，大家都崇拜圣战，全民参战热情很高。此前美军攻打冲绳，一直不主张杀平民，但却受到平民玉碎计划的沉重打击，死亡惨重。想要真正战胜日本，若摧毁日本的军营，军国主义分子会以军队的悲惨遭遇激励日本国民。为此，美国决定彻底打消日本人的幻想。

其实美军对日本做得也算是仁至义尽。在投下原子弹之前，美军曾经撒下了6300多万张传单，告知日本民众让他们赶快离开。可是，这些日本民众根本没听美国人的劝告，以为美国在虚张声势吓唬他们，在打心理战而已。

美国无奈之下，只好让事实说话。也正是这两颗原子弹，让日本民众的心理防线彻底瓦解。此后，日本本土爆发反战示威游行，民众纷纷表示不愿参战。最终，核弹爆炸八天后，日本天皇宣布无条件投降，“二战”正式结束。

每次武器和技术的迭代只能用一个词来形容——震撼！震撼就是人们听说过、没见过或没听过、没见过的体验。即使是强悍到极致的武田部队、德国军队、日本军民，面对震撼性武器，也首先是信心的崩溃，接着是战事的结束。

**震撼人心，这个词组造得好，最快改变人心的就是震撼！**

**震撼是一种顶级信仰方法，马上可以动摇甚至改变你的信念，不管之前你的信念有多坚固、多久远。**

所有大宗教都充分应用震撼的能量。基督教的耶稣复活、佛教灵童转世、道教长生不老等，这些神迹震撼人心。

从日本民众的全民誓战到反战游行，**天差地别的转换，中间只隔了一次震撼！**一次震撼的结果：一个地球上最有攻击性的民族，几十年来甘于服从美国领导，接受在本土驻军。

震撼战略也是一种时空折叠。打常规战，美军要花数年，以损失一百万士兵的代价才能占领日本。核弹震撼，一秒征服一亿日本军民，八天后日本天皇宣布投降。**八天实现从“一亿人玉碎”到“全体投降”的远程跨越，实现时空折叠。**

“正合”是美国军队，“奇胜”是核弹这一意想不到的方式。

## 震撼产生信仰和服从

武田信玄背上插着“风林火山”的部队遇到三千排枪，震撼和崩溃；德国步兵第一次面对坦克，震撼和崩溃；武士道日本军民面对核弹，震撼和崩溃。瞬间改变战局，迅速扭转历史。

**所谓震撼，一是灾难，二是梦幻。**

不管是灾难还是梦幻，都超出人们的想象。超越想象，如梦如幻，才有震撼。古德里安说，闪电战的心理学原理是电闪雷鸣的灾难式震撼。城市、景区和企业绝妙策划的心理学原理是极致梦幻的震撼，营造听说过、没见过或没听过、没见过的极致观感、体验和应用。

商场如战场，大品牌、大企业、大生意都是拿出了一个震撼的结果，震撼人心，慑服亿众，成就商业帝国。震撼是颠覆式创新和革命性产品。震撼是压倒性的优势和帝国式的市场。

Facebook 的震撼产品是社交网络，基于同学关系建立、由熟人之间互动推动的发展模式。它的6亿名用户是互联网上最为活跃的一个群体，无论是创意还是消费能力，都足以自行构成一个庞大的、自循环的市场。

之前的互联网靠信息浏览、商品买卖、搜索信息来建立网络，Facebook 则是靠人际关系建立网络。震撼就是思维跟对手不在一个维度。Facebook 就是下一代互联网，Facebook 将之定义为"关系型互联网"，按人口来算被称为"第三大国"，其最近已发行自己的虚拟货币。

沃尔玛和亚马逊，一个实体超市，一个线上超市，打的都是"天天低价，保证正品"的牌。当别人还在靠中间商赚差价、靠渠道来铺货的时候，它们已经实现了直销。今天我们习以为常，但在那个年代，这就是核弹般震撼的商业模式。

大企业都是靠核弹级商业模式和产品让对手震撼和崩溃。城市和景区的竞争同样如此。拉斯维加斯通过娱乐、赌博和创意景观震撼世人。迪拜通过超越想象的建筑和景观震撼世人。之前的城市发展逻辑是先满足市民生活，再来考虑外向度，而它们则是**先考虑世界的需求，再考虑市民的生活**。**它们的每个大型建筑、景观和文旅项目，先考虑全世界的人会不会来，是不是世界第一，这个考虑拥有至高无上的地位**。然后才是其他。这种城市建设的思维方式和产品，对所有城市来讲都是闻所未闻的震撼，然后是崇拜和信服。

迪士尼通过震撼性创意电影抓住人心，然后在一块空地上按电影情节建立乐园，完全改变了靠山吃山、靠水吃水的旅游方式。给我一块空地，还你一个奇迹！这对所有旅游景区来说是闻所未闻的震撼。

**震撼是一种类似神迹的奇观。跟神迹一样，都是人们听说过、没见过或没听过、没见过的事物。人立即动摇，产生信奉。**

你会说，拉斯维加斯、迪拜和迪士尼投资太多了，我们想学学不了。其实不需要太多投资，学神不学形。

排枪、坦克、核弹的造价比同时代的武器高不了多少。曼哈顿工程区司令格罗夫斯明确说过，一枚核弹当时也就2500万美元。一场小型战役消耗掉的常规武器造价都是它的无数倍，关键是杀伤力和呈现形式前所未有、让人震撼，可怕的蘑菇云、强大的冲击波和耀眼的光爆，前所未见！

“一战”中，由坦克主导的索姆河会战、康布雷之战、亚眠会战等战役，让“德军遭遇开战以来最惨重的失败”（德军官方战争日志）。富勒的《战争指导》总结：“惨败原因，主要是由于坦克所带来的恐怖心理，坦克本身的杀伤力并没有起多大作用。进攻突然发起，德军不战而逃，这是一个出人意料的**奇迹**。没有坦克，就不可能达到这种**奇袭**的目的，而且是这种利用坦克突然攻击引起的惊慌，步兵感到彻底地无能为力。当面前的对手不能用机枪阻止时，他们就本能地夸大危险，以减轻他们投降或逃跑行为的耻辱。诚然，坦克是一种物质性武器，但更应该说是一种心理性武器。”

**奇招产生绝妙，奇招产生震撼，奇招产生奇迹。奇招是革命性思路，震撼是压倒性成功！**

**奇招和震撼，首战即决战！**

因此，进行城市建设和景区规划不要抱怨预算太少，不要借口学不了迪拜。学习它把创意放在第一位，把吸引全世界的人放在第一位。关键是创意要足够震撼和绝妙，同样的造价，可以做出百倍千倍的轰动性项目来。重庆的几个造价低廉的网红建筑和景观，仅一个黄金周就可以引来上千万名游客。

**重要的是换脑子而不是要票子。**

悉尼歌剧院的建筑因外观像洁白的贝壳片而名扬天下。毕尔巴鄂有一个古根海姆博物馆，巴塞罗那有一个圣家族大教堂，它们就举世闻名了。拥有震撼思维和方法，一个震撼性建筑和震撼性景观就可以改变城市或景区的发展进程。

熊大寻为云南省玉溪市旧城改造创意设计了“玉溪音乐城”方案。聂耳的家乡在玉溪，他的故居就在项目地块。怎么让一个普通的房地产项目变成世界级的旅游景点、城市超级名片，还要考虑三线城市的经济能力？我们应用了绝妙联系，创设了震撼性建筑和景观。一个地产项目，同样的造价，用绝妙创意建设震撼性建筑和景观，就能让一个城市拥有旅游热点、城市名片、轰动性品牌。

聂耳大厦——根据“聂耳”两个字打造，整体建筑构成“聂耳”两个字。整个聂耳大厦的外墙是世界所有乐器的金属浮雕，大厦内外听得到世界名曲

根据“玉溪”这个名称，打造一条看得见、摸得着的真正的“碧玉之溪”。溪水的底部及两侧用毛料玉石铺设而成，溪水发出108种不同的声响，简称“水乐108”

高古楼——根据“我家玉溪高古楼，半截矗在天里头。初一去烧香，十五才下楼，抬头望望高古楼，帽子掉进沟沟头”的民谚创意设计

律栋（动）——根据音乐旋律节奏打造

国歌广场上是音乐之路——世界音乐家手印

街景立面，音乐建筑

旅游景区也要用震撼思维来改变格局，要知道武田信玄的部队是传统战法的顶级高手，在排枪面前也只能一败涂地。你的景区绝对不是一流的资源，因为一二流的资源早就开发完了。三流的资源，你还是传统战法，只能是一败涂地，这是没有震撼思维的做法。不战则已，战则改变格局，战则震撼对手。一定要有排枪、坦克和核弹级别的革命性产品和景观，一定要有绝妙即服和核弹震撼的升维思维。

**用升维的战法跟传统战法的顶尖高手较量，三流的景区有机会超越一流的景区！**

## 武器创新与绝妙联系

粟裕说过，自从有战争以来，作战方法的发展，总是与科学技术的发展和社会关系的变动密切联系在一起，都是人和武器两种因素共同作用的结果。作战方法就是人与武器的绝妙联系，不同的联系产生不同的战法。

核弹震撼与绝妙即服的关系：震撼也是一种绝妙，震撼是绝妙思维的结果。

长枪 = 超远距离击杀？它们的绝妙联系是什么？一是弹丸，二是火药，三是枪膛。火枪和三段射击战术产生了，但火枪每一发有六个操作步骤，很慢。

火枪 = 连发？绝妙联系：一排射击，一排瞄准，一排填弹。排枪诞生了，横队战术产生了。

士兵怎么安全冲过铁丝网、壕沟和马克沁机枪？士兵 = 刀枪不入、跨沟越坎？绝妙联系：一是用铁箱装士兵；二是加履带；三是装炮弹和机枪。坦克震撼“一战”！

**绝妙产生震撼，震撼改变历史**。

武器＝精神征服和长期威慑？绝妙联系：一是闻所未闻的杀伤力；二是前所未有的技术和视觉震撼力；三是人类极限武器。一颗核弹毁灭一座城市，它的蘑菇云成为恐怖的标志，不仅让日本臣服，更让全世界震惊。

## 天眼、方舟和天上江南

城市和文旅项目的震撼怎么发现？还是要找到暗藏的绝妙联系。江苏省溧阳市天目湖 AAAA 景区多年来投入十几亿元开发，都是常规和平庸的项目。跟全国所有的湖泊旅游景区一样，有亭台水榭、游船小岛，但一直缺乏震撼性产品和震撼性景观。为寻求突破性发展，2010 年邀请熊大寻策划机构为其进行旅游策划和震撼性建筑及景观创意设计。

熊大寻认为，建筑就是景点，建筑必须震撼，让人非看不可，不看后悔！传统的建筑思路是建筑只要可以住人、办公和卖东西就行，这是极度错误的理念！在这个传统建筑理念的指导下，中国城市千城一面，毫无特色，香港人形容是“石屎森林”。城市没有任何观赏价值和文化内涵，十几年后又变成旧城改造的对象。这是世界上最大的浪费！建筑加上震撼性的创意，就可以变成奇观，变成一个城市和区域甚至国家的名片。

按照我们的创意建筑标准，一个震撼性创意建筑可以一年吸引上百万名外地游客，可以为城市创造一个热门旅游项目，每年可以创造数十亿元产值和拉动万人就业，如巴黎埃菲尔铁塔、迪拜帆船酒店，**一个建筑可以创造一个产业，一个建筑可以挽救一座城市**。

天眼

根据上述理念，我们根据天目湖的名字“天目”二字，天目即天眼，天眼人人都听说过，但是现实中没有。这就是一个历史性机会，我们创意设计了“天眼”项目。天目湖 = 震撼建筑？绝妙联系：一是天目即天眼。二是天眼是震撼性景观。三是天眼建筑没听过、没见过。人人想来，个个想看。

“天眼”是一个佛教建筑，建于天目湖最高的山顶，“天眼”高 99 米，顶部天花板是用眼睛形状的 LED 屏做成的巨大的天眼。内部大堂有大佛，天眼变幻显示不同的“天眼”奇观：云层打开、天光射下、佛祖之眼、菩萨之眼，等等。人入其中，霞光万道，梵音高唱，天眼打开，震撼人心，让人立即跪拜。庄严神圣超越所有！

“天眼”四面墙壁有 9999 个小佛龛，一人捐 99000 元可供奉一尊小佛。为什么？这又有让人非掏钱不可的理由：老天照看你全家。天的眼睛，看着你供奉的佛，随时照着你，试想一下，谁不想被老天照看？谁不愿掏钱？天眼的定位是“中华天眼，看一眼佑一生”。

**建筑就是景点！就是让人非来不可的成功景点！**

整个“天眼”建筑的造型又像蜡烛，为什么？因为溧阳是“感恩之城”，唐朝诗人孟郊曾在此为官，写下了千古流传的《游子吟》。

熊大寻震撼建筑——空中楼阁

因此，溧阳有“感恩之城”的美誉。我们把“天眼”建筑设计成蜡烛，为溧阳树立一个文化灵魂——感恩之烛（感恩之塔），有“烛光里的妈妈”之意，也有“孝顺天照应”之意。这样一来，“天眼”不仅是天目湖景区的地标建筑，也是溧阳市的震撼性地标建筑，关键是一个世界级的奇观。今后，天目湖和溧阳的地标建筑创意很难超过“天眼”，因为它既做到了绝妙，又做到了震撼。

我们为祥源集团九华湖项目创意设计的“方舟酒店”和“天上江南”也是震撼性建筑。

天上江南

方舟酒店

所以，一个好的建筑设计，不仅要通过绝妙原理创造震撼性创意，成为人人非来不可的建筑奇观，还要符合四个原则："意料之外，情理之中，预算之内，市场之需。"也就是建筑要超越想象（意料之外），要体现这个城市的文化灵魂（情理之中），要花小钱办大事（预算之内），要每年吸引几百万名游客（市场之需）。尤其是最后两条，难度最大。

通常外国设计师能达到意料之外，但是吃不透本土文化，就很难达到情理之中。而中国的设计师能达到情理之中，但远远不能达到意料之外，因为他们严重缺乏想象力的训练。缺乏意料之外或情理之中，就缺乏承上启下的认知，就缺乏共同联系，就无法绝妙，就无法说服和征服。

城市的地标建筑不再是比高度，而是比深度、比广度，即比文化创意的深度，比震撼世界、拉动城市发展的影响力的广度。熊大寻从来不创意设计摩天大楼，靠高度和烧钱来取胜这种人人都会的低智商做法，我们从来不干。我们只做绝妙的创意、绝妙的策划、绝妙的设计。

## 世界史就是一部震撼说服史

震撼是一种强大的说服力。

**震撼是意料之外，心灵之上，精神之空（空白）。**

**空间上的震撼说服：**西方教堂高达100多米的穹顶，数不胜数的雕像，巨大的彩色玻璃窗，可容纳万人的震撼性空间，让人肃然起敬。中国寺庙大雄宝殿里的巨大佛像——震撼，让人相信神的力量；帝国时代的象征性建筑罗马斗兽场、雅典神庙、万里长城等——震撼，让人相信国家的力量。

凡是震撼都让人心生敬畏，不敢破坏，因此得以长久保存。凡是震撼最终都成为后世的奇观和旅游的热点。

**时间上的震撼说服：**拿破仑的急行军作战、美军的蛙跳战术都是时间震撼。到了“二战”后期，盘踞在太平洋各个岛屿上的日军，对美军的进攻基本都是拼死抵抗。为了尽快击退日军，麦克阿瑟提出了一个不同于传统“一线平推”的作战方式，利用已经占据绝对优势的制海权和制空权，跳过敌人重兵防守的岛屿，以蛙跳的方式向日军进攻。

蛙跳战术就是首先夺取空军基地，利用有战斗机护航的轰炸机对敌人进行空中轰炸。每前进一步，都要建一个空军基地，为下一步的进攻创造条件。由于南太平洋地区是以岛屿为主的地形，蛙跳战术就可以一个一个地通过海空优势形成包围，夺取岛屿，打击日军，大大加速了太平洋战争的结束。

蛙跳战术能更快到达更远的地方，也是一种时空折叠战术。

**情景上的震撼说服：**蛙跳战术的另一个结果是新几内亚岛20万日军被围困全歼，创造了现代战争最高的死亡数字，日本陆军不可战胜的神话破灭。澳大利亚军队成为这一纪录的创造者，并且成为不留日军活口的铁血军队。

因为澳大利亚强烈地要求把日本天皇作为战犯审判，固执到联合国实在没办法，只能把东京审判首席大法官的席位让给澳大利亚作为妥协。一次蛙跳，两次震撼，澳大利亚的铁血！这些震撼性情景的可怕成果就是，第一次从根本上动摇了日本人的信心。

20万军队零存活，日军只能残忍地靠吃死去同伴的尸体为生，“小男孩”核弹的蘑菇云：生动的细节和鲜活的例子更有震撼力。

“二战”结束后，苏联不像其他国家遣返战俘，而是将60万名日本战俘送到西伯利亚强制劳动，第一个冬季就死亡5万人。这也创造了现代战争的一个纪录。美国的蘑菇云、澳大利亚的不留活口、苏联的西伯利亚改造，这些震撼让日本至今对这三个国家一直保持着深深的敬畏。

**只有震撼才有压倒性的说服。**

震撼战略的主要表现形式是“奇胜”，即想不到的时间、空间、速度和方式，四个想不到。

穆罕默德二世在 1453 年把战舰从陆地拖到金角湾，攻陷拜占庭首都君士坦丁堡。

第二次反法同盟战争期间，拿破仑率领 4 万大军，登上险峻的阿尔卑斯山，为争取时间抄近道越过圣伯纳隘道征服意大利。这些经典战役都是意料之外，心灵之上，精神之空，震撼了对手，震撼了世界。震撼性事件本身威力是 1，但是因为对人的冲击力太大，会形成自动传播和口碑渲染，效果放大十倍百倍，最终威力变成 100。

**出奇—想不到—震撼—传奇威慑**。

“出奇”就是让人想不到，超出人的想象就是敬畏和震撼，这就是接近“神”——神兵天降，神机妙算。神的行为都是反常识、超越想象的。所以“用兵如神”这句话，主要是指“出奇”——“出奇”超越想象，让人敬畏震撼，近乎神。

“出奇”就是让人想不到，超出人的想象就是敬畏震撼，震撼产生传奇威慑（神摄众生）。这个**“奇胜”产生震慑战（不战而屈人之兵）的逻辑，奇胜即极限效率战的定义，才是孙子兵法的真正精髓**。孙武军事天赋不如孙膑，平生无名战，但是他在战略能力和洞察预见力方面是个天才，两千多年前就用“以正合，以奇胜”预言了今天美国人的战略。

**震撼战略的物理杀伤力是** 1，**心理杀伤力是** 100。除了科技力量外，震撼最大的来源就是“出奇”，意料之外，想象不到。其实坦克、飞机、核弹等，都是以出其不意的姿态登场，进而震撼世界的。科技武器也是往“出奇”的方向研究发展，带上“出奇”的外挂，才能产生放大百倍的杀伤力。

就像核弹的威力远远不只是毁灭了两个城市，而是导致了 70 多年没有大战出现和日本对美国的臣服。它的威力不是爆炸力，而是放大了百倍的威慑力。大家都不敢乱来，美军从此确立“震慑战略”作为核心战略，到如今 70 多年。这是目前为止效率最高、成本最低的战略。

**震撼产生渲染放大，渲染放大产生传奇威慑，传奇威慑产生压倒性说服！**

震撼产生坚不可摧的说服力。

军事技术上的震撼说服：震撼产生传奇！

**震撼力量——渲染放大——传奇威慑——压倒说服！**

军事技术是战争的物质手段，具有杀敌和慑敌的双重功能。在孙武和马基雅维利所处的冷兵器时代，军事技术通常不是战争胜负的决定因素，也不具备独立的威慑功能。“慑敌”离不开“杀敌”，也离不开具体的将领。“青龙偃月刀”与关羽、“丈八蛇矛”与张飞，人与武器合一，共同发挥威震敌人的功能。关公过五关斩六将、温酒斩华雄，张飞长坂坡大吼吓死夏侯杰这些震撼性事件，通过渲染放大，成就了十倍百倍的威名和威慑力。

火器时代的到来使军事技术开始具备独立的战术威慑功能。“火药使人人平等”，任何人经过训练都能熟练使用火器，这就使武器效能的发挥不再取决于天才的个人，火器开始具备独立的威慑功能。这一阶段，火器的杀敌和慑敌功能主要作用于当面之敌。

机械化战争的出现打破了线式作战的窠臼，也使军事技术的威慑功能迅速拓展到战略层面。坦克的出现，形成了对阵地的威慑。飞机的出现，给敌人后方形成了威慑。导弹和核弹的出现形成了洲际威慑。“二战”的“战略轰炸”第一次使人们认识到，军事技术的威慑功能不仅可以影响当面之敌，而且可以影响敌人后方民众和政治领袖。

“二战”时德军的闪电战就是一种系统性震撼战略。“二战”前期，德国便是用这种打法，取得了以下战绩：

1 天征服丹麦；

5 天征服荷兰；

18 天征服比利时；

23 天征服挪威；

28 天征服波兰；

39 天征服号称拥有欧洲“陆军最强战力”的法国。

**震撼出奇迹！**

闪电战就是奇袭加快袭，像闪电一样打击敌人，使敌人在突如其来的打击和震撼之下丧失士气，从而在第一次巨大的打击之下就立即崩溃。震撼战略的结果是，180 万法国陆军向 20 万德军投降。

根据能量方程式 $E = MC^2$ 和战争力学，军队战斗力取决于兵力、机动力和冲击力，而机动力和冲击力的大小都与速度有关，速度越快，冲击力也就越大。闪电战依靠空军和装甲集团高速度、大纵深的突袭，产生的冲击力在军事史上堪称奇迹。

**震撼是一种超级武器！**

在闪电战理论中，精神震撼对作战的胜利至关重要。“震撼效应”正是希特勒、古德里安追求的闪电战终极效果。震撼效应主要体现在以下两个方面：其一为速度震撼。攻其不备，攻击速度之快不可思议，几天就征服一个国家，让人震撼。其二为强度震慑。“二战”时德国发起闪电战时其坦克数量远不如英法联军，甚至被称为“穷人的战争”，然而穷人打败了富人，因为德军每次集结坦克和飞机的数量都远超人们的想象。

古德里安说：“闪电战的来历就是，下暴风雨时，电闪雷鸣，给人强大的震撼。”

英国《空中战争大全》对此总结：“1939 年 9 月，世界语言中增加了一个新词——闪电战。这是快速运动的地面进攻与猛烈的空中突击相结合的极其凶猛的战争。第二次世界大战中第一场战役的结果，使德国征服和占领了半个欧洲，为德国空军树立了极其惊人的声誉。”

**闪电战其实是精神战，震撼让人望风而降！**

城市和旅游景区一定要学会利用“震撼”的力量！一颗原子弹的震撼征服了崇尚武士道的日本；一场闪电战的震撼征服了半个欧洲；一个震撼性的概念定位或一个震撼性建筑和景观就可以迅速盘活一个城市，征服全世界的游客。

震撼创意是城市发展的闪电战，快速飞跃，跨越时空，是一种高维思维。

## 小国用气——以色列“拼命三郎”的震撼战略

战略位置决定国家命运。战略位置好的国家，如美国、英国、俄罗斯、中国、印度等，无论怎么发展，都能成为世界大国。如果国家战略位置差，那么国家就非常危险。最典型的是以色列，堪称世界战略位置最差的国家，周围全是死敌，如果战败一次，基本上就亡国了。

以色列在中东阿拉伯世界的包围之中，唯有采用“有仇必报、亡命死拼和震撼攻击”的战略。既是精神上的震撼，也是军事上的震撼。摩萨德追杀纳粹几十年，直到干掉最后一个纳粹，绝不放过！另外，以色列对敌对武装组织头目不是绳之以法，而是直接肉体消灭，并且对武装分子首领实施斩草除根、株连全家的报复，实施无所不用其极的“定点清除”。

最近，以色列情报部门深入巴勒斯坦，找到了杰哈德火箭部队指挥官马尔豪斯的住处。随后，以色列战机深夜对马尔豪斯的住处发动了精确打击，小型智能炸弹直接摧毁了马尔豪斯的住处，导致马尔豪斯在内的全家 8 人全部死亡。

以色列通过上述手段塑造了“狠命民族”的国家形象，比俄罗斯“战斗民族”更有震慑力。然后通过媒体渲染放大，形成可怕的战略威慑力。

很多人不明白以色列为何那么拼，那么不怕死，几次中东战争都是不计损失、不计后果要打赢。而且以色列对于中东那是无时无刻不在威慑，甚至很多人都认为以色列太霸道，简直欺人太甚。尤其是将巴勒斯坦打得支离破碎、家破人亡，而且至今还占着叙利亚的戈兰高地，对阿拉伯世界是任意蹂躏。

其实，这都是对以色列的误解，以色列是没有办法，因为以色列的战略位置，容不得一次战败，如果失败一次，对于以色列来说直接等于灭亡。因为以色列国土面积小，没有战略纵深，一旦失败，不需要几个小时，以色列就会消失在地球上。所以，以色列不能败，哪怕一次都不行，这也是以色列那么拼的原因。但凡稍有威胁，以色列就会毫不犹豫地开打。这是其生存之道，必须防患于未然，消灭一切对以色列的威胁，因为以色列输不起，输了就是灭顶之灾。

为此，以色列空军确定了自己的制胜之道——“先行攻击”和“震撼轰炸”的作战思想。对于以色列来说，“最好的防御是在敌国首都上空”，这是以色列空军司令的名言。

以色列空军还十分注重在战争中的某个局部地区或某一时刻，以压倒性的优势力量重创敌人。如在第三次中东战争中，以色列空军在第一天的第一波攻击中，仅留下 12 架战机作预备队，然后倾巢出动攻击敌方机场。

从 1982 年开始，以色列空军很重视装备战斗轰炸机，以加强对敌方的遮断式轰炸和突围式轰炸。以色列空军在空空导弹飞速发展的今天，依然坚持在所有订购的幻影战机上加装机炮，因为机动空战能力是必不可少的。

在世界各国的空军中，以色列空军的远程奔袭作战能力也是众所周知的。1976 年 4 月，以色列空军奔袭数千公里，突降乌干达首都坎帕拉的恩德培机场，消灭了劫机者，救回以色列人质，该行动令世界各国震惊。

在现代战争条件下，以色列空军尤其强调高强度出动和快速反应能力，其战机出动率可达 92%～96%，再次出动准备时间仅为 7 分钟左右。

以色列立国以来，通过这种震撼战略，几乎百战百胜，成为传奇。弹丸之地成为世界闻名的军事大国。

**以色列通过绝妙即服创造的震撼战略：不能惹，不能打，不能赢。**

**以色列＝震撼战略？绝妙联系：**一是“大国用器，小国用气”。大国用武器震撼，小国用气势震撼。具体做法：有仇必报，报则必尽；有战必打，打则必胜。这叫不能惹！二是打法震撼：倾巢轰炸、前线外移、速度极限、万里奔袭等。这叫不能打！三是成绩震撼：百战百胜。这叫不能赢！

日本也是“小国用气”的代表，用武士道、神风敢死队、剖腹自杀营造震撼威慑。苏联原来是军事大国，属于大国用器，被军备竞赛拖垮、解体后，俄罗斯也开始注重“用气”，突出宣传战斗民族，徒手搏熊、俄罗斯300名球迷打英格兰2000名球迷、70亿人最强者菲多等，这是柔性震撼战略。

对于商业和城市竞争来说，“用器”就是烧钱，“用气”就是拼才气、拼创意。迪拜和拉斯维加斯属于既烧钱，又拼创意。对于中小企业和中小城市来讲，只能拼创意。

最近到江西，一位资深策划人“请教”我：“云南山水资源那么好，不需要好策划也能做起来啊。”我回答他：“云南古代被称为瘴疠之地，典型的穷山恶水，发配充军的地方。”

诸葛亮渡泸水进云南，最头疼的就是瘴气和疟疾。《三国演义》对此有相当多的渲染，极言“瘴气”的可怕：“南方之地，山岭险恶，黄昏时分，烟瘴大起”“瘴气密布，触之即死”等。

“在古代，江南是旅游王国，云南是地狱之门。杏花春雨江南，乌烟瘴气云南。你找得到几篇古诗古文歌颂过云南山水好的？唯一写诗赞美云南的是明朝状元杨慎，受廷杖，谪戍于云南永昌卫。因有罪被棍棒暴打后，相当于被发配过去。这些诗也没多少人关注，历史上从未被青睐。云南恰恰是通过一次次绝妙、震撼的创意策划，成为旅游王国的！山还是那些山，水还是那些水，但翻天覆地了！”“乌烟瘴气云南”变成了“彩云仙气云南”。云南旅游的今天百分之百是绝妙策划和震撼创意的结果！

云南旅游第一次崛起靠“阿诗玛”“五朵金花”的创意，第二次崛起靠“香格里拉”“风花雪月”的创意。目前熊大寻策划规划的“伊甸园”可能会成为云南第三次崛起的创意。没用多少资金，只能靠绝妙和震撼取胜。“小国用气”同样决胜千里、征服世界。

**云南旅游＝快速崛起？绝妙联系：**一是山水很好，资金很缺。唯有靠创意和概念，无形投资大于有形投资。二是资源多元，除了沙漠和大海，其他都有。只能一城一创意，一地一概念。三是创意和概念必须绝妙、震撼、世界级。缺钱建设，缺钱宣传，必须依靠绝妙和震撼的超级力量，自动传播。

目前，云南有点钱了，一流二流资源也开发完了，面临旅游发展瓶颈。一是可以考虑震撼性建筑和景观了。天造奇观已开发完毕，通过绝妙创意打造震撼奇观已迫在眉睫。二是应该高度重视“伊甸园”项目，这是打造世界级旅游胜地的制高点。“伊甸园在云南”（详见第十章）比“香格里拉”轰动百倍！

## 大国用器——美国的高性价“震慑战略”

大国用器。美国是大国，从它在世界舞台上亮相就是土豪炫富的战略。战争打的是钢铁产量。“二战”时，美国拥有20万架飞机，德国只有10万架；美国拥有13万辆坦克，德国只有5万辆；1944年美国一年能生产10万架飞机，德国一年只能生产4万架。综合来看，美国比两个德国还强大。德国的闪电战横扫欧洲，当美国遮天蔽日的飞机群出现在欧洲时，德国就只有挨打的份了。

“二战”至冷战期间，美国采用的是“核威慑”战略，这是震撼战略1.0。里根时代，美军奉行“决定性和压倒性”优势获取胜利的战略，这是震撼战略2.0，讲究大规模土豪式作战。伊拉克战争后美国开始奉行震慑战略3.0，重点是高性价精准作战，方法就是“利用震慑行动迅速占据优势”。它主张建立装备更加精良、更加灵活的机动部队，在发动大规模进攻之前先给敌人一个下马威，以尽可能猛烈的火力和各种新式武器，捣毁敌人的重要装备和设施，在两军未正式交锋之前就摧毁敌人的斗志。

其理论依据有两个，一是《战争论》的作者克劳塞维茨的理论：“战争”有三个最主要的元素——迷惘、冲突和恐惧。他认为，“震慑”是武力必须产生的结果，目的就是摧毁敌人的抵抗意志。二是《孙子兵法》作者孙子的思想：“不战而屈人之兵”，是一个指挥官所能达到的最高境界。孙子还说过“兵者，诡道也”，表示可以通过精明地使用作战力量来取得震慑的效果。

在美军《震撼和威摄：迅速占据优势》报告中，举出9个不同类型和特点的历史事件，来说明震慑战略产生的基础。①塑造当前美军力量结构的“压倒性力量”战略思想；②在广岛、长崎投放原子弹；③“一战”、“二战”、越战时实施的大规模轰炸；④“二战”中德军的闪电战；⑤孙子兵法；⑥海地之例（1800年海地为摆脱法国控制，在法国军事代表团阅兵时，海地让为数不多的几个营的士兵反复受阅多次，令法方认为其军事力量强大，然后海地未打一枪而获得自由)；⑦古罗马军团；⑧通过长期的不合理要求拖垮一个国家；⑨“加拿大皇家骑警”的做法，即“能靠一颗子弹解决问题的地方，就绝不派一个人去”。

震撼战略的关键在于上述最后一句：用极小的代价产生极大的效果！

报告指出震慑的实质：“它能够极大地摧毁或挫败敌方的抵抗意志，使他们除了接受美国的战略意图和军事目标外别无选择。”通俗地说，其主要目的就是要把敌人吓住。由于拥有不容置疑的科技优势，不再强调摧毁敌人的兵力、装备和工程，而是把重点转移到削弱敌人的战斗意志上来。震慑战略能够使这个目标在几天（甚至几小时）内即可实现，再也不需要像当年的海湾战争那样需要历时6个月，动用50万人的部队了。

震撼战略尤其适合城市和景区。通过一个震撼性定位或概念、一两个震撼性建筑和景观，迅速引起震撼和轰动，既秒杀竞争者，又对世人形成震撼效应。

信息时代不再追求技术上的“震撼力量”，而是更侧重震撼力量的“渲染放大和传奇威慑”。美军不惜重金打造“迭代优势”的武器装备，传达“技术制胜”“零伤亡”等信念，塑造美军不可战胜的神话，本质上就是利用震撼力量实施威慑。

## 艺术上的震撼说服

好莱坞的科幻片和战争片，都是以宏大的场景和震撼性特效成为票房最高的电影，比如《阿凡达》《指环王》。非好莱坞大片则是以震撼人心的故事情节俘获影评人和大众的心，比如《肖申克的救赎》《阿甘正传》《看不见的客人》。要么是震撼性特效，要么是震撼性故事。

**电影要成功，必须要有震撼。**

著名导演必有震撼之作，如斯皮尔伯格《辛德勒的名单》、黑泽明《罗生门》、奉俊昊《寄生虫》、北野武《花火》、贾樟柯《小武》、张艺谋《活着》。

每部好电影都有一个好故事，每个好故事都有一个震撼性的创意或出人意料的情节。好电影需要三幕戏——铺陈、冲突和解决，三幕戏都紧紧围绕这个震撼性的创意开展。

电影=好故事？绝妙联系：一是铺陈——震撼为什么来？二是冲突——震撼怎么来？三是解决——震撼怎么收场？

第92届奥斯卡金像奖于2020年2月10日（北京时间）举行，韩国电影

《寄生虫》一路开挂，获得最佳影片、最佳导演、最佳原创剧本和最佳国际影片四项大奖，创造历史纪录，它在 2019 年还获得戛纳国际电影节金棕榈奖。这部电影为什么那么牛？因为它的故事有一个震撼性创意——豪宅隐藏的地下室居然有人悄悄跟主人一起生活！跟《捉迷藏》一样，这是一个让人一听就起鸡皮疙瘩的创意。韩国电影比中国领先的原因，主要就是故事和编剧太厉害。

好故事是电影的本质和关键，有了好故事，导演和演员都是其次了。一个震撼性创意 = 一个好故事。《寄生虫》 = 震撼的故事？绝妙联系—— 一是铺陈：男主一家从贫民区地下室到富豪家的豪宅打工的反差——震撼为什么来？二是冲突：豪宅地下室秘密揭开，两家穷人的生死斗和男主杀富豪——震撼怎么来？三是解决：男主躲到地下室逃亡——震撼怎么收场？

印度惊世电影《误杀瞒天记》 = 震憾故事？绝妙联系：一是开始的警局建设与结尾的埋尸巧合联系。二是开始的酷爱看电影与后面的高超的反侦查巧合联系。三是帕纳吉布道会与不在场证据的巧合联系。四是第一次一个人去帕纳吉买了四个人的公交票、电影票、餐票，是为了留日期，第二次全家人去是为了留证词，第三次去是为了暗示证人。三次往返，三重联系，三个巧合，完成跨时空证据。三次帕纳吉之行，是电影出奇之处，也是最精彩之处。奇加妙，成就了一个好故事，成就了一部震撼级的电影。

好电影就是好故事，最关键是八个字：环环相扣，步步惊心。环环相扣是巧合联系，是绝妙；步步惊心是出奇。前者是丝丝入扣的逻辑，后者是奇妙无比的创意。

一个好的故事不一定成就一部精彩的电影，但一个精彩的电影必然有一个好的故事。

故事之于电影，就像色彩线条之于绘画、光影构图之于摄影、音符之于音乐，文字之于小说。一部好的电影最重要的标准是环环相扣的叙事结构。比如美剧《越狱》。

好电影需要好故事，好故事需要好逻辑，形容好故事就是一个词：环环相扣。分解为两个动作：一是相扣——把扣子放入扣眼，这是巧合，凸凹相合。二是一环连接一环，这是联系。

全球最大的故事写作机构创始人罗伯特·麦基在《故事》书中的原话：“一个讲得美妙的故事犹如一部交响乐，其结构、背景、人物、类型和思想融合为一个天衣无缝的统一体。”这里面有三个关键词：美妙、融合、天衣无缝。让要素多重联系和巧合到天衣无缝的程度，就是绝妙的故事。故事的最佳境界是美妙即绝妙。它来自结构、背景、人物和思想多个要素的融合，这种融合要达到完美的程度，就不能是一般的融合，而是多重联系、多个巧合、无法超越的融合。罗伯特·麦基在《故事》中接着说："要是想找到它们的和谐，作家必须研究故事的诸要素，把它们当成一个管弦乐队的各种乐器——先分别练习，然后再整体合奏。"这就让要素联系和巧合达到了美妙的合奏。

所有行业都可以通过"绝妙即服"和"震撼思维"获得成功。**震撼开山！震撼才能开宗立派**。

著名作家必有震撼之作：托尔斯泰《战争与和平》、大仲马《基督山伯爵》、米兰·昆德拉《生命不能承受之轻》。

绘画要成功必须要有一样震撼：

莫奈的画用光影表达最初印象让人震撼；

凡·高的画用强烈的色彩和笔触让人震撼；

毕加索的画用解构和重组让人震撼；

齐白石的画用笔法天工让人震撼；

塞尚用反艺术的艺术让人震撼；

张大千首创泼墨让人震撼；

波洛克用自由线条让人震撼；

蒙德里安用旋律色块让人震撼。

每个艺术家风格万千，自成一派，但都懂得"震撼开山"的方法，即独创一种风格，达到震撼性效果，从而开山立派，走向成功。**创新不达到震撼，不足成一代宗师**。

2019 年 11 月 23 日，在香港佳士得拍卖行，常玉的《五裸女》油画以 1.9 亿港元起拍，最终成交价格达到了惊人的 3.039 亿港元。这也是目前华人画家油画的最高价！

常玉没有进过专业美术院校，跟所有著名画家一样，懂得"震撼开山"。常玉深受版画极简的线条美感启发，联系中国书法流畅干净的线条，传统绘画计白当黑的造型方式，他的创作找到了震撼突破的契机。常玉将中国传统艺术表意的表现方式与巴黎先锋艺术的形式感、前卫概念相融合，形成极具个人面貌的作品。用西方油画表达东方审美，《草原上的群马》就是这一探索的巅峰之作。

常玉的绝妙联系：常玉画法 = 震撼开山？一是版画线条，二是国画留白，三

常玉《草原上的群马》

是油画手法。三者结合就是震撼性创新，就是妙品。

任何领域要成功，一定要有震撼性作品。城市、景区和企业要成功，一定要有一样或几样震撼性作品！

**网红景观 = 震撼 + 渲染放大**。

震撼力量——渲染放大——传奇威慑——压倒说服！

城市和景区有了震撼性景观和建筑，一是有了“核弹”，竞争有了终极武器。其视觉和心灵的冲击力吸引13亿人的关注和向往。二是有了记忆点。震撼性景观和建筑往往就是一个城市和景区的地标和象征。三是有了话题性和舆论传播源。自己的广告宣传和媒体的自动传播，能百倍放大项目本身的魔力。

**绝妙的就是震撼的**。企业震撼性商业模式、产品、营销和广告概念，来自绝妙即服——绝妙创意和策划。企业要做大、要成功，必须有一两个环节是绝妙的、震撼的！

跟军事一样，震撼性景观的主要作用不是震撼力量，而是渲染放大。

军事上的渲染放大分为3种：

**一是示而不用**。就是把震撼力量适当地显示出来，达到不战而屈人之兵，也就是《孙子兵法》中所说的“故能而示之不能，用而示之不用”。第一是武器试验。核武器、洲际导弹等战略武器很少有机会能用于实战，试验就成为渲染放大震撼力量的最主要途径。强烈的闪光、冲击波、蘑菇云，给人强烈的视觉震撼，通过媒体的渲染放大，核弹成为传奇和威慑。第二是阅兵展示。2012年4月，朝鲜阅兵式中首次展示了一种由士兵携带的印有放射性标志的背包，“核背包”引起国际社会的广泛猜测。有人说是“脏弹”，也有人说是小型核弹。经过媒体渲染放大，有效震慑了对手，使美、韩不敢对朝鲜轻举妄动。

**二是用一说十**。海湾战争中，美军使用F-117飞机投掷激光制导导弹，准确地命中伊拉克的空军司令部楼顶的正中央，从通气烟囱奇迹般地穿入其中，并将大楼炸毁。美军开动宣传机器反复播放战场视频，宣扬激光制导导弹等高技术武器无所不能的打击能力，使伊拉克士兵产生恐惧心理，兵败如山倒。

**三是妙用大用**。美军“认知操纵”的主要渠道包括以好莱坞为代表的大众传媒和形形色色的展览展示，操控他国对美军的认知。如在《变形金刚》系列影片中，全球唯一的第四代战斗机 F-22 “猛禽”、美军目前质量和功率最大的直升机 MH-53、美国阿利·伯克级驱逐舰启动的电磁炮等明星武器悉数闪亮登场。美军超强军事科技水平的形象深深地烙在了人们脑海中，无比强大的美军似乎只有外星人才是其对手，寓威于乐。

重庆的洪崖洞建成了很多年，一直都没人关注，直到移动互联时代到来，通过网红直播、微信转发和自媒体报道，现在成为网红打卡地。一个黄金周就可以有上千万名游客。这就是渲染放大的力量。当然，洪崖洞建筑本身就具有震撼性，加上渲染放大，最终成为传奇建筑，为重庆旅游提供了压倒性的吸引力。

埃及金字塔、迪拜哈利法塔及帆船酒店、悉尼歌剧院、新加坡金沙酒店、古根海姆博物馆等，都是因为震撼人心，被媒体和人际传播渲染放大，成为全世界人心中的传奇，然后成为人一生中一定要去的旅游胜地。一个震撼性建筑和震撼性景观能盘活和拉动一座城市！

**震撼产生威慑，不战而屈人之兵。这是最高明的战略**。建设一百个常规景区，建设一百个常规建筑，不如一个震撼性景观，不如一个震撼性建筑！城市=轰动效应？一是震撼性事件，二是震撼性景观和建筑。

震撼性事件是重大新闻，比如我们策划宁海中国旅游日“5·19 我要走”，后来又发展为全国徒步日，一个口号，两个国家级节日，全国联动，全民徒步。比如香格里拉在云南。这些都需要天时、地利、人和，可遇不可求，运作难度较大。

震撼性景观和建筑则相对容易得多。一旦实现，就是千年地标、永恒象征。熊大寻震撼性景观和建筑的打造理念：

（1）意料之外，情理之中，预算之内，市场之需；

（2）听说过、没见过，没听过、没见过。

投资不大，只要有震撼性创意，就能帮助城市和景区打造震撼性建筑和景观，从此拥有核弹震撼，不战而胜，一劳永逸。

什么是震撼性景观和震撼性建筑？出人意料，令人震撼，摄人心魄。出人意料——新奇特，意料之外；令人震撼——形式内容绝妙、震撼；摄人心魄——超越想象，心灵之上，精神之空。

**认知胜过事实。震撼是创造认知的方法。震撼创造神奇，神奇产生传播和认知。**

核弹震撼是奇招之一。**传奇——只有够奇，才能产生传，传奇不传常。只有够奇（绝妙和震撼）才能传，才能被渲染扩大，才有威慑，才是压倒性说服！**

## 城市的震撼说服——震撼性建筑就是超级景点

当今中国，一流二流的旅游资源早在20世纪末就开发完了，剩下的都是三流及以下的资源了，景区怎么开发旅游？当今城市的文物古迹早在20世纪就完全被人熟知了，城市如何开发旅游？这是一方面，存量耗尽。

另一方面是增量无限。中国进入全面城市化的发展阶段，举国上下都在城镇化、城市化，大兴城市建设，高楼大厦、商业房产大肆开发，进入人类历史上最狂飙的时期。但是，指导这场空前城市化大建设运动的，要么是只会抄袭复制或拙劣创新的本土建筑师，要么是只会扭曲造型、以怪为美的外国设计师。这就造成了中国今天几乎所有城市千城一面的风貌。要么是中国建筑师造的无数城市千篇一律、似曾相识的建筑，要么是一线城市几幢外国建筑师造的不知所云的扭曲的几何造型建筑。

手机、互联网为首的新兴产业每天都在创新，每款都有创意。传统行业的娱乐、电影、电视节目等也进入了创意为王的时代。而中国的规划和建筑设计还是点线面的水平，还是修旧如旧、模仿国外这套东西。中国的规划和建筑设计已走入死角，需要革命性的再造和振兴！

一部电影拍得再好一个月就得下线，一款手机设计得再好两年就得下架，一个电视节目创意再好五年也得下线，只有我们的建筑不管有没有创意、好不好看、震不震撼，几十年如一日厚着脸皮、高大无比地矗立在城市中间，挺立在天地之间……

最应该有创意的行业是最没有创意的，最应该震撼的产品是最平庸的，最高大的形象是最让人熟视无睹的，这是城市的悲哀，这是建筑的耻辱！我们只知道旅游在郊外，都忘了城市才是最大的旅游景区：巴黎最有名的旅游景点是卢浮宫、巴黎圣母院、埃菲尔铁塔和凡尔赛宫，旅游在城市，不在郊外；伦敦最有名的旅游景点是白金汉宫、威斯敏斯特教堂和大笨钟，旅游在城市，不在郊外；纽约最有名的旅游景点是时代广场、华尔街、自由女神像和帝国大厦，旅游在城市，不在郊外；毕尔巴鄂最有名的旅游景点就是一个建筑——古根海姆博物馆！

**建筑就是景点，城市就是景区！**只要让建筑有创意，我们还有必要花钱围着全世界司空见惯的瀑布、江河和山川，建造全人类看了几千年的亭台楼阁吗？只要让建筑有创意，我们还有必要为没有丽江、九寨沟和香格里拉的绝世风景发展旅游而发愁吗？

世界上最著名的两座城市给予我们启发：迪拜和拉斯维加斯。这两座城市没有悠久的历史和丰富的景观。一片不毛之地，为什么能成为世界休闲旅游之都？很简单，每个建筑都有创意！每个创意都很震撼！一个有震撼性创意的建筑就是奇观，就是奇景！由一个个创意建筑构成的城市就成为超级梦幻景区！哈利法塔带给你想象不到的震撼性高度，帆船酒店带给你想象不到的震撼性美感，迪拜海底酒店带给你想象不到的震撼性体验。

有人说迪拜遍地是黄金，我要说迪拜遍地是创意！有了遍地的震撼性创意，才有了游人如织的遍地黄金。**没有创意就没有生意，没有震撼就只有遗憾**。创意建筑不是简单的怪异，不是扭曲的几何造型，不是庸俗地比高度，也不是肤浅地融入当地文化，创意建筑必须是震撼性的创意，必须是梦幻般的创意。“建筑”二字，建是建房，筑是筑梦！绝大多数建筑只有“建”没有“筑”。

**真正的创意建筑必须是人们心中想看，现实中没有，建完之后人们非看不可，不看后悔的！**只有达到这个要求才能算是创意建筑。鸟巢体育馆如果没有奥运会的背景会怎么样？中央电视台“大裤衩”如果没有中央电视台的背景会怎么样？不是简单的与众不同就是创意建筑，抓住眼球不如抓住心灵！震撼不只是视觉，更是灵魂！只有这样，才能真正达到创意建筑和旅游建筑的高度，只有这样才能达到“建筑就是景点，城市就是景区”的要求。

要花十几亿元、几十亿元建一个富丽堂皇的建筑也算吸引人，不就是把钞票贴在外墙上吗？有什么难的?！花大钱镶钻贴金的建筑谁都会设计，难的是花小钱也能建成地标建筑。这就是创意，这个软投资要到位，什么叫到位？就是要震撼！肤浅地穿衣戴帽和融入文化元素绝不是创意建筑。

创意建筑及设计要抓住人心和需求，让人飞越千山万水也要来，让人花千元万元也要去。目前国内几乎没有建筑能做到这一点，因为我们的建筑设计师还停留在建筑内部不会倒、外观站得住，因为我们还停留在建筑与周边协调、反映特色的初级设计思维，因为我们不懂旅游，不懂市场，不懂城市引擎，不懂城市核心竞争力是吸引人流，因为我们不懂得**投资一个建筑就是一次投资景点建设的机会**。所以我们要珍惜每次难得的机会，为城市增加一个产业、增加一个经济增长点、增加一张名片、增加一份尊崇！同样是几亿元、十几亿元的投资，为什么它只能住人和办公？为什么它就不能是著名景点？为什么它不能是梦幻奇观？为什么它只能一次销售而不能持续生财、持续创收、持续为城市创造海量人流？

**让建筑成为超级景点，让城市成为梦幻景区，这就是世界上最大的创意经济**，还有什么能望其项背，并且不增加预算只增加脑力？这是多大的产业，这是多大的效益！动漫？电影？与之相比，都只能是九牛之一毛。

香港人把没有创意的建筑叫作“石屎”，把由这些“石屎”构成的城市叫“石屎森林”。

一座城市有一个大企业够骄傲吧？但企业是十年河东十年河西，过十几年大部分得关门。一座城市有一个大产业够荣耀吧？但产业有生命周期，会新旧更替，你方唱罢我登场，再大的产业十几年后也会凋落。一座城市有八车道的马路和天大的广场够气派吧？总有一天都得拆迁，因为这都是没有内容和思想的浪费。一座城市有多个大型楼盘够有面子吧？20 年后都得列入旧楼拆迁的范围。什么能永恒？文化建筑、创意建筑、震撼建筑！**文化的巅峰就是创意！思想的极限就是创意！创意建筑就是最有文化的建筑！所以创意建筑能够永恒，它是一座城市永恒的地标，一千年也没人会拆！**

根据上述理念，熊大寻抱着做“千年不拆、百万游客”，即要以一幢建筑千年不拆、一年百万名游客的宗旨打造创意建筑和震撼性建筑。

震撼性景观和震撼性建筑有三个特点：一是震撼人心；二是梦幻；三是必需。震撼性景观和震撼性建筑是必需品，让人非看不可，不看后悔！非来不可，不来后悔！

最近耗资 400 亿元打造地标建筑的贵州省独山县，成为媒体的焦点，其花巨资打造的景观和大型建筑正是不懂绝妙即服和震撼性建筑的方法，导致缺乏旅游吸引力而失败。其“天下第一水司楼”只是单纯的民族建筑叠加堆高，缺乏震撼性的概念和创意，所以既不震撼人心，也不梦幻，更不是让人非来不可的必需品。做不到这三点，就无法吸引大量游客，就会被人抓住浪费钱财的口实。因为甲方和设计师都不懂得旅游建筑和城市建筑不一样，还以为可以像城市建筑一样随意挥霍，那就会陷入困局。

“每个项目都要做到震撼、梦幻、必需。”

近年来我们在全国掀起了创意建筑和震撼性建筑的风潮：为江苏连云港创意设计了“东海龙宫”，为天目湖创意设计了“天眼”，为南通创意设计了“通天塔”，为盈江创意设计了“伊甸园之门”，为青海门源创意设计了“花宫”，为贵州龙宫创意设计了“立体花海”，为湖北铁山创意设计了“世界最大铁饭碗”，为河南洛阳龙门石窟创意设计了“龙门”，为山西灵石创意设计了“漂浮的灵石”文体中心，为河北迁西创意设计了“金山大酒店”，为福建古田创意设计了“伟人之路，成功之路”，为云南昆明东川区创意设计了“东方天街”，为玉溪创意设计了“世界音乐城”等项目。让每个建筑都成为景点，让每个景区都有世界奇观，让每个城市和景区都拥有震撼性地标，让每个项目都成为人们非来不可、不来后悔的旅游必需品。每个项目都要做到震撼、梦幻、必需。

长城是秦始皇的创意，故宫是朱棣的创意，埃菲尔铁塔是埃菲尔的创意。不需要时间的积淀，只需要绝妙的创意，因为创意可以创造历史，当下就能永恒！如果是靠千年的时间沉淀为宝物，那一块砖瓦也能做到，要人脑干什么？一万年太久，只争朝夕，所以请动动你的大脑！

试问我们这一代可以为后一代留下什么？是十几年重新来过的浪费还是震撼心灵的永恒？我们要为一座城市打造一个灵，留下一个魂，这是创造百年的基业、千年的功绩！

珍惜史无前例的城市化机会，用震撼性的创意引领建筑，设计让人非来不可的建筑，创意震撼人心的建筑。让建筑成为景点，让城市成为景区！从今天起，从我们的甲方和建筑设计师开始，我们都用这样的理念和责任来创意设计建筑，无须过多，**一个建筑可以挽救一座城市！**世界从此不凡！

1949 年以来，中国城市发展已经历了两个阶段——城市建设阶段、城市经营阶段，目前已进入第三个阶段即城市品牌阶段。如同商品经济模式一样，建设阶段生产基本生活用品，满足基本需求；经营阶段开始商品流通，吸引资本要素；品牌阶段则是要建立城市品牌，打造城市名片，城市有震撼性的品牌才能变“拉客”为“引客”，变“招商”为“召商”。品牌是商业发展的最高阶段，也是城市建设的最高阶段。在城市品牌阶段，最重要的就是打造“绝妙即服”的城市形象定位，建设震撼性地标建筑和景观。

中国城市地标建筑经历了三个阶段。第一阶段：西风东渐，体现为苏联式建筑和瓜皮小帽式建筑。第二阶段：西风压倒东风，西方建筑设计师引领的扭曲几何体式建筑，体现为怪异造型的建筑理念，与中国文化毫无关联。第三阶段：东风劲，随着中国经济和文化的崛起，具有东方文化内涵的建筑兴起。

未来将会进入第四阶段：东风发电——**建筑即经济，建筑即产业**——熊大寻首次提出的城市建设革命性理念。

熊大寻认为世界城市建筑功能有三个发展阶段：一是建筑即住房，二是建筑即形象，三是建筑即产业。建筑代表的不只是形象，更是震撼性的旅游景观，是让人非来不可的旅游必需品，是能产生重大经济效益的著名景点。当今的迪拜就是这一阶段的杰出代表。迪拜和拉斯维加斯的很多建筑都是著名景点，这两座城市号称“人类想象力的试验场”，“建筑即产业”的理念使这两座城市成为世界最热门的休闲旅游之都。

云南盈江震撼性景观——“伊甸园之门”

熊大寻青海门源震撼性景观——花宫

贵州龙宫震撼性景观——立体花海

熊大寻震撼性景观——大愿天耳

旅游不是修旧如旧，旅游不是造假古董，旅游不再是简单地卖历史和文化，而是卖梦想和未来。长城是秦始皇的创意，我们今天绝对能创造出比秦始皇造长城更震撼的创意，所以为什么还要靠古墓和博物馆吃饭？今天大部分地方发展旅游还是靠博物馆吃饭、靠古人吃饭，导致旅游发展陷入瓶颈，我们的主力游客已经是“90后”“00后”，以前的东西很难再产生巨大的作用，开发现实中没有、人们心目中想看的才是未来旅游发展的王道！

建筑即旅游，建筑即奇观，建筑即产业，建筑即梦想！

## 城市与景区的核弹战略和闪电战术——震撼概念+震撼性景观

中国城市和景观规划有99%是平庸之作，每年浪费资金达上千亿元，直接导致项目投资失误达上万亿元。当今中国城市建设千城一面，旅游开发千景一面，这都是因为思维方法的平庸化，导致城市和旅游景观的同质化；创新方式的拿来主义，导致城市面貌和旅游景观没有灵魂。

全国城市的路灯都是“糖葫芦”！

全国城市的建筑都是“火柴盒”！

全国城市的广场都是“喷水池”！

城市景观和旅游景区急需超常规思维和突破性创意，以升级再造，产生突变。

创意引领城市，熊大寻次首次倡议：中国城市要从“造城时代”迈向“创城时代”——创意造城！中国城市景观需要创意性再造，中国旅游景区需要震撼性策划！让景观变成景区，让平庸城市景观变成震撼性地标景区！

在城市土地运营的背景下，决策者都知道造景观来提升土地价值，这实在不值得一提，再拙劣的造景都能提升地价。但是决策者有没有想过，加入震撼性的创意，同样的资金就可以获得有百倍影响力的景观，就可以把景观变成景区，把散步景观变成旅游景观？它提升的人气肯定是几十倍、上百倍，地价肯定要多翻几倍甚至十几倍。

我们每年按照平庸的规划设计投入数万亿元到城市建设和景观工程里，这些景观工程和城市建筑有谁关注？有游客会专程来看吗？有游客会来拍照留念吗？有人愿意花钱来消费吗？这么多钱投进去，只能让当地老百姓来散步、跳广场舞。99%的中国城市景观就是这种水平！

平庸的景观规划决定了平庸的城市景观风貌，这是合理合法、不为人知地进行巨额浪费！

我们有多少城市有真正的地标？什么是真正的地标？像上海金茂大厦，竟然成为全国首批 AAAA 景点，游客慕名来参观，一个写字楼的观光厅进去一趟要交 120 元，中国很多 AAAA 景区门票还达不到这个价格，这就叫水平。金茂大厦的绝妙联系：一是创意取材宝塔，中国古代超高层建筑的代表。二是黄浦江边出水口处锁水之用，宝塔镇河妖。三是外立面用铝合金管作装饰，类似金丝珐琅镂空设计，体现金“璧”辉煌。

上海金茂大厦

我国有几个城市的地标能达到这个水平？屈指可数，少得可怜。我们所谓的“地标”，不过是反映地方特色的拙劣雕塑，不过是山寨古人的四不像，不过是庸俗不堪、欲与天空试比高的楼宇。

中国的城市景观规划和建筑设计经常会“形式雷同，内容雷人”，但地标建筑应该比深度而不是比高度。中国城市化和城市建设浪潮，前所未有地吸引了史上最多的外国建筑大师涌入，中国各大城市充满了欲与天公试比高的高楼大厦。一幢幢玻璃大厦拔地而起，一座座奇形怪状的建筑安家在东方大地。

在这场城市建设的“洋务运动”中，中国市民不仅失去了自己熟悉的故宅家园，更重要的是身边越来越多看不懂的建筑房屋。几何学诞生于西方文明的起源地希腊，所以西方现代建筑学最大的特点就是设计建造扭曲复杂的几何造型的建筑。

从哥特式教堂到帝国大厦，西方的建筑从古到今的传统就是直指苍天。而从四合院到江南园林，我国建筑的灵魂是环抱大地。西方建筑表现出强烈的攻击性和征服感，而中国建筑讲究的是天人合一、融于万物。

西方建筑强调的是张扬与威权，中国建筑更多的是内敛与平衡，加之西方建筑之基在于石材，而中国建筑之基在于木材，这就造成了东西方建筑的巨大差异。而今我们在建筑设计领域全面实行“洋务运动”，西风压倒东风，奇形怪状、不可理喻的大楼充斥中国。市民的家园情怀完全被异化。一个人在不熟悉、看不懂的建筑包围中长年生活是什么感受？试问一个扭曲复杂的几何造型建筑对我们有什么意义？对城市的文化贡献何在？对城市的经济贡献何在？

很多城市的地标建筑竟然没跟当地文化要素发生一点联系！无法想象。没有一个要素联系，更谈不上多重联系、多个巧合。不绝妙的创意肯定会让人不服。因此，很多地标建筑多年来都默默无闻。你没有与文化联系和巧合，就不是无法超越的，就不是绝妙的，你不是绝妙的就是不能永恒的！很简单，你可以随便想任何一个创意超过它。

哈里发塔不全是靠世界第一高楼来取胜，人家的创意是“沙漠之花”，有多重联系和巧合。

**一个好的建筑就是震撼性奇观！跟天下所有的奇观一样，一定要做到“三个抓住”：要能抓住人的眼，要能抓住人的心，要能抓住人的情。**

简单而言，震撼性建筑和创意建筑要做到绝妙。震撼性建筑与当地文化之间有多重联系和多个巧合。情理之中——多重联系，意料之外——多个巧合，智慧之上——不可思议。做到这三点，就是要使建筑既体现与当地文化的绝妙联系（要素×联系×巧合），又要超越想象，让人震撼。

不管东西方，在古代大型建筑都是神性的，都是为了祭拜神灵而建。即古代的大型建筑是为内心而建，而今我们的大型建筑都是为了外观而建，是晃眼睛用的，即不是刺眼的大玻璃幕墙，就是奇形怪状的几何造型。建筑的内涵和精神何在？我国地方文化的体现何在？

熊大寻认为问题的关键在于，中式建筑的没落，给了西方建筑可乘之机！弃土木而取水泥之后的中国现代建筑，一直没有找到一条好的出路。中国文化与现代建筑到今天都没有实现成功对接，要不就是楼身穿衣、楼顶戴帽，要不就是所谓的现代中式的依葫芦画瓢，流于形式的青瓦白墙和厅堂殿庙在车水马龙中有着说不出的虚假。

放眼全国，很难看到形神皆备的中式大厦和大型建筑，更没有达到把建筑变成景点、把城市变成景区的作品。退一步而言，即使很好地体现了中国文化特色，又能怎样？只是让中国人看得懂，看得习惯，这也是落伍的设计观念。新瓶装旧酒，那只不过是抓住了人的情，如何能抓住人的眼、人的心？同样是几亿元、几十亿元的投资，怎么就不能多想想能再多点经济价值、多为这座城市增加收益吗？

一个好的建筑就是一个城市的震撼性地标和灵魂，一个好的建筑不仅能满足本地居民的需求，更重要的是能吸引世界各地的游客。除了文化要素，建筑还要有超级想象力，要成为人们心中想看、现实没有的震撼性景观。建筑除了“租、售”，还要具备“游”的功能。建筑除了居住、办公和商业用途，更要能为城市创造大量的客流，这才是当代建筑的灵魂！

**中国需要第三种建筑，建筑要有第三种功能！建筑除了公用和民用之外，还要有第三种功能，即游客用！**

建筑除了抓住人的眼球，更要抓住人的心灵。建筑就是释放人性需求的场所，建筑就是超越想象力的梦境，建筑需要革命性的理念和创意。建筑除了肤浅地体现地方文化特色和愚蠢的扭曲几何造型之外，更重要的是做能创造产业功能的旅游建筑和创意建筑。

“香格里拉”“风花雪月”——一个震撼性概念一年带来两千万名游客，一个震撼性建筑或景观一年能带来几百万名游客，就能节约数十亿元的投资，就能产生一年数十亿元以上的产值。一个城市和景区抓好这两个震撼，就是最大的成功和最好的经营！

**世界上最大的浪费就是建筑仅仅是建筑**。因为没有震撼性创意的注入，建筑只能居住、办公和卖货，建筑只有初级功能。十几年甚至数十年后，不管多大的投资，不管多大规模、多大体量的建筑或建筑群，都会沦为废物，在一轮又一轮的旧城改造中回炉。数十亿元、数百亿元、数千亿元的投资，十几年、二十年后全部灰飞烟灭。除了战争，这是世界上最巨大的浪费。

与之相反，**世界上最大的节约就是让建筑成为景点**，一个建筑一旦注入震撼性创意，注入超级想象力，成为人们心中想看、现实没有的奇观，还体现城市的文化特征，则势必一年吸引数百万名游客，一年创造数十亿元产值，拉动无数就业。这难道不是世界上最大的节约吗？还有比这更大的节约吗？这样的建筑就是城市的名片、地标和客厅。请问，你会拆掉这样的建筑吗？这样的建筑十年是作品，五十年是经典，百年就是文明，甚至是国家标志和象征。

一个建筑就是一个景点，五六个这样的建筑就能让城市变成大景区。拉斯维加斯不就是这样崛起的吗？我们为什么要把人家有博彩业作为自己无能的借口？迪拜不就是这样成功的吗？我们为什么要把人家有钱作为自己无脑的托词？所以，**世界上最大的创意产业就是把建筑变成景点！**所以，世界上最大的文化产业就是把建筑变成景点，把城市变成景区。

城市管理者，不要仅仅把宏观战略作为自己的执政纲领，这些虚的东西几年后谁还记得？也不要仅仅是抓总体规划，几年之后还不是要重新来过。从现在开

熊大寻震撼性建筑作品——陕西省凤翔县西凤酒城

始，从你阅读本书开始，亲自抓你所在城市的建筑设计，不要再被传统的权威和国外的大师忽悠。一定要按震撼性建筑的标准来创意设计，一定要既体现地方文化，更要做到“三个抓住”，为城市创造亮点、卖点和引爆点，为城市留下一个永恒荣耀的地标。

旅游开发不能单纯依靠老天留下的资源吃饭，而是要通过震撼性的创意创造世界奇观，来与九寨沟、丽江这些一流景区 PK。这才是现代旅游开发的不二法门！我说过一句话：**“英雄不问出处，风云何必高山”**。只要有震撼性创意，你也可以起风云，可以把三流的牌变成一流来打。而创造奇观最好、最便捷的方法就是震撼性建筑和震撼性景观，让建筑除了居住、办公的作用之外，还有旅游观光的功能。所以，城市建筑设计一定要与旅游紧密结合，创造出人们心中想看而现实没有的奇观来，这才是建筑设计的必由之路和未来之路！

## 旅游景区的震撼说服

当今中国掀起了全民开发旅游的热潮，据统计，中国每年新建旅游景区 1000 多个，大部分旅游景区一年火、二年冷、三年四年就亏损，甚至倒闭关门。真正持续发展、走向成功的景区仅占极少数。问题在哪里？熊大寻认为：思路决定出路，平庸的思路一定是平庸的出路，超常规的思路一定是超常规的出路。旅游景区成功的关键不在后期的投资建设，而在前期的震撼性策划和规划。

人类开发旅游的历史有五千年，旅游的初级水平就是小桥流水、亭台楼阁。可是到了今天，一年几乎全国跑一趟的我震惊地发现：大部分旅游景区的思路还基本停留在这个阶段。有水立亭，有山刻石，有林建寺，有溪修道，有湖修栈……人类文明已进步到如此高度，但我们的旅游开发思路还停留在原始社会的水平。

说到这里，也有人提出质疑：我们不是也在建主题公园、博物馆、五星级酒店、高尔夫球场、自行车道、汽车营地、真人 CS 某地、攀岩项目、瀑降项目、滑翔项目、游艇项目等古人没享受过的东西了吗？说句真心话，这比古人都不如，每年我们考察几十个城市和景区，看到上百本旅游策划规划方案，几乎无一例外地重复、重复再重复以上让人想吐的“垃圾创意”。

面对这些方案，我的修养急剧恶化。过去我们看到这些专家的方案，自己会感到好笑。现在我们看到这些味同嚼蜡的方案，我们会很气愤。要知道，这可是要指导几亿元、几十亿元投资的方案啊，这个浪费无比巨大。

社会千行万业，我唯一看到过几十年如一日没有创新、抄袭重复还能蒙世的行业，就是旅游规划。因为做各行起家的大老板都有，做旅游起家的少得可怜；抓各行升迁的大领导都有，抓旅游升迁的屈指可数。正因为从事过这行的老板和官员太少，懂行的自然也少，所以这是最好忽悠的一个行业。几张仿当地动植物的建筑效果图，几个中学生都想得出来的“创意”，最后凑成一个似曾相识的方案，然后就能收钱走人。可怕的是，这在行业中不是少数，而是几乎全部！

一个好的创意就是因地制宜、人无我有。第一个搞的人肯定有吸引力，别人都搞过几百遍的东西你还捡来用，你能成功吗？古龙说过，“第一个想出‘听雨轩’的人是大雅，第二个和第 *N* 个说‘听雨轩’的人一定是大俗”。

除了同行，我们很多领导和老板开发旅游的方法就是抄袭和模仿。这好像还挺有自己的道理：“别人做成功了，我就不用试错了，拿来用就能成。”对于他们，我只想说一句，你见过那么多模仿秀，有哪个模仿明星的人成名了、成功了？**原创方能永恒！模仿永不出头！**

尤其是旅游业，旅游业跟所有行业不同，旅游业是超时空行业，不能天天使用，不能时时消费。烟酒粮茶家门口就可以消费，时时处处买得着，一时半会不创新也不会怎么样。开发旅游是超时空的，得让人千山万水飞过来，逢年过节才消费一遭，你有这个本钱平庸吗？你平庸得起吗？

景区从一出生开始，就要跟全国和全世界的景区竞争。凡是只想吸引周边游客的景区都是在开发“郊游”而不是在开发“旅游”，都活不长。周边的游客玩两次就腻了。景区必须抓住全国游客。全国一年新开发上千个景区，中央电视台综合频道一年就有近千个旅游广告，消费主力已经变成你看不懂的“90后”和“00后”，旅游主要方式已从旅行社变成了自由行，旅游趋势已经从简单的卖历史文化变成营销梦想和未来，旅游产业已发生了翻天覆地的变化。你还在抱着“山清水秀文化深”的老古董吃饭，你还在拿着“高球酒店泡温泉”的山寨机打天下，你真的得掂量掂量“生存还是死亡”这个问题了。

**旅游业是最不能平庸的行业，旅游业是最需要创意的行业。其他行业也许可以是“平凡的世界”，但旅游业必须是“哈利·波特”“阿凡达”**。

现代世界是视听极大丰富的世界，**任何产品要成功只有一条路：震撼听觉，震撼视觉，震撼味觉，震撼所有感觉！**

褚时健的正宗褚橙，震撼，味觉震撼！那么多汁、那么甜，不成功太难了！

海底捞为什么那么火？震撼，服务震撼！

《阿凡达》为什么那么牛？震撼，视觉震撼！

Google为什么能超过微软成为世界上最有潜力的公司？震撼，全方位震撼！自动驾驶汽车、可以上网和通话的眼镜、量子计算机，因为微软曾经震撼，而现在已经不再震撼！

迪拜为什么这么旺？震撼，体验震撼！超越想象的震撼！

现代市场经济的标准：没有创意就没有生意，没有震撼就只有遗憾！

平凡的可悲在于，平凡不只是死路一条，而且是死了都无人知道！

有创意的景区是“今夜无人入眠”，平庸的景区是“这里的黎明静悄悄”。

不创意不得生，不震撼毋宁死！

旅游城市和景区要从两个方面做到绝妙和震撼：一是定位绝妙震撼，比如我们策划“香格里拉”、宁海“中国旅游日：5·19我要走”；二是产品绝妙震撼，比如东海龙宫、天眼、玉溪音乐城（我们还有很多震撼创意尚在保密阶段）。每个城市和景区一定要从其文化中创意策划出绝妙定位、震撼性建筑和景观。

# 第五章

# 必需思维

扫码立领
★本书知识课堂
★作者方法论讲堂
★作者策划案例

## 发现需求、满足需求是生意；发现必需、满足必需是大生意

生意的秘诀是把产品做成必需品，成为必需就是立于不败。

古代商人主要做两种买卖：一是粮食，二是盐。人活着首先要吃饭菜，无盐不菜，所以早期的大商人主要是粮商和盐商。古代陆路主要靠马车，速度太慢，水路就成为“高速公路”。运粮、运盐的需求催生了漕运商人，也成就了行业大佬。

后来，人吃饱了，追求穿得暖、穿得好，丝绸布匹商人也成功了。再后来，吃饱穿好，人都富裕了，想把闲钱拿出来生钱，也正好有了金钱汇兑的需求，于是票号兴起了，最大的老板都是玩票号的。沈万三、胡雪岩基本都是按着这条必需之路发起家的。

发现需求、满足需求就是生意。发现必需、满足必需就是大生意。

人有远距离通信的需求，于是有了邮差。这个还是太慢了，随时通话成了必需品，于是出现了电话。这个还是不方便，随地通话成了必需品，于是出现了手机。这个功能还是太少了，随时随地通话加上网、游戏和拍照变成了必需品，于是出现了智能手机……发现必要需求就是发现了大生意。商业世界中的所有产品创意和商业模式创意都是源自于此。

与必需品相反的是替代品。替代品，人们可用可不用，可买可不买。把产品做成了替代品，就意味着很难做大。**必需品是人们非用不可、非买不行。做成了必需品，就很难失败。**

奢侈品产业原本是替代品，即使有马斯洛需求层次论的支撑，也不过是极少数人的必需品，大多数人的替代品。但是这个行业通过几十年的努力，通过时尚流行、明星代言，愣是变成了必需品——面子。面子对中国人来说是绝对的必需品！有钱没钱，都要有几件奢侈品装点门面，有了才有面子。因此，**奢侈品本身不是必需品，但它变成了撑面子的产品，就变成了必需品。谁不要面子**？

在中国做生意把面子功夫吃透做足，一定活得好，否则会摔跤。

沃尔沃汽车有一个传奇纪录：沃尔沃没有一例交通死亡事故！这简直是大神级的车啊！但是，为什么它在中国的销量远远不如奔驰、宝马和奥迪？厂家百思

不得其解，今天我来解开这个谜：沃尔沃的核心价值观是“安全”，所以它的车身设计得比较紧凑，外观设计是奔着安全去的，而不是为了好看。所以，它不如奔驰、宝马大气。结果，保证安全的卖点拼不过中看不中用的外观大气，是不是很可气?

经商一定要研究人性，中国人的人性特点就是面子比命大。所以，全球的豪华车进入中国都要做加长型的，一句话，有面子!

## 时尚流行是世界上最强大的高频购买理由

**产品本身功能只不过是替代品的，不用着急，只要其在品牌策划上往必需品转型，一定会立于不败之地**。奢侈品如此，时尚产业如此，甚至耐克、阿迪达斯等运动服饰也如此。

运动服饰本来是给运动员和喜欢运动的人穿的，对大众来讲这个不是必需品。但是，经过几十年努力，它们愣是把运动变成了时尚! 不管你喜不喜欢运动，不买两件你都觉得自己很落后了。耐克、阿迪达斯在全球品牌榜上，排名超过所有奢侈品牌。

服装产品做不到时尚流行，武功基本就废了，因为它还只是替代品。

**产品不是必需品，但流行是必需品。消费者购买的动机并不是这个产品很好，而是这个产品很流行。他们购买的并不是一个产品，而是流行本身**。

大众化、低价格的ZARA，走的也是流行线路，所以，奥特加成为世界首富。

优衣库看着不起眼，走的也是简约不简单的简约时尚线路，这种时尚还比较高级，是日式审美的时尚，所以柳井正成为日本首富。

用绝妙原理来分析，服装 = 畅销? 绝妙联系：一是人人要买；二是旧的不去，新的要来；三是穿的不只是美观，还有面子；四是综合上面三条，必须时尚流行。时尚流行就是衣柜里永远差一件新衣服!

**时尚流行是世界上最强大的高频购买理由**。

**时尚产业是商业世界最隐秘的一次策划，它是大工业生产和现代营销的绝妙创意**。它通过明星定制、电影洗脑、T台大秀和时尚杂志，拯救和做大了整个服装饰品产业和生活用品产业。

通用汽车通过每年改变汽车的样式和颜色，就能让消费者产生一种渴求同一款产品的新版本的心理。它推出了“有计划的过时”策略，即将产品设计成在时尚感或者功能上只能维持一段时间，以此来鼓励消费者重复购买。时尚是一个无限的超级循环必需品。可能某一种设计、款式和颜色这段时间很酷，过一段时间又变得落伍，然后突然又火了。都是巨头说了算。

深谙必需思维的苹果，愣是把手机这种耐用品变成了时尚用品，一年一换。人们天天期盼大品牌的下一个产品，吃着碗里的，看着锅里的。**大品牌不仅把产品变成必需品，还变成必“期”品**。

时尚＝大生意？绝妙联系：一是营造时尚价值观——时尚就是一时之尚，过时不尚。大大提升消费频率。二是营造面子消费观——多买多穿多有面，少买少穿没有面。大大提升消费频率。三是营造追星价值观——明星代言、模特走秀、富豪标配。吸引大众盲目追随。大大提升消费频率。

要知道，小资白领购买的奢侈品远远超过富人，奢侈品在中国是大众消费品！惊不惊喜，意不意外？LV 在美国是黑帮和黑人的最爱。

**时尚是个局**。

时尚流行就是把替代品变成必需品。时尚流行的东西从物质功能上讲基本都不是必需品，经过时尚流行的包装，在精神功能上就变成了必需品。因此，策划人、广告人，就是时尚设计大师，既要懂得消费者现在的需求和未来的需求，还要懂得通过广告传播让产品流行起来。

国内有一个服装品牌叫海澜之家，定位是“男人的衣柜，一年逛两次”。有差异化和市场区隔，符合定位原理，但是，不时尚，不符合必需思维，别忘了男人也要时尚，男人更要面子。即使男人一年只逛两次服装店，但为什么选海澜之家？没道理。所以，不管财务报告多好看，不重新策划走不远。我这个人只信逻辑，不信事实。

广告界把特劳特的定位理论奉为圣经，其实比定位更高明的是绝妙即服和必需思维。大企业家的绝妙商业模式和产品创意、必需品策划，早已凌驾于广告营销界的小道理之上了。因为这是宇宙和人性的大道，其他都是小理。

**道理，就是道在理前，理由道定，理随道走，离道无理**。

替代品要变成必需品，除了时尚流行之外，品牌戏剧化是另一条必经之路和极点策略。

什么是品牌戏剧化？就是极致品牌。品牌做到极致就有了故事，江湖上就有了哥的传说！

老干妈口味做到极致，老板娘不仅成为“国民女神”，老干妈辣椒酱还成了美国监狱硬通货!

海底捞一个做火锅的，口味好，服务做到极致，文人争相给它写书立传。

产品做到极致，江湖都是传说！这也是一种时尚，不去消费都觉得自己土。

经商不难，不要投机取巧，把一个东西做到极致，就会流传，就会做大。熊大寻把绝妙即服作为自己的方法论和标准，目的不是弄噱头，也不是要跟谁比较，而是为了把策划、规划做到极致，让江湖上流传我们的作品。对于创意策划来说，只有绝妙，才能极致。

所有进入市场竞争领域的都是产品。城市和文旅项目也是产品，是大型综合产品，应该多跟企业学习，多跟大品牌老板学习。城市和文旅运营的意识、策略、思路、创意十分落后。很多城市和文旅项目人们可来可不来，它们也没有多渴望人们来，爱来不来！即使有的愿望很迫切的，也苦于思路落后而打不开局面。有思路也很难超过传统的定位、USP、品牌形象论等，更难以达到绝妙、震撼、极点和必需的层面。结果就是大部分做成了替代品，人们可来可不来。

## 城市和景区怎么做成必需品

城市和文旅的必需思维从定位和产品两方面来做。

**1. 定位诉求必需**

遵义会议的真正意义集中体现在党史所高度概括的“三个挽救”上：“挽救了党、挽救了红军、挽救了中国革命。”遵义会议的真正意义不仅仅是大转折，而是改变了中国的国运。

中国自1840年开始国运急剧衰退，进入了历史的最低谷。一直延续到近一百年后1935年的遵义会议，从此中国国运开始大转折，从最低谷走出，打开了局面，直到今天再次走向历史的高峰。这一切的转折点，就在遵义会议。所以说，遵义是名副其实的“国运之都，顺利之城”。为什么这样定位？因为遵义只有定位于“国运之都，顺利之城”，才是真正的“城市指纹”所在。

遵义不能简单地定位于“转运之都”，因为好运转坏运也是转运，这会让人到遵义旅游时产生顾忌。也不能简单地定位于“幸运之都”，这太娱乐化，会损害遵义厚重的红色文化的价值和形象，并且会把党拨乱反正、扭转乾坤的伟力扭曲为“幸运”。所以，只能用“国运之都”来概括，既有大气魄，也能吸引人来沾沾国运。

熊大寻把“娄山关战役”归纳为“突破难关”，“四渡赤水”归纳为“渡过险滩”，“突破乌江”和“四渡赤水”归纳为“拨开乌云见赤日”之“拨云见日”的转顺之词，把遵义会议提升为“国家之会”，并且以“国运之都”为先导，倡导借国运兴企运、借国运兴家运、借国运兴己运、借国运兴财运的理念，以及“旅游遵义，人生大利；遵义开会，事业大顺”的消费观念诱使游客到遵义来旅游。

将遵义打造为一个“中国会都”吸引人们来这里开会，振兴会议经济，因为会议经济是旅游经济的高级形态，产生的经济效益也是最大的。依托遵义作为山水园林城市、避暑之都的优势，以及遵义会议的巨大影响力，把遵义打造成为“国运之都，中国会都”，形成“喝国酒、聚国会、借国运”的旅游及会议经济生态链。

“国运之都，顺利之城”是遵义的城市定位，我们为其量身定做了旅游定位：

**旅游遵义，从此顺利！**

熊大寻为遵义制定“红运文化”体系：转顺文化—红运文化—红色传奇文化旅游体系，以此支撑“旅游遵义，从此顺利”的形象定位。

将“娄山关战役”归纳为“突破难关”，“四渡赤水”归纳为“渡过险滩”。到了娄山关，人生无难关！过了二郎滩，人生无险滩！

以“国运之都”为先导，倡导借国运兴企运、借国运兴家运、借国运兴己运、借国运兴财运的“顺利”理念，将红色旅游产品整合起来，形成一个完整的顺利体系，不到娄山关，你的人生就突破不了难关；不到赤水河，你的人生就渡不过险滩；不到遵义会议会址，你也就不能顺利。

另外，我们还让游客必须从茅台镇出发，顺着赤水河走廊一直走到赤水市，为什么？因为这里是“中国酒文化长廊”，中国一半的名酒都出自这个长廊：茅台、董酒、习酒、郎酒、珍酒、泸州老窖、小糊涂仙等。“长”字和“酒”字，有“长长久久”的意思，我们告诉游客，你不仅要把命运转顺了，还要来这里走一趟，这样才能“红运长久”！

“旅游遵义，从此顺利”，不仅是遵义独特的红色文化和“城市指纹”的最佳概括，更重要的是具有极强的吸引力，并且完全符合历史事实，堪称绝妙！

旅游遵义 = 从此顺利？绝妙联系：一是红军从此顺利，遵义会议后只打胜仗，不打败仗。二是国运从此顺利，持续上升。三是三个挽救。四是“龙凤呈祥”的风水格局。

这个“从此顺利”怎么形成一个完整的旅游体系呢？我们是这样来一一对应的：

转顺文化—红运文化—红色传奇文化旅游体系：

娄山关—赤水河—遵义会议会址—茅台镇至赤水市（酒文化长廊）

（国运山）（国运河）（国运之都）　　　（国运长久）

突破难关—渡过险滩—从此顺利—红运长久

让娄山关、乌江、赤水河成为继遵义会议会址之后的必游景点，形成顺利体系，引导游客树立这样一个旅游观念：**不走到位，运势不顺**。让世人尽知遵义是**国运之城，娄山关是国运之山，赤水河是国运之河**，赤水自古是一条“运”河，堪称“红运之河”，通过“顺利”旅游体系，将“贵阳—遵义—仁怀—赤水—泸州”这条红色旅游精品线成功打通盘活，打造“**中国红色旅游第一线**”的品牌。

我们的“顺利文化”体系一推出，你必须把所有主要景点玩完，才能离开遵义。你再也不是直奔遵义会议会址，而是要听我们的安排了。因为我们的宣传资料、导游和旅行社会告诉你，你要先游娄山关，要先突破人生的难关，然后去渡赤水河，渡过人生的险滩，之后才能去遵义会议会址，因为，突破难关、渡过险滩后，人生才能转运，从此顺利。

是不是游完遵义会议会址就可以走了？不行！只是命运转顺还不够，长不长久也很重要，所以最后还得走一趟茅台至赤水的中国酒文化长廊。如此一来，游客必须玩个三四天，这样城市经济效益就会翻几倍。原来游客到了遵义看完遵义会议会址，就立即离开遵义，一天都留不住。现在游客不花几天走完几个“从此顺利”的景点，都不敢离开遵义。

**除了上述的主力产品策划外，我们还发现遵义有一个景点很有意思——他山**。

又是一个全国人都不知道的秘密：他山之石，可以攻玉？他山在哪里？为什么可以攻玉？

好策划，天之力！遵义市余庆县松烟镇蒲村有一座山名叫“他山”——四川巡抚钱邦艺在《他山记》里写道：“宇内山石之奇，无过川黔楚粤，而蒲村为最也。”他山以奇石荟萃而闻名，但是作为一个旅游景点来讲其知名度远不足为道，该怎么策划呢？

我们用“他山之石，可以攻玉”的概念就可以把这个景点盘活，奇石荟萃的他山刚好对应“他山之石，可以攻玉”，寓意他山的奇石可以与玉石相媲美，这样不仅把他山在哪里这个千古之谜解开了，更厉害的是还能把它的石头炒作起来，文人雅士来之，必花几百几千元，卖几块“他山之石”回去留念，以备他日能攻玉，这个旅游产品不得了！他山名字与名言相同为妙，他山有价值很高的奇石为绝妙，**用“他山之石，可以攻玉”来盘活他山，妙不可言！**

他山＝轰动？一是“他山之石，可以攻玉”的名言。二是他山名字与名言相同。三是他山盛产奇石。绝妙联系！

他山——他山之石，可以攻玉！有了这个策划概念，他山就变成了轰动性景观，他山在哪里？千古之谜终于破解！他山奇石，价值比玉！不仅定位震撼，产品也火起来了。一个不名一文的小景点，因为绝妙即服，因为必需思维，很快就可以变成一个旅游必需品。

他山找到了！你信不信？不信不行，因为绝妙！你来不来？不来不行，因为必需！

2. **产品极致和时尚流行**

这是企业产品的做法，对城市和景区同样有效。

青海的茶卡盐湖，一个盐矿引水后形成的大面积盐湖，再把玻利维亚“天空之镜”的概念搬过来，就卖天空的倒影。结果吸引了大批女孩前来，通过她们传播，变成时尚流行的旅游名胜，变成网红打卡地（旅游界的时尚流行）。镜面湖做到极致，江湖都是传说。

重庆也有几个极致产品，一个是洪崖洞的“天空之城”，十几层的仿古建筑从悬崖而下一直到江边，应该算古建筑形式中的摩天大楼了，又是建在悬崖上，把古建筑的高度和刺激感做到了极致，加之网传像宫崎骏漫画中的天空之城，又为其增添了时尚的元素，不火都不行！开发商是火锅店的老板，她只是想建一个重庆的吊脚楼商铺，结果意外大火，旅游部门送了块 AAAA 景区牌子。你不承认都不行，你已经是景区了。

重庆网红打卡地都是意外收获，本来不是景区，结果成了景区。本来不想招惹人，结果人人来拍照打卡。李子坝轻轨穿楼，一年几千万人来观光。轻轨能穿楼，史上第一牛！这也是一种极致。它们都具有现代旅游新、奇、特的时尚要素。重庆是无心插柳，它认真开发的景区没几个出名的，都是重庆人去乘凉，而重庆人逛街走路的电梯和回家乘坐的轻轨却成了著名景点。机会来了挡都挡不住，误打误撞做成了震撼性景观，结果就是流行时尚加网红。

**非震撼，不网红；非极致，不流行。**

## 城市和旅游的必需思维：极致产品—时尚流行—网红打卡

什么叫网红打卡地？关键在于“打卡”两个字。像每天上班必须打卡一样，是必需品。网红打卡地一定是必需品，项目做成必需品，一定是网红打卡地。

洪崖洞和李子坝穿楼轻轨的走红，告诉我们打造现代旅游的爆品经验：

第一，建筑和景观要做到超现实、震撼性、梦幻感，就是平时想见，但生活中见不到，十分有趣，体验感强，你才能流行起来，你才会成为网红打卡地。

第二，旅游和聚人气真的不是靠投钱，而是靠创意。**无形投资大于有形投资，无形投资决定有形投资！无形投资就是震撼性创意、绝妙策划**。

第三，旅游不再是片面地靠历史文化，而是靠梦幻、震撼。历史文化是震撼创意的素材，不是要重现，而是要升华。历史文化名胜是定量和存量，够级别能吸引人的就那么多，大家都知道了，就玩不出花样了。城市的变量和增量在哪里？一定是通过创意创造震撼性奇观。创意是无穷的，奇观是无尽的。

《孙子兵法》所讲的“攻其必救”和“出其不意”的意思：一是战争也要有必需思维，攻击对方必须要救援的地方，这样才能调动对方，达到目的。二是出击的时间、地点要在对方的意料之外，这样才能全胜。商场如战场，产品要必需，必需才能调动大众，才能调动消费。创意策划一定要震撼，震撼就是意料之外，做到别人想象不到的程度，就是震撼。意料之中的创意不是好创意。

**攻其必救——必需；出其不意——震撼**。

懂必需、懂震撼就是懂谋略。

云南旅游一直走的是差异化、原创性的路子。中原大地几十年如一日地卖历史文化，青铜器、黄帝陵、兵马俑等已经让游客审美疲劳了，我们则打“最炫民族风”的牌；一部电视剧《孽债》，傣族风情带起了西双版纳；一部电影《五朵金花》，白族风韵炒热了大理；一部《阿诗玛》，彝族文化盘活了石林……差异化竞争让游客眼前一亮，云南旅游迅速崛起。

21 世纪初的云南悄悄进行了一次重大的转型升级，结果是直接奠定了“旅游王国”的历史性地位。世纪之交，旅游的消费主力军已经成了小资白领，他们不再希望花钱出来玩还要接受历史文化再教育，不再希望只是简单地体验民族风情；他们更希望在旅游中获得超出想象、心中想看而现实中没有的东西，他们更希望摆脱都市的冷漠，寻找心中的家园。这个时候云南进行了集体大转型：大理、丽江、香格里拉迅速转身定位，聚集了中国许多的小资白领和中产阶级，从以前的“阿哥阿妹有空来看看”变成了“远方的客人请你留下来”，从观光到度假，从旅游到地产，赚到了大钱。大理“风花雪月，自在大理”的旅游形象口号，让大理从“五朵金花的故乡”、卖白族风情转型为卖风月梦乡、浪漫之都。

当时的迪庆跟大理、丽江相比还差得很远，完全不是一个级别。对于大理、丽江来说是转型，对于迪庆来说是升级。熊大寻策划了“香格里拉的标志——卡瓦格博峰”和三个日月景观，找到了“心中的日月”，找到了香格里拉在云南的关键性证据，为“中甸就是香格里拉”的事实板上钉钉，彻底终结了四川、西藏及世界各国对香格里拉的争夺，从卖藏族风情升级为卖世外桃源、梦中天堂。

随着香格里拉的大热，丽江借势打出“香格里拉的门户”的新形象，从卖纳西风情转型为卖小资天堂。几乎在同一时间，云南旅游的三大王牌都进行了历史性的大转型，石破天惊，从此，世界惊艳转头看，滚滚人流下云南，云南从此成为旅游王国。

这三大王牌都抓住了时尚流行和极致产品的核心，“一个人游丽江，两个人游大理，三个人游香格里拉”成为全国流行语。丽江是艳遇之都，所以一个人游丽江；大理是浪漫天堂，所以两个人游大理；香格里拉是梦幻圣地，所以一家人游香格里拉。时尚的都市女孩子如果没去过这三个地方，都不好意思说自己喜欢旅游。

大理洋人街的酒吧开创了全国最早的古城酒吧业态，成为第一代网红。双廊的艺术客栈做到了极致，全是由艺术家和小资玩家开发。双廊成为全国复游率最高的地方，很多女孩去过多次。丽江古城和泸沽湖也是网红打卡地。香格里拉的梅里雪山和高端民宿正成为热点，极致产品数不胜数。这三个城市本身就是网红打卡地。

## 国宝熊猫，国花牡丹，国山……

熊大寻策划江西井冈山笔架峰景区，被《新财经》杂志报道为“十分钟挽救两个亿”。这个案例被业界传颂最多，甚至出现抄袭现象。

井冈山笔架峰投资两亿元建缆车，卖点是高山杜鹃花观光。事实上笔架峰的旅游资源十分普通，山顶只有巨石和松树，而且杜鹃花花期短暂，投资前景很不明朗。

我提出，想要救活景区，必须遵守以下两个原则：

首先，井冈山的旅游核心是“红色”，而不是“绿色”，这是一个大原则，也是井冈山旅游的核心优势。

其次，我们发现毛泽东与井冈山的四个渊源：

（1）毛泽东的祖籍在江西吉安而不是湖南韶山，吉安就在井冈山下，原来井冈山就归吉安市管，所以毛主席是井冈山人。还要补充一下，刘少奇、邓小平的祖籍也都是江西吉安，这是一个大的文化牌。

（2）毛泽东的核心理论“星星之火，可以燎原”“枪杆子里出政权”“农村包围城市”等就是在井冈山茅坪村八角楼里提炼出来的，井冈山是中共第一个农村革命根据地，并且井冈山红色政权已经具备了国家政权的雏形和基础，那个时候已经有了苏维埃银行和造币厂，所以中华人民共和国的雏形在井冈山。

（3）井冈山主峰五指峰上的山体轮廓，远观就像一个人的睡姿，非常生动，是井冈山的一大奇景。

（4）1949 年后，毛泽东一次也没有回过延安，也没回过遵义和西柏坡，在红色旅游五大胜地里，他只回过韶山，因为韶山是他的出生地和故乡。但是毛泽东 1949 年后却连续两次重上井冈山，并写下一首词《水调歌头 · 重上井冈山》为记，这充分说明了他对井冈山有很深的感情。

顺着这个思路展开：“笔架峰从名字上看跟诗词书画有关系，能不能用毛泽东诗词命名井冈山所有的景点呢？毛泽东诗词在中国是一大文化品牌，但是在全国却没有一个景点用它来做文章。井冈山这个景区什么也没有，就要学会借势，学会拿来主义。旅游策划就是要‘无中生有，小题大做’，如果我们用毛泽东诗词来命名井冈山所有的景点，那么笔架峰就会成为全国独一无二的‘毛泽东诗词大观园’。”

我们一路考察一路思考，现场发现新景点，并对老景点重新进行创意策划。

**1. 第一招：毛泽东诗词景观**

（1）弹指一挥间。

景点：山顶有一块巨石，很像一个人的手指着天（四指并拢，食指指天），景区负责人说，北京来的规划公司给这个景点命名叫“佛手指天”。我说这是平庸的象形思维，井冈山不宜宣扬佛教文化，也没有相关性，更不吸引人。这个景点应按照前面讲的红色文化和毛泽东诗词来命名，将这个景点改名为“弹指一挥间”，毛主席不是有一首词叫《水调歌头 · 重上井冈山》吗？其中写道“三十八年过去，弹指一挥间”，另外也可用《沁园春·雪》里的“指点江山”来命名，模仿毛泽东书法题写在旁边的岩石上，就可成为一大奇景。

弹指一挥间

（2）一唱雄鸡天下白。

景点：一块巨石耸立在峡谷之间，十分像一只公鸡，鸡头鸡冠鸡喙都很像，景区负责人给这个景点命名为“金鸡报晓”。我说这种水平砍柴的樵夫也能做到，看见石头像头牛，就叫犀牛望月，像大象就叫象山，像狮子就叫狮山……这是初级思维，这根本没有任何创意。试问天下的景点哪个不是这套平庸的思路？这样做有用吗？有几个游客会跨越千山万水来看这种水平的景点？这个景点还是应该

一唱雄鸡天下白

用毛主席的诗词来命名，叫“一唱雄鸡天下白”。

（3）唤起工农千百万。

景点：一块大石头，坐在一个石台上，面前有许多树，这些树都弯腰朝向石头，这很像一个人张着大嘴给很多人做报告，景区负责人解释这个景点也被前面来的规划公司包装成“蛤蟆叫天”。我将其改成“唤起工农千百万”。

（4）井冈魂。

景点：一棵笔直的松树直立在一大丛杜鹃花中心，命名为“井冈魂”。杜鹃啼血表示哀悼，松树表示牺牲了的两万名井冈山烈士，形象而又贴切，保持红色基调不变。

另外还有一些景点，如“刺破青天锷未残”“金沙水拍云崖暖”，等等。以此类推，用毛泽东诗词将笔架峰的所有景点命名，游客一上来，联想起前文讲的毛主席和井冈山的四个渊源，再看到这里所有的景点能与毛泽东诗词一一对应，立刻感觉神了。这就成为必需品，具有了非来不可的旅游吸引力，这就是天下独一的旅游景区。

**2. 第二招：东方红，太阳升**

笔架峰的主峰改名为“揽月峰”，毛泽东有一句诗叫“**上九天揽月，下五洋捉鳖**”。“揽月峰”——高峰入天，手可揽月，可谓恰如其分。

在揽月峰山顶建造一个毛主席的雕像，当然要报国务院批准，但在井冈山做符合政策。建一个毛泽东的雕像，太阳出来后刚好升到毛主席雕像的后脑位置，霞光万丈，金光四射，这个时候我们就会看到一个中国人最为熟悉的图像——“毛主席的光辉照四方”！这样我们就把我们从前见过无数次的“毛主席的光辉照四方”的宣传画和毛主席像章上的图像，还原到了现实生活中。

随着太阳的映照，“毛主席的光辉照四方”刚刚显露出来的时候，我们再策划一个环节，在山上通过电子设备播放歌曲《东方红》：“东方红，太阳升，中国出了个毛泽东。”此情此景，加上这首歌曲，我相信很多老红军上去看了，一定会流下眼泪来。在合适的时间、合适的地点用合适的人物和震撼的情景来打造这天下一绝的景点，这样才能吸引游客。

**3. 第三招：财山**

笔架峰紧挨着井冈山的主峰五指峰，这个五指峰有什么特别的呢？我们用的第四版百元人民币是绿色的，这个绿色版的百元人民币的背面就是五指峰，这是为了纪念中华人民共和国第一个造币厂建在井冈山。

开岗山主峰五指峰

为此，五指峰被称为“中国最贵的山”，又叫“财山”。有了这句话，吸引了很多人来，但是来了却上不去，因为五指峰距观景台之间是一条山箐沟，所以五指峰只能远观而不能近赏。而前后左右唯一可以上去的地方就是笔架峰。从笔架峰山顶修一条步行小道，只需两小时就可走到五指峰峰顶。这条路则叫“财路”，广开财路。顺着财路到达财山山顶，到达“财富的巅峰”，不要说老板要上来，就是全国的人们都想上来。

另外，百元人民币上能清晰地看见一条瀑布，说明财山上还有泉水，那么财山上的泉水，我们该怎么包装它呢？这叫“财源”，财源滚滚。你是不是要顺着财路上来，喝点“财源”，带一瓶“财源”回去？成为必需，就是成功。

投资商对此满怀感激，慨叹道：“我已经三个月睡不着觉了，今晚我终于可以睡个安稳觉了！”

熊大寻认为：“创意策划就是玩命；玩得好是救人，玩不好是害人；只有玩得起，很会玩，才能吃这碗饭。”因为客户将身家性命都押在了项目上，创意策划做不好就会走投无路。普通、常规的创意根本不能叫策划，只有超常规、震撼性的创意才能挽救项目。

这个过程中，井冈山市的领导邀请我会谈。我们又替整个井冈山找到了一条极点策略，也是必需思维：中国有国花牡丹、国树银杏、国鸟丹顶鹤、国宝熊猫，可不可以有一个“国山”？中国称得上“国山”的有两个，从古代历史看是泰山，从现代历史看是井冈山。井冈山是红色摇篮，朱德总司令题字“天下第一山”。原来井冈山的形象定位是“红色摇篮，绿色井冈”，正确但不能吸引普通游客。我们给了一个新的定位——“国脉井冈，成功之山”，谁不想看国山？谁不想成功？既吻合井冈山的历史文化，又成为大众的必需品。

江西井冈山广告牌

怎么用低成本把这个定位推广出去？我们策划了事件营销：全国评选“国山”，泰山 PK 井冈山，通过全民参与，网络投票，把这个定位免费传播出去。

## 中国旅游必需品的三个阶段

第一阶段是省级必需品。古代主要靠骑马走路，道路很差，人们的旅游需求是周边游，主要形式是游山玩水，选胜登临，庙会踏青。大部分人旅游只限于周边地区，省级名胜成为必需品。只有少数人能够周游全国，比如诸子百家的代表人物。

第二阶段是国家级必需品。进入现代，交通发达了，人的旅游需求是远游，名山大川、名城古镇成为旅游目的地。大多数人能实现全国游。国家级的名胜和历史文物点成为必需品。

第三阶段是世界级必需品。到了现在这个阶段，国内该看的都看完了，人们的旅游需求变成了出国游。全世界的风景名胜成为必需品。

这时候我们的城市和景区怎么办？人们的需求已经走出国门，面向世界了。我们的城市景观和旅游景区还是在天然氧吧、全省最佳、生态之城、文献名邦等第一阶段，实在是太落后了。这种路数在第二阶段都玩不动，更别说在第三阶段了。

现在开发城市景观和旅游景区必须按世界级的标准来做。**这个世界级并不是投资世界级，而是创意世界级**。没有震撼性创意，投资世界级也吸引不了人。中国的开发建设量占了全球的一半，我们建成了什么好建筑、好景观、好景区？凤毛麟角！相反，有了震撼性创意，有了世界级无形投资，小投资也可以震撼人心，吸引海量游客。

国内的大家已经看完了，世界的也看得差不多了，现实世界的都不稀奇了，怎么办？现实中看不到，全世界看不到的，梦想中想看到，听说过没见过、没听过没见过的震撼性建筑和震撼性景观就是必需品。

**历史文化卖过了，就该卖梦想和未来了。震撼性景观就是梦幻奇观，就是梦想和未来**。

## 成大事的关键就是制造流行、万众一心

谁说结婚一定要穿金戴银？戴比尔斯制造了结婚戴钻石的流行！

谁说冬天就要穿棉袄？保暖内衣制造了冬天穿得少的流行！

谁说不运动就不能穿运动服？Kappa 创造了运动服当休闲服穿的流行！

谁说手机只能是通信工具？苹果创造了手机作为万能用品的流行！

人类的欲望是无穷的，大众的本性是需要追随的。人不追随领袖就会感到无助，人不追随多数就会感到不安，人不追随时尚就会感到落伍，人不追随明星就会感到孤单。我们的世界是一个流行主导的世界，我们的世界是一个追随与被追随的世界。

**人类社会成大事的本质就是制造流行、万众一心**。人类的本质就是求安从众，害怕掉队。陈胜吴广起义，刚开始怎么动员都发动不起群众。最后，陈胜和吴广在黄帛上用朱砂写下了“陈胜王”三个红字，并把它装进鱼肚子里。一天，戍卒买来鱼，剖开鱼肚子，意外地发现了鱼肚子里的有红字的黄帛，他们感到非常惊异。到了晚上，吴广又跑到附近神庙，点起灯笼，装作狐狸叫：“大楚兴，陈胜王。”戍卒听到这叫声，感到更加诧异。第二天，大家议论纷纷，推举陈胜做了首领，横下心来闹革命。

我们策划广西桂平时，在金田乡发现，太平天国起义的发源地有一个升旗石，起义前韦昌辉让人们朝拜升旗石，如能升起旗杆则代表马到成功，结果如何？当然是屡试不爽，因为地下有个机关。

在升旗石的旁边有一个鱼塘，洪秀全起事前一天，号令要在此捞鱼设宴犒劳大家，结果“一不小心”捞出了大批武器，这也变成了天意，思想动摇的人不想造反都不行，天意不可违啊。

大理、丽江抓住了全世界“小桥流水人家”诗意栖居的情结，制造了古镇的流行；香格里拉抓住了工业时代人们返璞归真的情结，制造了秘境的流行；尼斯湖抓住了经济复苏年代人们渴望神秘的情结，制造了水怪的流行；新疆的喀纳斯湖水怪的炒作属于炒冷饭，但也算成功案例；世界之窗和锦绣中华抓住了短缺经济时代，人们一眼看世界的便利情结，制造了主题公园的流行；无锡灵山大佛抓住了佛教大国善男信女崇尚无上法相的情结，制造了造大佛的流行。

**制造流行的必要条件：第一是敢为天下先，第二是善为天下欲**。敢为天下先就是要敢于创新，做人无我有之事，这样才能成为所创造的品类市场的第一名，从而垄断市场。做到这一点不难，大家都知道差异化竞争的重要性。难点是“善为天下欲”，它包含两层意思，一是创新要满足人的需求，否则一定不会成功。二是创新满足的不只是少数人的需求，而必须是大众的需求。只有满足大众的需求才能吸引大众追随，才会形成流行。

“宜春，一个叫春的城市”出自革命老区江西，这着实令我没想到！首先为这个城市的领导鼓掌。我们的社会越来越开放和包容，这是好事。这句口号确实大大提升了宜春的知名度，据传网上点击量过千万。但是这只满足了“敢为天下先”，却没有“善为天下欲”。只喊出了宜春是一个叫春的城市，为什么呢？是夜生活丰富，是四季如春，还是也有“春天的故事”？这我们就不得而知了。

这句口号充其量只提升了知名度，没有调动起游客的欲望，没有让他们产生非来不可的愿望。没有旅游产品和城市文化的支撑，只能带来“未必叫好，必不叫座”的结果，并且过于挑战中国人的心理承受力，可能带来负面影响。

同为红色城市，“旅游遵义，从此顺利”有历史事实支持，有景观景点可看，紧紧抓住游客需求。做到绝妙，超级说服；不懂绝妙，等于胡闹。

**敢为天下先，要能看到常人看不到的事物之间的隐秘联系。善为天下欲，要把物质需求与精神需求联系起来。**

## 常规思维是“只在此山中”，奇招思维是“云深不知处”

2018 年，熊大寻为江西安远三百山进行策划和规划，原来三百山的定位是“清清东江源，幽幽三百山”，平淡无奇，毫无吸引力。

我们经研究发现了三百山最厉害的资源：1963 年，香港遭遇百年一遇的严重干旱，全港因为缺水而几乎瘫痪，经济损失惨重，整个香港陷入前所未有的危机。自从东江源（东江源头就在三百山）给香港提供饮用水之后，香港从此告别了上百年的缺水历史，摆脱了水危机，香港工业开始了突飞猛进的发展，成为全球最富裕、经济最发达和生活水准最高的地区之一。

我们为三百山梳理了一条策略逻辑线：三百山作为东江水的源头，在肩负“亚洲金融之都”香港用水重任的同时，又承担“世界制造之都”东莞、“中国创意产业之都”深圳及惠州等地区的饮水任务，这些都是中国最发达的地区和城市。“港深东惠饮东江，五十年一千里。”东江水养育了天下一半的富人。于是我们提出“天下半富饮东江，源头就在三百山”的形象策略。

没有邓小平的改革开放，就没有珠三角的腾飞，就没有中国经济的崛起。但从旅游风水学的角度也可以这样说，这些地方原来都不怎么样，自从东江源供水后，喝了东江源的水，这些地方都发达起来了。东江源供水覆盖了香港和珠三角最重要的城市，可以说中国一半的富裕地区都受其惠。

据此，我们提出了“天下半富源三百”“天下一半富，来源三百山”“天下一半富，源来三百山”的旅游形象定位。一个“源”字，把东江源头在三百山讲清楚了，又一语双关，暗示东江源是财源，三百山是财山。利益明确，定位绝妙，吸引力巨大。

原来总是讲东江源的水供给香港，叫人家饮水思源，喊破喉咙也没人来。给香港人喝东江源的水，可是他们没必要到水源地来旅游啊。两者没有逻辑关系。哪怕香港人都来玩，游客量也不多啊。做旅游就是要让天下人都是你的目标消费群，你才有机会做大。哪个著名景点不是吸引天下人？

旅游只有一种目标消费群——男女老少！

现在，“供水香港”这一事件，与“天下半富”这一好处联系起来，人人都要来了，因为人人都想富，一下子就从替代品变成了必需品。

三百山既无险峰奇景，又无厚重的历史文化，资源平平，但就是这么一件东江源供水香港、广东的史实，被我们捕捉到了，提炼成了绝妙、震撼和必需的定位口号。

三百山 = 轰动成功？绝妙联系：一是三百山水源供给香港和珠三角，供水之后香港和珠三角崛起，神水财源。二是中国开放和市场经济起源于珠三角，“天下一半富，来源三百山”，天下财源。三是财源成为必需品。“天下半富源三百”，14 亿人都想来。

**旅游策划的秘诀之一：把历史文化与游客需求绝妙联系，从替代品变成必需品。**

“我住长江头，君住长江尾。日日思君不见君，共饮长江水。”常规思维是“只在此山中”，就山论山，走不出山；奇招思维是“云深不知处”，跳出山外来看山，联系万物，只求绝妙，不拘出处。常规思维只会吆喝长江头，奇招思维用长江尾卖长江头。因为常规思维看头是头，看尾是尾，看不到联系，而奇招能看到头尾的联系。

什么是卖点？一是要给人巨大的好处，二是要独一无二，三是要真实可信。很多缺乏策略思维的人，只能找到特点、亮点，很难找到卖点，更不可能触及极点。所以中国 95% 的景区生存困难，难以赚到大钱！为啥？

**找不准卖点，碰不到极点，就没有糕点。**

## 世界最大方形围屋暗藏的天机——善为天下欲

江西安远三百山山下的东生围是世界最大的方形围屋，这个景点一直没被炒起来。它的主人是清代当地有名的富商，叫陈朗庭。他精通经营之道，年轻时就已经“自置良田千余亩”。1870 年，他因进贡皇清岁银缴库，奉皇旨诰封二品武功将军衔。他的 5 个儿子和 20 多个孙子也都获得了功名和官衔。

据《陈氏族谱》记载，功成名就之后，陈朗庭并不忘报恩百姓，他数次帮助灾民度过旱灾，还在 3 次战乱中让附近村庄的村民躲进东生围，3000 多人因此得以保住了性命。因此，当地有谚语称：“有女要嫁东生围，吃穿不愁又无危。”另外，他还帮儿子在附近修建了另一个大型围屋：磐安围。东生围比较吉利，磐安围发生不祥。整体景观平平，游客了了。

但是，熊大寻找到了围屋与结构的绝妙联系——东生围和磐安围的“天机”，立即变成奇观！创意策划如下：

熊大寻发现东生围结构是一个“口”字和“面”字，寓意“口中有面”，象征有饭吃。磐安围结构是一个“口”字和“井”字，寓意“口中有井”，象征有水喝。东生围“有面吃”，磐安围“有水喝”，加起来就是“有吃有喝”，本来寓意很好。

但是让主人和设计者没想到的是，磐安围的“井”字就被两个“口”即两圈围屋围着，变成了陷入重围的井，也就是“陷井”，从吉意变成了凶煞。因此，建好磐安围不到10年，陈茂芳（屋主）的6个儿子就相继早亡。请风水大师认真勘测后得出一个结论：该围开了侧边这两座大门而导致6个儿子都短命少亡。如果不赶快封闭此两头大门，后果将会更加不堪设想。于是陈茂芳立即请泥水师傅把这两头大门封闭了。可即使是封闭了两头的大门，还是有人接二连三地死去。

我们的破解之法：在正门正中建设一排围屋，视觉上形成“一根绳子”，意为“放根绳子到井里，解救掉入陷阱的人”，即可化解。

东生围：口中有面

磐安围：口中有井，但却是陷入重重包“围”的井——“陷井”

找到建筑历史文化与建筑结构之间的绝妙联系，创意策划了一个震撼性景观：在附近小山上建天机楼。到天机楼上看天机（观看“口中有面，口中有井”的建筑奇观）。视觉上和心灵上都产生震撼，凭这一景观就可以化腐朽为神奇，变成一个爆点。

围屋＝奇观？绝妙联系：一是口中有面，口中有井，有饭吃有水喝。二是“两口围井”变成“陷井”。三是两屋一吉一灾，结构与人生对应——神奇、奇观。建设天机楼看破天机。

三百山的定位和两个围屋的创意，既是敢为天下先，也是善为天下欲。三百山的定位是从千里之外看，围屋的创意是从上帝的视角看，都是天下先——超常规的奇招思维和视角。三百山定位抓住的是富贵的欲望，围屋创意抓住的是探奇的欲望。

**拿破仑说：“所有一切问题的基本解决方法，就是煽动这个世界，甚至每一个人。”**

## 如何制造流行、创造必需

乔纳·伯杰在《疯传：让你的产品、思想、行为像病毒一样入侵》里总结过制造流行的六大原则。

### 原则一：社交货币——可炫耀

社交货币就是产品带给你的形象提升的分享价值。分享产品体现你的品位、层次和圈层，就像衣服和汽车一样，我们会以此作为评价对方的重要因素，这就是社交货币。就像人们使用货币能买到商品或服务一样，使用社交货币能够获得别人更多好评和积极的印象。简单地说，就是利用人们乐于与他人分享的特质塑造自己的产品或思想，从而达到口碑传播的目的。

社交货币具有两个作用：一是让人欣赏认同，二是让人羡慕嫉妒。

### 原则二：诱因——高频率

诱因就是诱导的原因，简单来说就是：你看到了什么，就想到了什么；就是能时刻提醒公众想到我们的产品。我们需要找到一个高频率的词，通过这个词大众可以联想到我们推广的产品和思想。怎样才能提醒公众让他们想到我们的产品和思想呢？用一些刺激物瞬间激发人们的记忆，让他们想到相关的内容，这就是所谓的“激活”。我们应该设计出一种在特定环境下能够激活顾客内心的产品与思想线索。一旦人们在某种环境下碰到这个线索，就会联想起我们的产品和思想，而伟大的思想一定会引起伟大的传播。

心理学家格瑞恩·菲茨西蒙斯研究了如何鼓励消费者多吃蔬菜与水果。培养人们的健康饮食习惯是十分困难的。虽然大部分人意识到了他们每天应该吃大量的蔬菜和水果，但是他们却经常忘记。因此，他认为有必要用诱因提醒人们。

他做了一个试验，给第一组学生看了“健康生活从每天吃五种水果和蔬菜做起”的标语，第二组学生的餐盘上则印有“每天你的餐桌上都要有五种水果和蔬菜”的标语。这两个标语都能激发学生多吃水果与蔬菜的欲望。但由于很多学生生活在校园里，都在校园餐厅用餐，经常使用这些餐厅的托盘，所以印有标语的托盘就会成为诱因。实际上，第二组学生并没有注意到这些托盘上的标语。他们认为这些标语是无聊的，比一般的健康标语更加乏味。而且，当问到他们是否会因为这些标语而改变吃蔬菜、水果的习惯时，大部分学生认为毫无影响。

不过，当他们付诸行动时，效果却是非常惊人的。第一组只看到健康标语的学生并没有改变他们的健康饮食习惯；相反，看到托盘上标语的第二组学生和在自助餐厅使用过这类托盘的学生，明显地改变了他们的饮食行为。由于托盘上的标语对他们的提醒，他们每天多吃了25%的水果和蔬菜。因此，托盘的诱导效果被彻底地展现了出来。在吃饭的时候托盘是高频率的诱因。

## 原则三：情绪——敬畏心

当我们关注某件事情时，很可能会向朋友分享这些事情。所以我们怎样设计出让人们注意的信息和思想，就成了问题的关键。我们也能够很自然地想到，有感染力的内容经常能够激发人们的即时情绪。所以我们需要通过一些情绪事件激发人们分享的欲望。只有高唤醒情绪才能激发人们的传播。高唤醒情绪，简单地说，就是你听到这个信息之后，也想做点什么。

高唤醒情绪包括兴奋（激动）、有趣（幽默）、愤怒（生气）、焦虑（担忧）和惊叹（敬畏）。

比如惊叹（敬畏），看到震撼性的奇观——哈利法塔，我们都会由衷惊叹，赶紧发个朋友圈。这就是高唤醒。

乔纳·伯杰通过对网络最热门邮件链接的分析得出：让人敬畏的文章比其他文章多出了30%的流行点。当某些人领略了伟大的知识、瑰丽的风景、庄严的盛况或者雄壮的力量后，敬畏是一种发自他们内心的惊奇与震撼，这种意识体现为自我超越的伟大体验。敬畏之情通过带给人震撼和感动来激发分享行为，在这方面敬畏之情远远超过其他情绪。

**绝妙即服是最高唤醒，唤醒的是信仰级的情绪——敬畏。**

## 原则四：公共性与可视性

1. **公共性**

所谓公共性，就是公共、可见，让别人都能看到。一种产品的可见性越强，越容易引发从众心理，让大家争相讨论和购买。心理学家把这种情况称为“社会证明”，就是说我们经常模仿周围人的行为，去做大家都在做的事。

2. **可视性**

（1）可视性对产品和思想是否流行有着至关重要的作用。为什么大部分人不喜欢喝酒，却经常在饭局上喝酒？因为喝酒热闹这个行为是可视的，而反对喝酒这个思想是不可视的。你不知道邻居使用的是什么牌子的牙膏，却能清楚地看到他开的汽车的牌子，邻居的购车行为实际上也影响了你的购买决策。

（2）使隐蔽的产品和思想公开化。一群男生为了号召人们关注男性面部健康而相约蓄须，越来越多人加入，使人们看到了男性面部健康这个隐蔽的部分。粉红丝带代表着对乳腺癌的关注。这都是隐蔽产品和思想公开化的方法。同理，我们更容易讨论挂在墙上的名画，而非锁在保险柜里的东西。

（3）在产品中为自己做广告，也是可视化的方法。当你用 iPhone 发了一条微博，后面会有“发送自 iPhone”的文字，这就是苹果在给自己做广告。这一招非常有效，可以让你的产品可视化。

（4）创造行为剩余。人们在消费了产品之后还会做些什么，能否对周围的顾客产生进一步的影响，这就叫作行为剩余。耐克公司以阿姆斯特朗为核心主题发布了一款黄色腕带，黄色是环法自行车赛的标志，又特别醒目。6 个月内，耐克卖掉了全部 500 万条腕带，供不应求，导致 eBay 上的价格被炒到 10 倍。最终耐克卖掉了 8500 万条腕带。腕带和举办一场比赛比起来，最大的好处就是能创造更多的行为剩余。有时候一个漂亮的包装袋或者赠品就能够激发行为剩余。

3. **公共可视性应用的反例**

南希·里根拍摄的反毒品广告，通过大规模传播希望观看过的人们不要去吸毒，但研究结果显示这则广告让更多的青少年吸毒，因为它让吸毒这种行为可视化。因此，假如你不希望看到更多错误行为的发生，就不要向人们强调这些错误行为。比如“没有买卖，就没有伤害”可能会导致更多人企图猎杀，这则广告只是为了募捐更方便。再比如经常报道女大学生失踪的案件，可能会导致更多女大学生失踪。这都是可视性的反向结果。

4. **增加产品可视性的方法**

**一是发出公开信号**。比如耳机原来是黑色的，乔布斯将其改成白色，让它更显眼，一下就流行起来。

**二是让产品为自己宣传**。比如在自己的文章中插入广告、公众号等。

著名的谚语“有样学样”，很能反映人们的跟风趋势。人们只要经常看到相关的事物，就会轻易模仿，让这些事物变得流行。所以我们需要设计一些具备公共应用性的产品和思想。

## 原则五：实用价值——给好处

只要我们向顾客证明我们的产品或思想能够给他们省钱或让我们发财，他们就会向朋友大力宣传我们的产品或思想。我们的产品一定要有用，要能给用户带来实际的功效，要让他们感觉有用，最好是立竿见影的感觉。

**一百元法则**，就是说一百元以下的商品用比例来表示折扣，一百元以上的商品用金额来表示折扣。比如一件 T 恤 40 元，与其说直降 20 元，不如说直降 50%，让人感觉更便宜。再比如一台电脑 5000 元，与其说直降 10%，不如说直降 500 元，给人感觉折扣力度更大。

日本东京银座有一个绅士西装店，首创了一种“打一折”的销售活动，曾经轰动一时。他们当时是这么做的：首先定出打折销售的时间，第一天打九折，第二天打八折，第三天、第四天打七折，第五天、第六天打六折，依次类推，最后两天打一折。

打一折，这个说法听起来非常实惠，很快就传开了，第一天顾客们都来看热闹，买的人并不多，大家都等着最后两天打一折，但是人们转念一想，喜欢的东西不一定会留到最后啊，于是奇妙的事情发生了：第三天打七折的时候，顾客就蜂拥而至，从第五天打六折开始，店铺就连日爆满，最后还没等到打一折，商品就卖完了。用一折的噱头来增强信息的实用性，让大家口口相传。

## 原则六：故事——特洛伊木马

人们都喜欢听故事，故事最容易被传播，故事也最容易被记住，所以我们要把自己要推广的产品、思想、行为融入故事中，这样才能够疯传。如果想要传递一个信息，故事是一个非常有力的工具，我们要把信息嵌入一个吸引人的故事之中，让人们更容易去分享。

比如说古希腊特洛伊木马的故事，古希腊历史我们不了解，但这个故事我们记住了。所以，最理想的做法，就是用一个“特洛伊木马”把前面所说的五个关键词都装进去，也就是说，**编一个故事，让它具备社交货币的属性、具备诱因、富含情绪、公开可见，而且有实用价值，让产品的信息成为故事不可缺少的一部分**，确保人们说到这个故事就会想到产品。

人们不仅会分享信息，更会讲述故事，就像特洛伊木马的故事一样经久流传，因为故事本身就是传播道德和启示的血液。信息会经过闲散的聊天包装后逐渐传播开来。所以我们需要建立像特洛伊木马这样的传奇故事，用来注入我们的产品和思想。当人们津津有味地谈论这些故事的同时，也传播了我们的产品和思想。当然，我们的目的绝不仅仅是讲述一个伟大的故事，而是要使故事更有传播价值。为此，我们需要将一些重要信息注入情节之中，让大家在谈论故事的时候，也能够谈到我们需要宣传的信息。

**人类血液里流传的是故事：**

（1）**故事是一种最原始的娱乐形式。特洛伊木马比任何历史研究的著作都出名，就是因为它是一个好故事。**

（2）**情节叙述从本质上讲比基本事实更加生动，因为其中包含着叙述者与倾听者的感情。**

（3）**社交货币、实用价值可能是故事讲述的理由。讲故事有时是出于社交需求，有时也是想用故事传达有用的信息给听者。**

（4）**大部分商业信息被嵌入故事当中（植入式广告）。**

（5）**故事能够传递思想、教训、寓言、信息或结论。**

**创建一个“特洛伊木马”，即创建一个让人们持续谈论的载体，进而使人们持续谈论我们的产品、思想和行为。（事件营销）**

## 熊大寻方法就是制造流行的方法

熊大寻方法中的绝妙联系、极点策略、核弹震撼、必需思维和好处高频，每一个方法都与六大流行原则相对应，每一个方法都是在成为必需、制造流行、引发疯传。

### 1. 绝妙联系与诱因传播

我们讲的“一钻拥有，天长地久”，订婚、结婚这个情景出现的时候，你就会想到买钻戒；你想到“风花雪月”就想到大理；你想到低价高质商品就想到沃尔玛；你想到搜索信息就想到谷歌；你想买东西占便宜就想到 Costco；你想到辣椒酱就想到老干妈。绝妙联系拥有自动传播四步流程，绝妙是智慧的世界纪录。绝妙本身就是最强的诱因、最强的社交货币，自带故事性和传奇性，激发让人敬畏的情绪，分享荣耀，几乎包含了引爆流行的六个原则。

流行六原则的研究对象是常规创意和常规产品。“绝妙即服”远远超出六原则的标准。“绝妙即服”本身就包括流行六原则，而“心服口服、无法超越、流传千古”这三步自动化流程，更是远超六原则的作用和影响。

2．极点策略、核弹震撼与社交货币

苹果手机的极点策略是移动互联网和酷科技，拥有苹果就等于拥抱潮流；红牛饮料的极点策略是功能饮料和极限运动，分享红牛等于分享酷；耐克的极点策略是明星时尚，穿着耐克就是懂体育、懂潮流。

核弹震撼就是超越想象的景观和应用，核弹震撼就是巨额社交货币，引发轰动性传播。乔纳·伯杰认为：非常规之事被认为是一种超乎想象并引人注目的事件。因为事件本身的新奇、惊异与刺激，能发人深省，所以它非凡卓越，因此能够引人注目。卓越非常规之事产生了社交货币，因为它能使谈论这些事件的人更受别人关注。

3．核弹震撼与情绪传播和故事性

熊大寻在震撼性建筑和景观中反复强调震撼人心的传播作用。乔纳·伯杰在研究情绪传播时说：“并非所有的感情都能激发共享行为。敬畏之情通过带给人震撼和感动来激发共享行为，我们会转发自然奇观就是出于敬畏之情。”他特别强调最能引发分享的情绪就是震撼和敬畏情绪。

《乌合之众：大众心理研究》的作者勒庞认为：大凡事情一旦涉及情感领域，人与人之间的差距就消失了。尤其是在涉及信仰、政治观点、道德评价、个人爱憎这些近乎纯粹感性表达的领域中，最杰出的才智之士也不见得能比一个凡夫俗子更高明。

震撼性奇观除了外观震撼，内涵也很震撼。震撼性奇观来自意料之外、情理之中，情理之中讲的就是当地的历史文化和传奇故事。比如我们创意策划的东海龙宫、天眼、玉溪音乐城、天宫等，每个都有十分精彩的故事。震撼就是传奇，本身就是故事。

4．必需思维与实用价值

二者原理一样，但是必需思维比实用价值更广泛、更深刻，包含了高深的商业智慧。商品市场，一半是在卖实用价值，一半是在卖精神价值。因为必需思维的存在，让一半实用价值不突出的商品，通过卖精神价值获得了市场，而且是不得了的市场。必需思维指向人的精神需求这一更高端、更广大的市场，是革命性的商业理念。

**5. 好处高频与可见性**

我们一再强调频率是一种实用到可怕的力量。**在流行六原则里，客观地讲，可见性即频率最重要，离开了频率，其他的作用将会变小，流行速度也会变慢。**

**自私是个体人性之王，从众是群体人性之王。调动群体的秘密就是高频。**在商业世界里，高频是财力运作的最高境界（资本运作是智力 + 金融的杠杆运用，不能算财力运作的最高境界，更应该算作智力运作），这个高频包括极致产品高频使用和高频广告。苹果是高频产品的代表（绝妙高频），可口可乐是高频广告的代表（广告高频）。

**绝妙是智力运用的最高境界（包括资本运作）。绝妙让精英、意见领袖和群体心服口服，甘愿从众，荣耀从众，自动传播。绝妙本身就是一种高频。广告高频让群体盲目从众，跟风传播。绝妙和高频都是调动从众这一人性的手段、王者方法。**

# 第六章

# 好处高频

扫码立领
★本书知识课堂
★作者方法论讲堂
★作者策划案例

根据爱因斯坦光子说，光子能量和光的频率成正比。光子能量 $E=h\gamma$。$h$ 是普朗克常量 $h=6.63\times10^{-34}\text{J}\cdot\text{s}$，$\gamma$ 是光的频率。

这个公式表明：**频率越高，能量越大。低频低能，高频高能。**

好处高频的方法有两层意思：一是要给人好处，无好处不广告，无好处不营销；二是一定要高频率地把好处告诉别人。所以，在定位和广告词给人好处这方面一定要做好，并且是独一无二的好处，是有充分证据证明的可信的好处（做到绝妙）。同时，有条件一定要多花钱打广告，让好处高频率出现，方便受众注意到信息，产生理解，作出回应和行动。

好处就是实用价值、社交货币、诱因。频率就是可见性，频率越高，可见性越强。

我们在上一章讲了，可见性在六大流行原则中占最重要的地位（绝妙胜过可见性。一是免费自动传播，二是传播的深度、广度和长度远远超过可见性。绝妙为王，在没有绝妙的前提下，可见性才是王）。没有可见性，其他五个原则的作用将大打折扣。个体是有思考的，但无数个个体聚集在一起变为大众，思考就完全丧失了。这个时候“看见”引领意识，看见什么就做什么。**频率产生可见性，可见性产生从众模仿和流行。从众模仿和流行就是必需品。**

## 频率影响论——所见即所得

我们都以为我们的配偶是天命之选，但是事实告诉我们，大量的人结婚是因为这个人刚好就在你身边而已。社会研究表明，有1/3以上的人的配偶，都是自己的同事和同学。

《如何让你爱的人爱上你》中也说，我们的配偶一定会在我们周围的三个街区之内。我们觉得配偶是与众不同的，但实际上如果换一个人在那个时间点出现在我们身边，很有可能他/她就成了那个人，这就是频率影响论。我们的决定往往并不是出自我们的本心，我们周围的人所出现的频率决定了我们是否喜欢他。

### 一、匹兹堡大学教授的实验

匹兹堡大学教授莫兰德让学生们从4个美女中选出最漂亮的那个来，而4个美女美丽的程度都差不多。结果，只有一个女孩的得票数特别高。原来，教授做了一个巧妙的安排，这学期他上了40次课，他安排这4个美女来的次数分别不同。有一个美女没来过，有一个美女来过5次，还有一个美女来过10次，得票最高的美女来过15次。教授要求她们来了以后，不要跟同学们交流，来了就坐到第一排听课，下课就走，也不在学校里出现。所以她与他们不可能认识，也不可能有情感，只是在课堂上出现的次数不一样，最后的结果是来了15次的那个人得票最高，就是因为她在他们面前出现的次数最多。这种现象就叫作“纯粹接触效应”。“纯粹接触效应”就是没有任何别的理由，只是因为接触得多，所以你就会对她产生好感。

“纯粹接触效应”已被数百次的实验所证实。无论是人脸、广告、词汇、果汁还是建筑物，在人们眼前出现的次数越多，好感度也就越高。因为熟悉，所以喜欢。人们看到某样东西的次数越多，对其喜爱的程度也就越高。这就是我说过的，很多大家觉得好的创意，只不过是老板广告费投得多的结果——纯粹金钱效应。

“纯粹接触效应”的背后更加有趣的是，我们对此毫无察觉。当莫兰德课上的学生被问到之前是否见过这些女生时，几乎所有人都给出了否定的回答。**高频率对人的影响不在意识层面，而是在潜意识层面，其影响之深、之隐蔽，驭万众于无形。**

## 二、频率主导判断——隐藏的说服者

下面有几个单词，看看你能够记住多少。尽可能多记几遍，时间不限——鲁莽、自命不凡、不合群、固执。

进行记忆力结果测试前，你要先做点别的事情。阅读下面的文章，然后回答几个简单问题：唐纳德花费大量的时间来寻找他所谓的“刺激”。他爬过德纳里山，坐皮划艇拍摄过科罗拉多急流，参加过“撞车大赛”。他曾经数次冒着生命危险去做这些事情。他觉得，或许自己会尝试高空跳伞或者驾帆船横渡大西洋。唐纳德与他人的联系很有限，觉得自己不需要依靠任何人。一旦唐纳德决定做某件事，他一定会把这件事完成，无论要花费多长时间，无论难度有多大。

根据以上描述，你会选择用哪个词来描述他呢？大多数人都会给唐纳德来点负面的评价，认为这人鲁莽，有点自命不凡。毕竟驾帆船横渡大西洋风险很高，“他很清楚自己能够很好地完成很多事情”，这话听上去有点自以为是。另一些人认为唐纳德很固执（因为他不愿意改变主意），而且不合群（因为他不依靠任何人）。

如果之前我让你记忆另一组完全不同的单词，又会出现怎样的结果呢？在阅读有关唐纳德的描述前，另一群人先被要求记住“喜欢冒险”“自信”“独立”“坚持不懈”等单词，结果他们对唐纳德的感觉确实发生了变化。现在的唐纳德变成了一个正面的形象。在他们眼中，唐纳德横渡大西洋的行为不是在玩命而是在冒险，他不依靠别人不是他不合群，反而是他独立的象征。

同样的唐纳德，两次得到的评价却完全不同。原因何在？脑袋里想着不同感情色彩的单词，再阅读有关唐纳德的描述，确实会给他的行为赋予不同的色彩，即使人们并未意识到这点。这些单词会让人们在脑海中产生不同的想法，进而影响对唐纳德行为的评价。所有这些都是无意中发生的，都受到了无形的影响。这就是**频率主导判断**。

## 三、模仿是一种基本的社会现象

当人们谈到别人为什么买奔驰车的时候，理由都是他受到了社会影响，他认为这是有钱人的身份标志，所以他跟风购买奔驰车；而自己买奔驰车的时候，他会说我喜欢这个车的性能，我喜欢这个车独特的风格，我觉得这个车很适合我。

我们在审视自己的决策的时候，我们经常忘记了社会影响，但是我们看别人的时候，就很清楚地觉得这是社会影响在起作用。

## 四、戒烟戒酒为什么那么难？广告为什么不能用否定词？

虽然大量的医生说肺癌跟抽烟有着极大的关系，脂肪肝、胃癌与喝酒有关，但依然有大量的人烟不离手、酒不离口。为什么？因为肺、肝、胃是看不见的，所以他们就觉得影响不大。

而且抽烟喝酒的正面形象太深入人心了，传播量又太广泛了。电视广告里，喝酒代表着拥有了成功人士的社会地位。而电影里比较酷帅的镜头都是人在抽烟，无论是西部牛仔片还是现代偶像剧。当电视、电影可视化地把这种形象传播出来后，就会发现这个身份信号变成了一个人们向往和追求的信号。可这是不对的！

戒烟戒酒的广告为什么反而宣传了抽烟喝酒？因为人类是感性动物和潜意识动物，不依靠理性思考，受所见所闻影响产生行动，所见即所行，频率唤起潜意识。戒烟戒酒，一是没有具体的形象或形象不生动，二是传播频率比抽烟喝酒低得多。除了形象生动，频率才是关键。

广告为什么不能用否定词和负面词？“我们不会输，我们从不屈服。”这句话表达的意思是“输和屈服”的反面，但我们看到的是“输和屈服”。法国社会学家塔尔德最早对模仿进行研究，他在1900年出版了《模仿律》一书，认为模仿是“基本的社会现象”，其提出模仿的定律是：

（1）下降律：社会下层人士喜欢模仿上层人士。

（2）几何级数率：模仿一旦开始，便按几何级数增加，蔓延迅速。正如时尚、舆论的传播像滚雪球一样。

（3）先内后外律：个体对本土文化的喜爱，总是优于外域文化。

就算人们能够用眼睛看出正确答案，有时也会选择遵从群体的意见，即使他们明知道群体的观点是错的，人们依然会模仿。所以说**模仿来自高频率的展示**。

## 名气就是曝光率

印象派画家卡耶博特在1894年去世时，他把自己收藏的印象派画作捐给国家博物馆，并且要求博物馆要把这些画公开展示。他的收藏包括了16幅莫奈、8幅雷诺阿、8幅德加、5幅塞尚、4幅马奈、18幅毕沙罗、9幅西斯莱。当时围绕着他的捐赠引发了很多的讨论，因为那时候印象派还没有取得像今天这样的成就。结果，这7位画家，因为名字和作品的曝光度要远远高于其他印象派画家（包括同样是杰出画家的卡耶博特），就构成了今天印象派的核心。但是因为卡耶博特本人的作品没在这次捐赠展出之列，导致他在印象派中的知名度要远比其他几位差。

心理学学者詹姆斯·卡廷有一个理论：卡耶博特的遗赠塑造了印象派精英群的事实，告诉了我们一些关于媒介、娱乐和流行事物的更深层、更广泛的事情——人们更喜爱他们曾经见过的画作。人们更喜欢那些能带给他们某种思想震撼的艺术品，而这种感觉经常源于“我熟悉这幅作品”的潜意识。

詹姆斯·卡廷的理论有其合理性，但也有片面性。齐白石从一个农村木匠到中国画的泰山北斗，在那个年代，其作品几乎没有公众曝光度，完全是靠绝妙即服的画技——大巧若拙，自动流传，征服了世界。

拿唐诗举个例，日本人公认的唐诗排第一的是张继的《枫桥夜泊》，全球华人公认的唐诗第一是孟郊的《游子吟》，国人公认的唐诗第一是崔颢的《黄鹤楼》。这几位诗人曝光率都很低，都不是有名的诗人，甚至大多数人都叫不出他们的名字。他们写诗不多，拿得出手的就这一首，但这一首太绝妙，就成为历史第一。连李白、杜甫、白居易这些写过上千篇诗歌、拥有超高曝光率的“流量明星”也赶不上。所以说绝妙是方法之王，也是传播之王，远胜广告频率和曝光率。

毕加索也不重视曝光度，他说：“我不懂什么是抽象派，什么是立体派，我只知道创造，创造，再创造。”他一生创造了 7 种不同风格的画法及多种艺术形式，真正做到了法无定式。毕加索绝妙即服的画技——大象无形。他的作品都是意、趣、神的绝妙联系。艺术作品最重要的不是“像”和“懂”，而是震撼和启示。这取决于绝妙，而不是熟悉。

绝妙产生的四步自动传播是一种口口相传的高频。

对于创意作品，流传和流行的根本和关键是绝妙即服，让人震撼。之后才是高频曝光。当然，**绝妙即服 + 高频 = 完美传播**。

詹姆斯·卡廷曾经针对印象派的作品做了个实验。在第一组实验中，他给 166 个学生呈现一组两幅印象派画作，每一组的两幅画里，有一幅画会更著名一些，也就意味着学生之前有很大概率曾看过这幅画。结果，10 次中有 6 次，学生会说他们喜欢那幅更有名的画，选择率是 60% 。

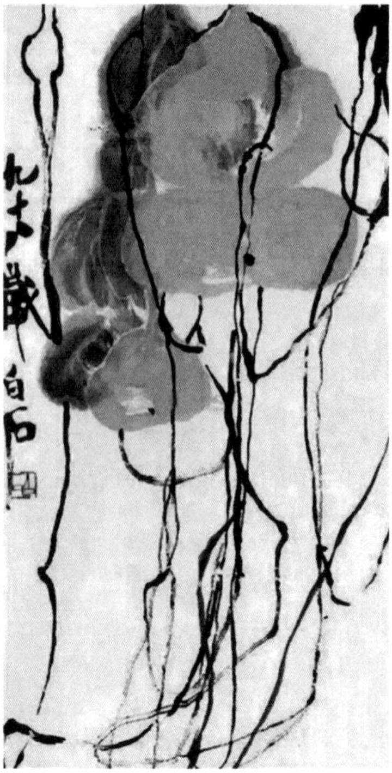
齐白石最后一幅画——神妙之作

在第二组实验中，他让参加实验的 151 名学生先看大量的画。这一次，学生每看到一次著名的画，就会连续四次看到一幅没那么有名的画，这样做是为了增加后者的曝光度。然后，让 151 名学生从 51 组画里选择他们更喜欢的作品。结果，在 51 组画中，学生选择的是不那么著名的画，选择率达 80% 。支持度测试的结果颠覆了传统。在全部的 51 组画中，学生们对著名印象派作品的偏爱消失了。莫奈花园里翠绿的魔力、雷诺阿画面中那令人心动的色彩、马奈的惊人天赋几乎都被一些东西抵消了，那就是重复曝光的力量。

画本身并没有变化，变化的是人们对它的熟悉度。汤普森总结说：“当现在的高中生认出莫奈的《睡莲》时，他们看到的是超过一个世纪的曝光和宣传的价值。”

画的价格，传统的说法是取决于艺术价值，但画的艺术价值很难有标准来评判。画的价格实际取决于画家的名气。名气显然可以量化，有标准来评判。名气就是曝光率，就是传播频率。

当然，这只是以学生为对象的试验。现实的情况是，莫奈、雷诺阿、马奈还是现实艺术世界的王者。在这里我要提醒一点：莫奈的《睡莲》从来没有做过广告，是作品本身达到了“绝妙即服”，然后启动了四步自动流程，才有超过一个世纪的曝光和宣传，这些曝光和宣传完全没有广告费的功劳，而是绝妙即服后的自动流传、免费报道。只要人类存在下去，还会千年万年流传。因为绝妙，而不是广告。

为什么“慈母手中线，游子身上衣”是世界华人唐诗第一？为什么“白日依山尽，黄河入海流”“随风潜入夜，润物细无声”是绝妙好诗流传千古？没有广告、没有渠道，只有绝妙！为什么李白是“诗仙”，杜甫是“诗圣”？因为他俩创作的绝妙好诗最多。李白一生漂泊，杜甫茅屋为秋风所破，哪里拿得出广告费！他们依靠的只有绝妙产生的高频，结果远胜烧光金山银山打广告的效果。

**“绝妙高频”在传播的深度、广度和长度上，远胜“广告高频”。**

历代帝王有很多也写诗词，帝王诗在当时一定都是既上课本，又有大量宣传，全民学习。为什么除了南唐后主李煜，其他帝王诗极少流传千古？因为李煜能绝妙，其他做不到！

“春花秋月何时了？往事知多少。小楼昨夜又东风，故国不堪回首月明中。雕栏玉砌应犹在，只是朱颜改。问君能有几多愁？恰似一江春水向东流。”绝妙联系：一是春花秋月联系往事。二是小楼东风联系故国。三是雕栏玉砌联系美人凭栏。四是春水东流联系多愁。往事、故国、朱颜、多愁——四个苦忆的巧合。多重联系，多个巧合。

“无言独上西楼，月如钩。寂寞梧桐深院锁清秋。”西楼月钩、深院梧桐多重联系寂寞。

本书第一次揭开千年智慧的重大机密——绝妙即服，并讲解如何做到绝妙。在此之前，人们对绝妙的原理和作用知之甚少，很多方法在运用中总让你感觉不尽如人意，但又不知道差在哪里。方法世界如缺半璧，不得其法。

掌握了绝妙，相当于找到了方法世界里丢失的半块璧玉，实现完璧。你会在很多方面恍然大悟、豁然开朗。有了绝妙，广告营销界的哥德巴赫猜想，百年无解，有了绝妙，一朝释然。

“高频”等待了一百年，终于与“绝妙”会师，达成完美传播。这还只是广告营销，产品、商业模式、发明创造、重大科技突破等，你都会看到绝妙与千阶万法胜利会师。

**绝妙的流行机制——绝妙产生敬畏，敬畏产生追随，追随产生流行。**

但詹姆斯·卡廷的实验还是强有力地告诉我们——“**广告高频可以与绝妙匹敌**”这一事实。这就是我们在第二章里讲过的，大量的广告播放会让产品和创意很出名，但是这不是创意本身牛，而是广告费牛，广告主的钱牛。如果这些广告费加上绝妙的创意，效果一定是原来平庸创意的十倍！

流行六原则、詹姆斯·卡廷的研究和我们前面也说过：高频（为了方便讲解，“高频”一词单独出现时指代大量广告，不否定“绝妙也是一种高频”）是一种巨大的能量，有巨大的好处。这是成功的广告人聪明的地方，充分利用了企业的钱来做成企业的事，也做成自己的事。但是，本书更要告诉大家的是，**绝妙是一种天大的能量，有天大的好处**，传播的高度、深度、长度和广度远远超过高频。

并且，绝妙是企业花策划费、咨询费时就应该得到的，这是跟几亿元广告费同等价值的东西，能让广告产生十倍的效果。但是企业没得到，得到的只是自己每年花几亿元广告费换来的高频，结果功劳还是策划方的。其实，一半的广告费浪费了，因为没做到绝妙。企业主一定要让策划方和咨询方拿出绝妙创意，产生十倍的广告效果，你应该得到绝妙+高频，而不只是一半。

## 广告没有过时——频率=流行

所谓病毒传播模式，指的是一个人传染给另一个人，然后通过这种人际传播，最后形成爆发式流行。而广告模式指的是一个人对多个人进行传播，就是广告宣传。

**广告的流行机制——广告产生频率，频率产生模仿，模仿产生流行。**

YouTube上火爆的视频，其实关键在于几个名人的转发，是名人在进行广播。像《哈利·波特》这样的爆款图书，最终能流行也是因为大出版社有能力用自己的发行渠道进行广播。

《引爆流行》的作者汤普森说：“几乎没有什么事物真的会像病毒一样传播。

要流行起来，需要广播传播。这种广播可能是沃尔玛的货架、卡戴珊的推特。只有通过这些途径，观点和产品才能成为主流。”

仅仅依靠病毒式扩散是很难真正打造一个流行产品的。要让你的产品触及大规模的受众，你必须同时采用广播扩散的手段。举个例子，《哈利·波特》在全球卖了5亿册，是世界上最畅销的小说系列。有人把它定位成病毒式扩散的典型，但实际上并非如此。第一本《哈利·波特与魔法石》被12家出版社退稿后才得到了一家出版社的认可，并被出版社买下了首版出版权，罗琳仅仅获得了1910美元的收入，被称为第一桶金。

这本书跟其他爆款图书一样，一开始只是一个潜在的流行产品，仅仅卖出了几千本，但后来成为轰动世界的文化产品。这中间到底发生了什么？经过详细的调查发现，它的流行依赖于三个环节的广播。

第一个广播是它的作者一直致力于利用小说原有的角色、故事、背景，写作系列小说。作者本身就有一定数量的粉丝。另外，她在小说网站上发布信息，这些网站上拥有几百万名读者。当她发布新书出版公告时，这个群体成为购买最初几千本书的主力，并且直接促成了第二个广播。

第二个广播是该小说在某个书评网站上拿到了读者评选出的最佳小说前三名的殊荣。这得益于前面提到的读者群体。第二个广播为仅仅卖了几千本的新书，引来了图书出版公司高管的注意。

第三个广播是获得了像兰登书屋这种全球最大的图书出版公司的分销和宣传。通常这些书一开始都是由一家小出版社发行。到第三个广播时，兰登书屋和作者谈妥了授权。紧接着这本书就上了《纽约时报》和各大媒体的头版，被上百万人阅读。接着，作者登上《娱乐周刊》杂志的封面。一个月的时间里，她出现在几个广播电台的节目里，节目的观众群体加起来有上千万人。同时，她又登上全美阅读量最大的《时代周刊》杂志，这本杂志的读者也超过了1000万人。2001年，《哈利·波特与魔法石》被改编成电影首登银幕。

汤普森的研究为什么说“广播”而不是“广告”？他的“广播”包含两层意思：一是广告（高频），二是自动传播（绝妙）。第一个广播、第二个广播是绝妙的自动流传。这位作者写作达到了绝妙，所以在最初几千人购买后，启动了第一次流传扩散。正因为绝妙，所以拿到了最佳小说前三名，启动了第二次流传扩散。只有第三个广播是广告。如果这本书不绝妙，广告也不会产生效果。

**绝妙即服就是广播，就是舆论领袖广播和病毒式传播。广告是烧钱的高频，**

**绝妙是免费的高频。广告是空中轰炸，绝妙是地面渗透。**

汤普森的研究说明：**绝妙 + 高频 = 引爆流行**。

广播是这本书从一个潜藏的流行产品一跃成为现象级产品的最大推手。这三个广播是这本书病毒式扩散的火箭发射台。所以，你可以瞄准绝妙的病毒式扩散，但同时也不要把广告扩散排除在外，它仍然是流行产品传播的关键手段。尤其在创意绝妙的情况下，广告高频能产生十倍的效果。

汤普森说："一些人蔑视发行和营销，认为它们毫无意义、令人生厌、华而不实，但是发行和营销是将美好的事物推到地表的地下根须，是它们让观众看到了那些美好的事物。只研究产品本身的吸引力是不够的，因为很多时候，最流行的事物并不是人们认为最好的那个。爆品在任何地方都流行是因为它们出现在了所有这些地方。内容为王（绝妙）是一条王道，但是发行（高频）也能缔造整个王国。"

他用一个词语"曝光效应"来说明这一点："曝光效应简单来说就是，人们通常会认为自己更熟悉也就是仿佛看到过的内容，要更好一些。因此，能够撬动那些大的广播节点，才是流行爆发的关键原因。"

大的广播节点即舆论领袖、名人、精英，什么能征服舆论领袖？绝妙即服！"绝妙"包含不可思议的巧合（奇迹、神通）、智慧挑战、人类思维的世界纪录、对称和黄金分割的完美结构、让人敬畏、心服口服、极度舒服，绝妙是舆论领袖、名人和精英最乐于传播的信息。

齐白石曾是农村木匠，自学绘画，一开始作品无人问津，他颇为落寞和苦闷。他在一首题画册诗中说："冷逸如雪个，游燕不值钱。"书画刻印，名气非常重要。齐白石不是那种活络的人，绘画走的又是八大山人那样冷逸的路子，所以生意清淡。他讲述："我的价格，比同时一般画家的价码，便宜一半，尚且很少人问津，生涯落寞得很。"后来他偶然遇到当时的画坛泰斗陈师曾。

陈师曾的绘画观点：宁拙勿巧，纯任天真。这刚好与齐白石的画风相吻合。陈师曾鼓励齐白石"画吾自画自合古，何必低首求同群"，让他不同、出奇。陈师曾开始了对齐白石的第一次广播：带齐白石进入北京的画家圈子。接着，第二次广播：把齐白石的画带到日本参加画展。齐白石的画，每幅要卖到 100 银圆，有一幅山水画，只二尺长的纸，居然卖了 250 银圆！这样的价码，在国内前所未有。

这次展览，吸引了世界多国人士，法国人选了齐白石和陈师曾的画，希望它们能参加巴黎艺术展览。日本人视陈、齐二人艺术水准甚高，还要将他们的作品及生活情形拍成电影……面对如此天壤之别的情形，齐白石感叹道："平生羞煞传名姓，海国都知老画家。"

这结果不仅齐白石想不到，国内绝大多数画家及收藏者也不曾想到。之后，买齐白石画的外国人多起来，齐白石终成一代宗师。2017 年中国艺术品秋拍上，齐白石《山水十二条屏》以 9.315 亿元成交，刷新了全球中国艺术品的拍卖纪录。

齐白石本身不喜欢交际和出名，但是作品实在绝妙，本身就是一种高频，这是成功的一半。另一半则需要广播高频。齐白石的画不用广播也能成功，但是会慢一些，广告营销则能加快这个进程。但最终决定其作品流传的深度、广度和长度的，主要还是绝妙。

从短时间引爆的作用来看，广告营销的重要性超出了很多内容人和产品人的想象。爆品之所以在任何地方都能流行，不仅仅是因为它们真的很绝妙，更是因为它们出现在了很多地方，让人随处可见。这其实也正是可口可乐的策略。可口可乐的成功，一个重要原因在于可口可乐要确保自己无处不在。

名人为什么都是网络大 V？流量明星为什么主导荧屏？就因为他们拥有最大限度的曝光频率。

大品牌总是大的广告主，目的就是制造频率，频率 = 流行。

## 《蒙娜丽莎》成名的秘密

在 1911 年之前，《蒙娜丽莎》只不过是众多名画中的一幅。1849 年时，《蒙娜丽莎》估值是 9 万法郎。同样收藏在卢浮宫中，提香的《以马忤斯的晚餐》是 15 万法郎。拉斐尔的《神圣的家族》是 60 万法郎，大约是《蒙娜丽莎》的 7 倍。如果《蒙娜丽莎》的艺术价值是她的美丽和微笑，因为它是达·芬奇的代表作，那它的名气就应该自始至终高高在上，为什么后面才逆袭呢？显然，它的成功不仅仅是艺术价值本身。

1911 年 8 月，一个失业的意大利画家，走进卢浮宫带走了《蒙娜丽莎》。法国的民众对于这个失窃事件震惊万分，并且愤愤不平地强调这幅画的历史意义。《蒙娜丽莎》消失了几年，直到窃贼落网。《蒙娜丽莎》失而复得成为震动国际的新闻。

1919年，杜尚制作了一个带有小胡子的蒙娜丽莎。他把这个作品取名为“带胡须的蒙娜丽莎”。在过去的一个世纪里，很多著名的画家都创作了他们自己的“蒙娜丽莎”恶搞作品，这些人包括达利和安迪·沃霍尔。现在，杯套上、杂志封面上、书皮上、电影海报上和小饰品上，蒙娜丽莎的脸无处不在。连续三次大曝光，让《蒙娜丽莎》后来成了全世界最著名的画作。结果全世界的民众都熟悉《蒙娜丽莎》，但是对《神圣的家族》和《以马忤斯的晚餐》毫无印象。

为什么曝光效应会提升我们对一些人、一些作品的评价呢？曝光效应背后的关键词是熟悉，也就是说，我们会本能地偏爱我们熟悉的东西，这是人类的基因本能。当我们的祖先生活在丛林中时，熟悉的路代表到达，熟悉的人代表信任，熟悉的环境代表安全和放松。

高频=熟悉=信任。

《蒙娜丽莎》其实不通过这些事件，也能获得广泛认可，但是过程会比较慢。因为《蒙娜丽莎》是超越同时代画作的绝妙作品：达·芬奇通过自己独创的渐隐法和空气透视，画出了同时代画家没有的空间感和立体感，打破了数百年来扁平画的窠臼，这是革命性的创新。另外，蒙娜丽莎面带微笑，直视画外观众，这也冲击了千年来宗教绘画的庄严肃穆的画像传统，给人震撼和启示。

《蒙娜丽莎》的成功同样复制了“绝妙+高频=流行”的公式。

**对传播频率来说，熟悉是一种力量，熟悉产生从众。对产品内容来说，熟悉是一种障碍，熟悉产生轻视。**

广告要重复再重复，产品内容要创新再创新。

一部电影连续看上10遍，你也会感到无聊。你喜欢吃的面包，顿顿吃你也会觉得恶心。因此，产品内容需要新奇特，需要震撼性刺激，需要惊奇。新奇特和震撼性能成为媒体和自媒体的焦点，自动产生广播扩散。

广播，一是高频，指掏钱打广告——广；二是绝妙，通过绝妙创意、震撼性概念、震撼性产品，引发大的节点广播和免费报道——播。

**花钱打广告是客户的事，绝妙是我们的事！我们会尽力建议高频，全力做到绝妙。**

## 如何创造频率？

想要制造流行产品必需的曝光频率，可以使用四个方法：

第一，绝妙频率。绝妙即服，做到绝妙创意和绝妙策划，进入妙语、妙笔、妙手、妙计、妙品等的人类顶级口碑传播通道，形成人际传播频率。

第二，渠道频率。自己拥有分销渠道。比如，如果你有个电影公司，同时你还有自己的院线，那么你拍电影的风险就要低一些。同理，如果你能让所有电台都播放你的歌，做音乐的风险也会大大降低。

第三，广告频率。有足够的钱，去做铺天盖地的广告。

第四，熟悉频率。在熟悉的基础上制造新产品。这种方法是内容生产者自己就可以掌控的。所以，过去 20 年，我们能看到越来越多的续集和根据成熟 IP（intellectual property，知识产权）改编的系列产品。1996 年，好莱坞票房前 10 的电影中没有一个是系列电影或超级英雄电影，基于漫画改编的电影票房收入只占总票房收入的 0.69%。20 年之后，2016 年，4 部超级英雄电影续集占了 29% 的总票房收入，它们是《美国队长 3：内战》《死侍》《蝙蝠侠大战超人：正义黎明》《X 战警：天启》。

## 熟一奇九

能够流行的内容和产品也有自己的特质，这个特质就是“熟悉的惊奇”。绝大多数人喜欢他们熟悉的内容和产品，因为熟悉让人感到安全。这可能是进化过程带来的，进化心理学家喜欢讲一句话：如果你见过某样东西，那说明它之前没有杀死过你。

曝光当然能够带来熟悉感，要想更好地说服别人接受你的某个创意，那就“把你的新想法包装成旧想法的改造版本”。

美国工业设计之父洛伊就说：“消费者在选择风格的过程中受到两种对立因素的影响，一是被新颖的事物吸引，二是对不熟悉的事物的抗拒。人们喜欢那些大胆但又容易理解其理念的产品——它们最具前瞻性又深入人心。”这是“最优新鲜度”的同类表述。

这就是我们常说的：意料之外，情理之中。震撼性创意必须要做到常人无法想到，同时又要符合当地历史文化。创意有因，不是天马行空乱来。“天眼”的意料之外是无人想到，情理之中是天目湖。东海龙宫的意料之外是听说过、没见过，情理之中是《西游记》中孙悟空的故乡、水晶之乡和东海城市。

在中国做创意，情理之中很容易，意料之外非常难。一是甲方完全没这个意识，二是怕冒险。这就是中国的创意产业远远落后于国外的根本原因。不是市场和国民接受不了，不是下端的问题，而是上端和中端的问题：甲方无意识，创意公司无能力。看看中国的“大片”就知道，原创的好故事极少，翻拍抄袭成风。

好莱坞最为推崇的故事模式或故事套路是《千面英雄》的“英雄之旅”模式，《星球大战》的导演卢卡斯就公开表达过他对《千面英雄》的推崇。《千面英雄》把各个民族的神话总结为一套共同的“英雄之旅”模式，简单概括下就是：一个英雄人物必须受到激发然后启程，开始时他一定要有缺点；英雄必须和自己的命运对抗，然后才能接受自己的使命；整个旅程中要充满挫折和焦虑；百转千回之后，英雄终于伸张正义。中国的武侠小说也是这个套路。无数的电影借用了这个套路来让人感到熟悉。好莱坞编剧分析师文森特·布鲁泽塞就说：“多数人都喜欢原创故事，前提是这个故事的叙事方式和我们知道的故事很相似。”

熟悉的惊奇，我们称之为“意料之外，情理之中”，其实就是核弹震撼方法。在这里熟悉是次要，惊奇是主要。情理之中是次要的，意料之外是主要的。可以想象一下，《星球大战》如果只是继承式的创新，绝对不会有影史上最成功电影的地位。它只是用了以往的结构，但是内容、场景却是颠覆式的创新、震撼性的创新。说实话，让当时第一次观看这些著名电影的人想想，他们觉得熟悉吗？我相信，没有人会觉得熟悉，只会觉得震撼和冲击。这就是熟一奇九。主要的感觉是震撼和惊奇。

1977 年第一部《星球大战》上映，当时的影评用得最多的词是“划时代”“革命性”“震撼性”。《阿凡达》《疯狂动物城》都是颠覆性的作品，除了正义战胜邪恶这一点没有任何技术含量的老套路之外，90% 以上的内容只能用震撼、惊奇来形容。

**对于文字语言来讲，熟悉和惊奇可以 5∶5。但是，对于画面和场景来说，必须熟一奇九。熟悉和惊奇的比例应该是 1∶9。震撼、惊奇、创意才是畅销的灵魂和根本。**

心理学家克劳迪娅·穆特说：“一个艺术作品并不需要很‘容易’地吸引观众。如果人们认为他们自己能够解决谜题的话，他们会喜欢谜题的。我把这个从不流畅变得流畅的瞬间称作‘审美上的灵光乍现’。观众如此喜欢灵光乍现的瞬间，因此他们期待这些瞬间的到来。”

绝妙的创意提供“能够解决的谜题”和“审美上的灵光乍现”，让人可以智力参与和体验，并能心领神会。领会绝妙那种“不可思议的巧合”，能提供你灵光乍现和震撼难忘的瞬间。如同一场刻骨铭心的爱情，一定不是赤裸裸地大声说我爱你（通俗易懂），而是心心相印和悄悄爱慕（心悦诚服）。

**领悟天才也是一种天才。每个平凡人都可以通过领悟天才，而短暂地成为天才。这是一种宝贵的荣誉。绝妙创意的心理作用机制正是如此。**

**熊大寻有一个判断创意好坏的方法：除了给你震撼惊奇，你会不会羡慕嫉妒——这要是我做出来的该多好！绝妙的创意都能达到这个效果。**

熟悉度只是指曝光率，创意最重要的是震撼和惊奇，是让人羡慕、嫉妒。熟悉度对于创意来讲，我们更愿意称之为情理之中。广告要尽量让人熟悉（高频），创意要尽量新奇，但要注意保持与人类理解力的联系。绝妙的创意之所以绝妙，就在于它在人们的理解力和新事物之间找到了最佳桥梁，没有之一——多重联系与多个巧合。

记得爸爸小时候给我讲过一个故事：一群人去办事，走了很远，穿过一片峡谷森林时大家停下来休息，其中一个人坐在了一个圆盘状的黑色大石头上。他抽完烟，把烟头摁熄在大石头上。这时大石头突然动起来了，大家都吓得跳了起来。定睛一看，原来是一条巨大的蟒蛇。大家吓得赶紧往山上跑，巨蟒顺着峡谷追随而来。爬到高处的人们扔大石头去阻挡，只见巨蟒一张大口就吞下一个大石头。连续吞下好几个大石头后，巨蟒终于爬不动了。这群人顺利走出了森林。

我小时候听过无数故事，但印象最深，一直记忆犹新的就是这个，我一直要求父亲重复讲述。到今天看来这个故事没有任何熟悉的故事结构，没有套路，没有交代前因后果，只有惊悚和震撼。那是多大一条蟒蛇啊，那是多么惊险的经历啊！新奇特、震撼性才是深刻记忆、创造口碑、引爆流行的关键。

重庆的洪崖洞、李子坝轻轨穿楼、皇冠大扶梯，恰恰是因为完全不熟悉、完全没有套路、完全超越常规、完全颠覆认知，恰恰是因为新奇特和震撼性，所以才成为网红打卡地，2019 年国庆期间吸引了 3000 万名游客。

尤其在这个年轻人主导消费潮流的时代，年轻人对新奇的接受远远大于对熟悉的依赖。

适当的熟悉，全力的惊奇，熟一奇九。

## 迪士尼——频率大师

迪士尼 = 大生意？绝妙联系：一是拍摄有震撼性创意的电影，创造大票房——绝妙频率。二是拥有电视网络推广自己的产品——渠道频率。三是迪士尼乐园，将电影、电视角色转化为线下产品的二次收益，包括门票收益和玩具衍生品收益——熟悉频率。四是乐园体验和玩具衍生品又加强了电影角色形象的宣传，形成回路——广告频率。

迪士尼的商业模式是全频率的回路模式。当迪士尼开始卖玩具时，很多电影行业的人以为，迪士尼只不过是想通过这种方式来宣传自己的电影，让更多的人走进电影院。结果恰恰相反，“电影只是概念，电影行业的未来是电影院之外的一切。电影的未来在商店里”。举个例子，迪士尼在 1933 年推出了米老鼠手表，两年内就卖出超过 200 万块表，这个收益要超过单部电影的收益。

迪士尼建立了一个不断循环和增强的回路。电影创造出受欢迎的动画形象，这些动画形象可以做成玩具和各种商品，迪士尼乐园可以让人近距离接触这些受欢迎的动画形象。同时，迪士尼乐园也是一个强有力的线下销售渠道，衍生品和迪士尼乐园又加强了这些动画形象的受欢迎程度，赚到的钱还可投资去拍更好的电影，让动画形象更受欢迎。

“一战”“二战”中各国通过飞机、大炮散发传单、手册，电台和收音机经常能听到各种劝降的声音，并且在对敌宣传中发挥了不可替代的作用。比如“一战”结束后，德国人总结其失败时，就曾说过他们是输给了北岩勋爵（英国现代新闻事业的创始人）和《泰晤士报》；“二战”名将、美国前总统艾森豪威尔就曾说过：“在宣传上花 1 美元，等于在国防上花 5 美元。”

企业、城市和景区如何做好广告频率？请继续阅读第七章“熊大寻方法”。

# 第七章

# 熊大寻方法

扫码立领
★本书知识课堂
★作者方法论讲堂
★作者策划案例

## 奇招的历史观：奇招改变历史！孙武、孙膑、诸葛亮谁更高明？

“奇”字解析，可大向上。“大”即时空，“大”是时空量词——年纪大，体积大。“奇”的智慧含义有两个：一是“可大”，由下向上，上升到高维来思考，可以做大；二是“大可”，从高维往下解决低维问题，大有可为。拥有奇招思维，犹拥汗血宝马，日行千里，一骑绝尘。善出奇者，无穷如天地，不竭如江海；善出奇者，化大地为酥酪，用长江为杯饮。奇招，出人意料，超越想象，不可思议的创意和思维；奇招，震撼性创意，颠覆式创新，极致化产品。天下江山起奇崛，无限风光在险峰。大自然无奇不风景，商界无奇不成功。

“奇”也是“骑”的本字。“奇”，甲骨文（大，成人；马，力畜）表示一个人两腿跨坐在马的背上。

迪士尼：想象力产业，每一部动画都是震撼性创意，每一个乐园都是颠覆式创新，年收入超过中国互联网三巨头 BAT（B 指百度，A 指阿里巴巴，T 指腾讯）的总和；

苹果：电脑 + 相机 + 手机，震撼，颠覆，全球第一市值公司；

海底捞：火锅 + 震撼性服务，千亿市值；

谷歌：搜索人类信息；

阿里巴巴：商店开到网上；

沃尔玛：低售价 + 低进价，天天低价，世界排名第一公司；

微信：网上关心朋友；

老干妈：极致美味；

戴比尔斯：钻石等于爱情；

**奇招既是策略，也是创意。**

**奇招就是战略，也是战术。**

“战略”（strategy）一词最早是军事概念。战略的定义即发现智谋的纲领。在西方，“strategy”一词源于希腊语，指军事将领指挥军队作战的谋略。在中国，“战略”一词历史久远，战指战争，略指谋略，战略就是战争计谋。只是指明一个方向那不叫战略，只叫幻想。只有高智谋地指方向、用方法，才叫战略。**没有**

**谋略，何来战略**?!

不要用平庸和四平八稳来做战略的代名词，战略就是超级智慧，就是奇招！中国什么词、什么动作跟“胜利”关联度最高？出奇制胜！没有之一。

**没有创意就没有生意，没有震撼就只有遗憾！**

每个大公司、每个大生意，都是先出奇招，后出奇迹。一个震撼性创意，可以马上震撼你的身心，攫取亿万人的心，成就商业帝国！每个大公司、每个大生意，都是对前辈的颠覆，都是出奇制胜，颠覆原有格局，重置牌局，重新排座，降维打击。**每个大公司、每个大生意，都要经历三部曲：奇招—奇迹—传奇**。

**奇招就是高维思维，对低维思维就是天机、天兵，就是神仙打人**。

中国史、世界史就是一部奇招改变世界的历史，每一个大事件、每一个大人物、每一个大生意，都是先出奇招、后出奇迹的结果。

有谋略就没有规则，有规则就没有谋略。规则是正，谋略是奇，不守规则是谋略的灵魂，出奇制胜是谋略家的法门。规则对前规则是奇，对后规则是正，奇正相生，生生不息。所以，规则给人最智慧的启示：规则的意义不在于遵守，而在于打破规则、创造规则。

在破与创之间纵横捭阖的就是奇招，奇招破局，奇招称霸。奇转天下，奇成质变：科学发明之奇，生产力变革之奇，政治军事之奇，奇之力造就每一个历史的关节点和枢纽，奇之力推动人类社会重大进步。

“战神”毛奇擅长机动作战、出奇制胜，其战争哲学是典型的“奇招思维”：一是在战争中若不冒大险则很难成大功。二是只要战术能获得胜利，战略可以让步。其创造了“闪击战”“机动指挥”“参谋本部”等奇招体系，证明了堂堂正正的平庸必须为奇行神效的超智让位，奠定了德国陆军在世界上的地位。

## “奇招思维”体系之五大方法

熊大寻“奇招思维”体系的**五大方法：绝妙即服、极点策略、核弹震撼、必需思维、好处高频**。在商业模式、产品、定位、营销和广告上全面运用这五大方法，颠覆格局，重新排位，创造奇迹。

绝妙即服：奇招妙计，奇思妙想，化腐朽为神奇，奇即绝妙，即仙人指路。

极点策略：出奇制胜，运筹出奇，奇是策划的代名词，奇即最优策略。

核弹震撼：今古奇观，千古奇闻，见所未见，闻所未闻，奇观即震撼核弹。

必需思维：攻其必救，操奇计赢。寻幽探奇，猎奇。

好处高频：奇货可居，奇即重大利好。历代囤积居奇最多的就两样，一是粮食，二是食盐，都是高频使用的必需品。

“奇”之词与五大方法：

奇妙，绝妙即服。

奇计，极点策略。

奇观，震撼核弹。

奇货，好处高频。

猎奇，必需产品。

## 一、绝妙即服（绝妙创意）

奇招就是绝妙的创意和策略，**绝妙即服，绝妙即说服！绝妙即刻说服，即刻征服！**绝妙的创意产生“绝无仅有的联系，不可思议的巧合”。这种不可思议的多个巧合代表天意，天意不可违，天意是至高无上的说服。绝妙产生的不可思议的巧合，给人震撼和让人敬畏，天意、震撼和敬畏产生至信至诚，至信至诚产生无限传播。绝妙即服的原理和过程，类似宗教的神迹显现、虔诚信服和无限流传。

绝妙产生四步自动流程：一秒听懂、心服口服、无法超越、流传千古。因此，绝妙是超低成本的传播、亿众佩服的传播、无敌千年的传播。所以，绝妙是一种极限智慧和能量，实现项目翻身突围。

宇宙万物的公式、定律皆为揭示多物联系的绝妙。宇宙万物存在那么多联系，这些联系存在那么多巧合。尽系为绝，多巧为妙——绝妙。宇宙万物的联系是绝妙的！宇宙不仅是超智慧人为，而且是用绝妙的方式创造构成。因此，绝妙即造物，即创造，绝妙具有天命、天能和天机，因此绝妙产生至信至诚，**至信至诚就是病毒传播、无限消费、千古流传和永恒记忆。**

得绝妙则得规律、得天道，绝妙是超越历史、社会和人类的法道，大道之行，天下为公。

### 1. “三个一工程”

熊大寻“绝妙定位”的方法和工序就是要做到“三个一工程”：唯一、第一、专一。

“三个一工程”在定位上要求：“唯一”是人无我有，找到事物间唯一的绝妙联系，产生多个巧合；“第一”是推向天下第一，最好的策略和创意，没有之一；“专一”是持续重复产生认知和千古流传。用大白话来讲就是找到市场空白，在这个空白上做到世界第一，并坚持在这个空白领域做第一，一百年不变。

原来我讲唯一，只讲市场空白，现在必须加一句：市场空白，天意绝妙。

“风花雪月，自在大理”，是大理唯一的心与景、物与欲的绝妙联系，产生了风、花、雪、月四个巧合，在人类的思维里就无法超越。这个定位是第一好的策略和创意，不可能再好。从我们策划到现在，坚持了 18 年，专一上做得很好，没有瞎折腾，大概率能保持几百年不变。

“三个一工程”要求做到三点：第一，一定要找到一个巨大的市场空白；第二，一定要创意到极致、到第一、到无法超越——绝妙；第三，将前两条的结果坚持到底。

熊大寻为什么要把定位、产品和营销都做到绝妙？因为绝妙是至信至诚，绝妙是最好、最强的说服。

2. **发现多重联系、多个巧合**

**乔布斯总结的创造力最准确：“创造力就是把事物联系起来！”这不是普通的联系，而是多重联系、多个巧合的绝妙联系。**

第一次工业革命是蒸汽机，发现了蒸汽推动万物的绝妙，第二次是电力，发现了电力驱动万物的绝妙。绝妙就是发现多物联系，**绝妙就是最大的创造力和最大的生产力！**

绝妙创意不仅仅是在定位口号上，这是小创意，更重要的是体现在产品和商业模式上。

苹果是电脑 + 相机 + 手机的绝妙创意，直接让诺基亚、摩托罗拉、富士、柯达阵亡。苹果把电话、音乐播放器、网络浏览器、GPS 等整合在了一个机器里，创造了真正的触摸屏、大屏，去掉了实体按键。苹果手机的伟大在于把世界带进了移动互联网时代。苹果让交流更方便，让信息更快捷。这是它的绝妙之处，也是它的伟大之处。

蒸汽机 = 水排 + 风箱 + 真空理论 + 热学，四者联系将世界带进工业时代。福特“马车 + 发动机”的绝妙创意，将世界带进汽车时代。熊大寻认为：**绝妙之处就是伟大之处。大生意都是当时全世界最厉害的策略（极点策略），产品都是必需品，都是好处高频，都是震撼核弹，都是绝妙创意。它们都符合五大方法原则。**

绝妙就是极点，就是无法超越的极限，就是至信至诚，就是无敌的说服。

**3. 公式定律体现理性绝妙，诗词和口号体现感性绝妙**

熊大寻为山西灵石县策划了旅游形象定位“古镇大院山水画”，一句话就把灵石的精华概括了：中国第一古镇静升古镇、中国最大的大院王家大院、石膏山、汾河和版画之乡。这个旅游形象口号不仅意境高远、画面优美，还具有强大的旅游吸引力和永恒的魅力。

之前为灵石创意的定位是“灵运之城，晋商之都”和“小商看平，大商看灵”（最大的晋商在灵石，而不是在平遥）。我总觉得不满意，一次又一次地思考，最终想出了“古镇大院山水画”。这就是我们的风格，一定要做到不可超越才罢手，因为，**不可超越之处，一定就是绝妙**。

我们来看看中国少有的几个做到极点的品牌和旅游形象定位：

武汉市旅游口号：高山流水，白云黄鹤；

红塔山品牌口号：山高人为峰；

大理旅游形象口号：风花雪月，自在大理；

宿迁招商口号：百万带来，千万带走；

三百山旅游形象口号：天下一半富，来源三百山；

灵石县旅游形象口号：古镇大院山水画；

石屏县旅游定位：清泉石上流。

武汉的“高山流水，白云黄鹤”，堪称绝妙。首先，好的口号自带画面感，见此口号如见古画，一幅溪山行旅、高人听音的画卷徐徐展开。其次，把武汉的文化底蕴讲出来了。汉阳九真山：这是春秋时期钟子期的老家。钟子期把砍来的柴背到集市上去卖，换的钱供养父母。卖完柴后，他总爱去大琴师俞伯牙的门口，久久地聆听琴声里的高山流水。武汉黄鹤楼：黄鹤一去不复返，白云千载空悠悠。最后，绝妙就是不可超越，不信你来试试。

最近，武汉市把这个口号改成了“高山流水，知音江城”，这就画蛇添足了。第一，江城不值钱，中国的江城实在太多了。第二，高山流水遇知音，前一句都讲了，后面又来重复，多余。第三，失去了美妙感，不美不妙了。

红塔集团“山高人为峰”：首先，山代表红塔山；其次，表达人定胜天的企业精神；最后，意境高远，哲理简白。

“风花雪月，自在大理”：下关风，上关花，苍山雪，洱海月，风花雪月给人的感受就是逍遥自在，“逍遥自在”是旅游的最高境界。这就做到了极点，做到了极致，不可超越。

**绝妙的东西让人有四个动作：一秒听懂、拍案叫绝、心悦诚服、一传百千。**

石屏定位“清泉石上流”，跟大理的“风花雪月”一样，每个字都代表了一类旅游资源。

第一个字是“清”——海菜清，海菜腔最大的特点就是“清新”，异龙湖水清，“清”字代表了自然风情。第二个字是“泉”——喜客泉和60多个龙潭神泉，这个“泉”字把它的泉水文化概括了。第三个字是“石”——石屏镇城之宝“石屏风”和旭甸化石村。第四个字是“上”——豆腐上，石屏豆腐天下闻名，是全世界唯一不用卤水而用井水点出来的豆腐。当地流传一句话“吃肉不如吃豆腐”，而且石屏豆腐在古代是贡品，当地人还说“吃豆腐易上榜”。第五个字是“流”——人一流，石屏民谚“对门两翰林，三步五进士，举人满街走，秀才多如狗”，云南唯一的状元也出在这里，所以是人才第一流。这样一来，“清泉石上流”，5个字将石屏的多样性的文化一语概之，5个字将石屏最准确而精练地概括了，给人无穷的联想，而联想是产生旅游消费最重要的元素，这是熊大寻让人绝妙即服的第一个理由。

第二个理由，我国地势西高东低，所以江河多是由西边向东边流的，“一江春水向东流”。但到了石屏这个地方，主要的三条大河在石屏境内却是往西边流的，这就对应了“清泉”到了“石屏”往“上”“流”，这就是“清泉石上流”。第三个理由是石屏古城坐落在一个巨大的石壳上，其下是地下湖，井水清甜，户户相通，涌上石城，故名“清泉石上流”。

云南石屏户外广告：清泉石上流，天下山水城

绝妙是最好的说服力！绝妙就是不讲道理，不许超越！永远不要强词夺理，把工夫花在拼命接近绝妙上，不要花在无谓的争辩上。什么叫妙不可言？就是绝妙的东西，不用讲话，直接征服！旅游策划和规划，按这个标准来做，每年就不会有上千亿元资金浪费在平庸的规划上了。企业产品策划和咨询，按这个标准来做，就会

知道一半的广告费到底浪费在哪儿，而且广告就会产生十倍的效果！

定位及广告词一定要力求绝妙，有的策划人和广告公司，没有能力追求绝妙，没有能力到达极点，随便给客户一个“粗直俗”的定位口号，叫客户拼命花钱打广告。为什么？一年花几亿元打广告，再烂的广告词也变得耳熟能详了，大家都熟悉好像就是“好创意”，这样就可以掩盖他们创意的不行。

“绝妙”恰恰能节省大量广告费，产生口口相传的效应，最关键是让人心服口服。不够绝妙的广告无论投多少钱，人们仍然是口服心不服，难以流传。对于城市和旅游景区来讲，流传百年的口号和定位是极其重要的，企业三五年就没了，城市和景区要千百年存续下去，因此，一定要绝妙的定位和口号，一次策划到极限、到绝妙，一千年不变！

还有的策划人和广告人告诉你一定要把项目名称放到口号里，熊大寻认为这不是必要条件。因为他们不懂“绝妙”的作用，地名放到口号里，确实能省一点传播费用。但是这是次要的，首要是绝妙。如果能放则放，不能放则罢。“打土豪，分田地”也没放主角的名字啊。

诺基亚“科技以人为本”、红塔山“山高人为峰”、雀巢“味道好极了”、金利来“男人的世界”、耐克“Just Do It”、山西“晋善晋美”、香港“动感之都”，这些著名品牌都没有把主角和地名放到广告词里啊！很简单，把地名放到广告词前加冒号就行了（石屏：清泉石上流。武汉：高山流水，白云黄鹤）。不要强放地名而不顾妙味。

“奇妙美”比“粗直俗”传播好太多太多，可以摄亿众，可以传千年。

什么叫美妙？妙和美是一体的，妙了一定美，美不一定妙，做到绝妙就是绝美。**很多设计很美，但为什么难以传播？因为不妙。只有绝妙才能体现事物之间的隐秘联系，才能体现顶级创造力，只有绝妙才能流传千古。**

绝美的事物就是万众仰慕、千古铭记。黄山华山，西施貂蝉。黄山松，奇美，华山险，奇险，一松一险，妙韵无穷。绝妙加美，才可流传。西施浣纱沉鱼，貂蝉焚香闭月，美到极致方为妙。绝妙加美，乃得千古。没有沉鱼和闭月之绝妙和隐秘联系，她们再美也泯然众人矣。绝妙才是传播。

有专家用统计学方法做了一个诗歌影响力排行榜。

**1. 唐诗排行榜**

**第一名，崔颢《黄鹤楼》**：“黄鹤一去不复返，白云千载空悠悠。”一句绝妙好诗，成就了唐诗第一名和四大名楼。这让诗仙李白羡慕嫉妒恨：“眼前有景道不得，崔颢题诗在上头。”绝妙就是不可超越，李白也做不到。

“晴川历历汉阳树，芳草萋萋鹦鹉洲。”晴川—芳草，历历—萋萋，汉阳树—鹦鹉洲。只这一句就有三重联系、三个巧合。

清代沈德潜在《说诗晬语》中评价说：“《黄鹤楼》诗，意得象先，纵笔所到，遂擅古今之奇。所谓‘章法之妙，不见句法，句法之妙，不见字法’者也。”这首诗为什么是唐诗第一名？因为尽得奇妙——意象奇，章法妙。

**第二名，王维《送元二使安西》：**“劝君更尽一杯酒，西出阳关无故人。”

**第三名，王之涣《凉州词》：**“羌笛何须怨杨柳，春风不度玉门关。”

**第四名，王之涣《登鹳雀楼》：**“白日依山尽，黄河入海流。欲穷千里目，更上一层楼。”白日—黄河，依山—入海，尽—流，欲穷—更上，千里目——层楼。五重联系，五个巧合。

绝妙之处分别是：黄鹤、白云比喻千载时空（二者绝妙联系），阳关比喻苍凉，玉门关比喻肃杀，层楼比喻境界。多物关联，找到心境与物境间的隐秘通道，营造的意境不可超越。

古代著名诗人大多是人生不得意、穷困潦倒，没钱打广告、没权进课本，但只要做到绝妙好诗，马上洛阳纸贵，风行天下。左思《三都赋》受到广泛好评，由于当时还没有发明印刷术，喜爱《三都赋》的人只能争相抄阅，因为抄写的人太多，京城洛阳的纸张供不应求，一时间全城纸价涨了几倍，立即开始**“绝妙创意”四步流程：至信至诚、病毒传播、无限消费、千古流传**。没有印刷术的年代就已经挡不住绝妙的影响力和传播力，更何况现在呢？

唐诗前四名，诗仙、诗圣的诗都没有入榜，崔颢却因为一首绝妙好诗就流传千古并名列第一。这四首诗都是找到了景物与心境间的隐秘联系，做到了绝妙，创造了出神入化的妙境，到达诗之最高峰。崔颢和王之涣对大众来讲都不是太有名，但一首绝妙好诗，足以名垂青史，一首绝妙好诗成就两大千古名楼。

以“落霞与孤鹜齐飞，秋水共长天一色”出名的《滕王阁序》是骈文而不是诗，所以没有进入排行榜，但也是千古妙句，就凭这一句妙语让滕王阁挤进四大名楼。绝妙之处：落霞与孤鹜、秋水与长天，比喻苍茫辽远。多重联系，多个巧合。

绝妙就是传播。绝妙就是绝唱，绝妙就是永恒，与人类共延续。没有绝妙何以写诗？没有绝妙何以策划？没有绝妙何以创意？绝妙就是成功。

### 2. 宋词排行榜

**第一名，苏轼《念奴娇·赤壁怀古》：**“大江东去，浪淘尽，千古风流人物。

故垒西边，人道是，三国周郎赤壁。”大江东去—故垒西边，浪淘尽—人道是，千古风流人物—三国周郎赤壁。三重联系，三个巧合。

**第二名，岳飞《满江红·写怀》：**“三十功名尘与土，八千里路云和月。”“壮志饥餐胡虏肉，笑谈渴饮匈奴血。”三十功名—八千里路，尘与土—云和月，壮志饥餐—笑谈渴饮，胡虏肉—匈奴血。四重联系，四个巧合。

**第三名，苏轼《水调歌头·明月几时有》：**“人有悲欢离合，月有阴晴圆缺，此事古难全。但愿人长久，千里共婵娟。”人—月，悲欢—阴晴，离合—圆缺。三重联系，三个巧合。

**第四名，柳永《雨霖铃·寒蝉凄切》：**“多情自古伤离别，更那堪冷落清秋节！今宵酒醒何处？杨柳岸，晓风残月。”

绝妙之处分别是：江浪比喻历史和人物（二者绝妙联系），云路月比喻功名，月圆月缺比喻聚散，杨柳风月比喻离别。绝妙就是找到事物间的关联，将意境推向极致。这些绝妙诗词，都在此心与此境的抒发上达到了极限，不可超越，所以绝妙，所以流传千古。

王国维在《人间词话》中说：“古今之成大事业、大学问者，必经过三种之境界：‘昨夜西风凋碧树，独上高楼，望尽天涯路。’此第一境也。‘衣带渐宽终不悔，为伊消得人憔悴。’此第二境也。‘众里寻他千百度，蓦然回首，那人却在灯火阑珊处。’此第三境也。”

第一境界为登高望远，学习智慧。第二境界为上穷碧落，搜肠刮肚。第三境界为功到自然成，一朝顿悟，发前人未发之秘，辟前人未辟之境。发现天道，创造绝妙。绝妙思维和绝妙创意，就是要找到暗处那人，找到不同事物间的隐秘联系，洞悉本质，直达极点。

借用古诗需要较长的时间才能造就景区，古人也是有意为诗、无意炒景。现在我们的目的不一样，手法要更胜古诗，要更绝妙，比如“风花雪月，自在大理”“古镇大院山水画”，要每个字每个词有联系，都绝妙，而且让人秒懂，这样才能快速传播，这个难度比写一流诗歌还难。

佛教讲妙法、妙音，真空妙有、妙行无住，妙即无住不滞，是最高智慧。**做到绝妙就是发现上天的秘密，即道，即规律，即定理，即造物，即创造。**

绝妙不是天马行空，个体发挥。绝妙是二物互联，多物互联，群体互通，是通事物、通人性，所以具通天之力，达通天之境。

绝妙不是深奥难懂，不是看完不懂，不是口服心不服，而是让人秒懂，当场拍案叫绝！至信至诚！达到无由传播、激动传播、炫耀传播。绝妙不是深奥，绝妙只是点炮——这就是我想要的！

绝妙就像魔术，把最不可思议的东西，用最简单的形式表现出来。齐白石的画、肖邦的音乐都是一眼一耳就心悦诚服，只因绝妙、天工，有宇宙之机。

绝妙不是像国际广告人为表现自己的小聪明，把创意弄成脑筋急转弯和智力题，而是发现老天的智慧，把它找出来。绝妙是老天策划好了的，我们只是来发现它。所以，绝妙是自然大道，不牵强、合人心，心服口服。

妙手天成，宇宙万物用绝妙这种方式构成，绝妙是上天能量的最高体现，因此，绝妙更主要的是发现而不是创作。“创意”是人工，牵强，需要发明一套逻辑来说服；“发现”是天工，不用解释，自然佩服。我们提的“绝妙创意”也是指天工，天的创意，这个方法准确的表述应该是“发现绝妙”。

苏东坡评陶渊明的诗：“初看似散缓，熟看有奇句……大率才高意远，则所寓得其妙，造语精到之至，遂能如此，似大匠运斤，不见斧凿之痕。”概括起来，就是奇妙和天工。

**熊大寻方法有一个理念：我们没有策划项目，只是发现上天做好了的策划。绝妙的创意一定是最好的创意，一定是无法超越的、极致的创意，这个只有天能做，我们力图找到它。**

创意达不到绝妙，就不能至信至诚，不能五体投地，不能拍案叫绝；就只能自圆其说、强词夺理，去发明一套逻辑强行说服人，花天价广告费去传播。达到绝妙，则不需要解释，直接征服，光速沟通。因为是天的创意，人必信之，人生而理解。

绝妙，打通各界，通行无碍，超越时空，流传千古。

## 二、极点策略

条条道路通罗马，我们要找的是最近的那条。

任何创意和策略都要到达极限，做极致创意，做到地球人无法超越，让对手冒一身冷汗，让客户心悦诚服。策略能力的核心就是要到达极点，天下第一。

**一个项目的策划和创意，从商业模式、产品、定位、营销到广告，都要求做到极致。极致就是绝妙，就是无敌，就是竞争对手的一身冷汗，就是“眼前有景道不得，崔颢题诗在上头”。**

到达极点，就是绝唱，就是永恒。“不畏浮云遮望眼，只缘身在最高层。”

熊大寻有三个理念：一是我们经手的旅游项目，一定要发现世界奇观，如果没有，就去创造！二是把每个方案都做到极致，让人感叹："怎么他们能想到，我们想不到！"三是每个城市、企业和景区，都要把眼光格局放大，如果你的产品做到了世界第一，就成功了。我们在城市策划、旅游策划规划和品牌策划上要做世界第一，我们只关注这个生意，时间只用在这个极点上。

熊大寻在策划香格里拉品牌和宁海县品牌过程中，就用极点策略找到了最优策略。详见第三章中的"极点策略如何创造世界旅游第一奇迹"和"一个口号，两个节日，全民徒步"。

## 三、核弹震撼：震撼性景观、颠覆式体验

宇宙的两大力量：一是绝妙，二是震撼。

一切公式、定理都是绝妙力量的展现，一切奇观、灾害都是震撼力量的显示。绝妙和震撼，体现天命、天能、天机，让人心怀敬畏、至信至诚，从而无限信服、无限传播。

绝妙和震撼是至高的能量，亦是打造产品和景区之不二法门。

大宗教通解一切的妙法和神迹显现，所体现的绝妙和震撼，也是其根本力量之源。

**唯绝妙和震撼能至信至诚，因而得无上力量。**

商场如战场，思路定出路。

核弹八天结束战斗，步枪十四年抗战。

常规思路就是常规出路，超常规思路才有超常规出路。

核弹震撼就是创造奇观：听说过，没见过；没听过，没见过。

核弹震撼就是颠覆式创新、革命性产品、历史性变革。

没有创意就没有生意，没有震撼就只有遗憾。

震撼体现在产品上就是极致体验。震撼体现在旅游上，就是天下奇观。

"王侯将相宁有种乎！"中国旅游景区一直以来由老天和古人说了算，老天对哪个地方厚爱，给予得天独厚的自然资源，哪个景区就能称王，这叫天之骄子，如九寨沟、石林、张家界。古人在哪个地方逗留，给哪个地方留下著名的历史文化，哪个地方就能称霸，这叫王位世袭，如长城、故宫、兵马俑。前者是一流的自然景观，后者是一流的历史文化。

对于众多资源平庸的旅游景区来说，好像永远都只能做陪衬和配菜。其实不

然，眼光胜风光，今人强古人！只要有超前的创意眼光，就能创造超越老天和古人的奇迹！长城是秦始皇的创意，故宫是明成祖的创意，为什么我们今天策划旅游项目就只能修旧如旧、复制古董？为什么就不能创设更精彩、更震撼的文化景观呢？

天之骄子的自然资源是亿万年形成的，王位世袭的历史文化是千百年形成的，资源一般的景区要超越它们，要后来者居上，就不能走常规路，不能拼历史时间，而要拼创意空间！要走超常规之路，要用空间换时间！用震撼性创意的超常规来战胜对手的常规，要用颠覆式创意的无限空间来战胜对手的千年时间。

传统著名景区要靠千百年文化的积累来造就，我们必须用超过古人千百倍的创意来改变时间积累的速度，在两三年内实现爆炸性质变，把传统景区的线性发展变成量子跳跃。

普通的创意是造产品，震撼性创意是造梦，造人们心之所向往而现实中没有的梦。所以，它们只需要几年时间就能超越别人千百年的发展。

普通的创意是常规武器，震撼的创意是核弹。能量爆炸的空间可以换来历史积累的时间，因为震撼性创意可以创造历史，当下就能永恒。而靠千年的时间沉淀成宝物，一块砖瓦也能做到。一万年太久，只争朝夕，时空卷曲。

因此，熊大寻认为：只要有超常规思路，只要有震撼性创意的能量，资源一般的景区也可以称王，所有旅游景区都有可能做“旅游之王”。迪士尼就能做到：给我一块空地，还你世界奇迹！

一流、二流的旅游资源早在20世纪90年代就已开发完了，今天剩下的绝大多数旅游景点都是三流、四流的资源。那是不是资源差就不开发了呢？不是！对于现代旅游开发来说，老天给什么东西不重要，古人留没留东西也不重要，重要的是头脑和创意。

因为**旅游早已过了简单地卖历史和文化的阶段，比这更厉害的是卖梦想和未来！**

普通创意是子弹，靠火药燃烧；震撼性创意是核弹，改变了千百年的引爆方式：靠原子裂变和聚变。震撼性创意的思维构成和方式与之完全不同，最后是裂变和聚变的效果。

什么是世界奇观？江苏溧阳有一个天目湖，你能想到把“天目”两个字创意出一个震撼世人的景观来吗？现在我们创意出来了，叫作“天眼”，概念叫“看一眼，佑一生”，你非去看不可。

我们在四川省宜宾市兴文石海大天坑中发现了一个巨大的“运”字——天赐大运，刚好位于巨大天坑的石壁上，天坑半山腰刚好有一条天然的环形步道，一个创意“石来运转”“走大运”，一下就能把天坑的命运扭转，天坑哪里没有？谁都见过，没什么稀奇，但顺着天然的“运”字走一圈，游客会怎么想？这是“石来运转”啊，谁不想来，谁不想体验一下！这就是奇观的威力。奇观不仅是视觉上的，更是心理上的，要足够震撼！

如果景区实在发现不了奇观，不要紧，我们有办法。我们为连云港这个东海边的城市、《西游记》中孙悟空的故乡，创意设计了“东海龙宫”，全中国人都听说过、没见过，结果就是全国人都跑到连云港来“哪吒闹海”。

## 四、必需产品

**什么是必需品？非来不可，不来后悔！非买不可，不买后悔。**

世界上有两种行业不会垮掉，一是医院，二是学校。人的生老病死都在医院里，望子成龙要在学校里。所以它们都是必需品。早上起床必须用牙膏牙刷，出门必须带手机，这些都是必需品。生意的诀窍在于，如何让你的产品成为必需品。

创意够绝妙，策略到极点，产品够震撼，还需要成为必需品，这样才能促成购买和持续消费。

遵义会议之后红军只打胜仗，不打败仗，成为转折点。熊大寻据此策划“旅游遵义，从此顺利”，将红色旅游与普通百姓发生必要联系，把它变成必需品，谁不想顺利？人人要来，非来不可，不来惦记。并且形成一套转运产品体系——第一站游娄山关：突破难关。第二站游二郎滩：渡过险滩。第三站到遵义会议会址：从此顺利。第四站到赤水河走廊：红运长久（赤水河走廊有中国酒文化长廊之称，借其“长”和“酒”之“长久”之义）。《策划遵义》获中国策划案例金奖。

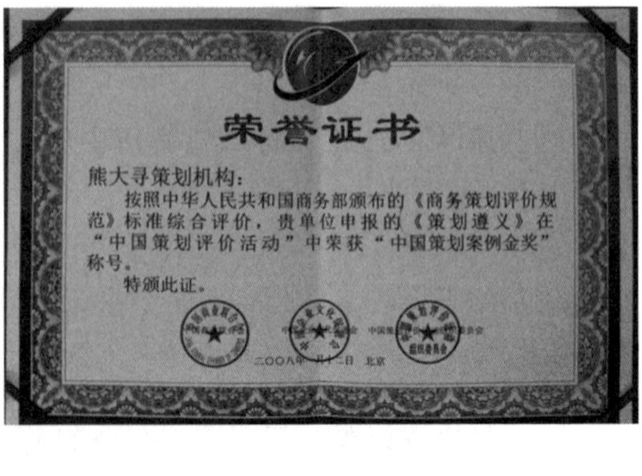
荣誉证书

熊大寻策划机构：

按照中华人民共和国商务部颁布的《商务策划评价规范》标准综合评价，贵单位申报的《策划遵义》在“中国策划评价活动”中荣获“中国策划案例金奖”称号。

特颁此证。

熊大寻旅游策划公司荣誉证书

熊大寻策划井冈山：五指峰有什么特别的呢？第四版百元人民币的背面就是五指峰，这是为了纪念中华人民共和国第一个造币厂建在井冈山。为此，五指峰被称为“中国最贵的山”。我们策划五指峰为“财山”，百元人民币上的瀑布叫“财源”，步行道叫“财路”。并且，熊大寻把井冈山策划为“国山”，与泰山 PK，全民投票，再次把红色旅游变成必需品和超级热点。

## 五、好处高频

所有的生意都是一样：发现需求，满足需求，即给人好处。买你的产品、到你的景区，你给我什么好处？不能是一般的好处，一定要是巨大的好处，除了生理上的，还有心理上的。“打土豪，分田地”，就是给几亿农民的好处。

做品牌、做旅游就是做群众运动，一年发动几百万人买你的产品和到你的景区消费，这需要革命家的本事。给足好处，一定要学会。

给好处还不够，还要做到绝妙，产生绝妙高频，口口相传。另外，还要重复说好处，不厌其烦地说。重复一千遍，才是真好处。这就是要广告高频。

怎样的广告才有效？什么才是最有效的广告？一是要绝妙，二是要高频率、长时间。

“重复是一种力量。宣传的本质在于坚持简单和重复。必须一刻不停地重复积极或妥当的主题，不厌其烦地反复说到世界上每个角落的人都诚服感动为止。”这是戈培尔的“好处高频”。

不断重复一种观念，就会使人产生无意识的自我确认，进而产生动机和行为，人们最终会对它深信不疑，变成信念和信仰。

**十次重复是相信，百次重复是信服，千次重复是信念，万次重复是信仰**。**绝妙的作用，频率也能达到，但是代价是绝妙的百倍千倍**。

绝妙的创意产生说服和诚服，比不绝妙的创意增加百倍的传播效率，但还不够。产品和景区时不我待，必须提速。因此，除了绝妙、极点、震撼、必需，还需要高频展现好处。

一个陌生但很漂亮的美女推荐你买一台电视，一个很熟悉的亲戚推荐你买一台电视，你会信谁？不用说，一定是熟人亲戚。

机场广告：香格里拉的标志——梅里雪山

为什么？美女再美也是第一次见，熟人再丑，也是经常见。熟悉产生信任，信任产生购买。所以，一定要让你的广告变成消费者的熟人。怎么变？“大宝天天见！”

一个广告与消费者见面的频率很高，就会变成像你的老熟人。除了绝妙即服，人们只会相信自己天天见、经常见到的东西，人们只会相信自己熟悉的事物，这就是潜藏在广告原理中的人性之秘，这也是为什么世界上最大的企业都是最大的广告主的原因。

广安红军标语馆：石碑、墙面、岩石、木匾……只要有平面的地方，一定都有红军的标语。无处不在的广告频率，句句好处打动人。

当初毛泽东之所以能以弱胜强，就是因为通过运动战和游击战，成功地将对手分解为实力不如自己的若干部分，然后在局部战场以 5 倍以上的兵力集中消灭敌军，从而通过多个以强胜弱的局部战斗的胜利取得整个战役的胜利。

其实他根本不是以弱胜强，而是彻头彻尾的以强胜弱。事实上，毛泽东在其亲自指挥的战役中都严格遵循“十则围之，五则分之”的军事法则。也就是说，兵力是对手 10 倍的时候就把对手围困起来，兵力是对手 5 倍的时候就将对手分而击之。

在广告和营销过程中，我们也要学会创造局部优势，保证在局部的实力是对手的数倍，只有达到这个量，才能取得局部战斗中压倒性的优势，积小胜为大胜，最终实现全局胜利。

机场广告：“风花雪月，自在大理”

现代力学有一个压强原理：$P=F/S$，即压强等于压力除以受力面积。

使压强（$P$）最大化有两种方法：第一，尽可能地增大压力（$F$）；第二，尽可能地减小受力面积（$S$）。$P$ 是广告效果，$F$ 是投放资金，$S$ 是投放区域，即广告效果（$P$） = 资金（$F$）/投放区域（$S$）。

从这个公式我们可以得出，使广告效果（$P$）最大化有两种方法：第一，尽可能地加大资金投入（$F$）；第二，尽可能地缩小投放区域（$S$）。在企业资金有限的情况下，即 $F$ 不变的情况下，要提升广告效果 $P$，唯一的办法就是缩小投放区域S，选择一个最重要的局部区域，在其中高频投放。这个最重要的区域我们叫作极好传播之处，好处高频。

香格里拉、大理的广告锁定在昆明机场，高频率密集发布，好处高频，压强原理。

**五大方法看伟略**。

绝妙创意（绝妙即服）：硬件（武器）难突破，软件突破。统战，支部建连，游击战。共产党=赢天下？绝妙联系：一是统战——外部最大化瓦解敌人，历史性的最广泛联盟的策略。二是政工——内部最大化聚力，历史性地把一盘散沙的中国人团结起来。三是游击战和机动灵活的战术——“你打你的，我打我的”，历史性的彻底的奇胜战术。

极点策略：打土豪，分田地。最大多数人，最普遍的愿望。打：统战，政工，软件最大化。分：土地革命，历史最高点。蒋介石评价：“天下何人不通共?”政工一百分。

核弹震撼：统战、政工、游击、土改都做到历史性高点，形式、内容颠覆震撼。个人认为这是最厉害的四大核武。

必需思维：打土豪——报仇；分田地——分地。几亿农民的必需品。

好处高频：无处不在的宣传，宣言书、宣传队、播种机。

奇招出奇迹，奇招定江山。

**奇招的历史观：奇招改变历史——孙武、孙膑、诸葛亮谁更高明**？

近年来全国流行一种观点，认为《孙子兵法》作者孙武才是千古军事谋略第一人，兵之至圣。这种观点认为围魏救赵的孙膑、草船借箭的诸葛亮等人，这些擅长出奇计的都是险中求胜，只有孙武从来不打无把握的仗，“胜兵先胜而后求战”，就是每战都要准备到必胜才打，所以孙武一生无名战，一生无奇谋，不是他本事不高，而是本事太高。这一观点影响很多企业家和职业经理人，他们认为企业就是尽量不要出奇制胜，要稳步做大，好像这样才是王道。

其实大谬！提出这种观点的人没有研究孙武、孙膑、诸葛亮的背景差异。孙武被伍子胥举荐给吴王阖闾时，阖闾已经是当时的“战神”了，已经是那个时代的巨头了。阖闾舟师溯江、夜袭之计败楚，夺回王舟“余皇”；出谋示弱诱敌、奇袭制胜，破七国联军，夺取州来；专诸刺僚，夺取王位；拜敌国重臣伍子胥为相，步步是奇招，计计是险招，这才打下了春秋五霸的基业。

孙武的老板底子很厚实，家大业大，当世最强。所以，孙武只需要稳扎稳打就可以了，有胜兵先胜的条件和家底，用流行的话来说，孙武家里有矿！

孙膑为齐威王效命，虽然这个老板也算贤明，史书记载他纳谏用能，励志图强，但只不过是一个能用人的老板，跟一代枭雄阖闾相比差得太多了。阖闾跟李世民、刘秀一样是中国最能打仗的皇帝。孙膑时的齐国实力远远不能跟孙武时的吴国相比，所以孙膑被迫打出千古名局：增兵减灶，围魏救赵。

诸葛亮时代的蜀国，是三国里面最弱的国家，天时、地利、人和都差，人和不是大家理解的，刘备是汉室皇叔就是人和了，这太虚了，完全站不住脚。让臣民富裕过好日子才是人和，人和肯定不在弱国，不在动不动就带着大队百姓逃亡的刘备这边（刘皇叔带百姓逃亡的规模和次数是历史第一人），而在强大的魏国和吴国，所谓天下归心是也。

缺钱、缺人、缺粮、缺枪，你让诸葛先生“胜兵先胜而后求战”，家里有矿呀?！正因为家底薄，所以诸葛亮草船借箭、借东风、空城计，各种逆天的招都用上了，所以才成为千古奇计第一人。为什么？都是贫弱惹的祸。毛泽东的党指挥枪、支部建连、统一战线、土地改革、四渡赤水、飞夺泸定、万里长征、千里跃进，全是奇招啊！毛泽东成为世界游击战之圣！格瓦拉等全世界打游击的人都崇拜他。为什么？缺钱、缺人、缺粮、缺枪，家里没矿，要跟武装到牙齿的富二代 PK 啊。

在毛泽东之前，全世界游击战只是偶尔为之的辅助战术，他把它变成了主战法，一直到家大业大，兵力超过蒋介石，我们才开始不打有名的战役了，靠人数十则围之，五则攻之，从此不出奇招了，不打游击了。但是后来的外线亚非拉、小球转大球都是奇招中的奇招啊。奇招就是战略，奇招也是战术。

没有谋略，何谈战略！

所以说孙武不是本事高，是家里有矿，老板太强。老板为什么强？因为老板擅出奇招，擅出奇招才是王。

诸葛亮在《隆中对》中讲过：“曹操比于袁绍，则名微而众寡，然操遂能克绍，以弱为强者，非惟天时，抑亦人谋也。”曹操为什么是一代枭雄？不只有天时，擅出奇招，才有奇迹。

熊大寻为什么把“我出奇招，你出奇迹”作为核心理念？因为我们面对的大多是民营企业，家里没矿。国企家大业大，可以四平八稳，它有这个条件。民企要发展必须出奇招，坚持出奇招，要信所谓的先胜后战，等做到阿里巴巴那么大再说，要信所谓的先胜后战，你早早就死了！

旅游开发也是如此，你家里有长城、故宫、九寨沟这样的“矿”，你可以不出奇招，因为老天已经帮你出了奇招，已经帮你造好了奇观，你只要造大门、修路、建停车场就完了，做好管理服务就行了。三流的资源如果还靠这套方法，一定完蛋。

你天天谈矿怎么卖，可是我只有石头啊，能告诉我石头怎么卖才是本事啊，矿怎么卖要你说吗？因此，千万不要把平庸当高深，千万不要把高深当逗逼。

你是皇帝的儿子，就四平八稳准备接班就好了；你是贫民的儿子，就得奇谋激战，改朝换代。皇帝的儿子玩深沉，贫民的儿子玩折腾。如果看不清套路，看不清背景，路数选错了，就会玩死。几亿人中只有一个人能当皇帝，历代皇帝还必须靠奇招定江山，用奇招守天下，因此，99.99%的概率：奇招改变人生！奇招改变历史！不作争论。

# 第八章

# 为什么90%的旅游景区都半死不活？平庸旅游规划导致的六大死局

扫码立领
★本书知识课堂
★作者方法论讲堂
★作者策划案例

2016年，谷歌集团给我打电话，想就全国景区的旅游策划和规划进行合作。我说：你们不是已经退出中国了吗？回答说，网站退出了，但商务部门还在。谷歌告诉我一个信息：中国的旅游景区只有5%在盈利，95%在亏钱！他们的统计比我们还悲观，我们一年全国各地跑一遍，估计是10%的旅游景区盈利，90%的半死不活。

一方面是如火如荼的局面，另一方面是哀鸿遍野的惨景。不是说好的21世纪最朝阳的行业是旅游吗？不是说好的全民旅游时代到来了吗？旅游景区到底怎么了？旅游投资到底哪里出了问题？

根据我们的经历和经验，旅游景区开发失败有六大原因。

## 一、负责决策的官员和老板不懂旅游

以前旅游景区绝大多数的投资主体是政府，现在民营老板开始做旅游了，但审批、规划还是要听政府的。可以这样说，三百六十行，最难做的就是旅游！从传统行业来说，中国各行各业都有祖师爷，都能形成行业，只有旅游没有形成行业。因为古代旅游是免费的，山水景区不卖门票，王府花园狗守门。现在要收费，难度就大了，完全无例可循，无法可依。所以，官员不懂旅游情有可原，但关键要懂怎么选择好的旅游策划和规划。

我经常讲一句话，**官场的思维是求同，商场的思维是求异**。在商场竞争，只有高度差异化、与众不同才有机会生存。所谓求同，就是跟上面保持一致，跟下面打成一片。这种思维用来执政非常对，但是用来做市场竞争就得完蛋。很多决策者开发旅游就是三板斧：考察、学习、模仿。先组织人马到全国考察类似的项目，回来照搬抄袭，整个一模一样的出来，这就是求同思维导致的全国景区千景一面、似曾相识，完全失去了旅游的魅力和市场的竞争力。

更可怕的是政府开发旅游力度十分大，上规模上档次，特别高大上，完全弄不清自己的核心卖点在哪里，产品的亮点在哪里，市场的引爆点在哪里，把景观当成景区来打造，大门够不够气派、建筑够不够高、栈道够不够宽、绿化够不够好、灯光工程够不够亮、接待中心够不够档次，这些他们最关心的，恰恰是市场最不感兴趣的！游客为什么来？这个问题，极少被深度思考和关注，也从来不是他们思考的焦点。

大多数决策者关心的是景观够不够气派，市民和上级会不会点赞，思考的着眼点完全是市政工程的套路。这个现象在江苏很普遍，因为财政收入高，很多景区都是按城市景观的套路去做的，投入还很大，看着也高大上，开业锣鼓喧天，营业门可罗雀。游客为什么一定要来？你的景区核心卖点在哪里？震撼性景观在哪里？这些根本没有考虑，因为城市景观思维和市政工程思维是不用考虑这些的，一定要走出这两种思维，深度思考消费者和市场，才能开发好旅游景区。

老板也同样如此，在中国，有半数的老板有模仿官场思维的习惯。而另半数老板确实有很好的市场意识和手段，但因为是转行过来第一次开发旅游，所以，也基本会走考察、学习、模仿的套路。

旅游是最难做的行业，定位、产品和营销都是变量，每个项目的历史文化、自然地理、民族风情有别，每个项目都必须高度原创。以房地产业为例，多少容积率，多少商住比例，兼顾交通和日照，房屋的摆布几乎都是一个模式，80 平方米、90 平方米、120 平方米各多少比例，户型图几乎都是一个样子，国家也有很多标准约束，所以房地产业和其他行业的产品都是定量策划。只有旅游是变量策划，完全无例可循，需要超级创意和震撼性的策划。

最近一个宁夏的老板就其项目咨询我：您说的震撼性创意是不是这样？然后发了一个佛祖站在四面喷水的高台之上，充满大片音效的动画给我，我哭笑不得。这抄袭了灵山不说，还完全吸引不了游客！这是一个普遍现象，很多老板完全不懂旅游怎么开发，很多规划设计院和旅游规划公司乘机用平庸至极的创意来忽悠老板，并且屡屡得手，关键在于他们特别懂得用声光电和现代科技来包装劣质创意，一定是大片的音乐，一定是声色夺魂，一定配上深厚的男中音，音乐一起，动画一放，老板就懵了。兄弟，千万不要用看电影的心态来看旅游规划，最好的电影放一个月就下线了，而景区是要几十年走下去的！如果这样都是好创意，这样都能做好旅游，那中国的电影导演一定是最强旅游开发商！

旅游投资者和决策人千万不要看 3D 动画，没有一个能成功地变成现实的，那些项目没有大片的音效和色彩，放到现实的场地上，就是一堆全国各地抄袭过来的、烧钱的、没用的垃圾创意。喜欢看花 60 元到电影院看就行了，不要被 60 元价值的包装晃花了你的眼，晃丢了你的钱。

为什么几乎各个行业的老板转行过来开发旅游都不行？原因在于，旅游跟所有行业不一样。其他行业是一定要研究竞争对手，要把产品弄得像个产品，要做得跟竞争对手差不多，这样才有竞争力。而旅游恰恰相反，千万不要把旅游景区开发得像一个旅游景区，这样你就很危险了。因为这都是别人忽悠你的，大门和停车场要像样，道路要像样，接待设施要像样，最后你的精力都放在这块了，你就不像样了。

你的精力和资金一定要放在不像旅游景区的地方，一定要放在游客会跨越千山万水跑过来买单的地方。这样你的景区才有生命力，你才能赚到大钱。为什么说旅游投资大、回报慢？原因就在于，你把大钱花到了完全不吸引游客的地方，完全花到了跟竞争对手一模一样的地方。

旅游跟其他行业不一样的地方还在于，景区从诞生始就面对所有景区的竞争，所以你不要把眼睛盯在你和老乡需要什么样的旅游方式上，不要把眼睛盯在周边竞争对手上，而要面向全国，要思考怎么跟全国景区不一样，怎么把全国人民都吸引过来，这样你才能活下去。

旅游跟其他行业还不一样的是，吃喝住行都有无数规范标准，吃喝要卫生达标，要不含有害物质，要符合国家标准……住房要采光好、通风良、日照适宜及抗震……造车要制动、耐撞、排放量低……而只有旅游是无限的。所以旅游是卖想象力的行业，旅游是无限创造的行业。

其他行业的老板转行过来一下全懵了，完全搞不懂，就只能走调研、考察、学习老三篇的路子，但是收效甚微。所以不要再被中国多得可怕的平庸的规划设计院和规划公司忽悠了，应该把搞老三篇的时间花在深入了解消费者需求上，花在无穷的想象和创意上。

我出奇招，你出奇迹！开发旅游就是创造奇迹！

## 二、决策者不懂什么是好的策划和规划

几十年来的定势思维，一提到城市策划和旅游规划就想到院校。10 多年来我不管到什么地方做项目，都会被当地领导尊称为熊教授，我每次都得更正。因为你这样叫我，我听着听着就觉得自己虚头巴脑的了。还是实在点好，我们是来解决问题的，不是来做学术的。可见领导的“做规划等于找教授”的思维定势多严重。

前几十年各个城市埋头做城市景观、城市建设，都是找的院校，没出什么问题。所以，现在开始大力开发旅游，也想当然地让院校来解决问题。其实不然，且不说中国城市景观和建筑千城一面，高度同质化，单说这种思维的错误：城市景观只是满足市民的需要，又不负责吸引游客，所以只要看着像样就行了。但旅游景区的开发是要每年吸引几百万名外地游客的，这个难度超过所有行业！但这些被我们的决策者忽略了，90% 以上的策划和规划都交给了院校，结果导致 90%

的景区半死不活！

为什么院校搞不定城市策划和旅游规划？因为做城市策划和旅游规划只有一个目的：怎么把大量游客吸引过来？院校的设计师们基本上是出了校门就进了院门，没摆过摊，没跑过市场，没做过销售，没下过海，没研究过消费者，请问他们怎么能把消费者吸引过来？书生造反，十年不成，博士造景，只来千人。

毛泽东为什么能成功？一是深入研究市场，徒步数千里走访乡村，一部《湖南农民运动考察报告》把中国消费者摸了个门儿清。二是震撼性的创意，以农为基、农村包围城市、三大法宝、十大纲领、万里长征、千里跃进，没有一条照搬抄袭，全是高度原创，所以能发动亿万群众。三是营销大师，现在中国 500 强和世界 500 强争相在农村做的围墙广告，就是毛泽东开的先河。前年我游广安邓小平故居，专门二次进园参观红军标语馆，红军所到之处，围墙、山石、石碑、门板……几乎所有有平面的地方都有红军的标语。

一群象牙塔里的学院派设计师，在院门、校门之间穿梭一生，怎么弄得懂生意是怎么回事？怎么能决定中国旅游的发展？怎么能发动群众来景区？请问！

要做好城市策划和旅游规划，一定要极限思考！一定要穷尽可能、做到极致！一定要做到绝妙，拿出让竞争对手冷汗直冒的创意！一定要把项目当成是自己投资的来做，这样才能做好。

我们几年前做过山西一个县的整体策划和规划，一个著名的做规划的大学也在做这个项目，汇报了 5 次都过不了，因为当地一个领导很懂行，说道：你们把做古建筑当成了开发旅游，五年前帮我们设计了一公里长的古街，现在一个铺面都租不出去。教授也是习惯了这种场面，转身来找我们借方案，直诉衷肠。后来我们把方案给他，他用了我们的方案后，第 6 次终于通过了。哈哈，谁说书生不江湖，但江湖要用在帮助景区上，不是用在过审上。

除了上述原因，还有就是肉烂在锅里的潜规则：大院大校都是国企，费用花给他们，审计上不会出问题，规划找院校理所当然。然而虽然审计不会出问题，但是经济要出大问题！中国 90% 的景区半死不活，谁来负责？我们做过统计，每年全国浪费在平庸规划上的费用高达千亿元，因此导致旅游项目投资失误的费用高达数万亿元。这个是对城市和人民犯罪，这是对职务最大的不负责任！

我们的现状是，正确地做错误的事情，理直气壮地做垂头丧气的事情，堂堂正正地做功败垂成的事情。

全国各地都有这个现象，把策划规划当儿戏，直接交给关系户和当地院校公司，结果导致90%的景区都玩不转，因为项目决策人把城市策划当成了城市规划，把旅游策划和规划当成了市政景观规划。这是十分严重的错误！城市规划和市政景观规划指导的是城市建设和城市景观建设，只是为了方便市民，不用考虑吸引游客，不用动什么脑筋，都是大同小异的常规套路。

而城市策划需要解决城市吸引海量人流的问题，需要全面打造绝妙的城市形象及震撼性建筑、景观和城市营销，每年吸引几百万、上千万名游客专程前来，这是极限智慧的运作。旅游策划和旅游规划也一样，一年要负责吸引几百万人来这个景区，这是挑战智力极限的活，怎么能轻率交付呢？策划规划做不好，几亿元、几十亿元投资血本无归；策划规划做得好，两年收回投资，每年几亿元直接收入，并且能多增加几万人就业。这是天上和地下的差别，死生之事，不得不察。

旅游投资商大部分是转行过来的，第一次尝试，很多都知道要请专家来为景区进行策划和规划，就像以前他们从事日用消费品或房地产一样，每个产品项目都请广告策划公司来策划，以保证产品和品牌畅销。但是，换到旅游行业，请旅游规划公司就完全不一样了。广告策划行业是完全市场竞争，全中国最聪明的人都集中在这个领域。但是城市策划、旅游策划和旅游规划不一样，任何旅游项目立项报批必须做规划，这变成了行政程序，这个行业完全是行政保护的温床，没有市场意识和高度竞争。这是一个缺乏思考、毫无创意的行当。

所以我们在这个行业10多年，几乎没有看到过让我们妒忌的作品。熊大寻之所以被业界视为传奇，是因为我们真的很拼命地做好方案，要求把每个项目当作自己投资的来做，要求每个项目必须做到极致，让同行20年内不能超越。

为什么社会对这个行业会这样评价："规划规划，墙上挂挂，纸上画画，通篇鬼话"？中国的旅游规划99%都是抄袭模仿的平庸方案，中国90%的旅游景区赚钱难，跟这种铺天盖地的平庸旅游规划有直接关系。我们经手的每个项目，之前都做过很多个策划和规划，但是几乎每个项目方案我们都猜得到同行是怎么做的，真的是不用看方案，马上就能猜个八九不离十。因为这个行业几乎没有人在动脑筋，什么类型的景区就套什么类型的方案。老板找到这样的公司的概率是99%，不输才怪。

怎样才能找到真正厉害的城市策划和旅游规划公司？很简单，请这家公司的老总来现场一趟，让他看完项目马上提思路，如果思路还没超过当地领导或老板的，或者说的都是套话空话，空谈理论，他的创意都是你听说过见过的，那就是

99%之列的了。策划规划就是解决问题，一上来就要一针见血，能至少在3个创意上打动并震撼当地领导或老板的，恭喜你，总算找到1%的高手了。

那些派总监、经理来谈项目的，派所谓分公司老总来的，是因为这家公司的老板本身就不行，这家公司缺乏顶级高手。旅游投资商的每个项目都是在搏命拼生死，对方的老总都不愿过来，你可想而知，最后是些什么人在做项目？他们有多少责任心、用了多少心在做决定项目生死的策划？

## 三、90%以上的旅游规划院和公司都不懂旅游

熊大寻做策划和规划19年，每年全国跑一遍，告诉大家一个客观的事实，很多旅游规划院和公司都不懂旅游。**旅游说白了就是发动群众，一年发动几百万群众不远千里而来，这个能耐得有多大？不亚于一个革命家**。全国不超过10个人有这个能耐，其中有几个还是像苏志刚、徐文荣这样的旅游企业家。那你就知道旅游策划和规划行业有几个真的能行的公司了。

中国大多数的旅游规划是这样玩套路的：开篇几十页是当地经济环境分析，再来几十页全球各地同类项目的模式展示，然后几十页以4个字为核心的充满文采的古典语句分点布局，最后几十页是抄袭来的大家看着似曾相识的项目。当地领导和老板看了觉得学到东西了。哈哈，老兄，你需要的不是学到几句文言文、看到几个新概念，你要的是一年几百万名游客来景区、来你的城市。几百万元的规划费买一个"学到东西了"，买一个看着像方案的方案，你真的危险了！

这方案里没有一个项目是根据你的条件原创的，没有一个项目是震撼到能吸引全国人民的，你的策划费、规划费白花了，你按这个方案去投资就完了。你问这些大院的人，规划为什么要这样做？他说老师教他就是这样的格式，他们的目标就是把方案做得像个方案。其实方案就是解决问题，尽量少写废话，多讲创意，别尽整那些没用的。

去年我们在湖北十堰接了一个汉江的项目，老板叫魏玉福，很有魄力。从房地产转型来开发旅游，全国有名的公司找了一遍，做了七八个方案，花了几千万元策划费，结果策划了个方案名叫"汉江梦"，定位又是八股文——"东方圣河汉江，风骚源头郧阳"。名字闻得到马屁味，但不吸引人。而且这定位是准备被唾沫淹死吗？你是东方圣河，黄河长江怎么想？你是风骚源头，屈原的家乡秭归也不答应。这个项目一上来就吵架，并且是无聊的吵架，因为东方圣河、风骚源头都不吸引游客，这个炒作就无聊了。

更有趣的是，他们把熊大寻策划机构2009年为天目湖做的震撼性景观“天眼”的效果图也原图拷贝放到了他们的方案里，作为他们的核心创意。这不是个例，99%的旅游规划公司要来研究这个项目，基本上都是这套东西。魏老板毕竟有市场嗅觉，老觉得不对劲，压了3年没敢动，直到遇到熊大寻。

我们是怎么做的呢？绝对是颠覆式的！

我们发现这里是北纬30度，全世界的怪事都发生在北纬30度，并且我们在这里发现了五大奇事。一是这里亿万年前的恐龙与百万年前的人类共存，都有重大考古发现的证据。二是这里80岁以上老人的人口比例是著名的长寿之乡巴马的3倍。三是方圆10公里内聚集了以百家姓命名的所有村落，百家姓的祖先都不约而同迁居至此，采获生命能量。四是这里是全国唯一的历史从未断过代的地方，文化不断层、历史不断代、生命不断线。五是汉江河道到这里形成一大地理奇观：MING，“命”字的汉语拼音竟然由河道显现出来，并且在“G”的部分，形成了一个极其逼真的天然跪拜的人，而甲骨文的“命”字就是一个人呈跪坐的姿势。郧阳因陨石坠地而得县名，却从未发现陨石，疑似误将外星飞船当成了陨石。十堰谐音“实验”，这里会不会是外星人进行地球生命实验的基地？

熊大寻用汉江河道“MING”和“跪拜的人”天然形状设计的logo，老天创造的奇观是最大的logo，不用设计师画蛇添足

据此，熊大寻把这个项目命名为“神命谷”，神奇的命运，神圣的生命，来了能采生命能量、改变命运。广告词是“地理大发现！生命能量场！”随后，我们策划了“神命谷十大天问”。

**1. 神命谷第一问**

北纬30度发生了许多怪事，神命谷也在北纬30度附近。在神命谷，为什么恐龙和古人类共生一地？为什么百家姓全部聚集于此？为什么百岁老人如此之多？这里是地球的生命之门和地球能量场吗，还是外星人的实验基地？

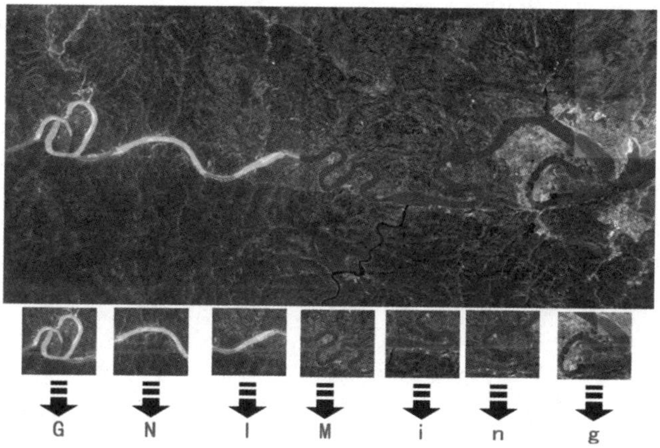


汉江河道天然显现MING——“命”字的拼音

**2. 神命谷第二问**

北纬30度发生怪事的地方都出现三角图形，例如百慕大三角、埃及金字塔、珠穆朗玛峰、三星堆文化、鄱阳湖的魔鬼三角。五峰山从三面看极似一座金字塔，其半山有长达百米的五行石，金木水火土五行俱全，整齐排列，奇特异常，五峰山会不会是外星人基地？五行石会不会是外星人收集来研究地球的材料？

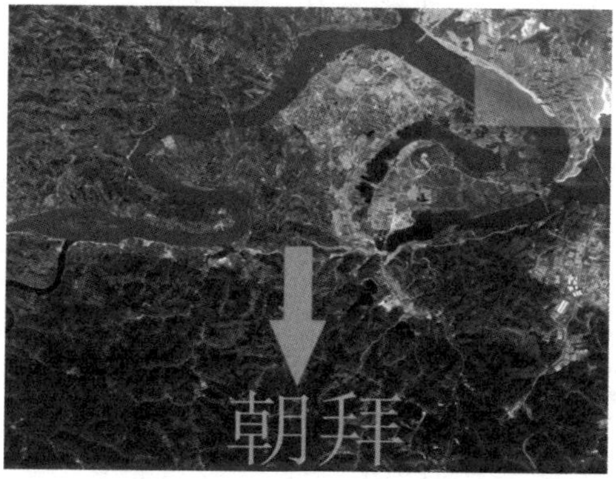


汉江河道极像一个跪拜的人

**3. 神命谷第三问**

神命谷是屈原投江处，也是粽子的诞生地，粽子是三角形，而中国古代几乎所有食物、器物和图形都是方形和圆形，跟外星人有关联的都是三角形（西方科学家认为金字塔是外星人基地，不少隐秘的雪山都是金字塔形，都有强大的电磁场，都是外星人基地），难道是古人看见外星人从金字塔形的五峰山起飞获得灵感，创造了可以让屈原灵魂升天的金字塔形粽子？

**4. 神命谷第四问**

神命谷东段，从地图上看似有一个人呈跪拜姿势，方向正对着生命之门，韩家洲岛是双手合十处，卧龙湖古河道是弯膝跪地处，极其形似，鬼斧神工。这是不是外星人勾画的指示生命之门和地球能量场的所在，暗示人类通过朝拜就可获得能量？

**5. 神命谷第五问**

长利川地下城，以当时人类的技术不可能做到，神命谷的韩家洲和天马崖各有一个无底洞，都通往地球内部，深不可测，尤其是天马崖上的神仙洞，相传女娲补天从此处发起，洞内极深，有一岔道，一头通四川峨眉山，一头通东海龙宫。西方科学家认为外星人住在地球内部，这会不会是他们的通道？

**6. 神命谷第六问**

汉江南岸、汉江公路大桥头天马崖，崖上白玉庵旁有池水，记载有白色天马降临，或在池中，或在汉江，奇怪之处是，天马停过的江水中，鱼儿又多又肥。外地盗宝人想来盗取天马，霎时间狂风大作，天马腾空而起，半壁山如斧劈般突然垮塌，盗贼随着巨响掉入江水。白色天马会不会是飞船？吸引大鱼的会不会是生物电磁波？劈开大山的会不会是激光？

**7. 神命谷第七问**

韩家洲会不会就是屈原《天问》记载的“鳌戴山抃，何以安之？释舟陵行，何之迁之”的地方？

大龟背负大山水中游，大山怎能安稳不漂流？大山离开龟背到陆上，怎么能把大山移走？上古的人是不是看到了的北峰被外星飞船搬运到了韩家洲？

**8. 神命谷第八问**

堵河为什么叫这个名字？

第一，韩家洲所在地有一个无底洞（传说是外星人出入地球内部的门户），外星人为了遮掩这个洞口，所以搬运了一座小山来挡住洞口。

第二，这座小山刚好也挡住了汉江支流，所以命名为堵河，古人类目睹了这一个移山堵河的举动，所以取了这个奇怪的河名。

第三，韩家洲的位置刚好是“龙的传人”（朝圣的人）的双手合十处，是不是外星人暗示此处是生命之门、地球能量场，人类应该向其朝拜？

**9. 神命谷第九问**

郧阳史料记载，韩家洲上有一“活宝贝”。每当月明之夜，江对岸就有如磨盘大的一团亮光，贼亮贼亮地在洲尾一带跑动。有人好奇，曾多次去捉，均不得其所，倒是有几座废弃的窖址为人们所发现。“活宝贝”会不会就是通常形状都像磨盘的飞船？

**10. 神命谷第十问**

屈原《天问》《大招》记录了上古人类和屈原本人在汉江看到过或记载过的

几个疑似外星人和飞船的事：

第一，“焉有虬龙，负熊以游？雄虺九首，儵忽焉在？”哪里有无角虬龙，背着大熊来遨游？一条大蛇九个头，来去如电哪儿有？虬龙和雄虺会不会是飞船？

第二，“何所不死？长人何守？”什么地方人不死？何处巨人来看守？不死的人会不会是上古人类看到的外星人？

第三，“鲮鱼何所？鬿堆焉处？”人面鲮鱼哪儿有？吃人的雀在哪里？鲮鱼和鬿堆会不会是上古人类看到过但无法解释的外星人？

第四，“鳌戴山抃，何以安之？释舟陵行，何之迁之？”大龟背负大山水中游，大山怎能平稳不漂流？大山离开龟背到陆上，怎么能把大山移走？龟背形似飞碟，会不会是上古人类看到误将飞船当作了大龟？

第五，“豕首纵目，被发鬤只。长爪踞牙，诶笑狂只。”魂啊不要去西方，猪头妖怪眼睛直着长，毛发散乱披在身上，长长的爪子锯齿般的牙，嬉笑中露出疯狂相。猪头妖怪和山鬼会不会是上古人类看到过而又无法理解的外星人？

**神命谷——中国最神秘的河段！地球最奇特的密码！**

神命谷广告牌

谁能把屈原的作品这样来解读？谁规定讲屈原就要讲诗歌的高峰？我们偏讲屈原是外星文化的见证者和记录者！中国的创意产业和策划行业就是因为太多的规定、太多的框框、太多的陈规陋习，导致了太多的平庸，导致了太多的败笔。

我们的方案里至少给了客户几十个惊喜，不一一公开了。总之，是让甲方和同行无法想象到的，照着做一定能成功的。看到这里你还记得东方圣河和风骚源头吗？别再打着文化的旗号来忽悠老板了。策划规划定生死，没有这个实力别出来害人。

熊大寻策划机构做的方案通常要去掉骚气、引来人气。同行说：熊大寻做的创意不是人想出来的！我们每个项目都要求做到让同行看了出一身冷汗，20 年不敢碰我们做过的项目。我们几乎有一半的项目都是同行介绍来的，他们汇报六七次都过不了，只好向甲方推荐我们。这个病他们治不了，疑难杂症只有找熊大寻。

2016年接的陕西某大型国企文化旅游项目，全国招标请了8家公司竞标，都是非常有名的大院大校，其中一家中标，做了一年半的方案，汇报了8次没通过，院长找董事长发火：你到底想做成什么样？把你的想法告诉我，别再折磨我们了。董事长也火了：我要知道怎么做，还花钱找你干吗？最后找到我们，跟董事长见面20分钟就把创意思路讲清了，接下来做方案一次汇报就过了。

2017年接的青海某县的整体规划，县委书记偶然看到熊大寻的一篇旅游策划文章，当天夜里在网上搜索了十几篇我们写的文章，激动得难于入眠，当下邀请我们进行策划规划。北京某院之前做了规划，历时1年，汇报13次没通过。而我们接的项目从来都是一遍过。为什么？别的规划公司签约都要开庆功宴，但我们每次签约我都不开心，觉得重任压肩，无法高兴。但是每次汇报我都会十分兴奋，为什么？因为又可以让甲方现场兴奋不已。

别的公司是提心吊胆来汇报，我们感觉像布道。差距在哪里？因为我们是把策划和规划做到极致，把项目当成自己的来做，做不好就得赔上身家。所以极限思考和创意，结果自然是汇报就像布道传教，带着神采。南方某旅游规划院院长说：熊大寻是业界的神！这不是别人吹捧，而是我们变态的努力和极限的思考得来的。

## 四、把投资和实力看得太重，忽视创意和策划

王健林最近把75个酒店和全部文化旅游项目卖给了富力和融创，传言是因为股债双杀的压力，真实原因有一个，就是万达旅游真的不赚钱。云南一个自驾协会的会长告诉我，他到景洪市数了半年万达乐园大门的摄像头录进的游客人数，只有10来万人，一年20多万名游客，怎么收回投资？有钱真的也做不好旅游。

与之相反的是迪士尼上海开园，第一年就净赚近百亿元，当年收回投资。王健林当时放话：因为万达在旅游业的存在，要让迪士尼20年赚不到钱！这下真心打脸了。

王健林为什么赢不过迪士尼？

第一，不是有钱就能玩得好旅游，这个行当最需要的是震撼人心的创意，而

不是钱。没有超常规的创意，旅游项目十投九亏。把旅游理解成游乐园，把全球的项目抄袭过来，这是典型的土豪思维，对旅游的理解太浅了。

第二，不是有一支执行力强大的团队就行，旅游需要的是有超级想象力的人！

第三，盖房子的人不懂“盖”城堡，塞满容积率的大脑怎么钻得出米老鼠呢？迪士尼有太多的原创、太多的 IP 了！正是这些震撼性的创意决定了景区的生死成败。这是信奉有钱就是万能的中国土豪所不能理解的。

比王健林、马云钱多三倍的人能干什么？比尔·盖茨还是在卖软件，奥特加还是在卖衣服，巴菲特还是在玩股票，钱比王健林、马云多十倍的沃尔顿还是在开超市。所以不要指望万达、阿里巴巴能覆盖一切，因为主观够不着，客观不允许，这只不过是简单的规律。

万达旅游城每个项目都是投资数百亿元，手笔很大，但是创意有限，就是一个套路、一个模式。南昌万达城的地标性建筑就是一个陶瓷罐，合肥万达城的地标是一只花鼓，广州万达城是一朵木棉花，无锡万达城是一个紫砂壶，哈尔滨万达城是一个冰壶。那么按照这个思路，设想天津万达城是不是准备策划一个包子，昆明万达城是不是策划一碗米线？

这种象形创意是比较初级的创意，小学生的思维，我们比较忌讳做这样的创意，因为太没新意，太没有吸引力了。震撼性创意要能一把抓住人的眼球和灵魂，让 14 亿人非来不可，不来后悔。这种反映地方特色的象形思维，只是为了拉拢当地官员和市民的感情，根本没弄懂旅游是怎么回事！万达还一往无前地搞成一个系列。估计王健林是被同一家设计公司深深地忽悠瘸了。

不是跟风对万达落井下石，本人很佩服王健林，严重鄙视仇富的人，也对“清华北大不如胆大”举双手赞成，这句话讲出了商业的本质，只是他转型开发旅游却没研究透，可惜了。

除了象形创意，万达城所到之处全是全球山寨版的过山车、水上乐园、灯光秀、水秀，千城一面，千景一色。这些项目一个数百亿元，十个数千亿元，遍布全国，远超迪士尼，这就是王健林敢喊出“让迪士尼二十年不盈利”的豪言的底气。但是戏剧性的是，事实如悬念电影的结尾一样反转了。殊不知迪士尼实体投资只有万达 1/10，但是其创意投资和知识产权却是万达的数百倍，高达上万亿元。

**2016 年迪士尼全球营收达 556 亿美元，超过中国互联网三巨头 BAT（B 指百**

**度，A指阿里巴巴，T指腾讯）的总和。是什么支撑了这个百年企业的疯狂发展？第一是创意，第二是创意，第三还是创意**。因为这些创意带来的各种原创卡通人物偶像，使全球几十亿人都成为它的粉丝。

只要掌握了绝妙创意和震撼创意的方法，就可以快速盘活上万个半死不活的景区，这是一个天量的市场。可以通过打造城市震撼性建筑和震撼性景观，打造超级引流器，重新定义地产和旅游的新玩法，这又是一个天量的市场。

云南迪庆州10多年前财政收入仅有3000万元，一分钱没花，有石破天惊的“香格里拉”大创意，10年游客量增加1万倍！

大理“风花雪月，自在大理”，仅仅一句广告词，让大理成为天下小资找感觉的胜地。

**无形投资大于有形投资，无形投资指导有形投资，无形投资就是绝妙的创意策划，没有高明的创意策划，投多少钱都等于白搭！**山西、内蒙古煤炭行情好的时候，煤老板一个景区投几十亿元进去，结果没有几个成气候的。问题在于，方案没有震撼性的创意，景区没有震撼性的景观，没有震撼就只有遗憾。

## 五、把偶然当成必然，把当时当成此时

2016年十一国庆黄金周，成都一个城市的旅游总收入竟然超过云南一个省，四川旅游早已全面超越云南，贵州旅游也已经迎头赶上云南，云南旅游为什么被成都、贵州撂倒？为什么以前是全国旅游学云南，现在是云南旅游学全国？原因在于：

第一，故步自封、靠天吃饭，20年前云南旅游崛起，靠的都是一流的旅游资源，大理、香格里拉、丽江、西双版纳等，当时也有大手笔的创意策划，比如抢了“香格里拉”品牌，在香格里拉之川滇藏三省抢夺战中一举获胜。大理从“五朵金花的故乡”转型为“风花雪月”，丽江从纳西风情转型为小资天堂。一流的资源加上一流的策划，这是云南旅游一次创业成功的原因。

近几年是云南旅游的二次创业，问题就出来了：一流资源开发完了，剩下的都是二三流的资源，这时候最需要大创意大策划，却恰恰没有了一次创业的大手笔。没魄力、无创意，三流的资源加上三流的创意，这就是云南旅游二次创业失败的原因。

第二，各地旅游策划、规划，靠关系、玩指定，一两家根本走不出省的公司就可以靠关系垄断旅游规划。土著指导土著，等于土上加土！这10多年来有一

个很奇怪的现象，每年全国各地至少几十个城市的政府官员都会主动联系我们，到我们公司来参观，新疆、青海、东北的都经常过来，但云南的政府官员却从来没有来过。原因可能有三：一是云南政府官员在旅游上有着莫名的“自信”，但其实云南旅游还在靠十几年前香格里拉、大理、丽江创造的奇迹吃饭，10多年没有新亮点，何来的自信？二是资讯和搜索能力太差，只会在云南找土著公司，不会在全国范围找高手。三是发展的愿望可能不太迫切。

当地领导的想法：规划不就是为了立项、争取资金嘛！也就是走个形式，做好做坏差不多。实乃大谬，城市景观规划好坏确实危害不大，景观再丑、广场再差，也还有广场舞大妈来撑场面。但是旅游规划好坏却是致命的，策划规划定生死，策划规划不做到绝妙、不做到高明，这个景区一定会死！几亿元、几十亿元投下去，人都不来。

第三，人是第一位的，资源是其次。决策者无魄力，操盘者无能力，资源再好也白搭，何况云南面临的大问题是二三流旅游资源如何盘活。老路子走不通了，魄力和智慧一定要是一次创业的十倍百倍！

昆明目前同时在建七八个大型主题乐园，一个二线半城市，一个大型乐园都难以活下去，这七八个左手打右手的窝里斗，是何想法？

熊大寻有一个观点：一流、二流的旅游资源早在20世纪90年代就已开发完了，今天剩下的绝大多数旅游景点都是三流、四流的资源。那是不是资源差就不开发了？不是。对于现代旅游开发来说，老天给什么东西不重要，古人留没留东西也不重要，重要的是头脑和创意！

因为旅游早已过了简单地卖历史和文化的阶段，比这更厉害的是卖梦想和未来。所以，到了今天，有没有惊艳的自然山水和丰富的历史文化，这些都不重要了。

当世界最热门的旅游城市不再是罗马和巴黎，而变成了拉斯维加斯和迪拜时；当中国最热门的旅游城市不再是西安和北京，而变成了香港和澳门时，博物馆、展览馆、古墓、古董、古碑、古遗迹等已成为旅游业的明日黄花，而创意和梦想就成了旅游发展的主题。因为，人们旅游的目的已经不再是到此一游、受点教育，而是畅快体验、娱乐开心；旅游的热点已经不再是尽人皆知的名山大川，而是意想不到的“化外之地”。

这个时候，资源一般的旅游景区就有了出头之日。关键是要抓住游客的心理，结合自己的优势，创意开发出意料之外的景观和产品来，景区就能生存发展，甚至后来居上。其中的关键是把握三个环节：

一是要有一个让人过目不忘的城市形象定位和旅游形象定位。

中国是全世界最不缺乏城市形象口号的国家，可以说是形象口号泛滥成灾的国度。一是因为咱们城市的领导干部全都是文化人出身，一时技痒难耐顺口就有大把的广告语出来，领导的话就是指示，于是很多城市的形象定位就这样出炉了。二是因为当地文人众多，自诩最了解本地文化，茶余饭后思如泉涌，再加上热情似火挡都挡不住，也在城市形象口号大军中占有一席之地。三是因为悬赏征集，这种形式是我们见过最不靠谱的办法，中国上下五千年，靠这招干成的事就是抓逃犯。在这个行当十几年，我们还没有看到哪个成功流传的形象口号是靠悬赏征集获得的。这个招法跟招投标一样，看似集思广益，实则于事无益。征来的都是闲人闲公司、庸人庸作品，经典的作品永远不会出自这种抓逃犯的思路。

有了令人叫绝的城市形象定位和旅游定位，名正则言顺，言顺则事成，定位定方向，定位定成败，否则一个领导定位、文人定位和征集定位都会让旅游发展失去方向和力量。

二是要有一个足够震撼的世界奇观。

中国3000多个县市区哪个没有生态旅游？哪个没有山水森林？哪个没有古镇？哪个没有名人故居？找一家平庸的规划公司，按城市的资源给归归类、分分区、画画线、抄抄书，这样的规划有何用？城市策划和旅游规划一定要解决问题，一定要有十几个能让人眼前一亮的好创意，一定要能为城市和景区带来海量人群和巨大效益。

我们不需要描述资源的规划方案，也不需要抄袭我们听说过、见到过的创意。一个策划或规划方案，大部分是大家听说过、看到过的创意，却没有震撼性的创意，那请大家一定不要让它通过，更不能给它买单。这不仅是浪费策划规划费，更要命的是按这种方案去执行，一个城市旅游的未来就毁了，一届领导干部在旅游上的作为就毁了！

中国一流、二流的旅游资源早在20年前就开发完了，剩下的就不敢恭维了，都是三流以下的。所以，诸位政府领导和投资商，一定要认真听这句话：千万不要高看你的旅游资源，千万不要再按常规思路出牌，因为你拿的是三流以下的牌，再按普通的打法出牌，结果可想而知。你就别费这个劲了，干点别的会更有作为。三流的牌一定要有超一流的打法，三流的资源一定要用超常规的思路，这样才有希望。

什么是超一流、超常规思路？简单到一点就是至少有一个世界奇观。你有多少山水、多少森林、多少河流，这些一点都不重要。旅游就是卖创意，旅游就是卖奇观，只要有创意和奇观，就算是一片荒地也会踩满全国人民的脚印。不要认为有青山绿水就有条件开发旅游，这真的一点都不稀奇，太多太多了。花几亿元建个平庸的景区却卖不出去，这在中国很多县市区都能看到。

三是要有一个令人叹为观止的营销事件。

很多市县旅游营销最常采用的方法就是办一个节会、拍一部电影，都是跟风学习抄袭来的。别人偶然拍了个电影把旅游盘活了，我就学一把；别人偶然开展一个节庆活动带活了旅游，我也模仿一下。我经常说一句话："大部分官员和老板的创新就是模仿和抄袭。"

《五朵金花》和《阿诗玛》炒热了大理和石林的旅游，那有两个原因：第一，在那个资讯娱乐极度匮乏的年代，看电影就相当于过大年！第二，这两部电影作为外事交流片被带到了世界各地，有时代背景。现在你还在企望一部电影带活一个城市，那你就是在做梦，这是极小概率事件。

一个节庆怎么样？我告诉你，中国太多城市的旅游节庆活动最后的结果都成了自娱自乐，结局就是"一年热、两年冷、三年四年就亏本"，真正持续成功开展的节庆活动少之又少，大部分是靠政府举全县全市之力勉强撑着。可以这样说，90% 的旅游节会都是在强颜欢笑。为什么撑不住？耗资大、劳师众、没创意，大部分是政府领导一拍脑袋就成了用财政强撑的自娱自乐。

旅游营销最重要的是要有大创意，构思巧妙，抓住媒体的兴奋点，然后免费利用媒体全面传播景区。这才是旅游营销的不二法门。

## 六、对景区资源、定位和产品认识不清，盲目乐观、盲目决策、盲目规划、盲目投资

其实大多数旅游景区开发投资大、赚钱难、回报慢，只有少数景区盈利十分可观。这里面有 3 种情况。一是传统的名胜风景区，如故宫、长城、九寨沟，有得天独厚的历史文化和自然条件。二是迪士尼、长隆，巨大的投资和震撼的体验。三是前二者之外的广大的资源平庸、文化单薄的旅游景区。前二者旅游景区盈利都十分可观，但是不可复制，一是资源极度稀缺，二是投资巨大。

现在绝大多数旅游投资商拿到的都是三流四流的旅游资源。盈利能力好的

景区人家也不可能转让。很多老板拿到一大片旅游资源，开心得不得了，逢人便讲：你看这山这水，太美了！我这景区无人能敌！其实，那是因为他以前根本没搞过旅游，见得太少。原来挖煤的你想想那是啥环境，原来搞地产的你想想搞的都是巴掌大的地，现在转过来搞旅游，一看有山有水有树林还那么一大片地，肯定自己就先晕了。其实他根本不知道，自己拿的只是三流、四流、五流的资源。

投资旅游景区为什么赚钱难?

第一，对资源品味认识不清，一看有山有水有树林有空气，自己就先醉了，修个大门修条路，再出去考察学习把别人的东西抄袭模仿一些回来，就开始收门票了。殊不知自己觉得稀奇的，游客早已司空见惯，最后的结果就是门可罗雀。中国旅游发展到今天，竞争高度白热化，随着汽车时代的到来，人活动半径加大，随着旅游越来越向新奇特发展，普通的景区已很难生存，除非拿出意想不到的产品项目，否则还把旅游视为游山玩水，以后就很难玩得转了。

第二，对旅游策划和旅游规划公司认识不清。

策划定乾坤，一个景区要成功，创意策划占 80%，一定要找全国最强的高手。一是一定要见总公司老板，让他到现场，跟他亲自谈。二是一定要让他拿出三个创意彻底打动你。达不到这两个条件，费用再便宜、人再好相处都不能定，否则平庸的策划规划必将让你的投资血本无归。中国目前已有上千个老板因为平庸的旅游规划，把老本都赔到了旅游景区上。

第三，对景区的定位不清，有 3 种情况：

一是旅游投资商的定位标准局限于周边地区，只要与周边景区有差异他就满足了。其实不然，旅游景区如果只能吸引周边城市或区域性的游客，则根本做不大，并且迟早要玩完。因为区域性的游客是非常有限的，来两次就腻味了，只有吸引全国的游客才能让景区持续发展，做大做强。所以，定位一定要是全国性的，千万不能是区域性的。二是定位普通、吸引力不大。做好旅游定位，没有 10 年以上的广告业经验是不可能做好的，因为定位看似简单，实则千难万难。没有对消费者的心理研究不行，没有对市场需求的研究不行，没有对景区资源的高度把握不行，没有对语言的精准提炼不行，没有强有力地把景区当作自己的投资项目的责任心不行……技巧就不多说了，可以看我们的官网 www. xiongdaxun. com，上面有很多技巧方法。从事旅游业的很多政府官员和老板，虽然有极强的责任心，但是没有这些经验和技巧，很难做好旅游景区的定位。而一旦定位不够准确，则所有开发的方向就歪了，事倍功半，徒劳无功。其实很多政府官员和老板的行动力是超强的，说干就真能干。我们经常看到很多景区里都有不少项目，并且基础设施和接待条件都很完善，就是游客量上不来，究其原因，就在于定位不准、景观不震撼，项目再多也没有吸引力。

第四，对景区的产品认识不清。老板对景区产品的理解大部分：一要有安全感，什么叫安全感？就是一定要开发自己看到过、听到过的项目和产品，这样好像别人已经验证了能成功，所以照搬过来，这样自己才觉得放心。殊不知，旅游市场竞争最大的风险就是不冒险，旅游就是消费差异和不同，建一个似曾相识的项目放在景区，最多能吸引当地百姓，外地游客谁来？**没有大量外地游客、没有全国各地的游客来景区，只能叫作“郊游”，不能叫作“旅游”**。二要热闹，老板还是有天生的市场嗅觉，不然就做不了老板。他们很看重聚人气、搞热闹的项目，比如游乐园、过山车、唱歌跳舞等。这些俗套的项目不能说不好，也确实能带来一些人气，至少头几年还是可以的。但是，这些项目都是常规项目，着眼点还是当地百姓和周边群众，玩上几次，这些有限的人群就离你而去了。这些项目缺乏长远的生命力和持续的吸引力。最近新闻报道山西煤老板全民开发旅游，两个相邻的景区开设了三个游乐园，立即萧条了。大家都知道山上建寺庙能赚香火、赚人气，于是几个山上数十个寺庙拔地而起，结果也是佛比人多，徒呼奈何。

当今已进入全民开发旅游的年代，旅游竞争高度白热化，常规的旅游产品和项目已很难生存，只有超常规、震撼性的旅游项目才能保证生存发展。你新、你奇、你特，你才真正弄懂了旅游开发之道。越是平庸的创意其实越容易蒙人，因为老板听到过、见到过，心理上有潜在的认同感，这就是为什么平庸的创意都容易落地，因为它懂得利用老板追求安全感的心理。

其实一个景区最大的危害不在于资金、不在于管理、不在于营销，最大的危害就是平庸的旅游产品和创意，就在于所有的运作都围绕着平庸的产品和项目去做，全是无用功。

什么是震撼性、超常规的旅游产品？熊大寻有一个原则：一定要做老板想不到、同行想不出、其他景区没有、14 亿人都追捧的旅游产品！

每个旅游景区投资至少上亿元，不要再让错误的思维方法和平庸的方案浪费老板的投资和心血！要站在生死的角度来做创意、做定位和产品，才能保证景区成功！

中国的旅游景区要做好，一是高度重视项目的成败，当成生死大事来看。做策划规划之前，全国高手要会一遍，一定要找到最能打动自己、最有市场吸引力的方案。二是规划白做了几本没关系，哪个县市政府不是白做了几十本规划！但千万不要盲目去实施，感觉不对劲，就要再等等，等找到最合适的思路再下手。

# 第九章

# 熊大寻点评 2020 年最新 34 个省、区、市旅游形象定位

扫码立领
★本书知识课堂
★作者方法论讲堂
★作者策划案例

## 一、北京：东方古都，长城故乡

东方古都，长城故乡

“东方古都”有不少，没有做到熊大寻定位方法的“三个一”：唯一、第一和专一。“长城故乡”提法老气，太乡土，缺乏美感和大气。一个定位同时卖两个东西，古都和长城，两句话之间缺乏关联。东方古都，西安可能更合适。洛阳、伊斯坦布尔这些城市也算东方古都。

“风花雪月，自在大理”同时卖四个东西，但是风、花、雪、月四个东西刚好可以用一个成语表达出来，四个东西就变成一个了，这就是绝妙。“风花雪月”给人带来的好处就是“逍遥自在”，其实就是在说一个东西、一个好处，关键是十分优美。定位绝妙又绝美，产生两个后果，一是无法超越，二是流传千古。

## 二、天津：近代中国看天津

近代中国看天津

这个定位有点意思，显得不同寻常，是深思熟虑之后的产物，表述准确。但还是显得大而空。什么是旅游形象定位？一是一定要美，让人产生憧憬，看见定位就想来旅游。定位就是风景。二是一定要具体，下关风、上关花、苍山雪、洱海月，直接说出来。旅游定位不能太玄，既要直截了当，又要唯美，这是高难度的技术活。

卫星定位最重要的就是精准，这样大家才找得到位置。旅游定位也一样，首先是要精准唯一，不精准唯一还能叫定位吗？

## 三、上海：发现更多，体验更美

发现更多，体验更美

上海一直是中国城市中的异数，是本人最喜欢的城市，它摆脱了中国城市千城一面的平庸。上海也一直给人惊喜。但这个定位实在不知所云，就像一个普通的新款手机的促销广告。上海的特点和卖点是什么，根本没说！不要试图用一种看似有理的逻辑和道理来解释，比如不说之说是大说、体现抽象胜过具象……这些都是扯淡。好的定位让人一眼就明白，一眼就记住，一眼就想来。

而且最关键的是，定位一定要做到绝妙，绝妙即服，绝妙产生四步流程：一秒听懂、心服口服、无法超越、流传千古。凡是可以超越的，一定不是好定位。这句定位太空泛。上海跟绝大多数城市一样，一直以来都没有找到绝妙的定位。所以定位口号总是在变，找到绝妙就是无法超越，谁都变不了。

## 四、重庆：大山大水不夜城，重情重义重庆人

“大山大水不夜城”具体有景，不夜城体现了重庆足以称霸全国的夜景。但是，这句话不美。山水跟不夜城在一起，不搭啊。“重情重义重庆人”，与上一句形成对仗押韵可以理解，但是旅游定位就要宣传风景、美食吧，没有人会因为重庆人重情义来重庆旅游的！哪个地方都有重情义的人，没有唯一、第一和专一的元素，就不要放到定位里来了。

大山大水不夜城，重情重义重庆人

城市精神口号千万不要和旅游形象定位混为一谈。火锅、美人、三峡，这三个要素怎么变成一句类似“风花雪月，自在大理”的绝妙口号，这是重庆要认真思考的。

很多城市形象定位都是官大的说了算，换个班子换个口号。但是怎么样的定位才永远不被换？怎么样的定位才能一次到位？就是要做到绝妙。定位怎么做到绝妙？请参考本书熊大寻策划机构的绝妙定位。

京畿福地，乐享河北

## 五、河北：京畿福地，乐享河北

太普通了！定位中的几个字太宝贵了，地理位置实在没必要说出来。福地太多了，京城旁边就是福吗？“乐享”是什么东西？河北旅游的特点、卖点一个没说。

## 六、山西：华夏古文明，山西好风光

华夏古文明，山西好风光

五千年文明看山西，三千年文明看陕西。人说山西好风光，这是这个定位的出发点，比其他省的定位好不少，但离绝妙还远。原来的“晋善晋美”其实不错，有点妙味，记忆度高。缺点是不具体。没有具体的风景和高联想度的定位文字，旅游吸引力不大。

祖国正北方，亮丽内蒙古

## 七、内蒙古：祖国正北方，亮丽内蒙古

唉，又是一个在定位里放地理位置的。你在哪个

位置？你离谁近、挨着谁？完全不重要，重要的是你是谁，你有什么让我非来不可的震撼性景观，这才是关键。“亮丽”形容内蒙古也不合适啊。怎么反映天为穹庐、幕天席地的壮阔风景？“天苍苍，野茫茫，风吹草低见牛羊。”内蒙古的旅游定位要思考怎么超过这首千年古诗。古人把方向指出来了，现在要做的是定位精准。

## 八、黑龙江：北国好风光，尽在黑龙江

干脆利落，不贪大求全！黑龙江能做到这个程度，不能过多苛求了。

北国好风光，尽在黑龙江

## 九、吉林：白山松水，豪爽吉林

白山松水，豪爽吉林

“白山松水”有意境，美。“豪爽”就别拿出来了，吸引不到游客。豪爽吉林，情义重庆，这是准备办宴席？云南旅游为什么厉害？因为人家有全国最多的少数民族风情，有拿牛角敬酒的豪爽，但云南也不拿这个做卖点，而是打出“七彩云南，旅游天堂”，让人看了文字就想去。游客是来旅游的，不是来交朋友的。珍惜每一个字，把城市的风景亮出来。“白山松水，雪境吉林”，是不是妙了许多？这八个字摆在一起有诗意。

## 十、辽宁：乐游辽宁，不虚此行

这个定位，不知所云。“乐游”是什么玩意儿？如果是指东北二人转逗乐，不如叫“欢乐辽宁”。“不虚此行”是在说什么？云里雾里，啥也没说。八个字全浪费了，这咋整啊！不像二人转和小品王的故乡，东北小品，不乐不行。句句逗乐，包袱不断。小品把人性摸透了，招招往笑穴上点。与之相比，辽宁的旅游定位太飘了。

乐游辽宁，不虚此行

## 十一、陕西：山水人文，大美陕西

山水人文，大美陕西

“大美青海”已经宣传好多年了，陕西就别凑这个热闹了。何况“大美”不适合陕西啊。“山水人文”就更空泛了，哪个省份没有山水人文？陕西的唯一、第

一是什么？说出来啊！定位切忌贪大求全。定位就是舍得，多舍多得，少舍少得，不舍不得。陕西的周秦文化、唐都、兵马俑和华山，怎么弄到一句话里，并且达到绝妙？往这个方向走，一定出上品。旅游定位切忌大而无当，空洞无准。

## 十二、甘肃：精品丝路，绚丽甘肃

平淡无奇！“精品丝路”——这只是一个旅行社促销口号的水平！一省定位之重，完全不能胜任！各个省的旅游形象口号，都想向“七彩云南”学习，给自己总结一个词。“多彩贵州”自以为高明：云南才七彩，我可是多彩啊，色彩比云南还多。其实你模仿云南，永远超不过云南。人们只会记住七彩，没人记住多彩。模仿刘德华和赵本山的人很多，没有一个成得了明星！所以一定要原创！

精品丝路，绚丽甘肃

老家河南、绚丽甘肃也同理。文无定式，不一定要总结成一个词。总结成一句话也挺好，不然就会“为赋新词强说愁”，牵强附会，非常不自然。“江西风景独好”就不错，不按常规套路来，自成清新一派。石屏——“清泉石上流”这五个字比两个字厉害十倍百倍。谁规定一定要用两个字来代表形象?!

## 十三、青海：大美青海欢迎您

大美青海欢迎您

“大美青海”提得不错，这两个字比较适合青海。“欢迎您”纯属画蛇添足，影响美感！城市只要有强大的吸引力，不用微笑、不用鞠躬，人家也会来。但是还是不具体。熊大寻建议用“千山之宗，万水之源”，这个定位更大气、更具象、更有吸引力。旅游定位和口号不是文学创作，要两秒钟解决问题！七八个字放在广告牌上，让人看了就想来。

## 十四、新疆：新疆是个好地方

我不反对把歌曲的名字拿来做广告词，但是要跟旅游定位的原则符合。旅游定位要有超强的画面感、美感和吸引力，因为它是要放到广告牌上的，高速路上人们看广告牌就两秒钟。定位要惜字如金，七八个字每个字

新疆是个好地方

都要卖货，每个字都要引客。“好地方”太平凡、太笼统了。

## 十五、浙江：诗画江南，山水浙江

“诗画江南”，有风景，有人文，文字有画面感和联想度。很好！“山水浙江”就差了。“桂林山水甲天下”，浙江跟桂林 PK 山水，一是干不过，二是有步人后尘的嫌疑。跟“上有天堂，下有苏杭”的杭州定位比，差了不少。应该把“山水”换掉，再好好打磨。logo 完全没动脑筋，平庸透了。怎么体现诗画江南？参考杭州的 logo——上乘之作。

诗画江南，山水浙江

绝妙是一切领域的最高境界，做到绝妙就是让人冒一身冷汗，无法超越。城市形象定位和旅游定位，没有做到绝妙，没有让人出一身冷汗，就是不成功，必须重新来过。定位一定要达到绝妙，一定要流传千古！

不只是浙江，34 个省级行政区的旅游形象 logo 都很普通，缺乏美感。旅游形象就是从文字到标志，都要很美，有唯美的画面感。不美怎么体现城市形象？不美怎么展现旅游定位？建议全部参考杭州的 logo！创意、策划和设计只有一个标准，也是最高标准——绝妙。做到绝妙，让别人一千年也超不过。无法超越，然后才能流传千古。城市形象和旅游定位，不做则已，做就要绝妙，奔着流传千古而去。

杭州这个 logo 为什么绝妙？一是把“杭”字风景化和图像化了。二是“杭”字是一个江南楼亭和水榭。三是“杭”字好像西湖的一艘画舫，把杭州旅游最大的招牌——西湖也端出来了。三重联系，三个巧合，妙！

做设计的，你要不服，你来超过这个 logo 试试？做创意策划的，你要不服，你来超过“风花雪月，自在大理”“高山流水，白云黄鹤”“阁花会水梅柳茶”试试。做到绝妙，就是给人无力感——没办法超过啊，每个定位都要按这个标准来做！

## 十六、安徽：美好安徽，迎客天下

美好安徽，迎客天下

用一个词总结一个省没错，但是除了“七彩云南”“大美青海”“诗画江南”，其他省的总结都不到位。“七彩”来自《史记》司马迁对云南“彩云之南”的总结，一是有千年文化积淀，二是很准确。全世界最美的云在云南大理，千变万化，确实是彩色的。三是云南四季如春，除了沙漠和大海没有，其他类型的旅游资源都有，所以称为“七彩”。没有强大的文化和资源支撑，没有强大的逻辑和创意支持，随便想一个词，这是站不住脚的。

安徽跟“美好”的关联在哪里？千万不能一厢情愿，一定要做到绝妙，别人才找不到毛病。迎客松倒是亮出来了，但迎客松是个小景，太小了。黄山、九华山、徽州文化怎么联系在一起形成一句绝妙好词，应该往这个方向重新思考。

## 十七、江西：江西风景独好

江西风景独好

用伟人的诗做定位，并且跟旅游有足够的关联，不错。如果直接这样表述会更好：“江西：风景这边独好。”我再次强调，不一定要把省名市名往广告词里放。地名后面加个冒号，接广告词，这样也很好。“床前明月光，疑是地上霜”，只要文字够绝妙，大家都会知道这是李白写的，不是非要“床前明月光，李白思故乡”才行，这样反而不妙了。反之，定位口号不绝妙，城市名字放得再大也没用。

## 十八、宁夏：塞上江南，神奇宁夏

塞上江南，神奇宁夏

比浙江的“诗画江南”就逊了一筹，更何况浙江是江南第一，宁夏是江南第二。熊大寻有一句话：“第一等于一切，第二等于零。”珠穆朗玛峰是第一高峰，第二高峰叫什么？刘邦是汉朝第一个皇帝，第二个皇帝叫什么？“神奇”这个词，很多旅游定位都想用。但是别空洞，一定要有很多个具体的支撑。网上搜“桂平十八奇”，可以参考一下熊大寻策划机构是怎么来玩“神奇”这个概念的。

## 十九、山东：文化圣地，度假天堂

山东旅游是“一山一水一圣人”。“文化圣地”准确，“度假天堂”想多了。度假天堂在三亚好不好？云南都做不到。度假首选还是海滩海岛。但是黄海海滩都不太行，不如三亚和东南亚海滩。

文化圣地，度假天堂

旅游定位不要想多了，只要把自己最有代表性的风景和文化放上去就行了。你期望人家来这里度假是一回事，人家来不来是另一回事。你期望的事不要放到定位里来，这只是你的一厢情愿，人家来不来，完全看你的产品的吸引力。你的民风也不要放到定位里，不论你重情义还是豪爽都不是旅游的吸引点。

“迎客天下”“欢迎您”也别提，把核心产品亮出来，做到绝妙，游客自然来。你欢迎不欢迎，跟游客无关。海底捞火锅不好吃，就不会成为网红打卡地，服务员笑得再好看，服务再到位，都没用！城市形象定位和旅游定位就要简白美，就要是个绝代佳人，让人辗转反侧、君子好逑，不用弄得跟迎宾小姐一样。

## 二十、河南：心灵故乡，老家河南

心灵故乡，老家河南

中国人到河南旅游看什么？嵩山少林寺、洛阳古都、龙门石窟。虽然知道河南在打移民文化，但是“老家河南”——有几个人认为自己老家是河南？即使老家在河南，打“老家”牌也吸引不了游客啊。有爸妈的地方才是家，有亲戚的地方才是老家。人们逢年过节一定会回自己的家和老家，而不是“老家河南”。

“心灵故乡”过于空洞。香格里拉、大理、丽江——小桥流水，诗意栖居，这些地方好像更接近“心灵故乡”。河南可能觉得直接打“黄帝故里”太直接，想升华一下。但是旅游定位跟文学创作、精神倡导没有半毛钱的关系。老老实实把自己最核心、最厉害的资源亮出来，就够了。桃李不言，下自成蹊。古人就做了很好的示范：桂林山水甲天下，烟花三月下扬州，上有天堂、下有苏杭，多美啊！看了文字就浮想联翩、心向往之。

什么是旅游定位？就是定位的文字也要像风景一样美，自带画面感，直击心灵。

## 二十一、江苏：畅游江苏

指的是江苏交通很好吗？不卖风景而卖交通和便捷，这应该是交通形象定位啊！江苏是跟熊大寻策划机构合作最多的省份，有机会应该帮江苏做一个绝妙定位。

## 二十二、四川：天府三九大，安逸走四川

天府三九大，安逸走四川

“三九大”指三星堆、九寨沟、大熊猫，这是走“风花雪月”的线路，但是没走好。一是“三九大”不是一个完整的成语或词组。二是不美。乍一看还以为开什么大会：十九大，三九大。“安逸”和“巴适”一样是四川方言，旅游定位是向外宣传，不是向内，要用全国性的语言。何况要安逸就在家了，不出来旅游了。这种口号换了班子就会换掉了。

企业和产品生命周期平均只有三到五年，企业和产品定位要求可以不高，但是城市和景区的生命周期是千年！城市形象定位和旅游定位只有一个标准——必须做到绝妙！只有做到绝妙才是一次到位、千年不改！我们 2002 年创意策划“风花雪月，自在大理”，到现在已经用了 17 年，换了四届领导班子了，不是不想换，是实在超不过。因为做到了绝妙就无法超越，只能一直用下去。

## 二十三、福建：福来福往，自游自在。“清新福建”

“清新福建”不贪大求全，比较准确。福建生态一流，空气和风景都清新。卖“福”是对的，但是不能只停留在概念上，福建的“福”文化产品需要抓紧打造。有“福”没“建”，怎么叫“福建”?！整个定位还是普通了。好在不自高自大、不贪心妄想。

福往福来，自游自在

## 二十四、湖北：灵秀湖北欢迎您

灵秀湖北欢迎您

老问题，把“欢迎您”去掉，一省之仪容，不要弄得像迎宾小姐。“灵秀”来自钟灵毓秀，没有唯一性，好像也不是湖北旅游最大的特点。应该向省会城市武汉的定位学习——“高山流水，白云黄鹤”！说实话，武汉缺乏

突出的景点，但就这一句定位，把武汉包装到了至高境界。

## 二十五、湖南：锦绣潇湘，快乐湖南

锦绣潇湘，快乐湖南

“快乐湖南”指《快乐大本营》吧。湖南卫视综艺节目和湖南晚间快乐文化确实让湖南旅游变得生动活泼。“锦绣”来自锦绣河山，跟钟灵毓秀一样，属于放之四海皆准的词，没有唯一性。其实湖南名山多、名人多，半部中国近代史由湖南人写就，惟楚有材，让人来采地气，成功名，这应该是一个很好的定位方向。

活力广东，心悦之旅

## 二十六、广东：活力广东，心悦之旅

“活力广东”来自改革开放前沿阵地，潮流源头，这个没错，但是用在旅游上还是不具体、不形象。我想出门旅游，我看到你的广告牌上写着“活力”“心悦”“美好”“灵秀”“锦绣”……我不会来。我看到“风花雪月”“高山流水”“椰林海滩”“香格里拉”“古镇大院山水画”……我会来！

旅游定位就是卖风景，不要弄得太虚了。广东的岭南文化、美食和长隆三个核心要素，应该用一句话把这三个核心要素放进来，就是绝妙的定位。凡是定位弄得太虚的，都是不懂广告营销的。一个地方的精神形象口号、招商口号千万不要和旅游定位混为一谈。

## 二十七、广西：秀甲天下，壮美广西

秀甲天下 壮美广西

“秀甲天下”牢牢抓住“桂林山水甲天下”的核心产品，没有文人技痒，非要班门弄斧，赞！“壮美广西”一语双关，一是壮族，二是美景。动了脑筋，也使劲往绝妙上走。但是“壮美”要得太多了。“秀”跟“壮”不搭！广西山水孤峰直立、千姿百态，山水相依，“秀”字用得很准。“壮美”一下子就搞到内蒙古去了。

熊大寻建议用“秀甲天下，山水广西”这句更好。“秀甲天下，唯美广西”也要比壮美好。定位绝，游客多，这是对壮族人民最大、最实在的帮助，不一定要体现在定位里。广西旅游要做的是不忘初心、牢记使命，牢牢抓住“山水”两个字，这两个字连云南都比不过，放弃了就是战略性错误。

## 二十八、海南：阳光海南，度假天堂

阳光海南，度假天堂

定位准确，干脆利落！直接对标云南，云南是七彩，海南是阳光；云南是旅游天堂，海南是度假天堂。中国旅游看“两南”，广告营销水平确实高。具体准确，形象生动，不玩虚的。

七彩云南，旅游天堂

## 二十九、云南：七彩云南，旅游天堂

云南的“七彩”首先体现在摄影天堂，这在全中国包括广西、新疆都无法匹敌。一年四季任何时候来云南你都可以拍到色彩缤纷的照片。这里每个城市的风景颜色都是不一样的，这里是上帝的调色板。

我发现一个规律，旅游做得好的省，懂广告懂营销，定位要比其他省好很多。不懂广告营销，连自己错在哪里都不知道，还自认为高深。定位和广告跟写文章有天壤之别，诺贝尔文学奖获得者、大文豪海明威到广告公司做了几个月就被辞退了。没有当过销售员、没有对人性需求的研究、没有对绝妙能量的深刻认识，是做不好定位的。

## 三十、贵州：走遍大地神州，醉美多彩贵州

走遍大地神州，醉美多彩贵州

文字啰唆，想得太多。“走遍大地神州”没有意义，定位一字千金，花了六个字说跟自己无关的东西，浪费！“醉美”想要一语双关，一是茅台酒，二是“最美”的谐音，但是想多了。茅台酒在家门口就可以喝，不是旅游吸引点。至今茅台镇也不是核心旅游目的地。

“多彩”想叫板云南，但贵州的优势是“绿”，不是“彩”。看看贵州风景照和云南风景照就明白，不要再跟云南拼“彩”字了。是时候寻找正确的定位了。定位首先做到绝妙，做不到绝妙，争取简洁准确，干脆利索。

世界屋脊，神奇西藏

## 三十一、西藏：世界屋脊，神奇西藏

简洁准确，干脆利索。只是“世界屋脊”还不太

吸引人，这只是个地理名词。不管地理名词人们多熟悉，如果跟人们的旅游消费利益关联不大，还是要改。叫“世界之巅”好很多，准确大气，名副其实，顺便强调一下珠穆朗玛峰这个具体的景点。“神奇”不错，藏传佛教和藏药都很神奇。

亚洲之心

## 三十二、台湾：亚洲之心

这个帽子太大了，定位就是要精准具体，卫星定位就是这样，准确到米，让人跟着导航就找得到。中国很多城市形象定位和旅游定位都不精准，让人完全找不着北。你是亚洲之心，也跟我游客没什么关系啊，世界之巅我想去，亚洲之心吸引力就差了。不如用这句“台湾最好的风景是人文”——诚品书店、传统民俗、国文和小吃都是卖点，这对小资有很强的吸引力。

## 三十三、香港：我在香港，找回本色

我在香港，找回本色

我的感觉是不知所云，通俗点叫“购物天堂”也行。做到绝妙要费很多脑筋。一个小小的岛城为什么出了那么多富豪和明星，成为亚洲潮流之都？非凡的创造力——这是香港吸引我的地方。香港原来的定位叫“动感之都”，这也不行？最大的迪士尼在上海了。

其实，香港旅游最大的卖点不是“动感”，更不是迪士尼，甚至不是购物，而是香港从20世纪70年代就引领世界的电影业，香港20世纪70年代的武侠电影和李小龙开创的功夫电影，到现在欧美影迷仍对此崇拜不已。后来有江湖片、警匪片，每个时代都开创了全新的电影流派。这些著名电影的场景，形成一套完整的旅游产品体系，这就是香港旅游最大的策划和创意，定位也应该由此而来。

感受澳门，动容时刻

## 三十四、澳门：感受澳门，动容时刻

港澳的旅游宣传经常会用一些意料之外的词，比如“本色”“动容”“时刻”等，但是都太虚了。旅游定位是一种广告，请把你的产品亮出来，你负责把人吸引来，至于人来了的感受，则是百人百味，用不着你来代替游客。澳门主要是娱乐型赌场酒店，这个不好表达，但是好好琢磨可以想到绝妙的定位。

# 第十章

# 最震惊世界的旅游策划，发现人类最大的秘密：伊甸园在云南

扫码立领

★本书知识课堂

★作者方法论讲堂

★作者策划案例

熊大寻用五大方法，为云南盈江县策划和规划伊甸园项目，策划发现了“伊甸园在云南”的28个证据。这是世界旅游的王冠，70亿人的终极旅游目的地，并且将让云南再度震撼世界。

云南盈江斯密瓦底

目前这个项目占地共60平方公里，我们获得了该景区50年的经营权。建成之后，预计每年门票收入10亿元，是历史性的商机，欢迎投资者参与我们的开发。

**伊甸园的发现和创意，充分运用了熊大寻五大方法。**

**一是绝妙即服（绝妙联系）：28个证据，28个与伊甸园的联系和巧合。**

**二是极点策略：项目的最佳策略，无法超越。世界旅游的王冠。**

**三是核弹震撼：发现人类最大的秘密，震撼全球。**

**四是必需思维：到伊甸园，偷吃禁果，做亚当夏娃。地球人必须来，非来不可。**

**五是好处高频：世界性的新闻话题，必将引来无数的报道和传播。**

## 一、云南旅游20年的周期律

**人类最大的秘密！世界旅游王冠！一个千载难逢的机会！云南旅游的第三个高峰！**

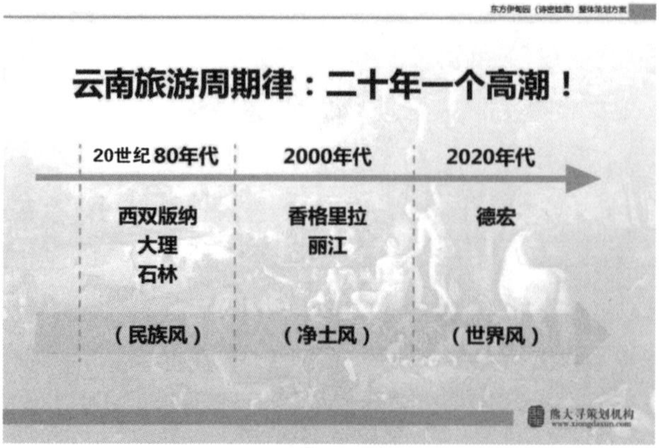


云南旅游周期律

云南旅游发展是天造一半，人造一半，天人合一。这个“人造”就是高明的策划。云南旅游发展是20年一个高潮，都是通过高明的策划整体操盘。20世纪80年代通过电影《阿诗玛》炒热了石林，《五朵金花》炒热了大理，“孔雀舞”炒热了西双版纳，这是第一个高峰期。

第二个高峰期是 2000 年，香格里拉的策划，炒热了香格里拉和丽江，丽江当时定位为“香格里拉的门户”。熊大寻找到香格里拉的标志是卡瓦格博峰，《消失的地平线》记载的金字塔式、叫卡拉卡尔的雪山就是卡瓦格博；“香格里拉”藏语意思是“日月同辉”，熊大寻找到 1992 年卡瓦格博“心中的日月”圣照，并且发现寺庙建筑顶上和法师帽子上的“日月同辉”造型，从而证明香格里拉在中甸。同时，熊大寻“风花雪月，自在大理”的策划第二次炒热了大理。

第三个阶段是 2020 年，熊大寻策划“伊甸园在云南”，找到了 28 大证据证明伊甸园在云南，即将掀起第三个高峰。继香格里拉之后，平庸了快 20 年的云南旅游，期待颠覆性的旅游新亮点。

伊甸园组照——伊甸园在云南省盈江县诗密娃底

## 二、伊甸园到底在哪里

### 1. 凭什么说诗密娃底就是伊甸园

通过多年对云南城市和景区的大量策划实践和研究，结合民族学和考古实证，我们早在多年前就推出了“伊甸园在云南盈江诗密娃底”的观点，其中一些已被考古新发现和有关学科研究成果所证实。

**2. 伊甸园究竟在何处**

有三种观点，一种认为在中东，一种认为在新疆，还有一种认为在成都。

那么让我们来看看，中东的地貌是什么？美国人打伊拉克的行动代号叫什么？“沙漠风暴”，这个词很准确地说出了中东现在的地貌——沙漠和戈壁。中东现在的地貌是这样，六七千年前大致也是这样。《圣经》记载：神在东方的伊甸立了一个园子。中东是欧亚大陆中部、亚洲大陆西部，跟东方没有一点关系。伊甸只可能在大陆的东部即东亚地区。

新疆是什么面貌？戈壁滩、罗布泊，这里大部分是无人荒原啊！这可能是伊甸园吗？关键是新疆冬夏温差极大、昼夜温差极大，亚当夏娃，人类之初，茹毛饮血，只可能在气候温润、动植物繁茂的地区，伸手摘果、举手取食，这种条件只有云南德宏及盈江才具备。

成都现在的面貌是什么？现代化城市，到处是人工工程，成都出名的动植物只有熊猫和竹子，离动植物王国的称号也太远了。三星堆好不容易发现了大量青铜器和象牙，经考证还是从云南运过去的。

亚当与夏娃所在的年代大约距今六七千年，这么短的时间是不可能发生较大的地理变化的。所以，亚当夏娃时代的伊甸园是什么面貌，今天也不会有大的变化，应该大致相当。记住：伊甸园一定是动植物的乐园，今天仍然如此，这是十分重要的依据。沧海变桑田这种大的地理变化需要几百万年才能形成。柴达木盆地由湖泊变成戈壁花了上百万年。

根据熊大寻旅游策划公司对《圣经》《山海经》等书籍的研究，结合我们对诗密娃底考察和研究的结果来看，诗密娃底与伊甸园的描述十分吻合。

## 三、盈江诗密娃底是伊甸园的28大证据

（1）**“有河从伊甸流出滋润那园子，从那里分为四道。”**四条河的名字是比逊、基训、伯拉和希底结，而诗密娃底草甸同样也有四条河流交汇流出。从《山海经》等古代著作来看，古代度量单位相当于今天的十分之一，并且上古之人活动能力极为有限，因此，伊甸园绝不可能是一个大平原，而只是一个千亩左右的花园、草园，与诗密娃底草甸相当。这个面积营造的生活尺度感，正好适合一家人的生活、劳作、放牧。

（2）**“伊甸园的比逊河，那里有金子，又有珍珠和玛瑙。”**而诗密娃底的名字含义就是**“铺满金子的草地”，并且诗密娃底河底铺着无数的彩色玛瑙石。**

诗密娃底所在的苏典乡，是傈僳族传说中**“种树见蜂蜜，舀水起河鱼，粒米成良田”**的地方，与伊甸园的描述很相似。

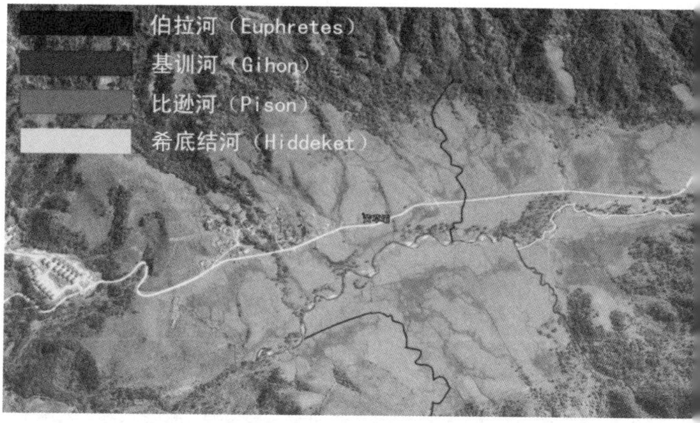


伊甸园诗密娃底中的四条河流

西方著名油画和文学名著插图中的伊甸园，与诗密娃底的景致十分相似

描绘伊甸园的油画，所有的鸟类在盈江都能找到

（3）**伊甸园气候温润，有许多结满果子的果树，奇花异草，一片自然花园**（选自《失乐园》中对伊甸园的描述）。伊甸园是一个四季如春、气候温润、花果繁盛、溪河横溢的乐园，草甸、树木、河流、动物……云南刚好是世界闻名的动植物王国，尤其是德宏。伊甸园里狮子、大象、老虎、孔雀和人类“相与是处，欢乐歌舞”。这一景象只有在德宏和西双版纳才能看到，尤其是诗密娃底所在的盈江素来以“鸟类天堂”和“动植物王国”著称于世。盈江被称为中国鸟类资源第一县、动植物王国、亚洲野象的故乡、中国野牛的乐园、中国坚果之乡。世界一半的鸟类、一半的植物都在盈江。盈江古称“万象国”，有上万头大象。盈江铜壁关有全国物种保留最多的森林、中国最大的树，与伊甸园的描述一模一样。熊大寻研究发现：西方描绘伊甸园的油画中的鸟类，在盈江全部都能找到。

（4）**伊甸园的描述出自《圣经·创世纪》，傈僳族也有自己的《圣经·创世纪》**。《圣经·创世纪》中有蛇引诱女人吃禁果的记载，傈僳族的《圣经·创世纪》中也有蛇变成女人嫁给男人的描述。

（5）**伊甸园有人类始祖亚当和夏娃的传说，傈僳族也有洪水滔天，兄妹成家——人类始祖的传说**。伊甸园是基督教的故事，而诗密娃底的傈僳族的主要信仰是基督教，并且在诗密娃底的山村竟然保存着三座教堂，这对游客来讲又增强了可信度。

傈僳族上刀山，过天门

诗密娃底的教堂

（6）**《圣经·创世纪》记载神用地上的尘土造人，将生气吹入他鼻孔里，他就成了有灵的活人。傈僳族《圣经·创世纪》中也有用尘土造人的描述。**

（7）**关于伊甸园的记载：在伊甸园的东边安设基路伯、四面转动喷发火焰的剑，把守生命树的道路，阻断人神天路。傈僳族“上刀山，下火海”的风俗源于祭祀天神，暗含打通人神之路。**尤其是上刀山的开“天门锁”环节，打开“天门锁”，即进入天界。刀山火海即火焰之剑，跨过火焰之剑，祈求天国长生，此风俗与伊甸园的描述绝妙地吻合。

（8）**傈僳族的音节文字，部分像中文，部分像日文，部分像韩文，可谓东方文字的荟萃，神秘莫测，堪称东方文化的伊甸园，**让东方各国游客来寻根探秘。傈僳，唐代《蛮书》中称之为“栗粟”。熊大寻发现“傈僳”两个字可拆解为“西人种木”“西人种米”，即西方人的祖先植树种米的生活繁衍之地，东西同源。数千年来，傈僳族的名字就包含了重大的玄机。

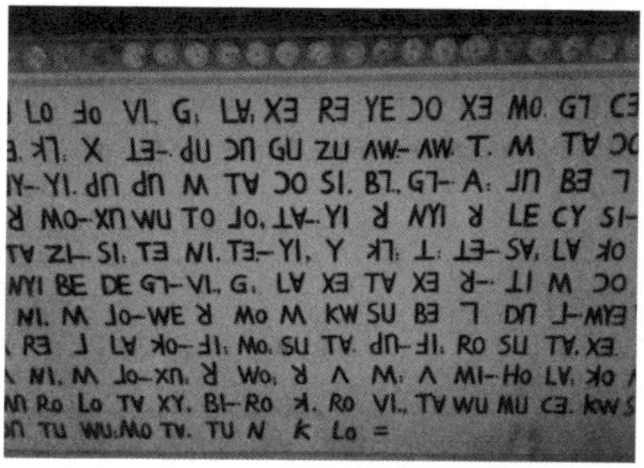

傈僳族的文字

**(9)《圣经·创世纪》说：伊甸园中有生命树和智慧树。**

中国最早的地理志《山海经》说，都广之野有不死树和圣树，圣树又叫睿木，“食之令人圣智也。”这个与伊甸园同样有着生命树和智慧树的“都广之野”到底在哪里呢？《山海经·海内经》中记载：“西南黑水之间，有都广之野，后稷葬焉。其城方三百里，盖天下之中也，素女所出也。爰有膏菽、膏稻、膏黍、膏稷，百谷自生，冬夏播琴，鸾鸟自歌，凤鸣自舞，灵寿实华，草木所聚，爰有百兽，相群爰处。此草也冬夏不死……有九丘，以水络之。”熊大寻认为按照东西方同源的观点来看，都广之野与伊甸园应该就是同一个地方。根据上述这段记载，都广之野在西南地区的黑水流域，而诗密娃底刚好位于中国的西南方，诗密娃底所在德宏位于怒江流域，刚好怒江在古代的名称就叫“黑水”。

《山海经》记载的“都广之野”，即伊甸园——东西同源

伊甸园之生命树——世界榕树王在盈江

**盈江榕树王是世界上最大的榕树**，该树高约40米，由下垂的气根长成的新树干达100多根，每年仍有10多条新的气根生成，树冠覆盖面积达5.5亩（1亩≈666.7平方米），远远看去，犹如一片小树林。榕树由多条气根提供水分和养料，又称“不死树”，一树生百树，可谓“生命树”的不二代表。

**(10)《山海经》中有一段描述，很接近《圣经·创世纪》中对伊甸园的描述。**

熊大寻研究发现：《山海经》记载有一个不死国，“阿姓，甘木是食”，翻译过来就是说这个不死国的国人姓阿，而诗密娃底的傈僳族就是姓阿，具有代表性的名字就是阿登。大文豪屈原的名作《天问》，对世界之谜发出了疑问：阿登何以掌握了帝国的领导权，女娲的身体如何形成？亚当的英文是 Adam，正确的读法是“阿登”。

“甘木是食”，甘木又称不死树。《山海经·大荒南经》：“（大荒之中）有不死之国，阿姓，甘木是食。”郭璞注：“甘木即不死树，食之不老。”榕树也称为“不死树”。而榕树的果和叶都能吃，并且有药用养生价值。另外一种考证认为，甘木实质是上古对甘蔗等茎干含糖的高大植物的神话化传说，而德宏是甘蔗的优势产区，盈江甘蔗更是其一大特产。

（11）**东西同源，中西典籍惊人的巧合**。《圣经》说：人类始祖贪吃了智慧树的果子，被上帝赶出伊甸园，并由基路伯和火焰之剑阻断了人神通路。而基路伯这个神的形象就是“人面鸟身”。

基路伯手持火焰之剑刺向亚当、夏娃

《尚书》和《国语》上说：人犯了罪，天帝命重黎堵绝天路，上下不相往来。重黎就是上古时期曾经出任火官的“祝融氏”。

傈僳族“上刀山，下火海”过天门，就是要勇敢迈过火焰之剑，打通人神通路，进入天界。

《山海经》说：西海渚中有神，人面鸟身，珥两青蛇，践两赤蛇，名曰弇兹。西海即古之大野泽，在崦山之西。黄帝谕弇兹为西海神。

《圣经·创世纪》说：第七日，造完万物。《周易》则说：七日来复，天行也。

《圣经·创世纪》说：伊甸园里有四条河，流出珍珠玛瑙。《淮南子》则说：天下有四水，凡此四水者，帝之神泉，以和百药，以润万物。

《圣经·创世纪》说：伊甸园中有生命树和智慧树。《山海经》则说：都广之野有不死树和圣树，圣树又叫睿木，“食之令人圣智也”。

东西方同源，亚当、夏娃应该就是伏羲、女娲。

（12）**《山海经》里记载：昆仑山是古代神州的中心，昆仑山是中国人心中的通天神山，是中华民族文化的发源地，既是万水之源，千山之祖，也是万族之根**。

《山海经》记载，昆仑山境内从南到北，有“日月所出之山”六座，从北到南有“日月所入之山”六座，说明昆仑山是南北走向，而中国所有的山几乎都是东西走向，只有西南方的横断山脉是南北走向，由此可见，真正的昆仑山是横断山脉。

印度洋板块与欧亚板块的碰撞造成青藏高原的隆起，而隆起部分构成了在1500公里内相同排列的高黎贡山、独龙江、怒江、澜沧江、云岭、金沙江等巨大的山脉和大江形成的横断山区的主体。

明代《正德云南志》载“高黎贡山，本名昆仑冈”，而高黎贡山的尾部主脉就在德宏。

（13）**《山海经》指出昆仑山三大地理特征，只有滇西吻合**。

《山海经》明确指出，昆仑山的北方“冬夏有雪”，有千年不化的雪山五座，诗密娃底所在的德宏北部刚好有众多雪山，其中最有名的是梅里雪山的卡瓦格博峰；据《山海经》记载，昆仑山南方有一个位于北回归线附近“正立无影”的寿麻国，诗密娃底南方的耿马、孟定有此现象；周边有“投物辄燃的炎火之山”，诗密娃底旁边的腾冲火山恰好佐证；保山市市区最大的山叫太保山，是高黎贡山主脉，而中国自古就把昆仑山又叫作“太保山”，而高黎贡山尾部主脉就在德宏。

《神州的发现——〈山海经〉地理考》的作者扶永发用现代地理学和地图学对照《山海经》，认为书中有三个明显确定昆仑山的地理位置：一是正立无景（影）的寿麻国，这唯北回归线附近有这种现象；二是北面有“冬夏有雪”（终年积雪）；三是周边有炎火之山。

这里雪山、火山皆万古不变，而火山留有痕迹，这样终于找到北面是玉龙雪山（主峰姑灌山），周边为腾冲火山、正立无影的寿麻国、西南耿马县孟定镇境内的孟定坝。冬夏有雪之山，炎火山，正立无景（影）之国寿麻国皆位于今云南西部地区。古昆仑山和远古时代的中国就在云南西部山地，这是最有力的证据。如此三样明显可以确定地理位置的条件，是万古不变的证据，全世界其他地方难以具备，唯滇西3个条件，完全具备。这是对神州古昆仑最具权威性的认定。

我们还可以根据云南地方史志书中有关古昆仑山的记载，进一步佐证扶氏之说的正确：在《正德云南志》中有“高黎贡山，本名昆仑冈，夷语讹也，在永昌西，越东”。清初《读史方舆纪要》中有“高黎贡山在永昌府腾越东北一百二十里，一名昆仑冈，夷语讹为高良弓山”。1984 年版的《保山市地名志》中有“高黎贡山，在腾冲东一百二十里，旧名昆仑冈，界潞江龙川江之间，蒙氏曾封为西岳”。

（14）**《圣经·创世纪》中的伊甸园与我国上古人民憧憬的美好世界“昆仑之墟”，有着许多暗合之处**。中国最早期的故事，都发生在昆仑山一带，人们将其统称为“昆仑神话”，传说中许多天神把昆仑山当作自己的乐园。《山海经》《淮南子》《封神演义》《西游记》《白蛇传》，对此都有精彩动人的描述。

以昆仑山（高黎贡山）为中心的云南地区，空气湿润，雨水充足，河流纵横交错，湖泊星罗棋布，盆地边缘森林繁茂，是早期人类生存繁衍的理想环境，特别是分布广泛的石灰岩溶洞，成为绵延数百万年的旧石器时代人类最理想的栖息之所。自然条件的改变，特别是气候和生态环境恶化，迫使古猿改变了原来的活动和生活方式，走出丛林，走向地面，开始了由猿到人的进化演变。

远古的先民就这样从伊甸园——昆仑地区走了出来，走向四面八方。云南一系列古生物化石、古猿和古人类化石的发现，揭示了人类从古猿、猿人到智人进化的过程，为人类起源于滇西地区提供了实物证据。

（15）**黄帝故里在滇西**。20 世纪考古研究证明：同为怒江流域的怒江州兰坪县金顶镇文兴街，就是《山海经》中的轩辕国国邑所在地，中华民族人文初祖黄帝的故乡就在这里。中华文化的创始人伏羲就是在这个区域出生的西南夷，伏羲与女娲被学者视为亚当和夏娃。

（16）**权威性的发现与认定：滇西与古代神州一一对应**。

《山海经》比河南安阳殷墟出土的甲骨文字还要久远，它是目前我国古籍中最为古老的唯一记载了“五帝”时代真相的宝典。研究表明，该书中记载的中国远古时代（“五帝”时代）的历史，是准确的，是真实可信的。

《山海经》是一部综合性的地理书，经研究，它记载的地理与今日云南西部地形十分吻合，这表明其对地理的记载是准确可靠的。既然该书记载的地理实有其地，那么书中与地理有关的人和事，自然也是真实可信的。

《山海经》较为集中地记载了我国历史早期的炎帝、黄帝、尧、禹等伟大人物的事迹。他们在昆仑山上生活和活动，死后埋葬在那里。显然他们不是虚构的神话中的人物，而是实有其人，是历史人物。他们所在的地方——古昆仑山，是远古时代中国的标志，而这古昆仑山位于今日的云南西部，显然远古时代的中国位于云南西部，而不是在所传的黄河流域。

1989 年，云南省测绘局高级工程师扶永发先生，运用地理、地图学知识对中国古代“第一奇书”《山海经》进行了缜密研究和实地考证。扶永发作为地图测绘工程师，走遍全国，其心血之作《神州的发现——〈山海经〉地理考》，根据《山海经》所述的地理特征［古神州是一个山区而不是平原地区；山川是南北走向而不是东西走向；整个中国只有云南西部同时具备“‘冬夏有雪’之山、炎火之山、‘寿麻正立无景（影）’”等地理特征］，从而定位古昆仑山和远古时代的中国应该是在今日的云南西部。

为此，云南省委宣传部于1994年6月28日在昆明东风广场民族风情园，举办了关于《山海经》考察的新闻发布会，公开昭示新时期炎黄文化的新发现。

**《山海经》描述的古神州在云南西部，所有地理特征唯有云南西部能够一一对应！**

云南西部不仅是中华文明发源地，也是世界文明起源地。

（17）**四海之内即四湖之内**。

《山海经》是一切现存古籍中最为古老又最有价值且应该予以重视的宝典，它是内容真实的书。因此这书在研究中华民族先祖方面是唯一具备参考价值的书。《山海经》一直不被重视，历代人们对其地理知识从未严肃准确地考证过。在《神州的发现——〈山海经〉地理考》一书中，扶永发提出：商代以前的中国是从今天云南西部发展起来的，而商代以来则是从黄河流域发展起来的。这种观点是正确的。

扶永发还认为：云南西部的横断山脉不仅是中华民族发源地，也是黄色人种的发源地（包括印度、朝鲜、日本）。《山海经》记载的地理，是迁徙前的地理，即云南远古时代的地理，正因是地理，经上把中心地区称“海”（号称天下）及四海，海内海外。扶永发指出，《山海经》地区四周并无海，海指的是湖和大河、沼泽。就今日中国，也只有东南两海 ，而无西北二海。

云南的习俗是把湖称为“海”：洱海、程海、拉什海、阳宗海……熊大寻认为上古人类缺乏交通工具、基础设施和服务设施，活动范围有限，加上其度量标准相当于今天的十分之一，很可能当时所谓的“四海”只是四个湖，海内相当于一个省大小。

中国第一个王朝——夏朝的疆域西起河南省西部和山西省南部，东至河南省、山东省和河北省三省交界处，南起湖北省，北至河北省。夏王朝实际控制区域相当于两个河南，这就是当时“四海之内”的大概范围。《山海经》记载的三皇五帝比夏朝还要早几千年。上古的“海内”实际应为一省大小。

人类祖先生活来源有两种：一是采摘，二是狩猎。采摘需要植物丰富的地区，狩猎需要动物繁多。云南是一个动植物王国。人类祖先以树叶、皮毛为衣，只能生存在气候温和的地方。云南气候温暖，四季如春，是全国及全球最具备人类祖先生存条件的地方，没有之一。

（18）**世界最早的游记《穆天子传》提供的四大证据**。

《穆天子传》记载了周穆王从宗周（河南）出发北征犬戎，继而出雁门入河套，祭河伯、登昆仑，会见西王母，狩猎大旷野，然后返回宗周的经历。其中最重要的段落是周穆王登昆仑山见西王母。书中记载昆仑之行共38天，从五月二十日（丁卯日）到六月二十七日（祭巳日），我们不但看到昆仑地区山水迷人，物产丰富，农牧业发达，气候温和，还盛产美人和宝石。

根据《穆天子传》记录的情况综合来看，古昆仑地区地理特征如下：

一是这里的山是南北走向，有赤水和黑水，中间有珠泽。怒江自古被称为黑水，“德宏”是傣语的音译，“德”为下面，“宏”为怒江，意思是“怒江下游的地方”。

二是这一地区山川秀美而迷人，气候温和而可人，农牧业都比较发达（缺少黄牛），盛产宝玉，人多天生丽质（产美人、宝石的地方）。德宏的傣族女孩自古就是公认的美女，瑞丽是亚洲玉都，盈江是中国玉石毛料基地。

三是语言上与中原人多同少异（有少数民族），有对神比较原始的信仰，礼仪正派，朝圣礼佛之礼。德宏当地主要少数民族是傣族、景颇族和傈僳族，傣族信奉南传佛教。

四是多雨。该地区五百里处适宜竹子生长，判断为西部热带高原地区。《月光下的凤尾竹》唱的就是德宏。

据上述地理特征来看，中国南北走向的山系只有滇西横断山脉，其中高黎贡山是标准的南北走向，宝玉、美女、信佛的少数民族，竹子众多，非德宏莫属！

德宏是中国玉都、玉石之乡，而《山海经·北山经》《山海经·南山经》等记载的昆仑之地最大的特点就是盛产玉石。

（19）**云南具有世界上最完整的生命文化证据链**。

从震惊世界的、世界最早的古生物化石（5.3亿年前的澄江“三叶虫”），到被学术界誉为“恐龙之乡”“亚洲人类发祥地”“世界最大活态侏罗纪公园”的禄丰恐龙和禄丰古猿，从中国最早的古人类（约170万年前的元谋猿人），到六七千年前的“中国西南文明最灿烂表征”的古滇国青铜文化，远远早于四千年前的中原青铜文化，都说明了云南自古以来就是人类文明的发祥地之一。中华文明、世界文明起源于云南一点也不奇怪，古昆仑山在滇西。

（20）**上古大洪水的传说，云南占了全国的**85.4%。

上古时代关于伏羲、女娲创造人类和大洪水的传说，中国56个民族一共有103个版本，而云南各民族的版本共有88个，占85.4%，可见事发所在地当属云南，各民族是六七千年前从云南走向全国和世界的。

（21）**云南以"甸"作为地名的地方占全国**70%。

云南的简称"滇"，在中国古老读音里可通"甸"。云南是全世界用"甸"命名地名最多的地方。云南称"甸"的地名共有141处，占全国同类地名的70%，其中又以滇西为最多，占全省以"甸"字命名地名的44.4%。云南省人大常委会原副主任吴光范先生根据历史文献和地名普查资料研究，得出如下结论："甸"字地名主要来自彝族、纳西族和傈僳族。甸类地名包括译为"底""地"等近音地名，来自傈僳族。诗密娃底应为诗密娃甸，翻译过来就是"铺满金子的草甸"，就是伊甸。诗密娃底所在的苏典乡应为苏甸。甸即坝子、平地。

（22）**伊甸园所在地"示拿"即支那，在云南和缅甸东部，密支那与盈江近在咫尺，诗密娃底旁边就是支那乡**。熊大寻研究发现：云南"甸"字地名占全国的70%，诗密娃底的"底"也是"甸"的音译。盈江左有缅甸，右有施甸，上有南甸，下有武定，盈江乃伊甸园之所在。傈僳语"伊甸"即有水的坝子，整个德宏就是大伊甸园，诗密娃底是最为神形皆似的核心，与《圣经》描述最为接近：铺满金子的草甸、四条河流、村民的三个教堂。

（23）**诗密娃底东部有地名叫神护关，顾名思义是"神护佑的关"**。《圣经·创世纪》记载上天派基路伯守护在伊甸园东部，神护关下的路正好通往德宏大雪山（大娘山）最高峰，阻断人类通天之路。神护关刚好位于诗密娃底东部，神护关的名字和方位与伊甸园的描述和记载完全吻合。神护关首寨邦别，刚好是诞生傈僳文字的地方，真是神秘的启示。

古代关口可分为两种类型：一是以地名为称谓的关口，如嘉峪关、山海关、居庸关、玉门关、雁门关、乌龙沟关、白洋峪关等；二是以防御边塞、具有威慑性名称的关口，如镇远关、镇南关、镇宁堡口、镇口堡、镇边堡、镇川堡、镇靖堡、镇羌堡、定边堡等。

而神护关的名称是与上述完全不同类型的第三类关口，而且只有这么一个。那么，神护关是否是基路伯镇守的关？其名称与位置如此巧合。神护关是否和伊甸园有密切相关？这是非常值得我们探索与研究的。

（24）**宫玉海教授认为伏羲、女娲即人类始祖亚当、夏娃，示拿地就在盈江支那乡**。《圣经·创世纪》记载，大洪水后挪亚一家从方舟上下来，避居于伊甸园东的示拿，即支那。“他们往东边迁移的时候，在示拿地遇见一片平原，就住在那里。”除了离盈江一百公里的密支那，项目所在的苏典乡旁边还有一个支那乡，位于盈江与梁河交界处，刚好位于挪亚方舟停船遗址以东10公里，也在诗密娃底东边。

傈僳语“支那”的意思是迁徙之后停留的地方。支：迁徙。那：停留。这跟挪亚一家的经历完全吻合。“支那”原名姐拿，傣语。姐，坝子的意思；拿，得到的意思。姐拿，意思是找到了这个坝子。《圣经·创世纪》记载，他们（挪亚一家）往东边迁移的时候，在示拿地遇见一片平原，就住在那里。从方舟上下来，找到了这个平原，找到了这个坝子。诗密娃底、神护关、大雪山、方舟停船遗址、支那乡全部集中在方圆20公里的范围之内，众多的巧合和关联让人震惊，引人遐想。

熊大寻发现的“挪亚方舟”停船遗址：巨大的船形地块，长宽比例与方舟完全一致——6∶1，距离伊甸园20公里。发大洪水时，方舟往当时陆地的最高点大娘山驶来，洪水过后，停留在半山。船身千百年的停驻，重压之下这块船形地长不出树，而周边都是茂密的树林。附近有村子叫“大竹棚”，当地盛产竹木，方舟可能是用竹木共同建造，弃置在此，时间长了，看上去像一个大竹棚。

（25）**玛土撒拉之秘**。

玛土撒拉，天主教称为默突舍拉，《圣经·创世纪》中的人物，活了969岁。他是亚当与夏娃在该隐之后所生的塞特的后裔，是拉麦的父亲，挪亚的祖父。

一是玛土撒拉名字的意思是“他死，洪水就到”，预言挪亚时代的大洪水，是神的启示。在玛土撒拉死去的那年真的出现了大洪水。

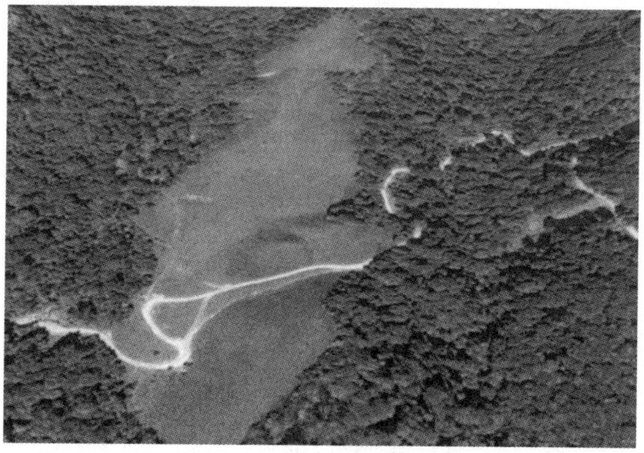

挪亚方舟停船遗址

二是玛土撒拉见到孙子挪亚，传义道、造方舟，告知挪亚大洪水将清洗世界，要造方舟保护生灵。

我通过当地傈僳族专家翻译

“玛土撒拉”傈僳语的意思是：洪水来了躲进大竹筒——方舟

发现不可思议的吻合之处。当地傈僳语“玛土”的意思是“大竹筒”，“撒拉”的意思是“躲起来”，“玛土撒拉”的意思就是“躲进大竹筒”，危险来了躲进竹木建造的大竹筒一样的方舟里。七千年前的圣经人名意思和神的启示，竟然与傈僳语意思完全相同，足以证明当年伊甸园和方舟故事的发生地就在诗密娃底。

（26）**巴别与邦别**。

支那乡旁边是盏西镇，其中最有名的风景区是象鼻岭和狮子山。当地传说，在几百万年前，盏西地区生活着各种动物。一天，大象和狮子因为争夺七彩的绣球——团山，大打出手。大象的牙齿被打掉在那里，象牙后来变成了白色的石头（硅石），人们就把这个地方称为白石头村。大象和狮子打了六天六夜，被龙王发现。龙王就用自己的身体变成一条美丽的江（槟榔江），把两个动物隔开。大象被江水阻隔而无法继续攻击狮子，留在了槟榔江的一边，发愁地望着狮子。

盏西是傣语，“盏”的意思是大象，而“西”是发愁的意思，意指大象因为攻击不着狮子而发愁。龙王为了两个动物的安全，决定把它们分开，大象留在热带雨林，狮子则被安排在热带草原。并称大象为森林之王，狮子为草原之王，各自统领一方，告别的地点是今盏西镇的邦别（村名，傣语“邦”指坪子，“别”是丢弃或分离的意思），从此，大象和狮子天各一方。

熊大寻研究发现：《圣经》记载的挪亚一家从方舟下来后，到示拿生活，“示拿”希伯来语的意思就是“吼狮之地”。惊人的巧合！

**《圣经·创世纪》记载人类建的第一个城叫“巴别”，“巴别”与支那附近盏西的“邦别”音义相同，都是“分离、分别”的意思。**

“在那里变乱天下人的言语，使众人分散在全地上，所以那城名叫巴别（就是变乱的意思）。”

**巧合的是，支那、盏西人数千年前从傣族移居此处开始，就以烧制砖瓦著称，支那原有60多个砖瓦窑。盏西芒压的砖远近闻名，专供神护关。其瓦人踩**

**不断，建通天塔一定要高质量的砖和大量的砖窑。惊人的巧合，不可思议。**

（27）**支那、盏西和旧城隐藏的秘密。**

盏西、邦别旁边是旧城，旧城的称呼更是意味深长。旧城古称乘龙，乘龙上天。巴别通天塔是人类实现上天梦的第一个建筑，这二者有何神秘联系？

傈僳语“盏西”的意思是寻根的地方。“支那”是迁徙之后停留的地方。支那、盏西和旧城极有可能是人类第一个城市的故乡示拿地，是人类的寻根之地。

而邦别村真的有一个存续多年的神塔，多么惊人的巧合！巴别塔就在邦别村！傈僳语和盈江的地名就是一部密码本，暗藏了多少千古之秘。

邦别形似金塔的奘房

（28）**亚拉腊或亚拉拉特山在哪里？**

这是最厉害的证据，是我本人 10 年研究的精华。《圣经》（思高版）记载：七月十七日，方舟停在亚拉拉特山上（英文原文：and on the seventeenth day of the seventh month the ark came to rest on the mountains of Ararat）。亚拉拉特山英文原名是 Ararat。

熊大寻发现方舟停船处位于大娘山、二娘山和大雪山三山交汇处

西方人为了证明人类起源于两河流域，把《圣经》原文记载的伊甸园的希底结河修改为底格里斯河，把伯拉河改为幼发拉底河，两条河的读音差得离谱。他们还把亚拉拉特山认定为是土耳其的阿勒山（土耳其语：Argrl Dagl），位于土耳其东部。这比较牵强，“阿格达格”和“亚拉拉特”读音差距太大了。

ar，傈僳语是“奶奶”的意思；at，是“大”和“老大”的意思。Ararat，翻译过来就是“大奶奶”和“老奶奶”，“大奶奶”直译就是“大娘”的意思，“老奶奶”北方人称为“大娘”，南方人称为“大妈”，直译都是“大娘”。Ararat傈僳语读音就是“亚拉亚拉亚特”，跟英文几乎一模一样，意思和读音都完全相同！两个奶奶，大娘山和二娘山，两个山紧紧挨在一起，天机?！奥妙?！

大娘山位于盈江伊甸园的东北部，海拔3404.6米，是德宏州最高峰。我们恰巧在此发现了挪亚方舟停船遗址。方舟停船处位于大娘山、二娘山和大雪山三山交汇处，“Ararat”这个词极其巧妙地暗示了方舟的精确位置，第一个“ar”代表大娘山，第二个“ar”代表二娘山，“at”是“大”，代表大雪山，一切都是天造地设，妙不可言。亚拉拉特山和方舟停船遗址的同时发现，即一历史性重大证据，证明了伊甸园真实存在。

诗密娃底＝伊甸园？绝妙联系：28个证据，28重联系，绝妙即服。

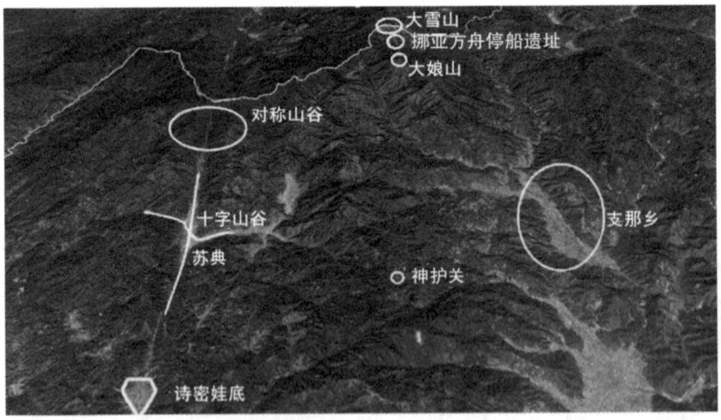

伊甸园景观体系和故事线索——伊甸园即诗密娃底，北面是一个“十”字大峡谷，仿佛一个巨大的十字架

启动伊甸园项目就是启动了德宏旅游，牵一发而动全身，一年即可引爆历史性的机遇。千万不能错失良机，误入已多如牛毛、毫无影响力的乡村旅游和自驾游的歧途。诗密娃底即“伊甸园”，必将成为德宏旅游的龙头项目和核心项目，是德宏旅游千载难逢的战略机遇。

综上所述，熊大寻策划“伊甸园”这张王牌，一可借到最大的势，迅速崛起；二是有充分的文化和自然证据，叫得响、站得住、立得稳。

诗密娃底——伊甸园！

伊甸园的定位是世界爱情圣地，诗密娃底有很多喜鹊，并且傈僳族视喜鹊为神鸟。诗密娃底可谓爱情、好运的圣地。“鹊桥相会”“双喜临门”，喜鹊文化就是爱情和好运。

中甸改名为香格里拉，一举抢占了当年旅游竞争的制高点，对旅游发展的突破性、历史性拉动有目共睹。今天这个机会同样摆在了诗密娃底面前——发现人类最大的秘密：找到伊甸园，或者命名为东方伊甸园。因为伊甸园的缺失，我们只要打出“东方伊甸园”的定位，就能把整个伊甸园品牌巧妙地据为己有。旅游发展最主要是借势，这次借的势不是一般的势，是天大的势。

**伊甸园景区，打造世界旅游的王冠，迎接 70 亿游客。**

感谢：

广东经济出版社十多年来对我的支持

崔黎民老师为出版我前三本书付出了很多的努力，并开启了同广东经济出版社的缘分

毛一飞一年多来为编辑本书花费了大量精力

图灵创意李波对本书提供卓越设计

罗敬辉为本书提供插图

陈岑十多年来随同征战

此书也献给我的父亲熊锷、母亲周维华